극동의 부상과
러시아의 미래

이 책은 한국연구재단의 지원(NRF-362-2009-1-B00005)으로 발간되었음.

극동의 부상과 러시아의 미래

라승도·이은경·장세호 지음

HU:iNE

머리말

몇 년 전부터 러시아 정부는 해마다 9월 초에는 극동의 수도 블라디보스토크에서 동방경제포럼을 열고 12월 초에는 러시아 수도 모스크바에서 '극동의 날'을 열어 극동 지역에 대한 투자와 관심을 끌어 모으고 있다. 하지만 러시아의 극동 개발 정책은 대규모 회의나 행사 개최로만 그치지 않는다. 레나강에서 베링해까지, 북극해에서 연해주까지 동서남북 전 방위에 걸친 극동 지역 현장에서 활발하게 진행되고 있는 각종 인프라 건설 등 현대화 사업은 극동 개발에 대한 러시아 정부의 의지가 어느 때보다도 강력하다는 점을 구체적으로 뒷받침해준다. 실제로 최근 10여 년 동안 러시아 극동 어느 지역에 가 봐도 러시아 사람들의 표정에서 도시 외관에 이르기까지 모든 부문에 걸쳐 변화의 바람이 강하게 불고 있음을 피부로 느낄 수 있다. 그리고 이러한 변화는 극동 지역의 자연과 문화 공간까지도 눈에 띄게 바꿔놓고 있다.

이 책은 1991년 소련 붕괴 전후부터 현재까지 약 30년에 걸쳐 러시아 극동에서 일어난 다채로운 변화에 주목하고 그러한 변화 원인과 과정, 결과가 무엇인지 구체적으로 알아보고 싶은 마음에서 기획됐다. 최근 몇 년 사이 극동 지역을 중심으로 한국과 러시아의 관계가 어느 때보다도 더 활발하고 긴밀하게 전개되고 있는 가운데 블라디보스토크 등 극동 지역을 찾는 한국인 방문객의 수가 폭발적으로 증가하고 있는 것도 이 책의 집필에 나서게 된 주요 동기 중 하나였다.

우리 주변에서 러시아 극동 지역에 대한 관심과 수요가 최근 들어 대폭 증가했지만, 극동의 다채롭고 역동적인 과거와 현재를 구체적, 체계적으로 정리해 놓은 정보와 자료는 의외로 많지 않다. 특히 러시아 극동에서 연해주나 사할린, 하바롭스크 등 잘 알려진 일부 지역을 제외하면 나머지 지역은 한국에 매우 생소하다. 이 책은 러시아 극동에 관한 정보와 자료의 공백을 어느 정도나마 채워줄 목적에서 나왔다. 러시아 극동 11개 지역의 중심지를 거의 모두 직접 방문하고 답사하게 된 배경도 여기에 있다.

이 책이 나오기까지 여러 사람의 도움과 지원이 있었다. 무엇보다도 먼저 한국외국어대학교 지식출판콘텐츠원의 신선호 팀장님에게 깊은 감사의 말씀을 드리고 싶다. 빠듯한 출판 일정에도 원고를 묵묵히 기다려주고 모든 지원을 아끼지 않은 신선호 팀장님이 아니었다면 이 책은 세상의 빛을 보기 어려웠을 것이다. 또 무척 바쁜 일정에도 최선을 다해 도와준 지식출판콘텐츠원 이병철 선생에게도 고마운 마음을 전하고 싶다. 다음으로, 신속하고 훌륭한 편집과 사려 깊은 태도로 모든 일정을 소화해준 이환디앤비에 특별히 감사의 말씀을 전한다. 끝으로, 일부 원고를 읽고 오류를 바로잡고 값진 논평도 해준 한국외국어대학교 러시아연구소의 김준석 교수와 여러모로 번거로운 일을 마다하지 않고 도와준 이양경 조교에게도 감사한다.

2019년 12월 17일

라 승 도

극동의 부상과
러시아의 미래

목차

제3부 변방의 풍경 : 극동의 자연과 문화

제4부 러시아와 한국, 극동에서 만나다

제 1 부

러시아, 극동에서 길을 찾다

01

극동의 부상과 러시아의 미래

러시아의 신동방정책 : APEC에서 EEF까지

2019

01

2012년은 러시아에 여러모로 의미가 큰 해였다. 이 해에 블라디미르 푸틴(1952~)이 총리에서 대통령으로 다시 복귀하고 집권 3기를 시작했다. 사실 푸틴 대통령은 3회 연임을 금지하는 러시아연방 헌법 규정에 가로막혀 2008년 어쩔 수 없이 대통령 권좌를 자신의 충실한 후계자 드미트리 메드베데프(1965~)에게 넘겨줘야 했다. 물론 그는 대통령직에서 물러난 후에도 실세 총리, 상왕 총리로 불렸을 만큼 사실상 러시아의 최고 권력자였다. 하지만 푸틴은 4년간 '길었던' 총리직을 거치고 나서야 비로소 최고 지도자 지위를 다시 회복할 수 있었다.

푸틴이 다시 대통령으로 돌아오는 길은 생각보다 녹록지 않았다. 2000년부터 2008년까지 엄청난 대중적 인기를 누렸던 그였지만, 2011년부터 2012년 사이 러시아 대중은 푸틴과 그가 직조한 정치·경제 체제에 강한 피로감을 드러냈다. 러시아 국민은 푸틴이 2000년부터 대통령을 두 차례 역임하며 1990년대의 극심한 정치·경제·사회적 혼란을 극복하고 러시아에 질서와 안정을 정착시킨 데 대해 열렬한 지지와 환호를 보냈다. 그러나 시간이 흐르면서 이러한 긍정적 평가는 조금씩 엷어졌다. 특히 2011년 12월 총선에서 불거진 부정선거 논란을 계기로 러시아 시민들은 특정 세력의 독점적 권력 장악과 행사에 대해, 무엇보다도 자신들의 삶이 기대한 것보다 빠르게 개선되지 못하고 있는 것에 불만을 여과 없이 표출하기 시작했다.

2011년 12월 24일 모스크바 사하로프 거리에 쏟아져 나온 부정 선거 규탄 시위대 (출처: en.wikipedia.org)

모스크바와 상트페테르부르크 등 대도시를 중심으로 1991년 소련 붕괴 이후 최대 규모의 시위대가 도시 거리 곳곳으로 몰려나와 정직한 선거를 요구하며 반정부, 반푸틴 구호를 외쳤던 것도 이런 맥락에서였다. 우여곡절 속에 2012년 다시 대통령 권좌를 되찾은 푸틴은 이제 국내의 민심 변화와 함께 빠르게 재편되는 국제질서에 효과적으로 대처해야만 하는 새로운 도전에 직면하고 있었다.

2012년 APEC 정상회의, 러시아의 신동방정책 신호탄

2012년 러시아는 매우 뜻깊은 국제 메가 이벤트 하나를 주최했다. 제24차 아시아·태평양경제협력체(APEC) 정상회의가 바로 그것이다. APEC 정상회의는 현재 러시아 극동의 수도 블라디보스토크에 있는 루스키섬에서 그해 9월 2일부터 9일까지 일주일 동안 열렸

📷 2012년 블라디보스토크에서 열린 제24차 APEC 정상회의에 참석한 각국 정상이 기념사진을 찍고 있다 (출처: en.wikipedia.org)

다. 이 회의는 러시아가 1991년 소련 붕괴 이후 처음으로 극동 지역에서 개최한 대규모 국제회의였다는 점에서 일차적 의미를 찾을 수 있다. 이와 함께 블라디보스토크 APEC 정상회의는 러시아의 대외정책 방향 전반과 아·태 지역 국가들과의 관계 변화에서 중대한 전환점으로 평가할 수 있다.

APEC은 전 세계 인구 약 40%가 살고 있고, 세계 GDP(국내총생산) 총액 54%와 교역량 44%를 차지하는 아·태 지역 국가들이 참여하는 명실상부한 세계 최대 지역 협력체다. APEC은 환태평양 지역에서 무역과 투자 자유화를 촉진하고, 경제와 기술 협력을 확대하는 것을 주요 목적으로 삼고 있다. 1989년 11월 5~7일 호주 캔버라

2012년 APEC 정상회의 개최 직전의 블라디보스토크 금각만 풍경. 초호화 크루즈선 뒤로 건설 중인 졸로토이대교가 보인다 (출처: en.wikipedia.org)

에서 한국을 포함한 12개국이 모여 출범한 APEC은 현재 참여국이 21개로 늘어났다. 러시아는 1998년 APEC 출범 후 9년 만에 가입했고 이후 각종 회의와 활동에 적극적으로 참여하고 있다.

주지하듯이, 러시아는 전 세계에서 가장 넓은 영토를 보유한 나라다. 동부 유럽 지역에서 동북아시아 지역까지 이어지는 광대한 영토의 중심은 수도 모스크바와 제2의 도시 상트페테르부르크 등이 자리 잡고 있는 서부 지역이다. 그렇다면 러시아가 전 세계의 이목이 집중되는 APEC 정상회의 장소로 극동의 변방 도시 블라디보스토크를 굳이 선택한 이유는 무엇일까?

1991년까지 군사도시로서 러시아인들조차 자유로이 왕래할 수 없었던 블라디보스토크는 2000년대에 들어서도 여전히 러시아 서부 주요 도시들보다 훨씬 더 낙후돼 있었다. 이런 상태에서 미국을 비롯한 아·태 지역 주요 국가수반들이 모이는 초대형 국제회의를 블라디보스토크에서 개최한다고 하니 고개를 갸우뚱하는 사람이 적잖았다. 푸틴 대통령의 등장과 함께 국제무대에서 존재감을 다시 키우며 강대국의 위상을 조금씩 회복해온 러시아로서는 국제 메가 이벤트를 유치만 해놓고 제대로 치르지 못한다면 자칫 체면을 크게 구길 수도 있었다.

보란 듯이 격식을 갖춰 회의를 진행하려면 파격적인 인프라 현대화가 절실했다. 실제로 러시아는 APEC 정상회의 개최를 위한 도시 인프라 구축과 회의 관련 시설을 건설하는 데 총 100억 달러, 우리 돈으로 11조 6천억 원에 달하는 천문학적 비용을 쏟아부었다. 굳이 비교하자면, 이 비용은 캐나다가 2010년 밴쿠버 동계올림픽 개최에 투자한 금액의 다섯 배가 넘었다. 러시아 내에서도 푸틴 대통령과 러시아 정부가 이미 관련 인프라와 시설을 갖춘 수도 모스크바나 상트페테르부르크를 제쳐 두고 블라디보스토크를 회의 장소로 선택한 데에 대해 이해할 수 없다는 의견이 강하게 대두됐다. 실제로 야당과 많은 전문가가 이를 두고 '미친 짓'이라고 비난한 것도 어떻게 보면 괜한 생트집만은 아니었다.

APEC 정상회의를 앞둔 2012년 8월까지 4년여 동안 러시아 정부는 총 67개의 관련 시설을 신축하거나 보수하는 대규모 건설 프로젝트를 추진했다. 이를 통해 블라디보스토크 신공항을 비롯해 두 개의 거대 사장교, 대규모 해상대교, 극동연방대학교 캠퍼스, 쓰레기 매립장, 정화시설, 발전소, 의료센터, 오페라·발레극장, 빙상 경기장, 호텔, 고속도로 등이 새로 건설됐다.

이 중에서 루스키대교는 블라디보스토크시 거점 지역과 APEC 정상회의가 치러진 루스키섬을 연결하는 자동차 전용 사장교로 총 길이 3.1km, 세계에서 두 번째로 높은 324m의 주빔, 세계에서 가장 긴 1,104m의 주빔 간 거리를 보유한 초대형 교량이다. 또 블라디보스토크 시내의 금각만을 가로질러 건설된 졸로토이대교는 총 길이 2.1km, 주빔 높이 225m, 주빔 간 거리 737m의 자동차 전용 사장교다. 러시아 측 발표에 따르면, 이 두 교량 건설에만 약 4년의 기간과 20억 달러(2조3천억 원)의 비용이 소요됐다고 한다. 흥미롭게도 현재 이 두 교량은 블라디보스토크를 대표하는 명소이자 가장 중요한 상징물이 됐다. 특히 루스키대교는 2017년 러시아 중앙은행이 새로 발행한 2000루블 지폐 도안에 들어가 있어 아무르주 보스토치니 우주기지와 함께 극동을 대표하는 전국구 이미지로 급부상했다.

다른 건설 프로젝트들도 블라디보스토크의 열악한 도시 인프라 개선에 크게 이바지했다. 이를테면, 노후화한 구공항을 대체해 블라디보스토크 북서부 아르툠시 인근에 국제공항이 신설됐다. 데프리

극동연방대학교 캠퍼스 쪽에서 바라본 루스키대교 (출처: 라승도)

2017년 발행되기 시작한 러시아 2000루블 지폐 도안에 들어간 루스키대교 이미지 (출처: ru.wikipedia.org)

스반도와 무라비요프아무르스키반도 사이의 아무르만을 가로질러 공항과 도심을 연결하는 총 길이 4,326m의 '아무르만해상대교'도 새로 만들었다. 이와 함께 러시아 정부는 루스키섬에 2012년 APEC 정상회의 개최를 위한 다양한 컨벤션 센터와 숙박, 교육 시설을 건설했다. 이 시설들은 모두 정상회의 종료 이후 극동연방대학교가 사용한다는 계획 아래 건설됐다. 러시아 정부는 이미 2011년 극동 지역 학술·교육 분야를 활성화하고 주변국과의 학술·과학 교류를 증진할 계획으로 역내 4개 고등교육기관을 통합하여 극동연방대학교를 설립하고 본교 캠퍼스를 루스키섬에 조성했다. APEC 정상회의 관련 시설들은 원래 계획대로 극동연방대학교 캠퍼스로 활용되고 있는 가운데 동방경제포럼(Eastern Economic Forum, 이하 EEF) 등 블라디보스토크에서 개최되는 굵직한 국제·국내용 행사 장소로도 이용되고 있다.

이와 함께 APEC 정상회의를 앞두고 블라디보스토크의 고질적 문제였던 쓰레기와 오수 처리 문제를 해결하는 대안도 마련됐다. 우주에서도 관측할 수 있을 정도로 블라디보스토크 바닷가 주변에

블라디보스토크 루스키섬에 조성된 극동연방대학교 캠퍼스 전경 (출처: ru.wikipedia.org)

무분별하게 버려져 쌓여 있던 거대한 쓰레기 더미가 치워졌고, 쓰레기 매립장과 오수 처리·정화장이 새로 조성됐다. 블라디보스토크 주요 간선도로망이 개보수를 거쳤거나 새로 구축됐다. 특히 금각교를 거쳐 루스키섬 쪽으로 가는 동남부로 빠져 아르툠시 국제공항이나 나홋카로 이어지는 간선도로는 블라디보스토크시 북부 도로의 교통체증 해소에도 크게 일조하고 있다. 이와 함께 발레·오페라 진용 극장인 마린스키 극장 연해주 무대와 빙상 경기 전용 페티소프 아레나, 극동연방대학교 의료센터가 건설되는 등 취약했던 문화와 스포츠, 의료 분야 인프라도 보강됐다. 또 국제회의 개최를 위해 5성급 호텔도 건설됐는데, 이러한 숙박시설 확충은 블라디보스토크가 장기적으로 러시아 극동을 대표하는 국제 관광지로 발돋움하려면 반드시 필요한 작업이었다.

이처럼 블라디보스토크는 러시아 정부의 APEC 정상회의 준비 과정에서 상전벽해와도 같은 엄청난 변화를 맞이했다. 이 시기에 러

블라디미르 푸틴 러시아 대통령이 APEC 정상회의 결산 기자회견에서 질의응답 시간을 갖고 있다 (출처: kremlin.ru)

시아 정부가 블라디보스토크와 극동 지역에 쏟아부은 투자금은 제정 러시아와 소련 시절, 1991년 소련 붕괴 이후 최근까지 통틀어 전례를 찾아볼 수 없는 막대한 규모였다. 물론, 정상회의 개최 실무를 담당한 로만 파노프(1971~) 지역개발부 차관이 약 4천만 루블(7억 3천만 원)을 횡령한 혐의로 6년 6개월의 실형을 선고받고 수감되는 등 불미스러운 사건도 없지 않았다. 하지만 크고 작은 일부 흠결이 있었음에도 2012년 블라디보스토크 APEC 정상회의는 러시아 국내에서는 물론이고 국외에서도 대체로 성공적이었다는 평가를 받았다. 예컨대, 이반 오그뇨프 러시아 고등경제대학교 지역이니셔티브지원센터 소장은 APEC 정상회의 종료 이후 푸틴 대통령이 블라디보스토크에서 거둔 성과의 조직자로 이고리 슈발로프(1967~) 제1부총리를 꼽았다면서 그러한 성과가 블라디보스토크와 현지 주민들의 사고방식을 몰라보게 바꿔놨다고 높이 평가했다.

이와 함께 특별히 주목할 부분은 러시아가 2012년 APEC 정상회의를 통해 기존의 서방 중심적 대외정책 방향을 아·태 지역으로 바꿔 나갈 것임을 공식화했다는 점이다. 이런 점에서 러시아 당국이 국내의 거센 반발에도 아랑곳하지 않고 막대한 비용을 들여 국제 메가 이벤트를 블라디보스토크에서 개최한 것은 바로 극동 지역을 개발하고 아·태 지역 국가들과도 긴밀한 협력 관계를 확립하겠다는 강한 의지를 드러낸 상징적 행위였다고 평가할 수 있다. 특히 성공적이었다고 평가받은 정상회의 준비와 개최 과정은 블라디보스토크를 비롯한 극동 주민들과 주변국들의 인식에 적지 않은 변화를 가져왔다. 이와 관련하여 APEC 정상회의 종료 이후 나온 각종 분석과 평가 자료에서 눈여겨볼 대목 중 하나는 블라디보스토크가 다방면에 걸쳐 국제화되는 결정적 계기가 비로소 마련됐다는 것이다. 바꾸어 말하자면, 블라디보스토크는 아·태 지역을 향한 '러시아의 창'이자 역내 국제 협력 중심지 가운데 한 곳으로 자리 잡을 절호의 기회를 맞았다.

사실 블라디보스토크를 포함한 러시아 극동 지역은 이른바 '이중적 소외 지역'으로 인식돼왔다. 러시아 극동은 17세기부터 19세기까지 3세기에 걸친 정복과 개척을 통해 러시아에 편입된 이후부터 오늘에 이르기까지 유럽 쪽 서부 지역과 비교하여 언제나 더 낙후한 상태로 방치돼왔다. 이곳 주민들은 실제로 자신들의 삶의 터전을 이루는 극동 지역이 러시아의 가장 후미진 변방이라고 생각했고 모스크바 등 중심부를 향해 묘한 열등감을 품고 있었다. 아·태 지역 주요 국가들도 그동안 러시아 극동 지역이 지리적으로 인접해 있어도 아시아의 일부라고는 진지하게 생각하지 않았다. 하지만 2012년 APEC 정상회의는 극동 주민들은 물론이고 주변국들도 극동 개발과 아·태 지역과의 협력 강화 의지에 담긴 푸틴 정부의 진정성을 신뢰하게 하는 중요한 계기가 됐다.

'아시아 선회', 강대국으로 가는 또 다른 일보

2012년 APEC 정상회의 개최로 대변되는 러시아의 '아시아 선회' 맥락을 정확히 이해하려면 러시아 정부의 대외 환경 인식과 대응 전략을 파악할 필요가 있다. 1990년대 초 보리스 옐친이 이끄는 러시아 정부는 이른바 '이중 혁명'을 수행했다. 다시 말해 정치적으로는 사회주의 체제에서 자유민주주의 체제로, 경제적으로는 계획명령 체제에서 시장자본주의 체제로 급격하게 전환했다. 이와 함께 러시아는 대외적으로 미국과 서방이 주도하는 국제질서를 인정하고, 서방 세계의 일원으로 동등한 위치를 차지하고자 했다. 따라서 이 시기 러시아의 대외정책은 기존의 사회주의 동맹국들이

2012년 APEC 정상회의 이후 블라디보스토크는 현대화와 국제화를 향한 잰걸음을 내걷고 있다. 겐나디 네벨스코이 기념 국립해양대학교 쪽에서 바라본 하얏트호텔과 고층건물 신축 현장 (출처: 라승도)

1993년 보리스 옐친 러시아 대통령과 조지 부시 미국 대통령이 전략무기감축협정(START II) 조인식에서 악수하고 있다 (출처: en.wikipedia.org)

나 구소련 구성 공화국들과의 관계보다는 미국 등 서방 국가들과의 관계 개선에 더 치중했다.

그러나 정치, 경제, 외교, 군사, 안보 등 많은 분야에 걸쳐 친서방 정책을 적극적으로 펼쳤음에도 러시아는 자국이 서방의 동등한 파트너가 될 수 없음을 곧 깨달았다. 서방 세계의 경제적 지원도 기대에 훨씬 미치지 못했다. 더욱이 1990년대 초 러시아가 취한 급진적 체제 전환에 따른 극심한 사회·경제적 혼란과 서방 일변도의 대외정책 노선은 러시아의 국제적 위상에 심각한 손상을 초래했다. 이에 따라 보리스 옐친(1931~2007) 대통령의 집권 후반기에 이르러서 러시아는 이른바 실용주의적 관점의 전방위 외교 노선을 표방하며, 기존의 친서방 외교 노선에서 전통적 우방국들과의 관계 개선으로 방향을 다시 바꿨다.

2000년 등장한 푸틴 정부는 경제 성장과 국내정치 안정을 위해

2019년 10월 11일 열린 독립국가연합(CIS) 국가위원회 정상회의에 블라디미르 푸틴 러시아 대통령 등 회원국 정상들이 참석했다 (출처: kremlin.ru)

다양한 개혁 조치를 단행하는 한편, 옐친 집권 말기의 대외정책 노선을 계승하여 현실주의적 강대국 노선을 공식화했다. 러시아는 무엇보다도 구소련 구성 공화국, 즉 독립국가연합(CIS) 회원국들과의 협력을 강화함으로써 이 지역에 대한 전통적 영향력을 회복하고자 했다. 이와 함께 러시아는 미국과 서방을 상대로 사안에 따라 협력과 견제 정책을 동시에 구사했다. 러시아가 미국 등 서방 세계와의 극단적인 대립 관계를 형성하는 것은 한편으로 필요한 부분도 있었지만, 다른 한편으로 부담스러울 수밖에 없었던 것도 사실이다.

2008년 출범한 드미트리 메드베데프 정부도 2000년부터 2008년까지 푸틴 집권 1~2기 대외정책 기조를 유지했다. 이 시기 러시아는 '현대화'를 기치로 산업의 다각화를 통한 자국의 경제·사회적 발전 역량을 제고하고자 했다. 특히 국가 발전의 내적 역량을 외교·안보적 측면에서 뒷받침하고자 했다. 이를 위해 '리셋 외교'를 통해 소원해진 미국과의 관계 복원을 시도하는 등 대미 관계 설정 문제에 주의를 기울였다. 또한, 러시아는 아·태 지역의 정치·경제적 부상과 자국의 내적 잠재력 강화에 부응하여 이 지역에 대한 정책적 독자성을 강화하려고 했다.

2012년 푸틴 집권 3기 출범 이후부터 현재까지 러시아의 대외정책은 큰 틀에서 푸틴 집권 1~2기와 메드베데프 시기의 연속 선상 위에 있는 것으로 볼 수 있다. 2012년 이후 푸틴 대통령과 러시아 정부가 발표한 다양한 공식 문헌을 살펴보면, 러시아는 냉전 종식 이후 미국의 압도적 힘을 토대로 한 일극적 국제질서가 자국의 국가 이익 달성에 바람직하지 않다고 본다. 더욱이 러시아는 현재 국제사회가 미국 중심의 일극 체제에서 주요 강대국들이 책임을 나누어 갖는 다극 체제로 이행하고 있다고 인식한다.

이런 점에서 러시아는 현재 시기를 국제질서가 재편되고 있는 일종의 전환기 또는 과도기로 인식하고 있다. 그래서 글로벌·지역적 차원의 불안정성과 비예측성이 지속해서 증가하고 있다고 판단한다. 러시아는 이러한 상황이 무엇보다도 미국을 비롯한 서방 국가들이 타국의 내정에 지나치게 간섭하고 주요 강대국들이 국제연합(UN)을 우회하여 국제 문제에 개입함으로써 UN의 기능을 약화시켰기 때문이라고 본다. 마찬가지로 러시아는 초국경적 도전과 위협의 증가는 물론이고 국제관계에서 이념적 요인의 영향력 증대와 특정 국가의 '연성 권력(소프트파워)' 악용을 크게 우려하고 있다.

이런 인식에서 출발하는 러시아의 전략적 목표는 국제질서의 다극화 과정에서 하나의 독자적 축을 담당하는 것이다. 이를 위해 군전력을 현대화·첨단화하고, 경제·사회적 역량을 강화하는 데 주력하고 있다. 외교·안보적 측면에서는 자국의 장기적 발전과 국제적 영향력 강화에 유리한 외부 환경을 조성하는 것을 목표로 삼고 있다. 그래서 소극적으로는 자국의 국제적 위상과 지위를 유지하고, 더 나아가 현재의 지위와 영향력을 확대·신장할 기회를 마련하고자 한다.

러시아는 지역적 차원에서 자국의 위상과 영향력을 보유·강화하기 위한 가장 기본적 전제조건이라고 할 수 있는 유라시아 지역에서 러시아의 사활적 이익 사수를 가장 중요한 축으로 설정하고 있다. 또한, 주요 경제·통상, 정치·외교 파트너인 유럽연합(EU)과 유럽·대서양 지역 기구들, 미국과의 관계에서 기존의 협력과 견제의 혼용 정책을 유지하고 있다. 이와 함께 중국, 인도 등과의 우호 관계를 발전시키면서 아·태 지역 국가들과의 협력을 강화하려 한다. 최근 러시아가 유라시아경제연합(EAEU), 상하이협력기구(SCO), 브릭스(BRICS), APEC 등 다양한 성격의 국제 협력체를 통해 활동 반경과 보폭을 넓혀가고 있는 것도 바로 이런 맥락에서 파악할 수 있다.

여기서 주목할 점은 러시아의 지역적 우선순위 조정에서 동향성(東向性)이 눈에 띄게 강조·강화되고 있다는 점이다. 다시 말해 러시아 대외정책의 벡터와 초점이 서방에서 동방으로, 대서양에서 태평양으로, 유럽에서 아시아로 옮겨 오고 있다. 이러한 경향은 무엇보다도 국제 세력 구도가 급변하는 과정에서 경제적·정치적 힘의 중심이 아·태 지역으로 이동하고 있기 때문이다. 이런 가운데 러시아는 자국 영토의 동쪽 부분을 형성하는 극동 지역을 개발하고 아·태 지역으로

2019년 오사카 G-20 정상회의에 참석한 브릭스 정상들이 따로 모여 우의를 과시하고 있다 (출처: en.wikipedia.org)

편입하여 국가 발전을 위한 새로운 동력을 확보하고자 한다.

결국, 푸틴 시기 러시아의 대외정책은 다극 체제 형성이라는 목표 아래 국제사회의 책임 있는 강대국 가운데 하나로 자리매김하는 것을 핵심 목표로 삼고 있다. 그래서 러시아는 UN 기능 강화와 국제법 준수, 주권 원칙 보장, 다자 협력과 다자주의 강화 등의 가치를 강조한다. 지역적으로는 유라시아 지역에서 확고한 영향력을 토대로 하여 유럽·미국과의 대립·갈등 요소를 축소하고 협력 가능성을 확대하는 동시에 아·태 지역 국가들과의 협력을 대폭 증대하여 자국의 국제적 위상과 영향력을 유지하고 확대하려 시도한다.

러시아의 신동방정책, 아·태 지역을 향한 야심 찬 도전

푸틴 집권 3~4기 러시아 정부의 대외 전략은 기본적으로 푸틴 집권 1~2기, 메드베데프 정부 시기 대외 전략의 주요 기조와 방향을 '계승'하고 있다. 이런 가운데 '변화'의 분위기가 가장 크게 부각되는 영역이 있는데, 아·태 지역 정책이 바로 그것이다. 그러나 러시아의 아·태 지역 비중 강화가 푸틴 집권 3기에 갑자기 시작된 것은 아니다. 이미 푸틴 집권 1~2기에 기본적 방향이 설정됐고, 메드베데프 시기 이 지역 정책의 부차성과 보상성이 상당 부분 개선된 것으로 평가된다. 이런 토대 위에서 푸틴 집권 3기 이후 아·태 지역 정책의 중요성이 확연히 부각되고 본격적으로 추진되고 있는 것이다.

아·태 지역에서 러시아의 가장 큰 관심 사항은 역내 통합 과정에 적극적으로 참여하고, 이 지역의 잠재력을 극동 개발에 적극적으로 활용하며, 역내 다자 협력과 집단안보 기제를 확립하려는 것으로 요약할 수 있다. 잘 알려졌듯이, 러시아는 탈냉전 초기 아·태 지역, 더 좁게는 동북아시아와 한반도에서 뜻밖의 영향력 상실을 경험한 후 그동안 이를 회복하기 위해 다양한 노력을 기울여 왔다. 이를 위해 중국과의 관계 개선을 우선적으로 추구해 전략적 동반자 관계를 수립하는 한편, 훼손된 북한과의 관계를 복구하려고 노력했다. 이러한 노력이 성과를 거두면서 6자회담 참여 사례가 보여주듯 역내 이해 당사자로서의 기본적 지위를 회복하고 일정 정도의 영향력 통로를 확보할 수 있었다.

이런 점에서 볼 때 현재 러시아의 아·태 지역 정책에서 가장 중요한 외교 상대국은 중국이라고 할 수 있다. 중국과의 전략적 협력 강화는 글로벌 차원에서 미국의 유일 패권을 견제함과 동시에, 러시아

2009년 7월 모스크바에서 만난 드미트리 메드베데프 대통령과 버락 오바마 미국 대통령. 당시 두 정상은 이른바 '리셋 외교'로 유명했다 (출처: en.wikipedia.org)

가 이 지역 이해 당사자로서 지위를 확보하고 안정화하는 데 결정적 동력을 제공했다. 따라서 이 지역에서 러시아는 2019년 선언된 러·중 '신시대 전면적·전략적 동반자 관계'를 강화함으로써 글로벌·지역 현안을 해결하는 데서 협력을 강화하려 한다. 하지만 중국의 급격한 부상과 그로 말미암은 역내 영향력 확대는 장기적 관점에서 러시아에 적지 않은 도전이자 부담이기도 하다.

이와 함께 러시아는 다극 질서 형성의 또 다른 축인 인도와의 관계에서도 당면 국제 문제에 대한 상호협력, 경제·통상 분야를 비롯한 여러 분야에서 호혜적 양자 관계를 발전시켜 나가고자 한다. 또 일본과의 우호적 협력 관계 형성을 모색하면서, 이를 위해 남쿠릴열도(북방영토)에 대한 해결 방안을 찾으려고 하고 있다. 또한, 베트남을 비롯한 아세안 국가들과 몽골, 뉴질랜드를 비롯한 남태평양 도서 국가들과의 관계 증진도 중요한 과제로 삼고 있다.

러시아와 아·태 지역의 협력에서 최대 협력국은 중국이다. 2017년 7월 4일 시진핑 중국 국가주석이 블라디미르 푸틴 러시아 대통령의 안내로 크렘린궁 사도 안드레이 홀에 입장하고 있다 (출처: kremlin.ru)

이 지역에서 러시아의 또 다른 우선적 외교 대상은 나름 아닌 한반도다. 러시아가 한반도에서 추구하는 정책 목표는 첫째, 한반도에서 긴장을 완화하고 평화를 유지하는 것이다. 그래서 한반도의 비핵화를 원칙적으로 지지하면서도 북핵 문제 해결에서는 정치·외교적 방법을 강조하며 북한의 핵 포기에 대한 관련국의 안전 보장과 경제적 지원 조치가 필요하다고 본다. 또한, 장기적으로 6자회담의 틀과 경험을 토대로 역내 다자 안보 협력 체제 구축을 희망하고 있다. 둘째, 남북한 양자 협력과 남·북·러 삼각 협력 강화이다. 러시아는 북한 채

블라디미르 푸틴 러시아 대통령과 김정은 북한 국무위원장이 2019년 4월 25일 블라디보스토크에서 만나 정상회담을 했다 (출처: kremlin.ru)

무 문제에 대한 전향적 입장을 전제로 북한과의 경제 협력에 착수하는 한편, 물류 분야(한반도종단철도(TKR)-시베리아횡단철도(TSR) 연결), 에너지 분야(가스관·전력망 구축)를 중심으로 남·북·러 삼각 협력을 적극적으로 추진하여 경제적 이익을 획득하려 한다. 그럼으로써 궁극적으로 동북아 지역 정치 재편 과정에서 러시아의 영향력을 강화하려 한다. 셋째, 한반도에서 정치적 영향력을 확대할 기회를 노린다. 한반도는 러시아가 아·태 지역과 동북아시아에서 영향력을 확대할 기회를 제공하는 공간이다. 이런 점에서 북한과의 관계 강화를 필수적으로 고려하고 있으며, 남북한 균형 정책과 등거리 정책을 일관되게 추진하고 있다. 넷째, 역내 세력 균형을 해치지 않고 이뤄지는 한반도 통일이다. 러시아는 장기적으로 한국 주도의 한반도 통일을 역내 세력 구도의 급격한 변화 부재와 자국 영향력 유지에 큰 위해를 가하지 않는 조건에서 지지하는 입장이다. 특히 통일 한국이 균형적 태도를 견지하면서 역내 다자 협력을 촉진할 수 있게 되기를 기대하고 있다. 러시아는 한반도 통일 과정에서 상대적으로 동맹의 굴레로부터 자유로운 자국의 장점이 십분 발휘되어 영향력 증진 기회로 이어지길 희망한다.

마지막으로, 이른바 '신동방정책'으로 많이 회자되고 있듯이, 러시아의 대외 전략에서 아·태 지역 비중이 크게 증가하고 있다. 러시아의 대외 전략에서 아·태 지역 중시 경향은 무엇보다 이 지역이 국제 정치·경제의 중심으로 떠오르고 있는 것에 대한 자연스러운 정책적 대응으로 볼 수 있다. 실제로 아·태 지역은 중국의 급격한 부상과 이로 말미암은 미국과의 전략적 경쟁 심화, 중일 간의 역내 패권 경쟁 가시화, 일본의 보수 우경화와 보통 국가화 추구, 역내 국가 간 영토 분쟁 과열, 북핵 문제로 인한 한반도 불안정 등 굵직한 정치·안보 현안이 밀집되어 있다. 게다가 이 지역은 중국을 위시한 아시아 국가들의 비약적 경제 성장과 2008~2009년 국제 금융 위기와 유로존 위기 등으로 경기 침체에 빠진 유럽 지역을 대체해 장기적으로 국제 경제의 중심지로 부상할 것으로 예상된다. 이런 점에서 다극 질서에서 하나의 극으로 기능하려는 러시아가 아·태 지역 정책의 비중을 강화하는 것은 지극히 당연하다고 할 수 있다.

하지만 여기서 무엇보다도 먼저 주목해야 할 점은 러시아가 아·태 지역 비중 강화 정책을 통해 역내 국가들과 협력하면서 극동 개발을 적극적으로 추진하고 있다는 것이다. 다음으로 주목할 점은 러시아가 극동 지역을 매개로 아·태 지역으로의 통합을 지향한다는 것이다. 다시 말해 러시아는 국가의 균형 발전과 통일성 유지, 장기적 관점에서 국가 발전의 새로운 동력 확보, 국내적 차원에서 지지기반 강화 등 여러 가지 이유로 극동 개발을 '21세기 최우선 과제'로

블라디보스토크는 러시아가 극동 지역을 매개로 궁극적으로 아·태 지역으로 통합하고자 하는 데서 핵심 역할을 담당한다. 사진은 블라디보스토크 무역항에 가득 쌓인 컨테이너와 동보스포러스만이다 (출처: 라승도)

MAERSK
MAERSK

상정하고 있다. 궁극적으로 러시아는 아·태 지역으로의 통합을 통해 역내에서 중요한 일원이자 강대국으로 자리매김하고 더 나아가 미국의 유일 패권을 견제하는 동시에 중국의 급부상에 대비한 장기적·전략적 포석을 마련하고자 한다. 이것이 바로 아·태 지역에 대한 러시아의 정책적 중시 경향을 자국은 물론 관련국들도 '신동방정책'이라는 명칭으로 굳이 강조해 부르며 주목하는 까닭이다.

EEF, 신동방정책의 핵심 추진 수단

러시아 정부가 푸틴 집권 3기부터 신동방정책을 본격적으로 추진하면서 취한 가장 중요한 행보 중 하나로 2015년부터 블라디보스토크에서 열리는 EEF를 꼽을 수 있다. 2015년 5월 19일 푸틴 대통령은 극동 지역을 효과적으로 개발하고 아·태 지역 내 국제 협력을 확대하기 위해 이 지역에서 경제 포럼 신설을 지시하는 대통령 행정명령을 발표했다. 핵심 내용은 블라디보스토크에서 EEF를 매년 개최하고, 포럼 준비와 이행을 위해 별도의 조직위원회를 구성하며, 정부가 필요한 재원을 마련토록 하라는 것이었다.

러시아는 이때까지 두 개의 대규모 국제경제포럼을 운영해왔다. 그중에서 가장 대표적인 포럼은 상트페테르부르크국제경제포럼(SPIEF)이다. SPIEF는 2005년 푸틴 대통령의 행정명령에 따라 창설되어 현재 러시아 경제개발부가 주관·운영하고 있다. 러시아판 다보스포럼으로 불릴 만큼 큰 규모를 자랑하는 SPIEF는 러시아 서부 지역 개발과 이를 위한 주변국들과의 협력을 핵심 목표로 삼고 있다. 또 다른 하나는 소치국제투자포럼(SIIF)이다. 이 포럼은 2002년 설립된 쿠반지역경제포럼을 모태로 2007년 러시아연방 총리의 행정명령으로 창립된 국제회의다. SIIF는 SPIEF와 마찬가지로 러시아 남부 지역 개발을 위해 유럽 국가들의 투자와 협력을 촉진할 목적으로 운영되고 있다.

따라서 2015년 블라디보스토크 EEF의 신설은 국토 균형 발전이라는 관점에서 러시아 정부가 앞서 언급한 러시아의 서남부와 함께 동부에 위치한 극동 지역의 개발을 본격화하겠다는 강력한 정책적 의지를 표현한 것으로 평가할 수 있다. 또 하나 흥미로운 것은 바로 EEF가 러시아와 서방의 대립과 갈등이 극도로 첨예했던 시점에 시작됐다는 것이다.

2012년 집권 3기를 시작한 푸틴 정부는 2014년 커다란 도전에 직면했다. 2013년 하반기부터 2014년 초까지 이어진 우크라이나 분규 과정에서 러시아는 2014년 3월 21일 우크라이나의 크림반도를 전격적으로 병합함으로써 전 세계에 커다란 충격을 안겨줬다. 곧이어 러시아는 우크라이나 동부 지역의 분리·독립 운동을 매개로 미국을 비롯한 서방 국가들과 첨예하게 대립했다.

이른바 '우크라이나 위기'로 불리는 이 사태의 본질은 미국과 서방, 러시아 사이에서 우크라이나라는 지정학적 요충지를 획득하기 위한 한 치의 물러섬 없는 대결에 있다. 미국과 서방에 우크라이나는 독자적 세력화를 추구하고 있는 러시아를 포위·봉쇄하기 위한 전략적 요충 국가였다. 이와 마찬가지로 러시아는 글로벌·지역적 강대국으로 부상하기 위해 야심 차게 추진 중인 유라시아 지역 통합의 성패를 결정하는 사활적 이익 공간이었다. 결국, 우크라이나 위기는 양대 세력의 전략적 이해를 매개로 한 갈등이 심각한 고비에 이르렀음을 생생하게 보여준 사례였다.

2016년 6월 17일 상트페테르부르크국제경제포럼에서 블라디미르 푸틴 러시아 대통령 등이 지켜보는 가운데 마테오 렌치 이탈리아 상원의원이 연설하고 있다 (출처: en.wikipedia.org)

우크라이나 위기를 계기로 촉발된 미국과 서방, 러시아 사이의 대립과 갈등 양상은 제재와 맞제재의 악순환을 거듭하며 악화일로로 치달았다. 미국과 서방은 러시아의 크림 병합 직후 대러 경제 제재에 착수하여 현재까지 이를 지속해서 확대해오고 있다. 실제로 미국과 EU가 러시아에 가한 일련의 징벌적 제재와 저유가 국면은 러시아 경제에 심각한 타격을 줬다. 당연히 러시아도 이에 맞서 BRICS 등 비서방 국가들과의 연대를 강화하는 한편, 미국과 EU 소속 국가들을 겨냥해 보복 제재에 나서는 등 경제적 대응 조치를 취할 수밖에 없었다.

결국, 러시아는 자국의 가장 중요한 대외 경제·통상 파트너들인 서방 국가들과의 관계가 크게 훼손됨에 따라 아·태 국가들과의 협력이 갖는 중요성을 재확인하게 됐다. 이런 점에서 러시아는 신동방정책을 본격적으로 이행해야 할 필요성을 더욱 확신하게 됐으며, 이를 더욱 가속화하기 위한 정책적 수단들을 마련할 필요가 있었다. 실제로 러시아는 에너지 자원 수출 시장으로서 중국과 한국, 일본, 인도, 베트남 등 아시아 국가들의 잠재력을 높이 평가해왔으며, 이들 국가와의 경제·통상 협력의 확대는 이제 선택이 아닌 필수 영역으로 바뀌어 갔다.

더욱이 동북아시아 주요국인 중국과 일본 등이 러시아에 적극적으로 접근하려고 하는 상황도 신동방정책 구현에 유리한 요소로 간주됐다. 이를테면, 중국은 미국의 단일 패권 추구를 저지하고, 정체된 동북 3성 지역의 경제 발전을 견인하기 위해 러시아와의 전략적

2014년 3월 18일 블라디미르 푸틴 러시아 대통령이 크림자치공화국과 세바스토폴의 러시아 편입 조약에 서명하고 있다 (출처: en.wikipedia.org)

연대를 추구했다. 일본도 아베 정부 시기 전후사의 총결산을 통한 평화헌법 개정을 위해 러시아와의 오랜 영토분쟁 문제를 해결해야만 했다. 일본은 영토분쟁과 평화조약 체결을 촉진하기 위해 러시아에 경제 협력 확대를 유인책으로 제시하면서 적극적인 접근을 시도했다.

이런 맥락에서 러시아가 새롭게 내놓은 정책적 수단이 바로 EEF였다. 제1차 EEF는 2015년 9월 3~5일에 열렸다. 포럼의 주제는 '글로벌 투자 전망 구도 속의 극동'이었다. 푸틴 대통령은 2015년 9월 4일 기조연설에서 "러시아가 하루빨리 극동 지역을 아·태 지역 경제권에 통합시키고, 러시아의 자원과 아시아의 기술이 조화를 이뤄야 한다"고 역설했다. 특히, 그는 이 자리에서 극동 지역 내 단일 전력망 구축 사업과 대규모 과학센터 건립, 선도개발구역 설치와 블라디보스토크 자유항 지정 사업 등 다양한 프로젝트를 제안했다. 처음 열린 이 회의에 총 32개 국가 2,500여 명의 대표단이 참석했으며, 약 1.3조 루블(23조4천억 원) 규모의 투자·협력 의향서 체결이 이뤄졌다.

2016년 9월 2~3일에는 '극동을 개방하며'라는 기치로 제2차 EEF가 열렸다. 이 회의에는 총 56개국에서 4,600여 명이 참석했으며, 1조8천5백억 루블(33조7천억 원) 규모의 214개 협력 의향서가 체결됐다. 특히, 박근혜 대통령이 포럼의 주빈 자격으로 참석해 기조연설을 하고 푸틴 대통령과 정상회담을 열어 주목을 받았다. 양국 정상은 회담을 통해 당시 최대 현안이던 북한 핵 문제 해결을 위해 한국과 러시아의 전략적 소통을 강화하는 문제, 한국과 EAEU 간 자유무역협정(FTA) 추진 문제, 양국 간 경제 협력 확대 문제 등을 폭넓게 논의했다. 한국 정부는 외교·안보 문제와 관련하여 이른바 조

'시베리아의 힘' 가스관 연결식 행사 장면 (출처: en.wikipedia.org)

건부 사드 배치론을 통해 북한의 핵 위협이 고도화하는 가운데 사드 배치가 불가피하다는 점을 러시아 측에 적극적으로 설득했다. 또한, 한국과 러시아는 포럼을 계기로 양국 간 경제 협력 증진과 극동 개발 프로젝트 참여 관련 총 24건(3억9천5백만 달러)의 양해각서를 체결했다.

제3차 EEF는 2017년 9월 6일부터 7일까지 양일간 열렸다. 포럼의 주제는 '극동: 새로운 현실을 창조하며'였다. 총 60개국 6,000여 명이 참석했고, 2.5조 루블(45조5천억 원) 규모의 217개 투자 협약과 협력 양해각서가 체결됐다. 특히 문재인 대통령이 포럼의 주빈으로 참석하고, 푸틴 대통령과 정상회담을 열어 눈길을 끌었다. 당시 문재인 대통령의 방러에 특별한 의미가 있었던 것은 취임 후 6개월이 채 안 된 시점에 미국에 이어 두 번째로 러시아를 방문했기 때문이었

2015년 제1차 EEF에서 연설하고 있는 블라디미르 푸틴 러시아 대통령 (출처: kremlin.ru)

ЭКОНОМИЧЕСКИЙ
ФОРУМ
ВЛАДИВОСТОК
3–5 СЕНТЯБРЯ
2015

문재인 대통령이 2017년 제3차 EEF에 참석하여 연설하고 있다 (출처: 대한민국 청와대)

다. 문재인 대통령은 이 자리에서 러시아와의 긴밀한 협력을 전제로 한 신북방정책 추진을 공식화하고, '9개 다리'로 대변되는 구체적 협력 계획을 러시아 측에 제시했다. 이처럼 제3차 EEF는 박근혜 정부 말기 사실상 중단된 한·러 간 협력을 재활성화하고, 양국이 새로운 협력 비전과 계획을 합의했다는 점에서 여러모로 의미가 컸다.

제4차 EEF는 2018년 9월 11일부터 13일까지 열렸다. 제3차 포럼과 마찬가지로 60개 국가에서 총 7,400여 명이 참석했으며, 3.1조 루블(56조5천억 원) 규모의 220개 투자·협력 양해각서가 체결됐다. 2018년 포럼에서는 특히 시진핑 중국 국가주석을 필두로 한 중국

시진핑 중국 국가주석과 블라디미르 푸틴 러시아 대통령이 2018년 제4차 EEF '극동의 거리' 전시장을 찾은 자리에서 건배하고 있다 (출처: kremlin.ru)

대표단이 사상 최대 규모로 참석하여 포럼 주요 회의와 부대행사 등을 더 빛나게 했다. 중국은 극동에 대한 투자·협력 의향을 적극적으로 보였을 뿐 아니라 중·러 양국의 우호 관계도 돈독하게 하는 행보도 다양하게 펼쳐 보였다. 예를 들면, 푸틴 대통령과 시진핑 주석은 양국의 경제·통상 협력 협정 서명식에 친히 참석했고 전러시아아동센터 '대양'도 함께 방문하여 객석에 나란히 앉아 어린이들의 공연을 관람했다. 이와 함께 양국 정상은 EEF의 최대 부대행사로 꼽히는 '극동의 거리' 전시장을 방문하여 요리사들 사이에서 앞치마를 두르고 연어알 등 여러 가지 음식을 맛보고 보드카로 건배하는 모습도 연출해 러시아 국내외 언론의 관심을 한 몸에 받았다. 이 모든 행보는 어느 때보다도 긴밀해지고 있는 러·중 양국의 협력 관계와 러시아의 아시아 중시 정책을 상징적으로 잘 보여준다.

가장 최근에 열린 제5차 EEF는 2019년 9월 4일부터 6일까지 3일간 열렸다. 이때 주제는 '극동: 발전의 지평선'이었으며, 총 65개 국가에서 6,500여 명이 참석했다. 또한, 이 포럼을 계기로 3.4조 루블(62조 원) 규모의 총 270개 투자·협력 양해각서가 체결됐다. 한국에서는 홍남기 경제부총리가 이끄는 대표단이 참석하여 여러 회의와 행사를 소화했다. 시진핑 국가주석 등 중국 호화 대표단이 2018년 포럼을 빛내줬다고 한다면, 2019년에는 나렌드라 모디 총리가 이끄는 인도 대표단이 주빈으로 참석해 행사를 돋보이게 했다. 모디 총리는 "러시아와 인도의 긴밀한 우호가 양국의 유대 관계에 분명한 방향을 제시해줬다"고 말하고 이것이 오늘날 "평화의 동력이자 성공의 요인"이었다고 강조했다. 이처럼 러시아 정부는 EEF를 통해 중국과 일본, 한국은 물론이고 인도까지 주요국으로 참여하게 하면서 극동을 러시아와 아시아의 밀접한 협력 관계를 확대하는 지렛대로 삼고 있다.

이와 관련하여 2015년부터 현재까지 참여국, 참가자 수는 물론 투자·협력 양해각서 수와 규모가 꾸준히 증가하고 있는 점도 눈여겨볼 필요가 있다. 실제로 한국의 박근혜, 문재인 대통령을 비롯해 시진핑 중국 국가주석, 아베 신조 일본 총리, 나렌드라 모디 인도 총리, 칼트마 바툴가 몽골 대통령 등 역내 주요 국가 정상들의 참여도 지속해서 확대되고 있다. 2015년 시작돼 2019년에 이르러 5주년을 맞은 EEF는 러시아의 신동방정책 구현을 위한 유력한 정책 플랫폼이자 동북아와 아·태 지역의 다양한 이해 당사자가 모여 경제·통상의 자유화와 경제 발전을 위한 협력의 확대를 모색하는 유용한 플랫폼으로 기능한다고 평가할 수 있다. 평화 창조 국가, 해륙 교량 국가를 지향하며, 북방 국가들과의 협력을 중요한 국정 과제로 제시하고 있는 한국으로서는 이 플랫폼의 효과적 활용에 늘 주의를 기울여야 할 필요가 있다.

블라디보스토크 루스키섬 극동연방대학교에서 열린 제5차 EEF는 나렌드라 모디 인도 총리의 참여로 특히 빛났다 (출처: 라승도)

다른 한편, EEF는 비즈니스 프로그램 외에도 스포츠와 예술 등 여러 분야에 걸친 풍성한 문화 프로그램과 다양한 부대행사로도 주목할 만한 가치가 있다. 문화 프로그램은 포럼을 찾은 러시아 국내외 손님들이 극동 지역의 문화와 예술을 접할 드문 기회를 제공한다. 예를 들면, 2019년 포럼 문화 프로그램 중 하나인 '극동의 마돈나들' 전시회를 통해서는 극동연방관구 현대 화가들의 작품에 나타난 여성 이미지를 다양하게 접할 수 있다. 특히 극동 여성들의 이미지는 소수 토착민 등 다양한 민족 요소로 구성돼 있어 특별함을 더한다. 이와 함께 스포츠 행사도 포럼 문화 프로그램에서 빠질 수 없는 부분이다. 예를 들면, 종합격투기 'Combat Night' 같은 스포츠 행사는 자칫 너무 차분하다 못해 활기 없을 수 있는 문화 프로그램 내용에 활기차고 역동적인 분위기를 부여해준다. 스포츠 행사들은 더 나아가 극동 지역의 건강한 이미지를 심어줄 수 있다.

이와 함께 포럼 두 번째 해인 2016년부터 주요 부대행사로 열리기 시작한 '극동의 거리' 전시회도 매우 흥미롭다. 이 전시회는 극동연방관구 소속 지역들이 극동연방대학교 캠퍼스 해안로에 마련된 전시관에서 자신들의 경제적 잠재력과 함께 역사와 문화, 예술을 러시아 국내외 방문객들에게 소개하는 자리다. 특히 2019년에는 극동연방관구에 새로 편입된 부랴티야공화국과 자바이칼변강주가 '극동의 거리' 전시회에 처음 참여하면서 5주년을 맞아 그러잖아도 뜻깊은 EEF에 특별함을 더해줬다. 이런 특별한 의미 덕분에 '극동의 거리' 전시회는 원래 포럼 참석자들만 방문할 수 있었지만, 올해는 포럼 종료 이후 이틀에 걸쳐 일반인들에게도 개방하여 러시아 극동 각지의 경제적 성과와 문화적 매력을 유감없이 펼쳐 보였다. 러시아 정부가 극동 발전 프로그램 중 하나로 출범시킨 '극동 헥타르'에서 거둔 결실도 바로 이곳에서 음미할 수 있다. 이제 '극동의 거리' 전

📷 블라디보스토크 루스키섬 극동연방대학교 캠퍼스 해안로에서 열린 2019년 제5차 EEF '극동의 거리' 전시회가 포럼 종료 이후 일반에 공개돼 많은 사람이 찾았다 (출처: 라승도)

📷 2018년 11월 부랴티야공화국과 함께 극동연방관구에 새로 편입된 자바이칼변강주도 2019년 제5차 EEF '극동의 거리' 전시회에 처음 참여했다 (출처: 라승도)

시회는 모스크바에서 매년 12월에 열리는 '극동의 날' 행사와 함께 극동 지역의 잠재력을 중앙과 변방에서 동시에 집중적으로 홍보하는 중요한 무대 가운데 하나로 자리 잡았다.

02

극동 개발 모델 : 선도개발구역과 극동 헥타르

02

극동 지역은 명칭이 말해주듯이 러시아 영토 동쪽 끝에 드넓게 걸쳐 있다. 러시아연방은 행정 단위 크기를 기준으로 8개 연방관구(federal district)와 85개 연방주체(federal subject), 수많은 시(군)와 읍(면) 등 하부 행정 단위들로 구성된다. 러시아에서 극동 지역이라고 하면 바로 행정구역상 극동연방관구를 가리킨다. 극동연방관구는 러시아에서 가장 큰 연방관구다. 극동 지역 면적은 약 695만㎢로 러시아 전체 면적의 2/5(40.6%)를 차지한다. 굳이 비교하자면 한국 영토의 약 70배에 달하는 넓은 지역이다. 하지만 이처럼 광대한 지역에 거주하는 인구는 2019년 기준으로 겨우 8백20만 명에 불과해서 엄청난 면적과 초라한 인구 사이의 극심한 불균형에 놀라지 않을 수 없다.

극동연방관구는 11개 연방주체로 구성된다. 아무르주, 부랴티야공화국, 유대인자치주, 자바이칼변강주, 캄차카변강주, 마가단주, 연해주, 사하공화국, 사할린주, 하바롭스크변강주, 추콧카자치구가 여기에 속한다. 이 중에서 부랴티야와 자바이칼은 2018년 11월 3일 블라디미르 푸틴 대통령이 발포한 대통령 행정명령에 따라 극동연방관구에 새로 편입됐다. 지리적으로 보면, 11개 소속 연방주체 중 부랴티야공화국과 자바이칼변강주, 아무르주, 유대인자치주를 제외한 나머지 지역들은 모두 바다를 끼고 있다는 점이 특징이다. 특히 사할린주는 러시아에서 가장 커다란 섬으로 러시아 본토에서 떨어

러시아 극동연방관구 (출처: ru.wikipedia.org)

져 있다. 또 러시아 극동 지역은 육지로는 몽골, 중국, 한반도와 접경하고 있고 바다로는 미국, 일본과 맞닿아 있다.

러시아 극동, 후진성과 잠재력 사이

극동 지역은 러시아 내 다른 지역들과 비교하여 상대적으로 낙후돼 있다. 러시아 중심부에서 멀리 떨어져 있는 지리적 특성과 혹독한 기후적 특성은 그동안 극동 지역의 경제 발전에 부정적 영향을 끼쳐왔다. 극동연방관구 지역내총생산(GRDP)은 8개 연방관구 중 체첸 분리·독립 운동의 여파로 정세가 불안정했던 북캅카스연방관구를 제외하면 항상 최저치를 나타냈다. 2017년 기준으로 극동의 GRDP는 러시아 전체의 5.1%, 최대치를 기록한 중앙연방관구의 14.8%에 불과했다. 극동 지역의 낙후한 경제 상황은 인접한 동북아시아 국가들과 비교하면 훨씬 더 초라하다. 중국과 일본, 한국이 역동적인 경제 발전을 통해 세계 경제의 중심부로 부상하는 동안 극동 지역은 상대적으로

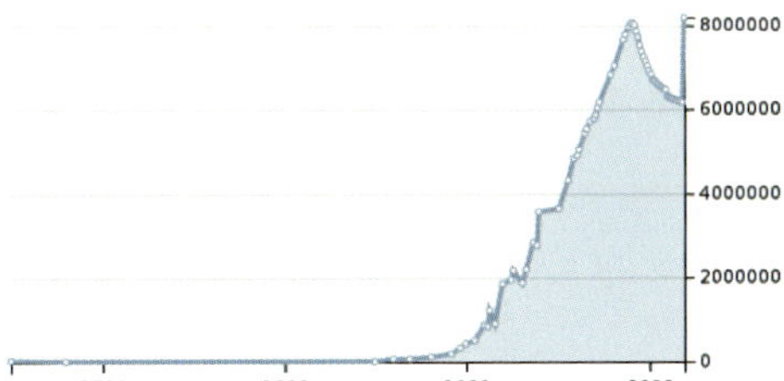

러시아 극동 지역 인구 변화 추이 (출처: ru.wikipedia.org)
(단위: 년, 명)

저개발 상태에 놓여 있었고 발전 속도도 더디기만 했다.

극동 지역이 빠르게 발전하지 못한 이유로 여러 가지 원인을 꼽을 수 있다. 가장 중요한 원인 중 하나는 급격한 인구 감소와 고령화다. 극동의 인구는 이 지역이 제정 러시아로 편입된 이후 꾸준히 증가했다. 하지만 소련이 붕괴한 1991년 이후부터 인구 감소가 시작됐고, 이러한 경향은 2018년까지 해마다 반복됐다. 그 결과 1991년 800만 명 이상이었던 극동 지역 인구는 2018년 616만여 명으로 약 190만 명이 줄어들었다. 이는 비율상 23.4% 줄어든 수치로 이 기간에 극동 지역 인구가 무려 1/4 가까이 감소했음을 의미한다. 극동 주민의 노령화도 사회·경제적, 인구학적으로 심각한 문제 가운데 하나다. 극동 지역 주민 중에서 청장년 세대가 포함된 노동 가능 인구의 증가 비율은 최근 20년간 러시아 전체에서 가장 낮았지만, 노령 인구 비율은 가장 높은 수준을 기록했다.

극동 지역에서 인구가 지속해서 감소한 데는 러시아 전반에 걸쳐 나타난 저출산 경향과 함께 취약한 사회·경제적 인프라와 부족한 일자리, 높은 물가 등으로 인해 노동력이 다른 지역으로 빠져나간 것이 큰 영향을 미쳤다. 즉, 지역의 저발전 상황이 인구 감소를 초래하고, 인구 감소가 다시 저발전 상황을 지속·심화시키는 악순환이 반복됐다.

다른 한편, 극동 지역에 내재한 커다란 잠재력에도 주목할 필요가 있다. 무엇보다 이 지역은 엄청난 천연자원을 보유하고 있다. 극동 지역에는 사할린-2 프로젝트에서 볼 수 있듯이 석유와 천연가스를 비롯해 석탄, 구리, 주석, 우라늄, 다이아몬드, 금 등 다양한 지하자원이 대규모로 매장돼 있다. 극동과 인접해 있는 동북아 주요국들은 경제 강국들로 대표적 자원 소비국이지만, 소비하는 자원 대부분을 수입에 의존하고 있다. 예컨대, 일본과 한국은 석유 수요에서 사실상 전량을 수입에 의존한다. 중국도 수요의 약 70% 정도를 수입으로 충당하고 있다. 따라서 극동 지역이 보유하고 있는 거대한 천연자원은 이 지역의 미래 성장을 뒷받침해줄 수 있는 중요한 토대라고 할 수 있다.

극동연방관구는 러시아 전체에서 최대 금 생산지다. 예를 들면, 마가단주는 2018년 사금 18t을 채취해 러시아연방 최고치를 기록했다 (출처: 라승도)

극동 지역은 아시아와 유럽을 연결하는 이른바 유라시아 교통·물류망의 핵심 요충지이기도 하다. 우리에게도 익숙한 시베리아횡단철도(TSR)는 동쪽 끝인 블라디보스토크역에서 시작되어 극동과 시베리아를 거쳐 모스크바까지 9,288km 이어지며, 이 노선은 다시 유럽 전역으로 확대된다. 게다가 극동과 동시베리아를 연결하는 총연장 4,300km의 바이칼-아무르철도(BAM)는 바로 태평양 연안의 소베츠카야가반시에서 시작된다. 이들 철도 노선이 한반도종단철도(TKR)

등 동북아시아 교통·물류 노선들과 연결될 수 있다면, 이 부문에서 극동 지역의 역할은 더욱 더 확대될 수밖에 없다. 또 극동 연안에는 블라디보스토크를 비롯해 보스토치니, 나홋카, 바니노 등 항구 도시들이 많다. 이들 도시는 러시아와 동북아시아를 잇는 주요 항만 거점이다. 앞으로 북극항로가 활성화된다면 이 항만들은 동북아시아와 유럽을 연결하는 물류 거점으로서 위상이 훨씬 더 커질 것이다.

나홋카항에서 화물열차에 석탄을 싣고 있다 (출처: ru.wikipedia.org)

이 밖에 극동 지역은 관광 자원도 매우 풍부하다. 극동은 부랴티야 공화국 바이칼호수, 사하공화국 레나 석주, 연해주 시호테알린 등 유네스코 세계자연유산만 해도 여러 곳 보유하고 있다. 이들 자연유산은 지금도 러시아 국내외에서 관광객들의 발길이 끊이지 않고 있지만, 앞으로 교통과 숙박 등 관광산업 관련 인프라 현대화 작업이 더 뒷받

유네스코 세계자연유산으로 등재된 연해주 시호테알린 자연보호구역 (출처: ru.wikipedia.org)

침된다면 충분히 세계적 관광 명소로 발돋움할 수 있다. 하지만 극동에는 이들 자연유산만 있는 것이 아니다. 2019년 제5차 EEF에 참석한 블라디미르 푸틴 러시아 대통령은 러시아 안팎을 통틀어 자신이 방문한 지역 중에서 가장 아름다운 곳으로 캄차카를 꼽았다. 그는 세상에서 캄차카보다 더 아름다운 곳은 보지 못했다고 밝히면서 수많은 화산으로 연출되는 독보적 장관이 캄차카가 왜 아름다운 곳인지 설명해준다고 말했다. 캄차카의 신비와 매력은 화산에만 그치지 않는다. 캄차카의 관광산업 잠재력은 불곰과 연어, 온천이 어우러져 빚어내는 이곳의 독특한 자연환경에서도 찾아볼 수 있다.

캄차카에서 바닷길로나 하늘길로도 곧바로 갈 수 있는 사할린섬도 많은 관광 잠재력을 보유하고 있다. 사할린주는 특히 EEF를 위해 블라디보스토크를 방문하는 러시아 국내외 손님들뿐만 아니라 이곳을 찾는 일반 방문객들을 대상으로 하여 자신들의 지역을 홍보하는 커다란 광고판을 블라디보스토크 공항 청사 바로 앞에 설치해 놓았다. 'Go Sakhalin'이라는 기치 아래 관광객 유치에 적극적으로 나서고 있는 사할린주 정부의 노력은 2019년 제5차 EEF '극동의 날' 전시회에서 사할린주 전시관이 보여준 홍보 내용에도 고스란히 담겨 있었다. 사할린주 전시관은 극동 11개 지역 전시관 중에서 지역 홍보와 관광객 유치 노력이 가장 돋보였다. 풍성한 내용을 담은 자료들을 방문객들에게 무료로 배포하고 퀴즈 행사를 통해 상품을 증정하는 등 사람들의 관심과 발길을 붙잡는 모습도 다른 전시관에서는 찾아볼 수 없었다. 사할린은 특히 유형지로서 슬픈 역사를 간직하고 있는데, 지금은 이런 부분이 관광 잠재력으로도 활용될 수 있다. 이와 마찬가지로 스탈린의 강제노동수용소(GULAG)로 악명 높았던 마가단주도 앞으로 자연 관광자원뿐만 아니라 역사 관광자원도 충분히 활용할 수 있다.

블라디보스토크 국제공항 청사 앞에 설치된 사할린 광고판 (출처: 라승도)

극동 개발 정책, 국가 역량의 선택적 투입에서 전략적 개입으로

극동 지역은 많은 잠재력이 있음에도 발전을 저해하는 일련의 비우호적 환경으로 말미암아 늘 복잡한 과제에 직면해왔다. 이런 점에서 극동 개발은 국가 차원의 적극적 개입이 요구됐으며, 시기별로 개발을 촉진하기 위한 다양한 제도적 접근이 이뤄졌다. 하지만 그동안 러시아 정부의 극동 지역 개발 정책은 이 지역의 부차적 지위와 군사·안보적 이해의 우선성에 기초해 있었다. 러시아 중앙정부는 극동 지역이 갖는 전략적 의미와 잠재력을 높게 평가하면서도 국토의 종심인 서부 지역을 우선 개발한 후 여력이 생겼을 때만 극동 지역 개발에 필요한 역량을 투여할 수 있었다. 또 러시아 당국은 극동 지역의 경제 개발을 적극적으로 추진하다가도 이 지역에서 군사·안보적 위협과 갈등이 커지면 늘 경제적 이해를 먼저 희생시키는 태도를 보였다. 하지만 푸틴 집권 3기에 접어들면서 극동 지역 개발을 국가 '최우선 과제'로 설정하고 과제 실행을 위한 조직과 정책 대안을 구체적으로 마련하는 등 큰 변화가 나타나고 있다.

19세기 말부터 20세기 초까지 러시아 정부는 군사·안보적 관점에서 극동 지역 개발을 추진했다. 이른바 '동진' 과정에서 획득한 이 지역에 대한 통제권을 안정적으로 확보하고, 주변 국가들의 위협으로부터 보호하기 위한 조치들이 실행됐다. 우선적으로 군사기지와 관련 시설들이 구축됐고, 이를 뒷받침하기 위해 군인과 그 가족이 머물 수 있는 거주지들이 개발됐다. 이 군사기지들에 기본적 물자를 공급할 수 있는 경제 기반을 구축하기 위한 주민 이주 사업도 시행됐다. 러·일 전쟁이 종료된 1906년 이후부터 러시아 정부의 극동 개발 정책은 군사적 팽창보다는 경제적 발전에 초점이 맞춰졌다. 이에 따라 낙후한 이 지역의 사회·경제적 인프라 개발이 적극적으로 이뤄졌다. 바로 이 시기에 러시아 농민들의 제1차 이주 프로그램이 운영됐고, 시베리아횡단철도 건설도 마무리됐다.

소련 시대에는 시기별로 국가 능력과 정책 우선순위에 따라 다양한 정책이 시도됐다. 1920년대 극동 지역 개발은 중앙정부의 적극적 도움 없이 자체 자원을 기반으로 추진됐다. 사회주의 혁명 이후 국가 경제가 사실상 붕괴하면서 중앙정부가 극동 개발을 지원할 여력이 없었기 때문이었다. 1930년대에는 극동 지역을 하나의 통합된 경제 공간으로 만들려고 했다. 이에 따라 중앙정부는 이 지역 노동자들에게 비교적 높은 인센티브를 제공함으로써 산업 발전을 촉진하려고 했으며, 부설된 철도 교통 인프라의 적극적 활용을 도모하는 등 정책적 전환을 모색했다.

제2차 세계대전 이후부터 1950년대에는 전후 복구 사업이 추진된 시기였다. 제한적인 국가 능력으로 말미암아 중앙정부는 서부 지역을 우선적으로 복구하는 데 전력을 기울였다. 따라서 극동 지역의 경제 발전 속도는 현격히 감소할 수밖에 없었다. 더욱이 1960년대에는 중·소 분쟁 등의 여파로 극동 지역을 군사적 가치를 중심으로 바라보는 경향이 다시금 강해졌다. 전후 복구 사업이 마무리된 1970년대에 이르러서야 소련 정부는 극동 지역 발전에 다시금 역량을 투입할 수 있었다. 하지만 1980년대에 이르러 국가 경제의 오랜 정체 국면으로 말미암아 소련 정부의 극동 지역 개발에 필요한 재원 제공 능력은 크게 훼손될 수밖에 없었다.

더욱이 1991년 소련 붕괴 이후 극동 지역의 상황은 더 열악해졌다. 한편으로 매우 짧은 기간에 파격적으로 이뤄진 국내 경제 체제의 자유화와 대외적 경제 개방은 극동 지역이 다른 주변국들과 경제 협력을 확대할 기회를 제공한 측면이 있었다. 다른 한편으로 러시아의 심각한 정치·경제적 혼란과 이로 인한 국가 재정 파탄, 국제적 저유가 국면은 극동 지역 경제 발전에 심각한 장애를 조성했다. 결과적으로 극동 지역은 러시아의 다른 지역들로부터 경제적으로 사실상 단절되는 상황에 놓이게 됐고, 역내 주요 산업이 심각한 퇴행을 겪었다.

19세기 말 20세기 초 러시아 정부는 군사·안보적 관점에서 극동 지역 개발을 추진했다. 사진은 블라디보스토크 금각만으로 진입하는 러시아 극동함대 소속 군함의 모습 (출처: 라승도)

2000년대에 접어들면서 러시아의 극동 지역 개발 정책은 극동이 동북아시아 또는 아·태 시장으로 편입되는 것을 염두에 두고 중앙 정부가 자원을 효과적으로 투입한다는 데에 방점이 찍혔다. 푸틴의 집권 이후 안정적 경제 성장을 통해 유휴 재원을 확보하게 된 중앙 정부는 2000년대 중반부터 극동 지역 내 수출용 자원 채굴과 교통 인프라 확대를 위한 투자를 본격적으로 검토했다. 극동 지역 내에 존재하는 풍부한 천연자원을 적극적으로 개발하고, 교통·물류망의 현대화를 통해 이를 주변국에 수출함으로써 지역 경제에 새로운 활력을 불어넣겠다는 구상이었다.

이를 위해 중앙정부는 2011년부터 국가 전체의 사회·경제적 발전과 연계하여 극동과 바이칼 인근 지역의 효과적 개발을 위한 연방 차원의 프로그램을 구상하기 시작했다. 2012년 푸틴 집권 3기 출범 이후 러시아의 극동 개발 정책은 신동방정책의 일환으로 추진되고

아무르강 하구에 있는 니콜라옙스크나아무레의 모습 (출처: ru.wikipedia.org)

있다. 더욱이 2014년 3월 우크라이나 위기 이후 러시아와 서방의 관계가 크게 훼손되면서 극동 개발 정책의 중요성이 더욱 강조되고 추진 의지도 더욱 확고해지고 있다. 현재 극동 개발 정책은 역내에 존재해온 만성적 인구 감소, 자원 중심 산업 구조, 낙후한 인프라 문제 등을 해결하고, 경제 발전을 지속·확대해 나가겠다는 목표를 설정하고 있다.

러시아 중앙정부는 이러한 목표 달성을 위해 2012년부터 극동의 효율적 개발을 전담하는 조직적 토대 구축 작업에 나섰다. 먼저 '극동 사회·경제 발전 정부위원회'가 구성됐다. 이 기구에는 극동과 바이칼 인근 지역의 사회·경제적 발전과 관련한 극동 지역 내 여러 층위에 걸친 행정기구의 활동을 총괄하고 지원하는 역할이 부여됐다. 현재 극동 개발과 관련한 정부 기구 중 최상위 기관으로 드미트리 메드베데프 총리가 위원장을 맡고 있다. 이와 함께 푸틴 대통령은

МИНИСТЕРСТВО РОССИЙСКОЙ
ФЕДЕРАЦИИ ПО РАЗВИТИЮ
ДАЛЬНЕГО ВОСТОКА И АРКТИКИ

러시아연방 극동·북극개발부 로고 (출처: minvr.ru)

정부 내에 극동 개발을 전담하는 별도 부서로 '극동개발부'를 신설했다. 극동개발부는 2019년 2월 26일 극동·북극개발부로 명칭이 변경됐다. 당시 극동개발부의 설치는 그 자체로 매우 이례적 조치로서 러시아 정부의 극동 개발에 대한 확고한 의지를 보여주는 중요한 행보로 평가됐다. 또한, 극동 개발을 재정적으로 뒷받침하기 위한 지원 기관 설립도 이어졌다. 2011년 러시아 대외경제은행(VEB) 주도로 다양한 분야의 우선순위 투자 사업에 대한 재정 지원을 위해 '극동개발펀드'가 설립됐다. 2015년에는 선도개발구역(TOR) 조성과 관리를 위한 '극동개발공사'와 극동 지역으로 투자를 유인하고 수출을 확대하기 위한 '극동투자수출지원청'이 신설됐다. 또 극동 지역 내 노동력 공급 문제를 지원하기 위해 '인적자본개발청'도 새로 문을 열었다.

극동 지역 개발을 위한 구체적 프로그램도 마련됐다. 그 결과, 2013년 3월 극동개발부가 중심이 되어 '2025 극동·바이칼 지역 사회경제발전 국가 프로그램'을 수립하고 4월 초 중앙정부가 이를 정부 행정명령으로 확정하기에 이르렀다. 당시 다소 포괄적이고 추상

2019년 제5차 EEF '극동의 거리' 전시회에 조성된 사하공화국 전시관에서 우선 투자 프로젝트들이 소개돼 있다 (출처: 라승도)

적이라고 평가되던 이 프로그램은 극동 지역의 현실을 반영하여 꾸준한 조정 과정을 거쳤다. 발표 1년여 후인 2014년 4월 이미 발표된 내용을 대폭 구체화·체계화하여 전면 수정한 개정 프로그램이 발표됐다. 2016년에는 경제 발전을 위한 환경 조성과 투자 유치를 위한 제도적 틀을 마련하기 위한 보완이 이뤄졌다. 2017년 개정본에서는 사업의 수행 성과를 측정할 수 있는 평가 지표에 대한 조정이 진행됐다. 마지막으로 2018년에는 극동 지역 내 북극 지대의 발전 목표와 방향을 추가한 개정 작업이 단행됐다.

현재의 극동 개발 정책은 해당 지역 내 경제 구조의 현대화와 주변국과의 무역·경제 관계 확대에 주안점을 두고 있다. 특히 극동 지역 내 각종 산업 기반을 확립하고 인프라를 확충하기 위해 민간 차원과 외부 투자 유치를 중요한 과제로 설정하고 있다. 이와 함께 선도개발구역과 자유항을 새로 조성하고, 각종 투자 유치 프로그램을 신설해 운영하는 등 외부 투자 유치를 위해 투자 환경 개선에 많은 노력을 기울이고 있다. 무엇보다도 선도개발구역과 자유항 등을 통해 일부 거점 도시들을 우선해서 발전시키고, 그 성과를 다른 지역으로 확산함으로써 극동 지역 전반의 발전을 도모하고 있는 것으로 보인다. 또한, 러시아는 2016년 6월 역내 인구 유입을 위해 '극동 헥타르'라는 파격적인 프로그램을 발표한 바 있다. 이처럼 2012년 이후 현재까지 추진되고 있는 극동 개발 정책은 대체로 투자 확대를 통해 경제 발전을 도모하고, 적극적인 인구 유입을 통해 지역 경제 개발을 촉진하며 이를 지속 가능토록 하는 데 총력을 기울이고 있다.

선도개발구역, 과감한 투자 환경 개선 프로그램

2013년 12월 12일 푸틴 대통령은 연례 국정연설에서 극동과 시베리아 개발을 21세기 러시아의 최우선 과제로 규정하고, 이 과제 달성을 위해 규모와 이행 측면에서 기존과 다른 파격적 접근이 필요하다고 강조했다. 그는 의회 상하 양원 의원들을 대상으로 한 연설에서 극동과 시베리아의 비원료(제조·가공) 수출 기업들을 위해 특별한 환경을 제공하는 특별선도경제개발구역체계 구축을 제안했다.

블라디미르 푸틴 러시아 대통령은 2019년 9월 4일 루스키섬 극동연방대학교에서 국가위원회 회의를 열고 2025년부터 2035년까지 극동 발전 국가 프로그램을 논의했다 (출처: kremlin.ru)

이와 함께 푸틴 대통령은 이 프로젝트의 중요성과 규모를 고려하여 총리가 직접 총괄하여 구체적 실행 방안과 법적 토대를 마련하라고 지시했다. 이후 정부와 의회 차원의 검토·승인 절차를 거쳐 중앙정부는 2014년 12월 29일 연방법 №473-Ф3 '러시아연방 선도사회경제개발구역 관련 법'을 발포했다. 이에 따르면 선도사회경제개발구역(이하 선도개발구역)은 투자 유치에 유리한 환경을 제공함으로써 극동 지역의 사회·경제적 발전을 가속화하고 주민들의 삶의 질을 높이기 위해 러시아 정부가 지정한 극동 내 일부 거점 지역들로 규정된다. 현재 선도개발구역 설립 작업은 상기 법령을 법적 토대로 추진되고 있다.

선도개발구역 추진은 푸틴 대통령을 비롯한 러시아 엘리트들의 극동 개발에 대한 새로운 인식에서 출발했다. 이들은 러시아의 특별경제구역들이 아·태 지역 국가들보다 경쟁력이 현저히 떨어진다고 보고, 극동 지역 발전을 위해 기존과는 다른 특별한 제도가 필요하다고 인식했다. 따라서 극동을 효과적으로 개발하려면 러시아 내부는 물론 외부로부터의 투자를 적극적으로 유인할 필요가 있었다. 이를 위해 러시아 극동 지역 내에서 파격적 세제 혜택과 특권이 주어지는 특별한 경제구역들을 조성할 필요가 있다는 결론에 도달했다. 즉, 선도개발구역 조성 프로젝트는 일종의 과감하고 파격적인 투자 환경 개선 프로그램인 셈이다.

해당 법령에서 제시하고 있는 투자 환경 개선은 크게 네가지 측면에 주안점을 두고 있다. 첫째, 외국인 숙련 인력의 유치 절차를 단순화했다. 극동 지역의 노동력 부족 문제를 해결하고 외국인 전문 인력을 적극적으로 유치하기 위해 연방 차원의 기존 규정을 이 지역에서 예외적으로 단순화하는 방안이 모색됐다. 결과적으로 선도개발구역 안에 입주한 기업들은 외국인 노동자 고용에 대한 당국의 허가, 외국인 노동자 입국에 필요한 초청장과 노동허가서 발급에서 이른바 쿼터제 적용이 면제됐다.

둘째, 중앙·지방 정부의 검열을 최소화했다. 기업들의 선도개발구역 내 입주를 유인하고, 기업 활동의 편의를 보장하기 위해 과도한 감독과 행정적 검열의 중복을 방지하는 조치가 모색됐다. 이에 따라 선도개발구역 내에서는 국가 기관들이 개별적으로 진행하던 입주 기업들에 대한 정기 감독과 검열이 통합되어 운영됐으며, 그 기간도 획기적으로 축소됐다.

셋째, 다양한 형태의 세제 혜택이 주어졌다. 먼저 선도개발구역 입주 기업들에 대한 과감한 법인세 인하가 추진됐다. 이에 따라 현재 선도개발구역 입주 기업에 초기 5년간 5% 미만, 다음 5년간

러시아 극동 선도개발구역

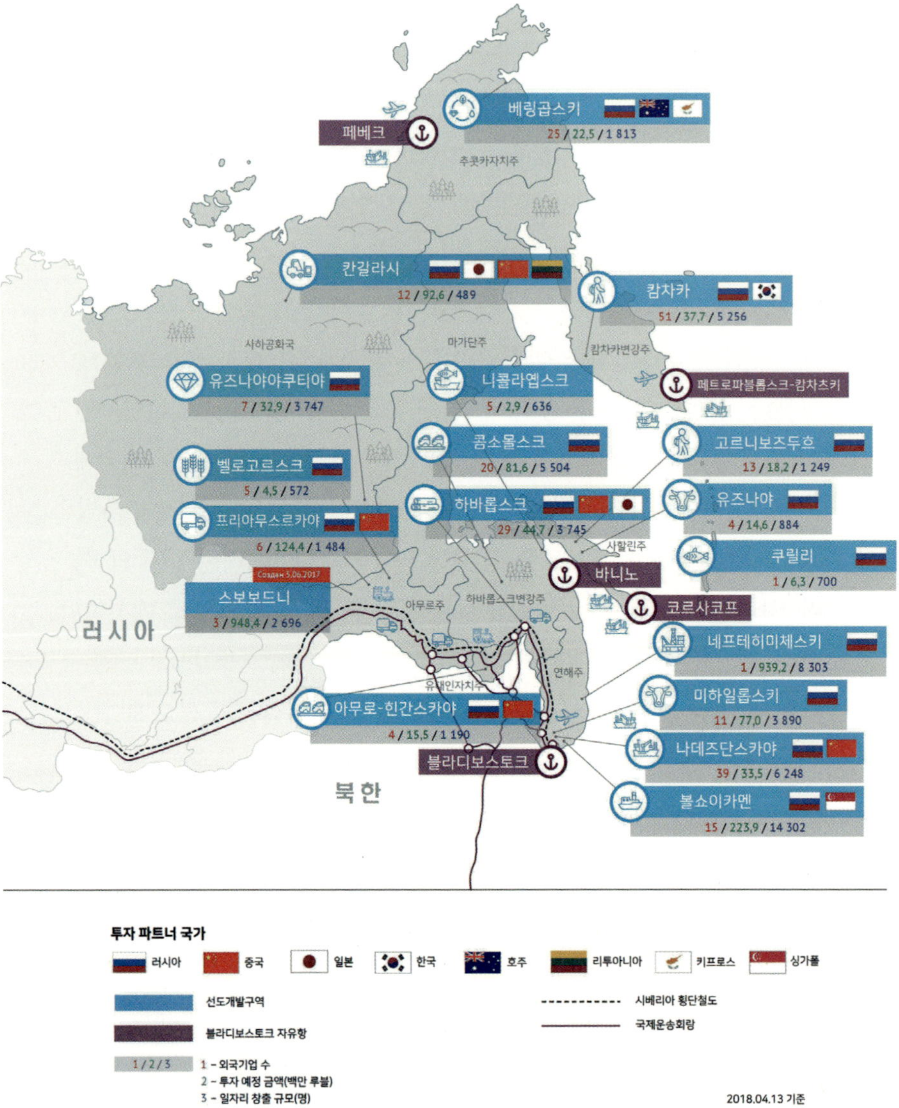

러시아 극동 선도개발구역 (출처: minvr.ru)

10% 미만의 법인세 요율이 적용되고 있다. 광물자원채굴세는 초기 4년간 면제되며, 이후 100%까지 점진적으로 인상되도록 했다. 사회공헌세는 최초 10년간 7.6%가 적용된다. 재산세와 토지세는 면제가 고려되고 있고, 토지와 건물 임대도 다른 지역보다 훨씬 더 적은 특혜 요율이 적용된다. 해당 지역 내 인프라 시설에 대한 접근에서도 다양한 특혜가 제공된다. 또한, 선도개발구역 내에서는 특별히 관세자유지역의 관세법이 적용된다. 이에 따라 선도개발구역 입주 기업들은 외국산 물품을 반입할 경우 관세와 부가가치세가 크게 감면된다.

러시아 극동·북극개발부 홈페이지에 게시된 내용에 따르면, 현재까지 총 18개의 선도개발구역이 조성됐다. 지역별로는 연해주 4곳, 하바롭스크변강주와 아무르주, 사할린주 각각 3곳, 사하공화국 2곳, 유대인자치주와 캄차카변강주, 추콧카자치구 각각 1곳이 운영되고 있다. 각 선도개발구역은 이미 일정 수준의 경쟁력을 갖춘 부분을 토대로 특화 산업을 선정하고 이를 적극적으로 육성하는 전략을 취하고 있다. 대체로 18개 선도개발구역 내 특화 산업은 농수산업, 채굴업, 제조업(경공업과 중화학공업), 물류, 관광업 이상 5개 부문으로 축약된다. 이 중에서 제조업 부문은 아직 경쟁력을 확보하지 못하고 있지만, 전략적 필요에 따라 새롭게 육성하려는 분야로 판단된다. 2018년 4월 13일 기준으로 극동·북극개발부는 251개 기업의 입주, 약 2조 2,100억 루블(40조 673억 원)의 투자, 42,904개의 새로운 일자리 창출을 기대하고 있다.

블라디보스토크 자유항

선도개발구역 프로젝트와 함께 러시아 정부는 '블라디보스토크 자유항'이라는 새로운 프로젝트를 추진했다. 푸틴 대통령은 2014년 12월 연례 국정연설에서 극동 개발의 일환으로 이 프로젝트의 추진 필요성을 최초로 언급했다. 이에 따라 2015년 7월 13일 연방법 No. 212-Ф3 '블라디보스토크 자유항에 대하여'가 발포됐으며, 이 법령은 2015년 10월 12일 자로 발효됐다.

블라디보스토크 자유항 프로젝트는 무엇보다도 극동 지역과 연해주가 가진 지리적·경제적 특성을 십분 활용하여 이 지역을 궁극적으로 아·태 지역에 통합시키려는 데 목적이 있다. 이 프로젝트에서는 연해주의 교통·물류 인프라를 개발함으로써 이 지역을 국제 교통·물류망과 연결하고, 이를 통해 극동 지역과 아·태 지역 국가들의 국제무역을 확대하는 방안이 모색됐다. 또한, 적극적인 투자 유치, 화물의 운송·보관·가공 관련 특혜 제공을 통한 핵심 물류 항구들의 형성, 비원료 고부가가치 수출 산업의 조직 등에 대한 대안들도 제시됐다. 즉, 러시아는 이 프로젝트를 통해 연해주를 비롯한 극동 지역이 아·태 지역 국가들과의 교역을 확대하고 국제 화물을 유치하게 하여 이 지역을 역내 중계무역 중심지로 육성한다는 구상을 실행에 옮기고 있다.

블라디보스토크 자유항의 범주에는 자루비노에서 나홋카에 이르는 극동 지역 남부에 소재한 주요 항구들과 크네비치 공항이 포함된다. 블라디보스토크 자유항으로 명명된 이 새로운 경제 제도는 기존의 선도개발구역과 별도로 추진됐으며, 초기 단계에는 연해주 내 15개 기초자치단체 안에 설치됐다. 또 자유항 시행 지역으로 '프리모리예-1', '프리모리예-2'와 같은 대규모 국제 운송 회랑도 포함됐다. 프리모리예-1은 하얼빈역, 쑤인펀허역, 그로데코보역, 블라디보스토크항, 나홋카항, 보스토치니항, 아·태 지역 주요 항구를 잇는 국제 화물 운송 회랑이다. 프리모리예-2는 장춘역, 지린역, 훈춘역, 마할리노역, 포시에트항, 자루비노항, 아·태 지역 주요 항구를 잇는 국제 화물 운송 회랑이다. 이 프로젝트들이 실현된다면, 중국 동북 지역에서 연해주 소재 주요 항구들을 거쳐 아·태 지역 주요 국가들로의 화물 운송이 활성화됨으로써 극동 지역 발전에 큰 경제적 효과를 제공할 것으로 기대된다.

당초 자유항 프로젝트는 연해주에만 조성하는 것으로 계획됐지만, 2016년 7월 관계 법령 개정으로 극동연방관구 내 캄차카변강주, 하바롭스크변강주, 사할린주, 추콧카자치구 등으로 확대됐다. 그 결과, 2018년 8월 현재 자유항은 극동 지역에 총 22개가 지정돼 운영되고 있다. 지역별로는 연해주에 가장 많은 16곳이 지정됐으며, 하바롭스크변강주에 2곳, 사할린주에 2곳, 추콧카자치구와 캄차카변강주에 각각 1곳이 추가로 포함됐다. 자유항은 취지상 아무르주, 유대인자치주 등 바다를 접하지 않은 지역들과 사하공화국처럼 북극해 인접 지역들에는 배정되지 않았다.

현재 블라디보스토크 자유항에서는 기업 및 투자 활동 촉진을 위한 특별한 법률 제도가 시행되고 있다. 자유항 거주자들에게는 세제 혜택, 관세·비자 간소화 프로세스, 행정 규제 완화 등 다양한 특혜가 제공되고 있다. 이를테면, 자유항에서는 8일간 무비자로 입국이 허용되며, 무역 화물의 국경 통관 절차도 다른 지역보다 간소화된다. 기업의 운송 인프라 개발을 위한 투자금 유치 활동과 아·태 지역 시장 진출을 노린 경쟁력 있는 상품의 생산과 개발에도 국가 차원의 지원이 제공된다. 자유항 입주 기업들에 대한 회계감사 기간이

사할린주 코르사코프 자유항 전경 (출처: 라승도)

단축되고, 특별감사도 특정한 조건이 충족될 때만 이뤄지도록 했다. 입주 기업들에는 초기 5년간 5% 미만의 법인세가 적용되고, 입주 후 5년간 재산세와 토지세가 면제된다. 초기 10년간 진행되는 투자 프로젝트에 대해 7.6% 한도의 특혜 보험료가 적용되며, 부가세 환급 절차도 간소화된다. 이와 더불어 사치품과 예술품, 골동품 등을 전시하고 판매하는 면세점도 운영된다.

전문가들은 블라디보스토크 자유항 설립을 통해 2025년까지 연해주의 GRDP가 기존보다 2.2배 증가한 1조4천억 루블(25조3천8백억 원), 2034년까지 3.4배 증가한 2조1천억 루블(38조730억 원)을 기록하리라고 예상한다. 마찬가지로 극동연방관구의 GRDP가 2025년까지 1조9천7백억 루블(35조7,161억 원)을 달성할 수 있으리라는 전망도 제기되고 있다. 또한, 이 프로젝트가 성공적으로 진행될 경우 2021년까지 8만4천7백여 개, 2025년까지 10만8천여 개, 2034년까지 46만8천5백여 개의 일자리가 새로 창출될 것으로 기대

2019년 제5차 EEF '극동의 거리' 전시회에 조성된 '극동 헥타르' 홍보관 간판 (출처: 라승도)

되고 있다.

'극동 헥타르', 인구 위기 탈출을 위한 묘책

극동 지역은 넓은 면적과 비교하여 인구가 매우 적고 그마저도 지속적인 감소 경향을 보였다. 따라서 인구 문제는 극동 지역의 최우선 현안으로 간주되어 왔다. 이에 따라 2012년 러시아 중앙정부는 극동개발부에 극동의 인구 문제 해결을 위한 구체적 대응책을 주문했다. 그러자 극동개발부를 비롯한 관계 부처들이 다양한 방안을 검토하고 논의한 끝에 우리로서는 쉽게 이해할 수 없는 파격적인 법령이 세상에 모습을 드러냈다.

2016년 5월 1일 푸틴 대통령은 극동 지역 주민과 극동 지역으로 이주를 희망하는 러시아 시민에게 1헥타르의 토지를 무상으로 제공하는 것을 골자로 하는 이른바 '극동 헥타르' 법에 서명했다. 이 법령의 공식 명칭은 연방법 № 119-Ф3 '시민에 대한 국가 및 극동연방관구 소속 연방주체 소유 토지의 제공 특성과 러시아 연방 법령의 부분 변경 법'이었고, 한 달 후인 6월 1일 공식 발효됐다.

2016년은 극동 지역 인구 동학에서 나름대로 긍정적 변화가 나타난 해였다. 따라서 '극동 헥타르' 프로젝트의 추진은 바로 이러한 인구 감소 추이의 긍정적 변화에 발맞춰 추가 자극을 가하기 위한 목적으로 이뤄졌다. 이 법령에 따르면, '극동 헥타르'는 몇 가지 구체적 목표를 갖고 있다. 첫째, 러시아 시민들이 극동연방관구를 항구적 거주지로 삼도록 유인한다. 둘째, 극동 지역 주민들의 인구 유출을 완화한다. 셋째, 극동 지역의 유휴 토지를 효과적으로 개척하고 개발한다. 넷째, 시민의 경제 활동을 확대하고, 토지를 받은 시민들을 적극적으로 지원한다. 다섯째, 유입 인구의 고용을 창출한다. 여섯째, 이주 시민들을 위한 사회복지, 운송, 에너지, 주택 인프라 등 기반시설을 구축한다. 일곱째, 이주 시민들에게 편안한 거주환경을 제공함으로써 극동 지역 내에 새로운 정주지를 조성한다.

해당 법령이 허용하는 범위에서 이주 희망자는 자신이 이주할 지역과 해당 토지를 어떻게 활용할지 자유롭게 결정할 수 있다. 분배 대상 토지는 극동연방관구 소속 11개 연방주체 소재 국가 소유 또는 연방주체 소유 토지다. '극동 헥타르' 취득 희망자(개인 또는 집단)가 인터넷을 통해 토지무료공급신청서를 제출하면, 관계 기관의 검토를 거쳐 1인 1회 1헥타르(3,025평) 범위 내에서 토지가 제공된다. 그러나 신청 토지는 인구 규모(5만 명 이상 또는 30만 명 이상)에 따라 도시에서 최소 10km 또는 20km 이상 떨어진 곳이어야 한다. 토지 취득자는 5년 동안 무상으로 이용할 수 있는 권리를 갖게 되며, 이후 토지 이용 실적에 따라 토지 소유권에 대한 최종 부여,

📷 2019년 제5차 EEF '극동의 거리' 전시회에 조성된 '극동 마을'에서 방문객들이 '극동 헥타르'에서 생산된 농산물을 둘러보고 있다 (출처: 라승도)

유료 임차, 회수가 결정된다. 토지 취득자는 획득한 토지를 활용해 법이 금지하지 않는 범위에서 농업과 임업, 어업, 건설업 등 모든 영리 활동을 할 수 있는 권리를 가진다. 획득한 토지는 당연히 외국인, 무국적자, 외국법인에 기증, 양도, 매매가 금지된다.

'극동 헥타르' 프로젝트가 시작된 후 약 2년 동안 11만 7천여 명이 토지를 신청했으며, 그 가운데 4만여 명이 토지를 받았다. 연방주체별로는 연해주, 사하공화국, 하바롭스크변강주, 사할린주 소재 토지에 대한 신청 비율이 높았다. 전체 신청자 중 약 20%는 극동 지역 주민이 아닌 다른 지역에 거주하는 러시아 시민이었다. 이 중 모스크바시와 모스크바주, 상트페테르부르크시 등 대도시 주민들의 비율이 상대적으로 높은 것으로 나타났다. 사용 목적과 관련해서는 주택 비율이 41%로 가장 높았고, 농지가 26%, 별장이 13%, 관광 시설이 12%, 카페와 상점이 8%로 뒤를 이었다.

그동안 러시아 시민에게만 토지가 제공됐지만, 최근 외국인에게도 범위를 확장하는 개정안이 검토되고 있다고 한다. 하지만 여기서 외국인이란 타국에 거주 중인 재외동포와 옛 소련 구성 공화국들의 연합체인 독립국가연합(CIS) 소속 시민들을 말한다. 극동·북극개발부는 관련 규정이 개정된다면 해당 프로젝트에 대한 외국인들의 참여 신청이 꾸준히 증가할 것으로 예상한다.

'극동 헥타르' 프로젝트에 대해 러시아인들은 대체로 큰 관심을 보이는 한편, 긍정적 반응을 나타내고 있는 것으로 파악된다. 러시아 내 주요 여론조사기관 중 하나인 러시아여론연구센터 '프치옴'에 따르면, 전체 응답자의 1/5가량이 해당 프로젝트에 참여해 극동 지역으로 이주할 뜻이 있다고 응답했으며, 극동 거주민 응답자의 61%는 이 프로젝트가 극동 지역의 삶의 질을 높이는 데 긍정적으로 이바지하리라고 대답했다. 응답자들이 토지 취득을 선호한 지역은 연해주, 하바롭스크변강주, 아무르주, 캄차카변강주 등의 순서로 나타났다.

하지만 반대 여론도 존재했다. 예컨대, 2015년 12월 야쿠츠크에서는 '극동 헥타르' 프로젝트의 착수를 연기하자는 시위가 있었다. 시위 참여자들은 "미래 세대를 위해 토지를 보호하자!", "No! 기습적 토지 강탈", "올리가르흐님! 바우처, 무료 헥타르. 그 다음은 무엇인가요?" 등의 피켓을 들고 토지 무상 제공에 반대 의사를 피력했다. 이들은 2016년 4월 다시금 '극동 헥타르'가 시행되더라도 사하공화국은 제외해 달라는 시위를 열기도 했다.

이와 함께 유력 인사들의 해당 프로젝트 참여도 눈길을 끌었다. 당시 알렉산드르 갈루시카(1975~) 극동개발부 장관은 자신도 무료로 토지를 받고 싶다는 희망을 공개적으로 피력했다. 자선단체 '누즈나 포모시'의 공동 설립자인 미탸 알레시콥스키와 농산물 전문 사회적 기업 '랍카랍카'의 창업주 보리스 아키모프가 극동 헥타르 프로젝트에 참여하면서 유튜브 방송을 통해 토지 선정과 사업 조직 과정을 소개해 적지 않은 주목을 받기도 했다.

러시아연방 극동·북극개발부가 운영하는 인터넷 사이트 '극동으로(На Дальний Восток)'에는 '극동 헥타르' 프로그램을 통해 토지를 받는 러시아 시민들에 대한 지원 대책이 지역별로 마련되어 있다. 이와 함께 러시아 정부의 공식 사이트에서 찾아볼 수 있는 흥미로운 대목은 '극동 헥타르' 프로그램을 통해 소기의 목적을 달성한 사람들의 성공담이 관광과 농업, 스포츠 등 여러 분야에 걸쳐 약 40여 건이 소개되어 있다. 적어도 이 성공담만 보면 '극동 헥타르' 프로그램이 지금까지 잘 운영되고 있는 것으로 나타나는데, 현실은

자신들의 유튜브 방송에서 만화 캐릭터로 묘사된 보리스 아키모프와 미탸 알레시콥스키 (출처: 라승도)

꼭 성공담만 있는 것이 아니다. 극동의 인구 유출을 막는 동시에 외부에서 인구를 수혈할 목적으로 '극동 헥타르'가 탄생했지만, 그런데도 늘고 있는 인구 유출을 막기에는 역부족인 듯하다. 이 프로그램이 목적에 맞게 성과를 달성하려면 선전적 측면을 먼저 강조하기보다는 프로그램 작동이 원활하게 이뤄질 수 있는 매력적이고 실용적인 당근책이 추가로 필요하다. 예를 들면, 토지 제공과 함께 관련 인프라를 구축해주고 각종 규제를 최대한 완화해 줄 수 있어야 한다. 또 중요한 점은 이렇게 중요한 프로그램 운영에서 고질적인 관료주의와 부정 부패가 들어설 여지를 절대 주지 말아야 한다. 이 과정에서 각종 절차를 투명하고 공정하게 잘 지키기만 해도 어쩌면 이 프로그램은 절반의 성공 이상을 거둘 수 있을지 모른다.

03

극동의 부상과 러시아의 미래

메이드 인 극동 : 킹크랩에서 호랑이까지

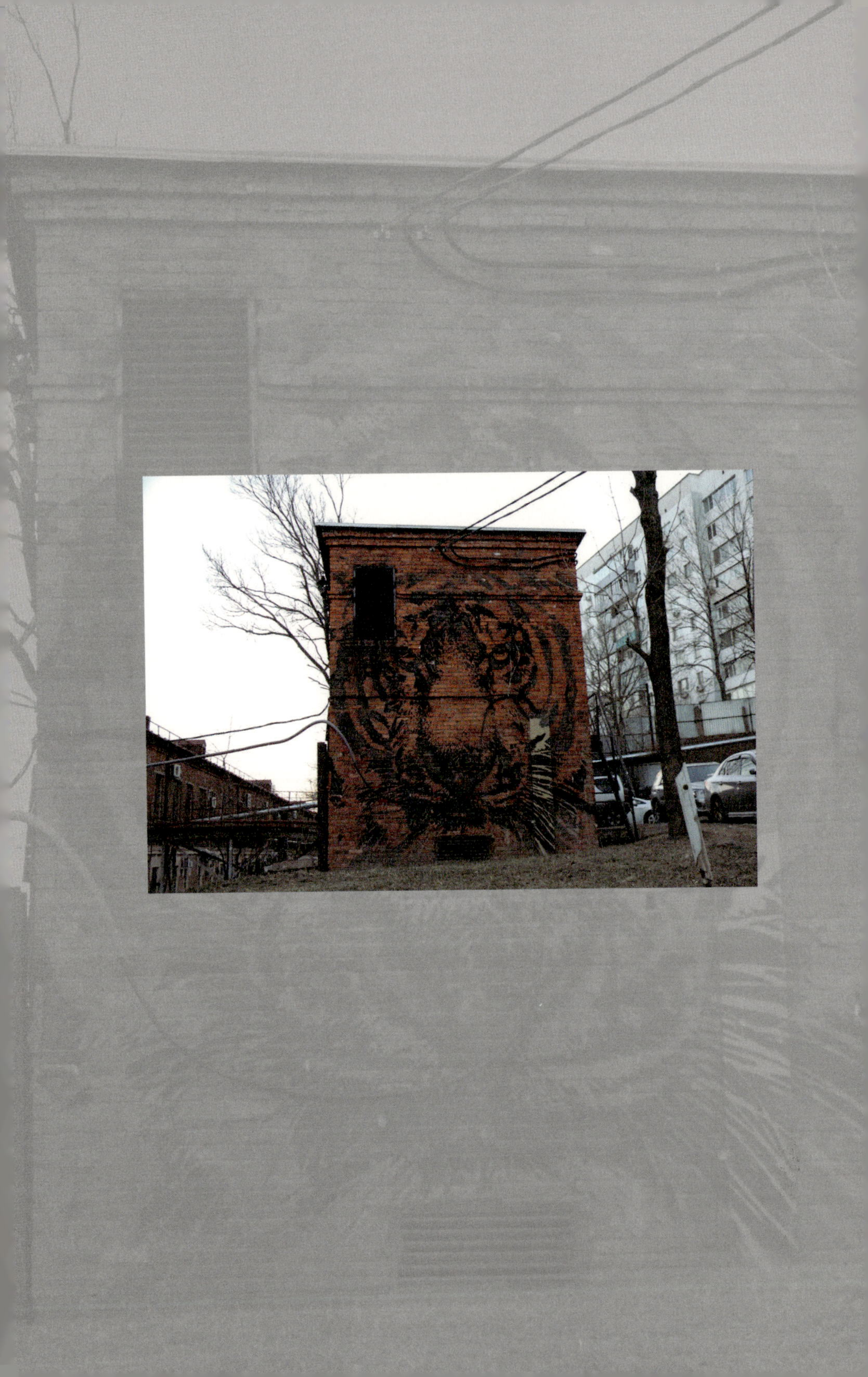

러시아 극동은 11개 소속 지역 중에서 부랴티야공화국과 자바이칼변강주, 아무르주, 유대인자치주를 제외하고 7개 지역이 바다를 끼고 있다. 예를 들면, 사할린주는 섬으로 사면이 동해와 오호츠크해로 둘러싸여 있고 캄차카변강주는 극동 최대 반도로 삼면이 오호츠크해로 에워싸여 있다. 이 밖에 극동에서만 아니라 러시아연방 전체에서도 가장 큰 면적을 자랑하는 사하공화국(야쿠티야)은 북극해로 이어지는 동시베리아해를 끼고 있고 추콧카자치구는

1. 부랴티야공화국　2. 자바이칼변강주　3. 아무르주　4. 유대인자치주
5. 연해주　6. 하바롭스크변강주　7. 사할린주　8. 사하공화국
9. 마가단주　10. 캄차카주　11. 추콧카자치구

러시아 극동연방관구 (출처: ru.wikipedia.org)

동시베리아해와 베링해를 품고 있다. 또 아시아의 아마존강으로 불리는 아무르강이 관통하는 하바롭스크변강주는 사할린섬을 마주 보고 동해와 오호츠크해 사이에 걸려 있고 연해주는 태평양으로 이어지는 동해를 끼고 있다.

캄차카 킹크랩, 러시아 극동의 명품 수산물

러시아 극동은 천혜의 입지 조건 덕분에 특히 수산자원이 풍부하다. 우리나라에서 이미 씨가 마르다시피 한 명태와 최근 '금징어'로 불릴 정도로 어획량이 급감한 오징어가 오호츠크해와 베링해 등 러시아 극동 해역에서는 여전히 많이 잡힌다. 우리 밥상이나 술상에서 빠지지 않는 명태 등의 국민 생선을 이제는 러시아에서 잡아 오지 않으면 먹을 수 없게 됐다. 하지만 극동에서 러시아를 대표하는 수산물은 명태나 오징어가 전부는 아니다. 최근 문화방송(MBC)과 교육방송(EBS) 등 우리나라 방송사에서 다양한 프로그램을 통해 심심찮게 소개되는 덕택에 점점 더 가까워지고 있는 '원시 자연의 땅' 캄차카는 화산과 간헐천, 곰으로도 유명하지만, 인근 오호츠크해와 베링해에서 잡히는 킹크랩으로도 우리에게 아주 친숙하다. 요즘 우리나라에서는 어획량이 갈수록 줄어들어 쉽게 먹을 수 없게 된 영덕 대게나 울진 대게 대신에 바로 캄차카 킹크랩을 더 싸게 즐기는 사람들이 부쩍 많아졌다. 부산이나 인천 등 항구 도시들은 말할 것도 없고 서울에서도 웬만한 먹자골목에 가면 캄차카 킹크랩 맛을 음미할 수 있는 식당 한두 곳 정도는 어렵지 않게 볼 수 있다. 캄차카 하면 킹크랩이 곧장 떠오를 정도로 킹크랩은 캄차카를 대표하는 러시아 극동의 명품 수산물이자 이미지로 자리 잡은 지 오래다.

캄차카산 킹크랩이 한국에서 많이 알려지며 사랑받고 있어서인지 2018년 6월 23일 문재인 대통령의 러시아 국빈 방문 당시 크렘린궁 만찬 식탁에도 캄차카 킹크랩이 주요 메뉴 가운데 하나로 올라왔다고 해서 화제였다. 당시 청와대는 '청와대 B컷: 2박 4일 러시아 국빈 방문 이야기'라는 제목으로 문재인 대통령의 러시아 순방 이후 관련 사진을 공개했는데, 이때 나온 다양한 이야기 중에서 캄차카 킹크랩도 있어 관심을 끌었다. 달리 말하면, 캄차카 킹크랩은 한국인 사이에서도 이미 친숙한 러시아 수산물이지만, 크렘린궁이 외국 정상의 국빈 방문 만찬장에서도 자랑스럽게 내놓을 정도로 러시아의 대표적인 상품 이미지로 자리 잡았다고 할 수 있다. 캄차카는 세상에서 가장 큰 영토를 보유한 러시아에서 극동 끝자락에 걸쳐 있는 반도에 불과하지만, 킹크랩 특산품으로 러시아 국내외 많은 사람의 입맛을 사로잡으며 지역의 존재감을 전국적, 세계적 차원으로까지 넓혀가고 있다.

크렘린궁 만찬 식탁에 오른 캄차카 킹크랩 요리 (출처: 대한민국 청와대 트위터)

2019년 제5차 EEF '극동의 거리'에 조성된 캄차카 전시관 (출처: dv.land)

실제로 캄차카변강주는 자신들의 지역 이미지를 홍보하고 존재감을 강화하기 위해 바로 킹크랩을 최대한 활용하고 있다. 2015년부터 블라디보스토크에서 열리는 EEF의 부대행사 가운데 최대 규모로 열리는 '극동의 거리' 전시회는 역내 11개 지역이 자신들의 대표 상품을 홍보하는 최대 전시회장이다. 이때 각 지역은 자신들의 특산품을 다양한 방식으로 방문객들에게 홍보하는데, 캄차카 변강주는 지역 전시관 전체를 킹크랩 형태로 만들어 11개 지역 전시관 중에서 가장 인상적인 효과를 자아내고 있다. 2019년 9월 4일에서 6일까지 3일간 열린 EEF '극동의 거리'에서도 캄차카 전시관은 어김없이 킹크랩 형태로 꾸며 포럼 참가자들의 눈길을 끌었다. 특히 올해는 '극동의 거리' 전시회가 포럼 기간 이후 7~8일 이틀간 일반인을 대상으로 공개되면서 구름 인파가 전시회 장소인 극동연방대학교 캠퍼스 해안가로 몰려들었다. 하바롭스크변강주 전시관에서 시작하여 사하공화국 전시관에 이르기까지 1km 이상 길게 이어지는 '극동의 거리' 전시회장에서 가장 독특한 디자인으로 눈길을 끈 전시관은 바로 킹크랩 모양으로 만든 캄차카 전시관이었다. 그래서인지 캄차카 전시관은 그야말로 인기 만점으로 그 앞에서 기념사진을 찍으려는 사람들의 발길이 끊이지 않았다.

캄차카변강주 수도 페트로파블롭스크캄차츠키에서는 시내버스 정류장을 이 지역 원시 자연을 상징하는 화산의 이미지로 형상화해 만들어 놓은 것을 여기저기서 볼 수 있다. 화산은 캄차카변강주 문장에 들어가 있을 정도로 이 지역 정체성을 표시해주는 중요한 요소 가운데 하나다. 또 화산은 러시아 국내외 여행객들이 캄차카를 찾게 하는 주요 관광자원 가운데 하나로 지역 경제 활성화에 크게 이바지하고 있다. 이와 마찬가지로 킹크랩도 '극동의 거리' 전시회에서 분명히 알 수 있듯이 캄차카를 대표하는 이미지 가운데 하나로 뿌리를 굳게 내렸을 뿐 아니라 핵심 수산자원으로서 지역 경제 발전에서도 상당한 비중을 차지하고 있다. 페트로파블롭스크캄차츠키에서 최대 쇼핑몰로 꼽히는 '칼란트시티'의 1층 수산물 시장에서도 캄차카 킹크랩은 각종 캐비어와 함께 이 지역의 대표 상품 가운데 하나로 대접받고 있다. 더 흥미롭게도 '메이드 인 캄차카(Сделано в Камчатке)'로 인증되는 많은 특산물 중에서 캄차카라는 수식어가 붙는 수산물은 킹크랩이 거의 유일하다. 예를 들면 이 지역에서 많이 생산되는 캐비어는 종류가 아주 다양하고 시장 내 점포들에서 가장 많이 판매하고 있지만, '캄차카 캐비어'라는 말을 굳이 붙여 팔지는 않는다. 다시 말해 '캄차카'라는 말을 붙여 특별한 취급을 받는 것은 오로지 킹크랩뿐이다.

페트로파블롭스크캄차츠키 갈란트시티 쇼핑몰 지하 수산시장의 한 점포 벽을 장식하고 있는 캄차카 킹크랩 그림 [출처: 라승도]

'주마' 레스토랑 직원이 캄차카 킹크랩을 직접 보여주고 있다 (출처: 라승도)

국제킹크랩축제 인터넷 홈페이지 공지 화면 (출처: kingcrabrussia.ru)

최근 몇 년 사이에 '러시아 극동의 관문'으로 불리는 블라디보스토크를 찾는 한국인 관광객 수가 폭발적으로 증가했는데, 이들이 블라디보스토크에 와서 즐기는 먹거리 가운데 하나도 바로 캄차카 킹크랩이다. 한국인 관광객 사이에서는 블라디보스토크에 가면 캄차카 킹크랩을 한국에서보다 더 싼 값으로 맛있게 먹을 수 있다고 소문이 자자하다. 그래서 '주마'나 '오고뇨크' 같은 현지 유명 레스토랑에 가서 보면 바로 캄차카 킹크랩 요리를 주문해서 먹는 한국인들을 심심찮게 볼 수 있다. 특히 2016년부터는 블라디보스토크에서 '주마' 레스토랑 주최로 '게를 잡아라'라는 제목의 국제킹크랩축제가 열리고 있는데, 이 킹크랩이 바로 캄차카산이다. 축제 인터넷 홈페이지는 2019년 행사가 블라디보스토크에서 10월 15일부터 30일까지 16일간 19개 레스토랑이 참여하는 가운데 열린다고 알리고 있다. 행사 내용은 러시아어와 함께 한국어, 일본어, 중국어로 동시에 알 수 있다. 여기서 짐작할 수 있듯이 한국인들의 블라디보스토크 '먹방' 여행에서도 캄차카 킹크랩은 중요한 일부를 차지한다. 이제 캄차카 킹크랩은 적어도 한국인 사이에서만큼은 러시아를 대표하는 최고 수산물 가운데 하나임이 틀림없다. 이는 캄차카가 외국으로 수출하는 킹크랩 중에서 95% 이상이 한국으로 공급된다는 사실에서도 객관적으로 뒷받침된다.

'마가단 베란다', 중앙에서 빛나는 변방의 이미지

물론 극동에서 잡히는 수산물이 킹크랩만 있는 것도 아니고 캄차카만 극동 수산물을 대표하는 것도 아니다. 2016년 러시아 정부가 마련한 '극동 러시아 수산 클러스터 조성' 계획에 따르면, 캄차카와 함께 사할린주도 극동 수산업 발전에서 중요한 비중을 차지하고 있다. 이 밖에 사하공화국과 추콧카자치구, 캄차카와 하바롭스크변강주 사이에 끼어 있는 마가단주도 대표적인 수산물 집산지로 극동 수산업에서 중대한 위치를 점유한다. 마가단은 특히 러시아 레스토랑 업계 큰손인 아르카디 노비코프가 모스크바에서 수산물 전문 레스

모스크바 '붉은 시월' 초콜릿 공장 터에 있는 '마가단 베란다' (출처: 라승도)

토랑 체인을 개업할 때 '마가단 베란다'라는 레스토랑 이름으로 사용하면서 극동을 대표하는 수산물 생산지로서의 면모를 자연스럽게 알릴 수 있었다. 역사적으로 마가단은 굴라크(GULAG)로 불리는 스탈린의 악명 높은 강제노동수용소로 20세기 러시아 현대사의 어두운 페이지를 장식한다. 다른 한편 마가단은 아르카디 노비코프가 자신의 레스토랑 이름으로 사용한 덕분에 정치 박해 현장이라는 부정적 인식을 다소 털어내며 러시아인들에게 극동의 신선한 수산물을 제공해주는 곳으로 새로운 인상을 심어 주고 있다.

'마가단 베란다'는 모스크바 셰레메티예보 국제공항 출국장 안에도 최근 개점하여 공항을 이용하는 러시아 국내외 승객들에게 극동

'마가단 베란다' 앞에 거대한 생선 조형물이 거꾸로 매달려 있다 (출처: 라승도)

의 생선 맛을 선보이고 있다. 이처럼 극동과 관련된 이미지와 브랜드가 국제공항에서 러시아 국내외 사람들의 눈앞에 선명하게 노출됨으로써 유무형의 경제적 효과가 작지 않을 것으로 보인다. 다시 말해 마가단은 이 레스토랑에서 현지 수산물을 판매함으로써 유형의 경제 효과를 직접 얻을 수 있다. 이와 함께 국제공항에서만 아니라 모스크바 시내 여러 곳에서도 운영하는 이 레스토랑을 통해 극동 지역 이미지를 홍보하는 무형의 효과도 적잖이 거둘 수 있다. 예를 들면, 모스크바 중심부에 있는 '붉은 시월' 초콜릿 공장 터에서 문을 연 '마가단 베란다'는 3층 건물로 이뤄져 있고 3백 명 이상의 손님을 수용할 수 있다. 특히 식당 앞에 거대한 생선 조형물이 거꾸로 매달려 있어 찾아오는 손님이나 행인들의 눈길을 사로잡는다. 또 레스토랑 건물 외벽에는 '마가단 베란다'를 붉은색으로 커다랗게 써 놓았다. 이런 식으로 오호츠크해를 끼고 있는 극동의 작은 항구 도시 마가단은 러시아 수도 한복판에서 자신의 존재를 끊임없이 알리는 부수 효과를 거두고 있다.

마가단, '러시아의 황금 심장'

2018년 3월 15일 사하공화국 수도 야쿠츠크 공항에서 님버스 항공 소속 화물기 AN-12가 이륙한 직후 금괴 3.4t이 비행기 화물칸에서 쏟아져 내리는 사고가 발생하여 세간의 관심을 끌었다. 사고는 비행기 화물칸 출입구 덮개가 강한 바람에 열려 떨어져 나가면서 일어났다. 이 사고로 수백만 달러에 달하는 황금과 백금이 활주로 여기저기로 쏟아져 내렸는데, 이 장면이 사진으로 찍혀 전 세계로 퍼져 나갔다. 이 비행기는 러시아 극동 추콧카자치구의 '쿠폴' 금광에서 시베리아 크라스노야르스크로 금괴를 실어 나르는 과정에서 예기치 않게 노다지가 쏟아지는 사고를 당했다. 이 사고를 계기로 새삼스럽게 널리 알려진 것은 극동이 러시아 최대 금 생산지라는 사실이다. 특히 마가단주는 러시아 최대 수산물 집산지 가운데 한 곳일 뿐 아니라 러시아 최대 금 생산지 가운데 한 곳이기도 하다.

마가단 소콜 공항 청사 앞에는 '러시아의 황금 심장 콜리마에 오신 것을 환영합니다'라는 문구가 커다란 글씨로 걸려 있다. 이 지역을 흐르는 커다란 강 이름을 따서 콜리마로 통칭되기도 하는 마가단주는 문구에 강조돼 있듯이 러시아 최대 금 생산지 가운데 한 곳이다.

2018년 12월 19일 자 타스통신 보도에 따르면, 2019년 마가단주 금 생산량은 전년 대비 5t 증가하여 40t에 달할 것으로 예상된다. 특히 마가단시에서 390km 떨어진 나탈카 금광의 매장량은 450t 이상으로 추정된다. 여기에서 채굴되는 금만 해도 사상 최대치에 이르고 있는 러시아의 금 보유고에 상당히 이바지할 것으로 보인다. 이 밖에도 마가단주에서는 금 채굴 작업장을 곳곳에서 볼 수 있다. 특히 마가단시에서 사하공화국 야쿠츠크시까지 2,000km 이상 길게 연결된 콜리마대로를 따라 마가단 방향으로 달리다 보면 금 채굴 작업장이 도로 양쪽으로 끝없이 펼쳐져 있고 채굴장 흙무덤이 마치 두더지가 흙을 파놓은 것처럼 곳곳에 쌓여 있는 것을 볼 수 있다.

마가단주는 스탈린 시대에 강제노동수용소 수감자들을 동원하여 금을 채굴하기 시작한 이래로 현재까지 금 채굴이 끊이지 않으면서 이 지역의 대표 산업으로 확고히 자리 잡았다. 마가단주 문장에 물고

마가단 소콜 공항 청사 맞은편에 있는 '러시아의 황금 심장' 환영 문구 (출처: 라승도)

기, 발전소와 함께 금 채굴 그림이 들어가 있는 데서 알 수 있듯이, 금은 마가단의 대표 생산물이자 지역 이미지로 널리 알려져 있다. 앞서 소개한 블라디보스토크 EEF 부대행사로 열리는 '극동의 거리' 전시회에서 캄차카주가 킹크랩을 자신들의 대표 지역 이미지로 내세우는 것처럼, 마가단주도 전시관을 온통 황금색으로 칠해 놓고 '러시아의 황금 심장'으로서의 지역 이미지를 강조한다. 심지어 전시관 홍보요원들까지도 모두 황금색 광부 복장과 분장을 하고 손님들을 맞이한다. 이와 함께 전시관 안에서는 금반지 등 마가단에서 채굴한 금으로 만든 다양한 제품을 마련해 놓고 직접 판매하기도 한다. 2019년 9월 8일 '극동의 거리' 전시회에서 마가단 전시관은 다채로운 모양으로 제작한 황금 제품들을 전시하고 판매하여 방문객들의 눈길과 발길을 붙잡았다. 금반지나 금목걸이 등 각종 황금 장신구를 전시하는 진열대 앞에는 특히 여성들의 발길로 붐볐고 그 자리에서 고가의 상품을 구매하는 사람들도 적지 않았다. 흥미로운 점은 스탈린 시대 당시 금 채굴에 동원돼 희생된 무고한 사람들을 추모하는 '애도의 가

2019년 제5차 EEF '극동의 거리' 마가단 전시관에서 본 '애도의 가면' 기념품 (출처: 라승도)

면' 기념비 모형을 금으로 장식해 전시하고 있었다는 사실이다. 이는 '러시아의 황금 심장'인 마가단이 국부만 채워주는 곳이 아니라 국가 폭력의 어두운 역사도 잘 기억하고 있음을 보여준다.

알로사, 세계 최대 다이아몬드 기업

러시아 전체에서 가장 큰 면적을 차지하는 사하공화국에는 세계 최대 다이아몬드 생산 기업 알로사(Alrosa)가 있다. 사하공화국은 인접한 마가단주 못지않게 금을 많이 생산하기도 하지만, 러시아 생산량의 95%, 세계 생산량의 27%를 차지하는 다이아몬드 생산지로 특히 유명하다. 2019년 10월 11일에는 사하공화국에서 다이아몬드 안에 또 다른 다이아몬드가 들어 있는 '이중' 다이아몬드가 발견되어 세계의 이목을 끌었다. 이 다이아몬드는 큰 인형 안에 똑같은 모양의 작은 인형이 들어 있는 러시아 전통 목각인형 마트료시카의 구조를 띠고 있다고 해서 '마트료시카 다이아몬드'로 명명됐는데, 이것을 세계 최초로 발견한 것도 바로 알로사였다. 이 이중 다이아몬드는 사하공화국 수도 야쿠츠크에서 북서쪽으로 약 846km 떨어진 인구 1만여 명의 도시 뉴르바 광산에서 발견됐다. 외부 다이아몬드는 0.62캐럿으로 크기가 4.8×4.9×2.8㎜이고, 내부 다이아몬드는 0.02캐럿으로 크기가 1.9×2.1×0.6㎜가량 된다. 두 다이아몬드 사이에는 틈이 있어 손으로 흔들면 안쪽의 다이아몬드가 이리저리 자유롭게 움직인다.

러시아의 알짜 기업이자 극동의 대표 브랜드이기도 한 알로사의 기원은 1954년으로 거슬러 올라간다. 소련 최초의 다이아몬드 예비 매

알로사는 러시아어 러시아-사하 다이아몬드(Алмазы России-Саха)에서 각 단어 첫 두 글자를 따서 만들었다 (출처: ru.wikipedia.org)

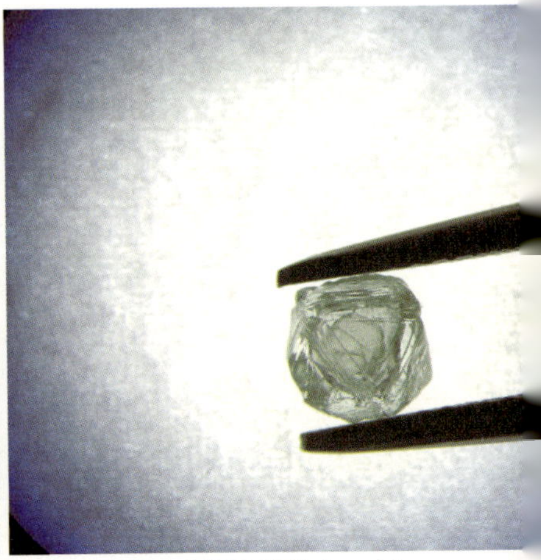

마트료시카 다이아몬드 (출처: alrosa.ru)

장지인 킴벌라이트 광맥이 바로 이때 발견됐다. 이듬해인 1955년에는 우다치나야 광맥 등이 잇따라 발견되면서 모두 15곳에 달하는 예비 매장지가 파악됐다. 몇 년 뒤 1957년에 이르러서는 소련 당국이 사하 공화국에 매장된 다이아몬드 원석을 채굴하여 생산하기로 하면서 미르니 지역에 야쿠트알마즈 그룹이 설립되어 다이아몬드 생산 시설을 건설하고 모든 생산 공정을 관리하기 시작했다. 이윽고 1958년에는 상업용 다이아몬드가 처음으로 생산되어 이듬해 세계 시장에 진출했다. 특히 미르 다이아몬드 노천 광산은 세계에서 두 번째로 큰 규모의 인공 구덩이답게 입이 떡 벌어질 만큼 놀라움을 자아내곤 한다.

2018년 러시아는 전 세계 생산량의 30%에 달하는 4,300만 캐럿 이상의 다이아몬드를 생산했는데, 이 중에서 3,670만 캐럿은 알로사가 생산했다. 알로사는 현재 러시아 시베리아와 극동에서 다이아몬드 광산 12곳을 운영하고 있으며 대다수가 사하공화국에 분포한다.

알로사에 고용된 직원들도 대부분 이 지역에 거주한다. 알로사는 북극권에서 450km 떨어진 인구 약 4만 명의 도시 미르니에 본사를 두고 있다. 미르니는 인구 대다수가 한 기업을 중심으로 고용되어 먹고 사는 이른바 '모노타운'으로 앞서 언급했듯이 이곳에는 세계에서 두 번째로 큰 규모의 노천 광산 미르가 있다. 1950년대부터 개발되기 시작한 미르 광산은 깊이 약 525m, 지름 1.25km로 엄청나게 큰 규모를 자랑한다. 하지만 2017년 8월 4일 광산 양수장 가운데 한 곳에서 물이 범람하여 30만㎥에 달하는 물이 광산으로 흘러 들어가는 사고가 발생했다. 이 사고로 다이아몬드 채굴이 중단된 미르 광산은 2030년대에나 가서 채굴 작업을 재개할 것으로 전해졌다.

알로사는 현재 세계 9개 국가, 러시아 10개 지역에 걸쳐 본사와 자회사를 두고 있다. 영국 다이아몬드 업체 드비어스와 함께 세계 다이아몬드 시장을 지배하는 알로사는 사하공화국과 시베리아를 넘어 러시아 북부의 아르한겔스크와 남부의 크라스노다르 등 러시아의 다른 지역에서만 아니라 유럽과 미국, 아프리카에서도 자회사를 거느리고 있다. 2019년 1월에는 알로사가 아프리카 짐바브웨에서도 다

미르 다이아몬드 광산 (출처: ru.wikipedia.org)

이아몬드 채굴을 시작할 계획이라고 발표했다. 2017년 기준으로 알로사의 시가 총액은 5,530억 루블이다. 주식 가치는 2019년 10월 기준으로 한 주당 68,880루블이다. 우리 돈으로 환산하면 130만 원가량이다. 한편, 2018년 상반기 알로사의 순이익은 전년 동기 대비 약 40% 증가한 332억 루블이었다. 한화로 약 5천480억 원에 달하는 금액이다. 이런 가운데 알로사는 최근 러시아의 '아시아 선회' 정책에 힘입어 중국 진출에도 박차를 가하고 있다. 알로사가 2018년에만 중국 다이아몬드 시장에서 거둔 매출액은 1억8천만 달러(약 2천억 원)를 기록했다. 2017년 3월 13일 알로사 회장으로 취임한 세르게이 이바노프(1980~)는 알로사가 중국에서 달성한 매출액이 세계 전체 매출액에서 5%에도 미치지 못하지만, 앞으로 중국 시장에서 다양한 활동으로 훨씬 더 많은 성과를 달성할 계획이라고 당찬 포부를 밝혔다. 예를 들면, 알로사는 중국 최대 보석 브랜드로 통하는 초우타이푹(周大福) 등 6개 기업과 계약을 체결하며 중국 진출에 속도를 내고

세르게이 이바노프 알로사 회장이 블라디미르 푸틴 대통령을 만나 사업 보고를 하고 있다 (출처: en.kremlin.ru)

있다.

알로사의 중국 진출은 2014년 우크라이나 사태와 러시아의 크림반도 합병 이후 서방의 대러 경제 제재가 심화하면서 날로 긴밀해지는 러시아와 중국의 협력 관계를 보여주는 대표 사례로도 꼽을 만하다. 달리 말하자면, 신동방정책으로 알려진 러시아의 아시아 중시 정책을 통해 대중 협력이 강화되고 있는 과정에서 알로사도 일정한 역할을 수행한다고 볼 수 있다. 이는 인도가 최대 손님으로 참여한 2019년 블라디보스토크 EEF에서도 다시 한번 확인된 러시아와 인도 정부의 협력 관계 강화에서도 확인할 수 있다. 알로사와 인도보석수출진흥위원회(GJEPC)는 2017년 6월 상트페테르부르크 국제경제포럼에서 블라디미르 푸틴 러시아 대통령과 나렌드라 모디 인도 총리가 참석한 가운데 양국 다이아몬드 산업 발전을 위해 양해각서를 체결했다. 이 양해각서에는 프라빈샤카르 판디야 GJEPC 회장과 세르게이 이바노프 알로사 회장이 서명했다. 이처럼 알로사는 세계 최대 시장으로 떠오른 중국과 인도에 적극적으로 진출함으로써 일차적으로는 자사와 자국의 경제적 이익 확보에서 일익을 담당하고 있을 뿐 아니라 이차적으로는 러시아와 아시아 국가들의 협력 확대에도 적잖이 이바지하고 있다.

알로사는 러시아와 사하공화국의 대표 기업 가운데 하나로서 유엔(UN)의 지속 가능한 발전 목표(SDGs)에 부합하는 기업의 사회적 책임(CSR)을 다하는 활동도 다양하게 펼치고 있다. 알로사 경영진은 특히 다이아몬드 채굴이 국제 관행에 일치하는 투명하고 책임 있는 비즈니스임을 소비자들에게 보여주려고 노력하고 있다. 이는 2018년 알로사가 국제투명성기구 러시아 지부가 작성한 '기업 투명성 보고서'에 따라 투명성 지수 최고를 기록한 러시아 10대 기업에 포함됐다

알로사는 직원 복지 향상 등 다양한 CSR 활동을 펼치고 있다 (출처: alrosa.ru)

는 사실에서 잘 뒷받침된다. 이에 앞서 2017년 알로사는 500건 이상의 사회자선 활동을 펼쳤으며 지역 발전 프로그램과 사회 인프라 구축, 후원 프로젝트 등에 재정 지원을 아끼지 않았다. 2017년 알로사가 사회 부문에 투자한 금액은 1억4,500만 달러에 달했고 환경보호 활동에 쓴 돈은 6,400만 달러를 기록했다. 요컨대, 알로사는 기업의 사회적 책임을 이행하는 활동에도 최선을 다하고 있다.

CSR 분야에서 알로사가 보여주는 적극적 행보는 바로 '극동 발전 프로그램'에서도 찾아볼 수 있다. 최근 러시아연방 정부와 사하공화국은 블라디미르 푸틴 대통령의 지시에 따라 '2025 극동 발전 프로그램' 개발 과제를 설정하고 이 과제의 성공적 실행을 위한 제안을 극동 주민을 포함한 러시아 국민 전체에게서 받고 있다. 알로사도 자사 인터넷 홈페이지에서 '극동 발전 프로그램' 개발 취지와 내용을 설명하고 이를 실행하기 위한 다양한 구상과 제안이 필요하다고 강조하고 있다. 특히 이 프로그램에서 가장 중요한 부분을 차지하는 국가 프로젝트들의 세부 사항으로는 극동 지역의 주택과 교통 인프라, 보건, 문화, 스포츠 인프라 확충이 들어 있는데, 이 부분은 알로사가 이미 활발하게 실행하고 있다. 이처럼 알로사는 사회적으로 책임 있는 기업으로서만 아니라 극동 지역 발전에 이바지하는 기업으로도 긍정적 이미지를 키워가고 있다.

오로라항공, 극동의 하늘길을 책임지다

한국과 러시아를 오가는 항공편은 다양하다. 사람들이 모스크바나 상트페테르부르크로 여행할 때는 주로 대한항공(Korean Air)이나 러시아 국영 항공사 아에로플로트(Aeroflot)를 직항편으로 주로 이용한다. 또 한국에서 비교적 가까운 이르쿠츠크나 노보시비르스크 등 시베리아 지역으로 여행할 때는 대한항공과 함께 아시아나항공(Asiana Airlines)이나 시베리아항공(S7)을 이용하곤 한다. 사하공화국을 기반으로 하는 야쿠티아항공(Yakutia Airlines)도 한국과 시베리아 지역 사이의 하늘길을 이어주고 있다. 아에로플로트를 모기업으로 하는 오로라항공(Aurora Airlines)도 러시아 극동의 수도 블라디보스토크에서 서울과 부산을 오가며 승객을 실어 나르고 있다. 이런 가운데 오로라항공이 러시아연방 국가 프로그램 실행에 따라

블라디보스토크 국제공항에 서 있는 오로라항공 소속 비행기 (출처: 라승도)

연해주와 사할린 등 극동 지역 주민들에게 항공 편의를 제공하고 있다는 사실을 아는 사람은 그렇게 많지 않을 것이다. 실제로 오로라항공은 2013년 사할린을 기반으로 극동 지역 맞춤형 항공사로 탄생해 하바롭스크 겐나디 네벨스코이 국제공항과 유즈노사할린스크 안톤 체호프 국제공항, 블라디보스토크 블라디미르 아르세니예프 국제공항을 허브 공항으로 사용하며 러시아 극동의 하늘길을 책임지고 있다.

2013년 11월 6일 자 「모스크바타임스」 기사에 따르면 오로라항공은 극동 지역 항공 시스템 개선을 위해 아에로플로트 자회사로 설립됐다. 드미트리 메드베데프 총리는 당시 각각 42개 노선과 15개 노선을 운항하던 아에로플로트 자회사 '블라디보스토크 에어'와 'SAT 에어라인'을 통합한 극동 지역 특화 항공사 설립을 지시했다. 이 지시에 따라 오로라항공이 탄생하여 2013년 12월 31일 첫 운항을 개시했다. 설립 당시 오로라항공의 지분은 아에로플로트가 51%를 소유했고 사할린주 정부가 나머지 49%를 가져갔다. 오로라항공은 무엇보다도 먼저 편리하고 효율적인 교통 시스템 구축을 통해 러시아 극동 지역의 경제 발전을 앞당기는 국가 계획 실행 차원에서 설립됐다. 이는 2012년 블라디보스토크에서 열린 APEC 정상회의 개최를 통해 본격화한 극동 발전 계획의 구체적 실현 방안에서 오로라항공이 중요한 일부였음을 말해준다.

2019년 현재 다섯 종류의 항공기 총 20대를 보유하고 있는 오로라항공은 크게 극동 지역 노선과 러시아 지역 노선, 국제노선으로 나눠 운항하고 있다. 먼저 극동 지역 노선은 연해주와 사할린, 아무르, 마가단, 캄차카, 야쿠티야, 하바롭스크 등 극동연방관구 소속 주요 지역들을 하늘길로 연결해주고 있다. 이 극동 노선에는 추콧카자치구와 유대인자치주, 2018년 극동으로 새로 편입된 부랴티야공화국과 자바이칼변강주가 빠져 있다. 중부 시베리아를 중심으로 운항하는 오로라항공의 러시아 지역 노선에서는 이르쿠츠크와 크라스노야르스크, 노보시비르스크가 하바롭스크와 직항으로 연결돼 있다. 이와 함께 국제선에서는 러시아 극동과 인접해 있는 중국의 하얼빈과 옌지, 베이징을 블라디보스토크나 하바롭스크와 이어주고 있다. 또한, 블라디보스토크, 하바롭스크와 직접 연결한다. 최근에는 부산과 블라디보스토크 사이를 직항으로 운항하고 있다. 끝으로 오로라항공은 러시아 극동과 일본 열도 사이도 운항한다. 도쿄·삿포로와 유즈노사할린스크, 도쿄와 블라디보스토크 사이에도 오로라항공 직항편이 편성돼 있다.

러시아 정부의 극동 발전 계획 실행에서 오로라항공이 담당하는 주요 역할 가운데 한 가지는 연해주와 사할린 지역 오지에 사는 주

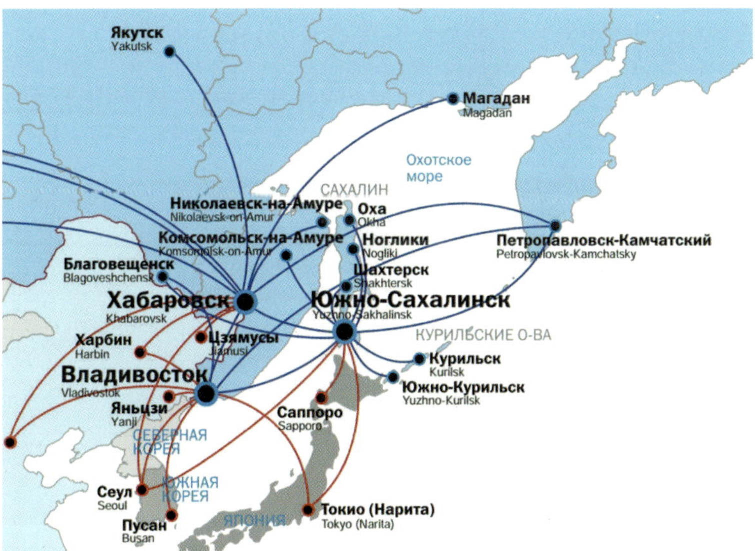

오로라항공 국내외 주요 취항지 (출처: flyaurora.ru)

민들을 블라디보스토크와 유즈노사할린스크로 원활하게 이어주는 것이다. 오로라항공은 역내 주민들이 오지에 고립되지 않고 외부 세계와 긴밀하게 연결되면서 경제·사회, 문화 활동을 활발하게 펼칠 수 있도록 하는 데 일조한다. 예를 들면, 연해주에서는 멀리 북쪽 해안에 있는 예딘카와 북쪽 내륙에 있는 보스토크 등 오지 마을 10곳을 블라디보스토크와 연결해준다. 또 사할린에서는 최북부에 있는 오하와 노글리키, 샤흐테르스크에 거주하는 주민들을 유즈노사할린스크로 이어준다. 쿠릴열도에 있는 쿠릴스크와 유즈노쿠릴스크 지역 주민들도 오로라항공을 통해 유즈노사할린스크를 방문할 수 있고 더 나아가 러시아 국내외 대도시들로 자유롭게 이동할 수 있다.

오로라항공 기내 잡지 2019년 10월호에 보면, 2019년 9개월간 오로라항공이 수송한 승객 수는 총 112만6,656명에 달했다. 이는 2018년 동기 대비 3% 늘어난 수치로 국제선 승객이 29만9,937명으로 8%로 증가한 데 힘입은 바 크다. 이 기간에 오로라항공 국내선 이용자 수는 82만6,719명을 기록했다. 이와 함께 2019년 8개월간 운항 횟수도 전년 동기 대비 5% 증가하여 17,085회에 달했다. 이 중에서 국제

2019년 10월 16일 저녁 블라고베셴스크 공항에서 승객들이 블라디보스토크행 비행기에 탑승하고 있다 (출처: 라승도)

선 운항 횟수는 4,200회였고 국내선은 12,885회였다. 여기서 짐작할 수 있듯이 극동 지역 항공사로 자리매김한 오로라항공의 국제선 승객이 1년 만에 8%나 증가했다는 사실은 러시아 극동과 한·중·일 동북아 삼국 사이의 교류가 그만큼 활발해지고 있음을 방증한다. 특히 연해주 블라디보스토크를 중심으로 한국인 관광객이 최근 들어 폭발적으로 증가하고 있는 현상도 오로라항공의 성장과 극동 지역 경제 발전에 어느 정도 이바지했을 것이다. 서울과 부산에서 오로라항공을 이용해 블라디보스토크를 방문하는 한국인들이 적지 않기 때문이다. 이런 점에서 오로라항공은 러시아 극동을 대표하는 항공사로서 한국과 러시아의 교류·협력에서도 작으나마 의미 있는 가교 구실을 한다고 볼 수 있다.

오로라항공이 러시아 극동의 대표 브랜드이자 이미지로서 가진 위상은 2018년 극동 지역 기업들을 대상으로 수여하는 '올해의 상표' 상을 거머쥔 데서 입증됐다. 오로라항공은 해운과 항공, 도로, 철도 물류, 교통 인프라 부문에서 최고 '지역 브랜드'로 선정됐다. 이 상을 받은 효과는 항공사 홍보와 관련 상품 제작 시 수상 정보 노출을 통해 점진적으로 나타날 것으로 보인다. 특히 이러한 수상 이력은 오로라항공이 러시아 극동의 대표 브랜드임을 뒷받침해 줄 뿐 아니라 러시아 국내외 이용자들에게 신뢰감도 심어줄 수 있다. 오로라항공이 러시아 국영 기업 아에로플로트 항공그룹의 자회사 가운데 하나인 것도 브랜드 인지도와 신뢰감을 느끼게 해준다. 그러나 뭐니 뭐니 해도 서비스 품질과 안전만큼 브랜드 가치를 더 높여주는 것은 없으리라. 오로라항공이 극동을 넘어 러시아 전체를 대표하는 명품 항공사로 비상하려면 바로 서비스 품질 향상과 안전 확보에 최선을 다해야 할 것이다.

오로라항공은 극동에서 2018년 '올해의 상표' 상을 받은 데 이어 2019년 4월에는 러시아 승객협회와 공항산업청이 공동 주관한 '러시아 스카이 서비스' 조사에서 '최고의 조치' 부문 최우수상을 받았다. 2018년 '지역 브랜드'가 극동 지역 기업을 대상으로 하는 상이었다면, '최고의 조치'는 러시아 23개 항공사를 대상으로 하는 상이어서 수상 의미가 더 컸다. 최고의 기내 승객 서비스 제공 부문에서 수여하는 상을 받음으로써 오로라항공은 러시아 전국구 인지도를 갖게 되는 공식 계기를 마련했다. 시상식이 열렸던 2019 '러시아 스카이 서비스' 포럼에서 오로라항공은 최고의 승무원들에게 주는 상도 받았다. 다시 말해 '최고 승무원 팀' 부문에서 오로라항공 승무원들이 동상을 받았다. 이처럼 오로라항공은 대기업 아에로플로트의 자회사이기는 하지만, 서비스 품질 향상을 위해 끊임없이 노력하면서 독자적인 브랜드 이미지를 구축하고 있다. 오로라항공의 존재감이 앞으로 극동 지역에서만 머물지 않고 더 나아가 러시아 국내외로까지 훨씬 더 확장될 수 있을지 기대된다.

호랑이, 극동의 대표 상징

한국에서 '아시아의 유럽'으로 통하는 블라디보스토크는 한국인에게 매우 친숙한 동물인 호랑이로도 유명하다. 블라디보스토크시 깃발과 문장에 아무르 호랑이 이미지가 들어가 있는 것만 봐도 금방 알 수 있다. 블라디보스토크 국제공항에서 버스나 택시를 타고 시내로 들어올 때 연결되는 도로 지점에 조성된 한 쌍의 호랑이 동상에서부터 시내의 '호랑이 거리'와 '호랑이 언덕'을 거쳐 유서 깊은 '베르사유 호텔' 현관의 호랑이 그림에 이르기까지 블라디보스토크시 안팎 곳곳에 퍼져 있는 다양한 호랑이 이미지에서도 이곳이 '호랑이의 도시'임을 확인할 수 있다. 호랑이는 특히 1991년 소련 붕괴 이후 지금까지 수많은 변화를 겪은 블라디보스토크의 새로운 정체성 확립에서 핵심적인 상징 이미지였다. 블라디보스토크시가 새천년이 시작되는 2000년부터 매년 9월 마지막 주 일요일에 '호랑이의 날'을 성대하게 기념하는 이유도 이런 맥락에서 파악할 수 있다.

블라디보스토크는 소련 붕괴 이후 공산주의 이념 소멸과 시장 자본주의 도입, 극동 지역 개발 과정에서 무엇보다도 먼저 산업·통상 발전의 중심지로서 새로운 면모를 갖추기 시작했다. 최근에는 마린스키 극장 연해주 무대 개관에서 볼 수 있듯이 극동 지역 예술·문화 발전의 중심지로도 발돋움하고 있다. 이와 함께 블라디보스토크는 앞서 언급한 '호랑이의 날' 축제에서 알 수 있듯이 자연 보호와 보존에

2019년 9월 28일 블라디보스토크 '호랑이의 날' 행진 모습 (출처: 라승도)

앞장서는 세계적인 친환경 도시로 새롭게 자리매김하고 있다. 물론, 극동 지역에서 호랑이 이미지가 블라디보스토크에만 나타나는 것은 아니지만, 블라보스토크에서만큼 압도적인 존재감을 뽐내는 곳은 극동 지역에서만 아니라 러시아 전체를 통틀어서도 찾아볼 수 없다.

호랑이는 블라디보스토크에서 진행되는 이 모든 변화 과정의 중심에 있거나 그와 밀접하게 관련돼 있다. 사실, 블라디보스토크의 산업·통상 분야에서 호랑이는 기업의 상표나 홍보 이미지로 다양하게 활용된다. 예를 들면, 블라디보스토크 중심부 중앙광장 뒤편의 건물 옥상에 설치된 광고판에서는 이 지역 유명 생수 회사 '시마콥스카야'의 브랜드 이미지로 사용되는 푸른색 호랑이 얼굴을 볼 수 있다. 게다가 이곳 관광산업의 변화상을 보여주는 카지노 복합리조트 '티그르 드 크리스털(수정 호랑이)'은 아예 제목부터 호랑이를 전면에 내세우고 있고 각종 행사에서도 호랑이 이미지를 적극적으로 활용하

'미셸 베이커리' 매장 앞의 귀여운 호랑이 캐릭터 (출처: 라승도)

고 있다. 이 밖에 블라디보스토크를 상징하는 호랑이 이미지를 마케팅에 활용한 가장 최근 사례 중 하나로는 이곳의 대표 베이커리 브랜드인 '미셸 베이커리' 매장이 애니메이션 영화에서 막 튀어나온 듯이 귀엽고 친근한 호랑이 캐릭터를 홍보 이미지로 만들어 매장 앞에 설치한 것을 들 수 있다.

이와 함께 금각교 남단 파스톱스카야 거리에 있는 최신식 마린스키 극장 연해주 무대 부근에서는 2014년 '호랑이의 날'을 맞아 조성된 호랑이 동상과 만날 수 있다. 극동 지역 예술·문화 발전상을 보여주는 대표적인 장소에 블라디보스토크의 상징인 호랑이 이미지를 덧붙인 것이다. 이처럼 블라디보스토크를 둘러싸고 다양하게 나타나는 호랑이 이미지는 이 도시의 새로운 지역 정체성을 구성하는 핵심 요소이기도 하고 날로 새로워지는 도시 이야기를 풍성하게 해주는 주요 성분이기도 하다. 블라디보스토크에 있는 '아무르 호랑이 센터'가 2015년 '호랑이의 날'을 맞아 '호랑이 이야기'라는 제목으로 개최한 호랑이 그림 경연대회와 어린이 호랑이 글짓기 대회를 통해 선보인 다채로운 호랑이 이벤트도 블라디보스토크의 새로운 지역 정체성 확립 차원에서 이해할 수 있다.

러시아 시사 주간지 「오고뇨크」 2018년 4월 23일 자 표제 기사와 보충 기사에는 대표 상징의 발굴 또는 창조를 통해 지역 정체성과 이미지도 확립하고 관광객도 유치하여 재정 수입을 늘리려는 러시아 지방 도시들의 노력이 소개돼 있다. 블라디보스토크의 호랑이 이미지 개발과 활용도 러시아 지방 곳곳에서 보이는 새로운 지역 정체성과 이미지 확립, 관광객 유치와 재정 확충 노력이란 큰 틀에서 살펴볼 수 있을 것이다. 예를 들면, '호랑이의 날' 행사는 처음에 블라디보스토크 주민 중심으로 열렸지만, 최근에는 이곳에 한국인 등 외국 관광객이 급증하면서 관광객 유치의 좋은 계기가 되기도 한다. 주민들이 호랑이 분장을 하고 호랑이 관련 소품과 장식을 들고 행진하는 모습은 이제 블라디보스토크를 찾는 관광객들 사이에서 새로운 볼거리 행사로 자리 잡아가고 있다.

가장 최근에는 블라디보스토크 세묘놉스카야 거리와 포그라니치나야 거리가 만나는 지점에서 자매결연도시공원을 끼고 있는 건물 외벽에 아무르 호랑이 이미지를 담은 벽화가 등장하여 세인의 관심을 끌었다. 더 흥미롭게도 이 호랑이 이미지 옆에 블라디미르 아르세니예프의 동명 소설을 영화화한 『데르수 우잘라』에 등장하는 극동 소수 토착민 골디족 출신의 데르수 우잘라도 벽화로 재탄생했다. 소설과 영화에서 데르수 우잘라는 탐험가 아르세니예프의 안내자로 나오며 특히 호랑이를 경외하는 모습으로 제시된다. 그리고 데르수 우잘라는 탐험에서 돌아왔을 때 블라디보스토크에 있는 아르세니예프의 자택에서 함께 지내기도 했다. 블라디보스토크는 아르세니예프와 데르수 우잘라를 통해서도 호랑이 이미지와 밀접하게 연결되어 있는데, 이런 내막을 시각적으로 분명하게 표현해 놓은 것이 자매결연도시공원에 있는 호랑이 벽화다.

블라디보스토크에서 호랑이 이미지는 특히 한국인 관광객 사이에서 인기 있는 레스토랑 가운데 한 곳으로 손꼽히는 파르티잔스카야 거리의 아스토리아 호텔 내 '오고뇨크' 레스토랑에서도 접할 수 있었다. 극동 주민과 손님들에게 우수리 지역 타이가의 독특한 맛과 향기, 역사를 소개하는 '타이가 축제'를 홍보하는 포스터의 대표 이미지로 호랑이가 들어가 있는데, 바로 이 포스터의 호랑이 이미지가 2019년 9월 28일부터 10월 13일까지 열리는 축제 홍보용으로 레스토랑 내부 벽면에 분필로 그려져 있었다. 여기서 짐작되듯이, 호랑이

📷 블라디보스토크 자매결연도시공원의 호랑이 벽화 (출처: 라승도)

블라디보스토크 자매결연도시공원의 데르수 우잘라 벽화 (출처: 라승도)

'오고뇨크' 레스토랑의 '타이가 축제' 포스터 속의 호랑이 이미지 (출처: 라승도)

이미지는 블라디보스토크와 극동 지역을 대표하는 이미지 가운데 하나로 마케팅 차원에서 적극적으로 활용되고 있다. 이와 함께 호랑이는 러시아 극동과 이웃 국가들 사이의 문화 교류에서도 일정한 역할을 담당한다. 2016년 연해주 정부와 국립미술관, '아무르 호랑이' 센터가 모스크바에서 공동으로 주최한 '호랑이 이야기' 전시회에 한국 작가들이 적극적으로 참여하여 동북아 지역의 호랑이 문화를 공유했다. 이런 점에서 호랑이는 동북아에서 여러 민족을 역사적, 문화적으로 긴밀하게 이어주는 중요한 존재임이 분명하다.

04

극동의 부상과 러시아의 미래

문화의 얼굴을 한 극동 : 교류와 협력 사이

МУМИЙ
MUSIC BAR
24/7
Праздник
каждый день!

04

러시아 수도 모스크바와 문화 수도 상트페테르부르크는 러시아 예술의 양대 산맥으로 유명하다. 모스크바에 볼쇼이 극장이 있다면 상트페테르부르크에는 마린스키 극장이 있고, 모스크바에 트레티야코프 미술관이 있다면 상트페테르부르크에는 러시아 미술관(Russian Museum)이 있다. 또 모스크바의 모스필름과 상트페테르부르크의 렌필름은 러시아 영화계를 양분하고 있다.

두 도시의 문화적 자부심이 어느 정도인지 알려주는 흥미로운 일화가 있다. 모스크바 차이콥스키 음악원 졸업생들이 자신들의 학교가 최고라고 주장하면, 상트페테르부르크 출신의 음악가들은 차이콥스키가 어느 대학을 나왔는지 묻는다. 러시아 음악의 자랑 표트르 차이콥스키는 상트페테르부르크 림스키코르사코프 음악원 1기 졸업생이다. 세계적인 음악가 차이콥스키를 배출할 정도의 대학이면 진정한 세계 최고가 아니냐는 역공이 아닐 수 없다. 이처럼 모스크바와 상트페테르부르크 중 어느 곳이 문화적으로 더 우위에 있느냐는 질문은 닭이 먼저냐 알이 먼저냐는 논쟁에 가까웠다.

이 두 도시와 비교할 때 러시아의 다른 도시들은 문화적 수요와 공급 수준이 상대적으로 떨어졌다. 특히 러시아 중심부에서 가장 멀리 떨어져 있는 극동의 도시들은 향토박물관과 철도박물관 등 토속과 산업 관련 박물관이 주종을 이루고 규모나 내용도 알차지만, 예술과 관련해서는 불모지나 다름없었다. 하지만 최근 극동에서 변

모스크바 트레티야코프 미술관 전경 (출처: 라승도)

상트페테르부르크 러시아 미술관 전경 (출처: ru.wikipedia.org)

화의 바람이 불기 시작했다. 모스크바와 상트페테르부르크를 대표하는 문화 기관들이 블라디보스토크를 중심으로 극동에 눈을 돌렸기 때문이다.

'연해주 무대', 극동의 문화적 면모를 바꾸다

러시아 극동의 문화적 변화는 이미 수년 전부터 시작됐다. 2016년 1월 블라디보스토크 마린스키 극장 연해주 무대(이하 '연해주 무대') 개관은 러시아 문화사에서 획기적인 사건이었다. '연해주 무대'의 기원은 2012년으로 거슬러 올라간다. 2012년 블라디보스토크에서 열린 APEC 정상회의 당시 블라디보스토크의 인프라 확충 계획이 논의되면서 '연해주 무대' 개설 구상이 나왔다. '연해주 무대'는 대형 홀과 소형 홀, 시즌 홀, 이렇게 총 3개 공연장으로 구성된 최신식 건물을 자랑한다. 내부는 미술관을 연상시키는 현대적 인테리어로 꾸며져 있고 건물 전면은 창유리로만 이뤄진 큐브 안의 큐브 방식으로 디자인됐다.

러시아는 유라시아 대륙(유럽 25%, 아시아 75%)에 걸쳐 있지만, 인구 78%가 유럽 쪽 서부에 거주할 정도로 문화 중심도 서부에 집중돼 있다. 이런 점에서 블라디보스토크에 '연해주 무대'가 개관했다는 사실은 상징적 의미가 매우 컸다. 무엇보다도 블라디미르 푸틴 대통령의 적극적인 극동 개발 정책이 바로 여기에 반영돼 있기 때문이다. 문화 수요자 수를 고려했다면, 새로운 오페라발레극장은 인구 밀도가 1km²당 59명으로 러시아 전체에서 가장 높은 중앙연방관구 등 중서부 지역에 생겨야 했을 것이다. 그러나 서쪽 끝 상트페테르부르크 마린스키 극장이 동쪽 끝 블라디보스토크에 새로 문을 열어 동서로 드넓은 문화 벨트를 조성함과 동시에 문화 수혜 확대와 문화 가치 확산이라는 국가적 목표를 획득할 수 있게 됐다.

'연해주 무대'는 동북아 지역과 아·태 지역 국가 시민들에게 문화 강국 러시아의 문화적 면모를 유감없이 알릴 기회의 장이자 인식의 창이기도 하다. 특히 최근 몇 년 사이 블라디보스토크를 찾는 한국인과 중국인, 일본인 관광객의 발길이 끊이지 않는 상황에서 '연해주 무대'는 이들에게 러시아의 수준 높은 공연 예술을 합리적인 가격으로 다양하게 감상할 좋은 기회를 제공한다. 실제로 연중 어느 때나 '연해주 무대'에 가면 발레나 오페라 공연을 보러 온 관객들 사이에서 한국인과 중국인 등 외국인 관광객들의 모습을 많이 찾아볼 수 있다. 블라디보스토크를 찾는 한국인 단체 관광 코스에는 '연해주 무대'가 필수 방문지로 올라 있는 사례도 적지 않다. 외국인 관객을 유치하기 위해 '연해주 무대' 인터넷 홈페이지는 한국어, 중국어, 일본어 서비스를 제공한다. 이제 극장 소개와 레퍼토리를 한국

2013년 개관한 마린스키 극장 연해주 무대 전경 (출처: ru.wikipedia.org)

2013년 5월 1일 블라디미르 푸틴 대통령이 발레리 게르기예프 마린스키 극장 예술감독에게 러시아연방 노동 영웅 칭호 메달을 수여하고 있다 (출처: ru.wikipedia.org)

어로 읽고 티켓 예매까지 손쉽게 할 수 있게 됐다.

'연해주 무대'의 예술감독 발레리 게르기예프(1953~)는 블라디미르 푸틴 러시아 대통령의 신임이 깊은 문화예술 분야 최고 엘리트로 러시아의 세계적 행사 때마다 중요한 역할을 담당한 인물이다. 2014년 소치 동계올림픽의 개막식과 폐막식 공연을 기획했고, 2016년 5월 5일에는 마린스키 극장 심포니오케스트라를 이끌고 시리아로 날아와 팔미라에서 역사적 공연을 펼쳐 전 세계의 이목을 사로잡았다. 가장 최근인 2018년에는 러시아 월드컵 홍보대사를 역임했다. 1988년부터 상트페테르부르크 마린스키 극장 예술감독으로 재임하면서 '연해주 무대'도 책임지고 있다. 이제 '연해주 무대'에서 세계적 거장 게르기예프가 지휘하는 마린스키 극장 심포니오케스트라 공연을 만나볼 수 있다. '연해주 무대'는 바로 게르기예프의 커다란 존재감 덕분에 어디에 내놓아도 뿌듯한 극동의 자랑거리다.

이렇게 볼 때 '연해주 무대'는 최소 일석삼조 이상의 효과를 거두

마린스키 극장 연해주 무대에서 열린 표트르 차이콥스키의 발레 「호두까기 인형」 공연 (출처: 라승도)

고 있다고 평가된다. 첫째, 극동 지역 러시아 주민들에게 예술 향유 기회를 확대 제공함으로써 문화적 측면에서 중앙과 지방의 불균형 현상을 시정하는 데 일조한다. 둘째, 한·중·일 등 아시아 이웃 국가들에서 블라디보스토크를 찾는 외국인 방문객들에게 수준 높은 예술문화 시설과 공연을 보여줌으로써 러시아와 극동의 이미지를 향상하고 홍보하는 데 이바지한다. 셋째, 이를 통해 문화예술과 관광 차원에서 러시아 극동과 동아시아 국가들 사이의 교류와 협력, 상호 이해에도 적잖이 도움이 될 수 있다. 이처럼 보이지 않는 효과에다 일자리 창출과 입장권 판매, 주변 상권 조성 등 경제적 효과도 만만치 않을 것이다.

모스크바에 있는 트레티야코프 미술관은 러시아 최고의 미술 컬렉션을 자랑하며 세계적으로도 유명한 곳이다. 1856년 거상 파벨 트레티야코프(1832~1898)가 설립한 트레티야코프 미술관은 19세기 말에 이르러 2,000점 이상의 작품을 보유한 미술관으로 성장했

젤피라 트레굴로바 트레티야코프 미술관 관장이 블라디미르 푸틴 대통령과 만나 대화하고 있다 (출처: ru.wikipedia.org)

다. 가장 최근에는 모스크바 강변에 트레티야코프 현대 미술관 분원이 새로 문을 열었다. 한편, 젤피라 트레굴로바(1955~) 트레티야코프 미술관 관장은 지방에 거주하는 사람들이 수준 높은 작품을 감상하러 모스크바나 상트페테르부르크까지 찾아와야 하는 고질적인 문제가 있다고 지적했다. 이윽고 관람객들에게 한층 더 가까이 다가가기 위해 지방 깊숙이 들어가야 한다는 예술계의 주장이 현실화되기 시작했다. 2017년 8월 31일 블라디미르 미클루셉스키(1967~) 당시 연해주 주지사와 트레굴로바 관장이 만나 블라디보스토크에 트레티야코프 연해주 분관을 설립하는 협약을 체결했다.

트레티야코프 미술관 연해주 분관은 국립연해주미술관 옆 알레우츠카야 거리 12번지에 문을 열 예정이다. 블라디보스토크의 역사적 중심부에 있는 국립연해주미술관은 1903년 건축가 플라톤 바질렙스키(1856~1916)가 러시아-아시아 은행이 들어설 곳으로 지었다. 20세기 초 이 은행은 러시아에서 가장 큰 금융기관이었지만, 1917년 10월 러시아 혁명 이후 문을 닫았다. 이후 수십 년이 흐른 뒤 1966년 이곳에 국립연해주미술관이 들어섰다. 우아한 자태의 미술관 건물은 아르누보와 르네상스 스타일로 지어서 요새나 성채처럼 보인다. 블라디보스토크의 문화유산으로 유서 깊은 이곳에 트레티야코프 미술관이 들어선다는 것은 그만큼 역사적, 문화적 상징성이 크다.

트레티야코프 미술관 분관 개관은 블라디보스토크에서만 아니라 아·태 지역 전체에서도 일대 사건이다. 이곳이 조만간 문을 열면 현재 '연해주 무대'와 마찬가지로 한국과 일본, 중국 등 문화에 관심이 많은 이웃 나라 주민들이 수준 높은 러시아 미술 작품들을 감상하러 블라디보스토크를 찾을 것으로 예상된다. 이곳은 모스크바와 상트페테르부르크의 수준에 부합하는 모델로, 총면적 600㎡ 이상 중에

📷 트레티야코프 미술관 연해주 분관이 들어설 블라디보스토크 알레우츠카야 거리의 연해주국립미술관 전경 (출처: 라승도)

서 250㎡가 전시 공간으로 쓰일 예정이다. 연해주 분관의 첫 번째 전시품으로는 모스크바 트레티야코프 미술관 본관의 걸작 중 하나인 이삭 레비탄(1860~1900)의 그림 「3월」(1895)이 꼽혔다.

연해주 전시회에는 트레티야코프 미술관과 러시아 사실주의예술연구소의 전문가들이 준비한 광범위한 교육 프로그램이 함께 진행될 예정이다. 트레티야코프 미술관 관장은 해당 기관이 주최하는 예술 기획이 연해주 분관의 연례 프로젝트가 될 것이라고 밝혔다. 또 블라디보스토크를 위한 주요 프로젝트가 매년 설정돼 있고, 트레티야코프 미술관과 러시아 사실주의예술연구소가 공동으로 준비한 '러시아를 향한 창'도 그중 하나라고 설명했다. 트레티야코프 미술관은 2016년도부터 단계적으로 연해주 분관을 위한 사전 작업으로 다양한 재정 지원을 받아 프로그램을 운영해오고 있다. 2016년 최초의 대규모 프로젝트는 '도시의 로망스' 전시회였다. 이후 자랴재단과 현대 미술 발전 협력을 맺고 '유리 소볼레프의 섬' 전시회(2016.06.03~2017.09.18)와 '영원한 엔진'(2017.02.01~2017.04.02), '대중 속의 아스 여신들' 전시회(2017.10.19~2018.02.04)를 열었다.

이와 함께 상트페테르부르크 러시아 미술관과 아그리피나 바가노바(1879~1951) 기념 러시아 발레 아카데미도 블라디보스토크에 분관을 개설할 예정이다. 러시아 미술관 분관은 일명 독수리 전망대로 유명한 언덕에 있는 극동연방대학교 박물관 건물에 입주할 예정이다. 이곳은 블라디보스토크 중심가에 있는 최첨단 박물관 단지로 독수리 전망대가 보이는 현대적인 3층 건물이며, 총면적이 1,200㎡ 이상으로 알려져 있다. 블라디미르 메딘스키(1970~) 러시아 문화부 장관은 미술품 복원 작업실들도 이곳에 자리 잡을 수 있다고 언급했다.

에르미타시 박물관 별관 조성 작업도 진행되고 있다. 이곳은 스베틀란스카야 중앙로에 1903년 건설된 '볼쇼이굼' 백화점 건물에 들어설 예정인 가운데 건물 리모델링 작업이 한창이다. 연해주 정부는 중앙정부의 전폭적인 지지 아래 블라디보스토크를 러시아의 태평양 수도로 단계별로 바꾸려는 노력을 기울이고 있다. 수도라면 좋은 교육이 이뤄져야 하고, 학교와 대학교도 제대로 갖춰야만 한다. 이와 더불어 문화적 기회도 풍부해야 한다. 연해주 정부는 이를 이루기 위한 프로젝트가 지역 발전에 이바지하고 삶의 질을 향상시킬 것으로 내다보고 있다.

모스크바와 상트페테르부르크의 문화적 위상을 상징하는 미술관과 박물관, 발레 학교가 앞다투어 블라디보스토크로 진출하고 있다는 것은 이 지역이 그만큼 중요하게 대두되고 있음을 방증한다. 이는 블라디보스토크가 동북아 시대 극동의 수도로서 역할을 담당

에르미타시 박물관 별관이 들어설 예정인 블라디보스토크 스베틀란스카야 중앙로에 있는 볼쇼이굼 백화점 건물 (출처: 라승도)

할 것이라는 기대감의 표출이다. 블라디보스토크는 이제 러시아의 변방에서 벗어나 서쪽 축인 상트페테르부르크와 모스크바에 비견할 만한 동쪽 축으로서 기세를 과시하고 있다.

'아무르의 가을', 영화로 보는 극동의 이미지

모스크바국제영화제는 칸, 베를린, 베니스에서 열리는 국제영화제와 더불어 세계적인 영화제로 유명하다. 하지만 최근 러시아에서는 수도 모스크바에서 열리는 국제영화제 외에도 또 다른 매력으로 많은 사람의 시선을 끌어 모으는 국제영화제들이 다양하게 열리고 있다. 이런 점에서 볼 때 블라고베셴스크에서 열리는 '아무르의 가을' 국제영화제와 유즈노사할린스크에서 열리는 '세상의 끝' 국제영화제, 블라디보스토크에서 열리는 '태평양의 자오선' 국제영화제가 특히 흥미롭다.

먼저 '아무르의 가을'은 러시아에 단 하나밖에 없는 기획공연 연극영화제다. 아무르주 수도 블라고베셴스크에서 열리는 '아무르의 가을'은 2002년 세르게이 노보질로프(1937~)가 조직한 창작 포럼 '키노쇼크의 메아리'에서 시작됐다. 이후 영화 제작자들로 구성된 30명이 같은 해 9월 말에 아무르 지역으로 와서 이곳 출신으로 뛰어난 연기를 보여준 영화배우 겸 시나리오 작가였던 발레리 프리요미오프(1943~2000)의 흉상 제막식에 참석했다. 포럼의 주요 상은 그의 이름을 따서 만들었다. 이 영화제는 아무르의 관객들을 계몽하고 러시아 영화의 수작들을 홍보하며 중국과 일본, 한국의 영화

📷 블라고베셴스크에서 열린 2019년 '아무르의 가을' 국제영화제 레드카펫 행사 장면
(출처: амурская-осень.рф)

📷 블라고베셴스크 영화콘서트단지. '아무르의 가을' 영화제 행사가 이곳에서 열린다 (출처: 라승도)

제작자와 협력 관계를 구축하는 것을 목표로 한다.

'아무르의 가을'은 큰 축제이자 일대 사건으로 17년 동안 이어져 왔고, 긴 역사에 걸맞게 해마다 영화제 외연을 넓히고 행사 숫자도 늘려나가려고 새로운 형식들을 고민하고 있다. 2019년에는 110개가 넘는 행사를 기획됐다. 영화제 주최 측은 단편과 장편 분야에서 세 가지 전문 심사가 이뤄지는 전통적인 방식을 고수한다. 심사위원은 전문가 3명에 관객 1명을 포함한 총 4명으로 구성된다. 심사위원을 맡게 될 관객은 블라고베셴스크 주민 중에서 선발된다. 수상 작품을 선정할 때 어떤 작품이 바로 관객의 마음을 사로잡았는지도 중요한 선정 기준이 된다. 이와 동시에 수년 동안 이어져 온 전통 가운데 하나로 연극 분야의 경쟁에도 아무르 지역 주민 중 한 명이 반드시 참여하게 되어 있다. 2019년 영화제 때는 텔레비전 방송 기자 나탈리야 압세이추크가 참여했다.

2011년 사할린주 수도 유즈노사할린스크에서 처음 막을 올린 사할린국제영화제 '세상의 끝'은 이제는 한국에도 제법 잘 알려진 영화제다. 인구 20만 명의 작고 조용한 도시 유즈노사할린스크는 매년 8월이면 러시아 국내외의 수많은 영화배우와 감독, 프로듀서를 맞이하며 국제 영화 중심지로 탈바꿈한다. 이 영화제는 "사할린은 지구 끝의 가장 아름다운 장소 중 하나이다. 그러나 현대인들에게 세상의 끝이란 없다"라는 슬로건을 내걸고 있다. 사할린국제영화제는 영화라는 거대한 세계가 세상의 끝에서 울리는 메아리인 동시에 서방의 질문에 대한 동방의 답변이다. 다시 말해 칸과 베를린, 베니스에서 열리는 영화제 최신 뉴스를 사할린으로 가져와서 아시아 영화의 소식들과 맞붙인다. 유럽이 묻고 아시아가 답하는 방식이다. 이 영화제는 항상 아시아에 특별한 초점을 맞춰왔다. 그래서 한국 영화와도 인연

2019년 '세상의 끝' 사할린국제영화제 공식 포스터 (출처: sakhalinfestival.ru)

이 깊었다. 2013년에는 코리안 서스펙트 특별전을 열어 박찬욱 감독의 영화 『스토커』와 최동훈 감독의 영화 『도둑들』을 소개했다.

2014년 배우 문소리가 공식 초청을 받아 'Moon So Ri: Favorites (문소리 배우 추천작)'라는 명칭으로 한국 배우 최초로 기획전을 열었는데 배우로서 유일하게 얻은 기회여서 눈길을 끌었다. 문소리는 영화 『우리 생애 최고의 순간』(임순례 감독)을 시작으로 세계적인 여배우로 이름을 알린 영화 『오아시스』(이창동 감독), 제63회 칸국제영화제에서 '주목할 만한 시선' 상을 받은 『하하하』(홍상수 감독)를 관객들에게 소개했고 상영 후에는 관객을 상대로 질의응답 시간을 가졌다.

2015년에는 『산다』(박정범 감독)와 『설행: 눈길을 걷다』(김희정 감독)가 제5회 사할린국제영화제 비경쟁 부문인 '이웃들, 친구들'에 공식 초청됐다. '이웃들, 친구들'은 영화제 개최지인 사할린과 지역적, 정신적 유사성을 가진 작품들을 소개하는 프로그램이다. 또 같은 해 배우 이상희는 영화 『철원기행』으로 경쟁 부문 여우주연상을 수상하는 쾌거를 올렸다. 당시 알렉세이 메드베데프(1969~) 영화제 프로그램 감독은 국가 간의 불균형과 불공평을 바로잡아야 한다고 강조하며 이렇게 말했다. “지난 5년 동안 ‘세상의 끝’ 영화제가 단순한 지역 문화 행사에 그친 것이 아니라 사할린의 새로운 브랜드가 됐다. 문화의 흐름 속에 분명한 불균형이 존재한다. 매일 일본에서 일제 자동차 수백 대가 들어오고 있지만, 일본에서 러시아로 매일 들어오는 영화가 얼마나 되는가? 문화적, 정신적 교류 없이는 물질적 교류도 있을 수 없다.” 그해에는 후쿠시마 원전 사고를 다룬 김기덕 감독의 영화 『스톱』도 경쟁 부문 진출 영화 가운데 한 편으로 이름을 올렸다.

해를 더할수록 영화제 부대행사도 늘어나고 있다. 2017년에는 ‘사

유즈노사할린스크 아무르 거리에 있는 옥탸브리(시월) 영화관. ‘세상의 끝’ 영화제 출품작들이 이곳에서 상영된다 (출처: 라승도)

할린의 영화' 프로그램을 상영한 후 영화 제작진들과 함께하는 작품 논의도 이뤄졌다. 매년 많은 마스터클래스와 워크숍이 펼쳐진다. 아동용 애니메이션, 다큐멘터리, 환경 보호 관련 영화 등 여러 프로그램이 기획되고 있고, 주 정부 앞 야외 영화관에서는 저녁마다 러시아 영화를 비롯한 다양한 해외 영화를 즐길 수 있게 했다. 사할린 국제영화제는 배우와 기자, 영화제 조직위가 함께 시간을 보내며 친밀해지는 장이 되고 있다. 매년 영화제가 열리는 시기가 되면 도시 전체가 중앙광장에 모여 하나가 된다. 사할린 국제영화제는 현지인들이 평소 누릴 수 없었던 독특한 문화 환경과 연결될 좋은 기회이자 충전의 시간이다. '세상의 끝' 영화제는 다년간 사할린을 새로운 영화적 힘을 모으는 장소로 변모시키려는 일관된 노력으로 결실을 보았다. 수도의 큐레이터들이 이끄는 창작 워크숍은 초기에는 관심 있는 성인 관객들을 대상으로 했지만, 곧바로 젊은이들을 대상으로 하는 프로그램으로 방향을 바꿨다. 젊은이들이야말로 영화제 진행 기간만이 아니라 일 년 내내 새로운 것을 만들어낼 수 있는 시간과 창작 의욕을 갖고 있다는 분석에서 나온 결과였다.

블라디보스토크에서 열리는 '태평양의 자오선' 영화제는 명실공히 극동을 대표하는 영화제로 자리 잡고 있다. 이 영화제는 2003년에 제정되어 매년 가을 아·태 지역 국가들의 작품을 상영하며 아시아 영화 교류의 장이 되고 있다. 러시아 외에 동아시아, 동남아시아, 북미와 중남미 등 태평양 연안 60개국 이상에서 나온 200여 편의 작품이 상영된다. 주최 측은 매년 800편이 넘는 영화를 받을 정도로 반응이 뜨겁다고 한다. 사할린국제영화제가 러시아와 아시아에 초점을 맞추고 있는 반면, '태평양의 자오선' 영화제는 북미와 중남미 지역의 영화까지도 소개하고 있어 범위가 훨씬 더 넓다.

블라디보스토크 나베레지나야 거리에 있는 '오케안(대양)' 영화관. 2018년 '태평양의 자오선' 영화제 당시 모습 (출처: 라승도)

이 영화제는 단편과 장편 부문 영화 경쟁을 비롯하여 전 세계 영화 파노라마, 러시아 영화 프로그램, 단편 영화, 다큐멘터리와 애니메이션 영화, 세계 시네마 마스터, 세미나, 마스터클래스 등으로 구성된다. 특히 태평양 연안 국가에만 초점을 맞춘 러시아 유일의 영화제로서 큰 의미가 있다. 전통적으로 영화제 손님과 음악인들이 함께하는 콘서트, 영화제 역사를 담은 전시회, 유명 영화배우와 감독과 나누는 대화, 야외 영화관, 아무르만 보트 축제, 댄스 광장, 축구 경기 등 부대행사도 풍성하게 열린다.

2004년 영화제에서는 『사마리아』(김기덕 감독)가 최우수작품상을 수상하는 영예를 안았다. 2005년에는 『태풍』(곽경택 감독)이 개막작으로 선정됐고, 2014년에는 『끝까지 간다』(김성훈 감독)가 개막작으로 선정되고 넷팩상까지 수상했다. 2019년에는 아·태 지역 60여 개국 200여 편의 영화를 상영했다. 그중에는 김진원 감독의 『암

📷 추콧카자치구 수도 아나디리에서 열린 2019년 '황금 까마귀' 국제영화제 개막식 축하 행사 장면 (출처: goldenravenfilmfest.ru)

전』도 들어 있는데, 이 영화는 러시아 파노라마 섹션 부문에 초청됐다. 우리나라 영화감독들이 '태평양의 자오선' 영화제 심사위원으로 위촉되는 기쁜 소식도 많았다. 2003년과 2004년에는 박광수 감독과 김성수 작가 겸 프로듀서가 각각 심사위원으로 위촉됐고, 2010년에는 박은진 감독 겸 배우가, 2017년에는 곽경택 감독이 심사위원으로 이름을 올렸다.

이 밖에도 사하국제영화제와 추콧카 아나디르에서 열리는 '황금 까마귀' 국제영화제도 극동 지역의 주요 영화제로 떠오르고 있다. 야쿠츠크에서 열리는 사하국제영화제는 2013년부터 전 세계 영화 제작자 간의 문화 교류와 창조적 협력을 개발하고 사하공화국의 이미지를 홍보하기 위해 시작됐다. 영화제의 주요 목적은 야쿠트 영화를 세계 영화산업에 통합시키는 것이다. 이 영화제는 현대 세계와 민족문화, 인간 공감, 글로벌 텍스트에서 전통 병합 등에 초점을 맞춘다. 영화제 부대행사로는 세계 유일의 영구동토연구소와 매머드 박물관, 영구동토왕국, 야쿠트 보고(寶庫) 방문 등 방문객과 참가자들을 위한 다채로운 문화 프로그램이 구성돼 있다. 사하국제영화제는 이제 야쿠트 문화와 사회생활에서 중요한 문화 축제 가운데 하나로 자리 잡았다. 한편, 2017년 시작된 추콧카의 '황금 까마귀' 국제영화제는 북극권에서 열리는 가장 큰 영화제 가운데 하나로, 경쟁부문 수상작을 관객이 직접 결정하는 것이 특색이다. 관객들이 영화제 장소에 모여 설문지를 작성하여 '최고 장편 영화'와 '최고 단편 영화'를 선정한다. 경쟁 부문 영화가 예술영화와 상업영화로 나뉘지 않는 것도 특징이다.

V-ROX, 아·태 지역 음악 수도를 꿈꾸다

V-ROX는 2013년 블라디보스토크에서 시작된 록 음악 축제로 매년 8월 마지막 주말에 열린다. V-ROX는 대규모 도시 음악 축제지만, 동시에 음악 산업과 문화 경영 문제를 논의하는 국제회의 무대이기도 하다. 러시아 록밴드 '무미 트롤(Mumiy Troll)'의 리더 일리야 라구텐코(1968~)가 V-ROX 창립자이자 큐레이터다. 1990년대 중반 이후 러시아 최고 그룹으로 인정받은 '무미 트롤'은 러시아 록 음악의 전통과는 궤를 달리했다. 라구텐코는 이미 1980년대에 불법 제작한 카세트테이프를 들고 모스크바를 찾았지만, 아무런 주목을 받지 못했다. 이후 그는 한동안 음악을 중단하고 중국을 거쳐 런던에서 생활하면서 영국 음반사를 통해 1996년 앨범 「모르스카야」를 내놨고, 이것이 러시아에서 큰 성공을 거뒀다. '무미 트롤'은 1990년

일리야 라구텐코(맨 앞쪽)와 그룹 '무미 트롤' (출처: wikimedia.org)

대 말 러시아 가요계의 정상을 지키면서 러시아의 그래미 상이라고 하는 오바치야 상을 받았다.

이들이 극동의 자연을 노래한 「블라디보스토크 2000」은 MTV 러시아가 내보낸 최초의 러시아 뮤직비디오였다. '무미 트롤'에 관한 이규식 교수의 연구에 따르면, 브릿팝(Brit Pop) 계열의 '무미 트롤'은 음악에서만 아니라 노랫말에서도 기존의 로커들과 차별된다. '무미 트롤'의 노랫말에는 푸념이나 증오, 적개심, 이데올로기적 편향성은 찾아볼 수 없고, 누군가를 일깨우려고도 하지 않는다. 이들은 주로 극동의 자연, 술, 사랑, 패션과 마리화나를 노래하며, 반어적 표현과 유머가 담긴 노랫말은 독특한 맛을 더하고 있다고 평가된다. '무미 트롤'은 세기말의 퇴폐적 분위기와 함께 1990년대의 혼란상을 그대로 반영한 노래로 인기를 더했다.

라구텐코는 록 음악 축제 V-ROX의 장소로 음악의 변방이었던 블

V-ROX 축제의 한 장면 (출처: ru.wikipedia.org)

라디보스토크를 대담하게 내세웠다. 이제 블라디보스토크는 러시아에서만 아니라 국제적 음악 지도에서도 중요한 장소로 떠오르고 있다. V-ROX는 젊은 음악가들이 친분을 쌓고 공연 기회를 얻으며, 평화로운 러시아에서 새로운 독립 음악계의 토대를 마련하는 장이 되고 있다. 라구텐코는 아주 어렸을 때부터 살아서 고향이나 다름없는 블라디보스토크를 아·태 지역의 음악 수도로 만들겠다는 원대한 포부를 품고 있다.

V-ROX는 러시아 중심부와 몽골, 한국, 중국, 영국, 독일, 남아프리카공화국, 미국, 싱가포르, 홍콩에서 음악가, 프로듀서, 음악 산업 전문가, 통역사와 기자들을 초청한다. APEC 정상회의가 열렸고 EEF가 열리는 극동연방대학교 캠퍼스가 축제 참가자들에게 숙소를 제공한다. 3일간 열리는 행사는 다양한 계열의 음악인들이 펼치는 야외 공연과 클럽 공연이 주를 이룬다. V-ROX는 단순한 국제 음

악 그 이상이다. 이 축제는 세계 음악 산업의 전문가, 축제와 음악 레이블의 소유주, 작가, 행정부처 장관들, 언론인, 음악가들이 제공하는 강의, 패널 토론, 창작 워크숍이 특징이다.

라구텐코는 한 인터뷰에서 V-ROX 축제의 성격에 관해 이렇게 설명한다.

> V-ROX 축제의 모토는 '발견'이다. 온라인에서 얻을 수 있는 정보는 넘쳐나지만, 음악인들의 발전 속도는 더디며, 관객들은 라이브 공연을 볼 수 없다. 우리는 사람들에게 오프라인에서 만나고, 그들 주변의 상황을 보고 이해하며 그들 자신을 발견할 기회를 주고 싶다. 블라디보스토크는 새로운 아이디어에 열려 있는 젊고 야심 차고 창의적인 사람들로 이루어진 젊은 도시다. V-ROX와 같은 대규모의 창의적인 실험실은 완벽한 용광로다. 향신료를 첨가하고 끓이면, 새롭고 흥미진진하고 경쟁력 있는 제품을 만날 수 있다.

V-ROX는 수년 동안 블라디보스토크에서 일어난 변화의 원인이자 결과물이다. 블라디보스토크를 새로운 국제 문화 중심지 가운데 하나로 끌어올리고, 아시아 철학으로 러시아 음악계를 풍요롭게 하며, 전 세계에 창조적인 러시아를 알리고 있다. V-ROX 축제는 루스키섬 극동연방대학교 캠퍼스에서 열린다. 낮에는 여러 축제 무대가 무료 공연으로 열리고 야간에는 블라디보스토크 포그라니치나야 거리에 있는 '무미 트롤' 뮤직바에서 유료 공연이 열린다. 모든 회의와 교육 프로그램은 극동연방대학교 캠퍼스에서 열린다. 공예 박람회와 함께 신진 디자이너들의 패션쇼, 블라디보스토크 공공건물

블라디보스토크 포그라니치나야 거리에 있는 '무미 트롤' 뮤직바 (출처: 라승도)

외벽에 그리는 현대판 그라피티를 통한 광고가 눈길을 끈다. 2015년부터는 제1회 블라디보스토크 미식 축제가 추가됐다. 또 광고·마케팅, 웹 디자인 전문 기업 크리에이티브 스폿(Creative Spot)의 지원을 받는 'V-ROX 축제 마켓'이 마련된다. 이것은 창의적인 사업에 좋은 기회로 작용하고 있다. 이곳 전시관에 모인 회사들은 많은 국내외 관객에게 자신들의 창조적 능력과 사업 모델을 보여준다.

라구텐코는 축제란 살아 있는 유기체와 같고, 지속적인 진화 상태에 놓여 있다고 말한다. V-ROX 축제는 큐레이터들의 취향과 관심뿐만 아니라 관객과 참가자들이 함께하는 시간과 공간적 상호작용도 고려하면서 성장하고 발전했다. 2015년에는 윤도현 밴드가 축제 헤드라이너로 초청받아 전설적인 러시아의 로커 빅토르 최의 「혈액형」을 러시아어로 불렀다. 같은 해 '네오 사이키델릭 디스코'라는 장르를 개척한 한국의 4인조 밴드 로큰롤라디오(Rock 'N' Roll

📷 블라디보스토크 스베틀란스카야 중앙로에 있는 건물 벽면에 시베리아항공(S7) 후원으로 V-ROX EXPO 맵핑쇼가 펼쳐지고 있다 (출처: vrox.org)

Radio)도 무대에 섰다. 2016년에는 음악인의 다재다능한 예술적 재능만 아니라, 대중과 소통하는 능력, 미시적·거시적 차원의 우주를 아우르는 능력도 고려한 '우주 음악의 날'과 '국제 예술의 날', '블라디보스토크의 음악인'이라는 세 가지 주제 아래 진행됐다. 또 지역과 지리에 관한 내용으로 구성된 V-ROX 시네마가 마련되어 멀고 가까운 이웃들의 삶을 엿볼 수 있는 영화가 소개됐다. 프랑스와 호주, 인도 영화가 추가된 것이 특징이었다. 특히 '무미 트롤'이 출연한 영화 『블라디보스토크 휴가』의 상영으로 축제 열기가 절정에 달했다. 이 영화는 2012~2013년 '무미 트롤' 멤버들이 '세도프'라는 이름의 범선을 타고 세계 일주했을 때 찍었고, 2016년 제69회 칸국제영화제에서 '시선집중 — 2016년의 새로운 러시아 영화' 쇼케이스의 일환으로 소개됐다. 라구텐코의 연출로 멤버들과 '세도프'의 선원들이 출연했고, 이 과정에서 앨범 「선원에게 보내는 SOS」(2013)

가 탄생됐다. 이 영화는 러시아에서 앨범명과 같은 이름으로 소개됐지만, 외국 관객들을 위해 『블라디보스토크 휴가』라는 제목으로 바꾸면서 이 도시를 알리고 홍보하는 데 큰 효과를 얻을 수 있었다.

V-ROX 축제는 이제 태평양에서 발트해까지 여러 국가의 참가 요청이 끊이지 않고 있다. 블라디보스토크는 대형 축제를 성공적으로 운영하기 위해 계속해서 부족한 부분을 보완하고 있다. 특히 블라디보스토크의 문화 풍경을 만들기 위해 연해주 자연이 가진 아름다움을 최대한 살리려고 하는가 하면, 도시 건축이나 환대 인프라가 완벽하지 않다는 것을 인식하고 이를 구축하기 위해 최선의 노력을 다하고 있다.

EEF 문화 프로그램, 풍성한 볼거리의 향연을 펼치다

2015년부터 매년 블라디보스토크에서 열리는 EEF는 러시아 극동과 아시아의 경제 협력 증진을 위한 중요한 발판이 되고 있다. 경제와 비즈니스에 초점을 맞춘 공개 토론의 장이지만, 해를 거듭할수록 문화의 향연 같은 기획이 눈에 띈다. 2018년에는 모스크바 크렘린 박물관과 아르세니예프 연해주국립박물관이 첫 공동 프로젝트로 크렘린 박물관 컬렉션에서 가져온 '러시아 지도. 역사의 이정표' 전시회를 열어 러시아가 세계에서 가장 큰 국가라는 사실을 강조했다. 80개가 넘는 전시품은 러시아의 영토 형성 주요 단계에 대해 알려줬다. 이 중에는 1872년 모스크바 성(聖) 예카테리나 교단 학교에서 만들어 알렉산드르 2세에게 선물한 러시아 제국 자수 지도와 칼 파베르제(1846~1920)의 작품인 '시베리아횡단철도'라는 제목의 부

상트페테르부르크 러시아 미술관에서 가져온 카를 브률로프와 그의 제자들의 작품으로 구성된 '위대한 카를' 전시회 (출처: 라승도)

활절 달걀이 전시됐다. 또 '위대한 카를' 전시회에서는 상트페테르부르크 러시아 미술관에서 가져온 카를 브률로프(1799~1852)와 그의 제자들의 작품이 전시됐다. 연극-콘서트 부분에서는 유리 바시메트(1953~)가 운영하는 러시아청소년심포니오케스트라 공연이 열렸고 오페라 「황제의 약혼녀」와 「잠자는 숲속의 미녀」가 상영됐다. 중국과 일본, 한국, 러시아의 솔리스트들이 참여하는 마린스키극장 심포니오케스트라의 콘서트도 열렸다. 또 부대행사로 소유즈 물트필름이 15년 이상 작업을 해온 장편 인형극 만화 「호프만 스토리」가 상영됐다. 문화 축제로는 러시아 극동 지역을 선도하는 창작 그룹이 공연하는 「극동의 별자리」가 있었다.

2019년에는 기존보다 훨씬 더 풍성해지고 특별해진 문화 프로그램을 볼 수 있었다. 포럼이 시작되기 하루 전에는 '2019 극동 미인대회'가 열려 각 지역 미인들이 전통의상을 선보였다. 포럼 기간에는 '극동의 거리'에서 극동 11개 지방 정부가 특색 있게 꾸민 전시관을 통해 지역 산업과 문화, 예술을 소개했다. '극동의 마돈나들' 전시

'블라디보스토크. 요새의 시간' 전시회가 열린 블라디보스토크 도시 박물관 전경 (출처: 라승도)

회도 흥미로웠다. 여기서는 극동 지역 화가들의 현대 회화 속에 담긴 여인의 형상을 다채롭게 보여줬다. '무대의 진주들: 러시아 시즌 1기의 전설적인 코스튬' 전시회에서는 20세기 초 세르게이 댜길레프(1872~1929)가 이끈 '발레 뤼스'의 화려한 무대의상을 소개했다. 루스키섬에 있는 해양수족관은 바다 포유동물 쇼와 더불어 500종의 해양생물을 선보였다. '블라디보스토크. 요새의 시간' 전시회는 블라디보스토크의 역사를 소개하면서 러시아 제국의 요새가 지정학적으로 이곳에 위치할 수밖에 없었던 이유를 설명했다. '러시아를 수집하면서. 100% 이바노보' 전시회에서는 이바노보국립향토박물관에서 가져온 다양한 시대의 러시아 직물을 보여주고 직물 제작 기법과 과정, 관련 직종을 소개했다. 예술과 패션 트렌드가 개인의 일상생활에 어떤 영향을 미치는지도 한눈에 볼 수 있게 해줬다. 전시회장에는 숄, 스카프, 인쇄된 달력, 직물로 만든 '쿠폰', 다양한 스타일, 인쇄판, 직물용으로 특별히 제작된 예술가들의 그림 등 18~20세기 직물 견본이 전시됐다.

한편, 100년 이상 된 고고학, 지리학, 민속학 분야 등의 수집품과 희귀 고서들이 전시돼 있는 아르세니예프 연해주국립박물관에서는 '발해 유적 전시회'가 열렸고, 알렉산드르 수하노프(1894~1918)의 자택 박물관은 19세기 제정 러시아 시대의 주택 문화를 볼 수 있다는 점에서 방문객들을 발길을 붙잡았다. 이 밖에도 20세기 초반 중국으로 망명한 러시아 여성 화가 알렉산드라 아좁체바(1910~1994)의 작품 전시회 '귀환. 집으로 돌아오는 머나먼 길'과 상트페테르부르크 에르미타시 박물관에서 가져온 로마 시대 장신구 전시회 '부인의 보석함'도 흥미로웠다. 모스크바 트레티야코프 미술관에서 가져온 표도르 레셰트니코프(1906~1988)의 그림 「또 다시 낮은 점수」가 블라디보스토크에서 최초로 전시되면서 작업 과정과 구성에 관한 전시회가 열렸다. 연해주국립미술관의 '16~20세기 러시아 미술' 전시회와 피렌체의 우피치 미술관에서 가져온 '보티첼리 작품 전시회'도 눈길을 끌었다.

또 러시아 문화부 주최로 러시아 영화와 인도 영화 페스티벌 특별 무대가 야외극장에서 마련됐다. 세르게이 브릴레프(1972~) 감독의 『불길에 휩싸인 세계 일주 항해』도 최초로 상영됐다. 제2회 문화예술축제 '극동의 별자리'와 제15차 차이콥스키 콩쿠르 아·태 지역 출신 수상자들의 갈라 콘서트, 일본 출신 재즈 가수 미키 미야모토 콘서트, 네덜란드 출신 가수이자 피아니스트, 작곡가인 론 스탈의 공연, 댄스 그룹 드리시티콘의 공연, 쇼 프로그램 '할리우드 vs. 브로드웨이', 프스코프 국립푸시킨드라마극장의 「포투단강」 무대, 오페라 「아이다」와 발레 「돈키호테」 등도 무대에 올랐다.

이러한 문화예술 기획 외에 15개의 스포츠 이벤트를 만들어 축구와 컬링, 유도, 스모 등의 운동 경기를 통해 극동 지역의 스포츠 문화 협력을 위한 장을 만들었다. 러시아 극동 지역 투자 플랫폼으로 설립된 EEF는 이제 경제적 목적 달성을 넘어 문화적 소통의 장을 제공하며 성공적으로 운영되고 있다고 평가할 수 있다.

민속 페스티벌, 고유문화 보존과 홍보 공간

EEF 문화 프로그램에서도 드러나듯이 현재 가장 뜨거운 반응을 얻고 있는 행사들은 대부분 지역 문화와 다양한 민족문화를 주제로 하고 있다. 특히 극동 지역 소수 토착민족 문화와 각 민족 자치공화국의 뚜렷한 특색을 살린 행사들을 성공적으로 운영하면서 지역 정체성을 살리는 일거양득의 효과를 얻고 있다.

전통적으로 오지로 불리던 곳들이 최근 자신들의 고유문화를 보존하고 알리기 위해 민속 페스티벌을 열고 있다. 추콧카자치구의 '부흥' 페스티벌은 빌리비노 마을에 사는 원주민들의 전통을 부활시키고 젊은이들에게 축치인의 전통과 풍습을 존중하도록 교육한다. 공예품 전시회에는 민속의상과 신발, 사슴과 순록, 흑담비, 오소리 가죽으로 만든 공예품과 다색 구슬과 가죽으로 짠 보석류가 전시된다. 이와 함께 구비문학 축제가 열려 참가자들이 축치어와 에벤키어로 설화를 들려주고, 잰말놀이를 한다. 춤 경연회에서는 이 지역 민속춤과 춤 솜씨를 볼 수 있으며 소리 경연회에서는 축치인 특유의 창법인 목을 공명시켜 부르는 노래를 들을 수 있다.

요리 경연회에는 이 지역을 대표하는 사슴고기로 낸 국물 요리, 신선한 생선 요리와 함께 산딸기 향으로 가득한 음식들이 선을 보인다. 북극권 사람들의 주거지인 유르트(게르)들이 아늑한 분위기를 만들어내고 화려한 민속의상을 입은 여인들이 요리 경연에 한창이다. 이곳의 대표 음식은 순록고기다. 부드럽고 소화가 잘되고 다른 고기보다 영양가가 높고 고칼로리 음식이어서 인기 만점이다. 음식 경연이 치러지는 한편에서는 북극의 전통 무술을 볼 수 있다. 축제 마지막 날에는 요리 대회 승자를 발표한다. 이처럼 북극의 환대와 따뜻함을 체험함으로써 이곳 사람들의 관습과 문화에 대해 알 수 있다. 이곳 사람들이 수 세기 동안 혹독한 땅에서 살 수 있었고 전통을 보존하면서 지금도 계속 살 수 있는 것은 단합과 상호 존중, 협조 덕택임을 보고 느끼게 된다.

2014년부터 추콧카 수도 아나디리에서는 건강한 생활양식을 위해

러시아 북극권 소수 원주민 주거지 유르트 (출처: wikimedia.org)

'조상의 부름'이라는 문화·스포츠 축제가 매년 열리고 있다. 축제에는 아마추어 그룹의 공연, 예술·공예 전시회, 요리 경연회, 어린이 그림 경연회, 가족의 전통 이야기 대회가 포함된다. 또 부대행사로 민족 고유의 스포츠 경기와 현대 스포츠 종목도 포함된다. 거의 모든 마을마다 배구팀이 있을 정도로 이곳에서는 배구 인기가 대단하다. 배구 토너먼트에서 승리하는 마을은 다음 축제 장소로 지정된다.

끝으로 야쿠티야에서 열리는 국제민속축제 '북극의 무지개'는 2012년에 시작됐다. 축제는 민족 고유의 민속을 보존하고 대중화하며 국제 수준에서 사하공화국(야쿠티야)에서 문화 공간을 확장하고 공공 외교를 개발하는 것이다. 경쟁 부문에는 7세 이상이면 누구나 참여할 수 있어 연령 제한이 없다는 게 특징이다. 최우수상은 국제 심판에 의해 결정된다. 북극무지개문화재단은 매년 수상자들에게 모스크바와 상트페테르부르크 등 러시아 대도시뿐만 아니라 유럽 10개국도 여행할 수 있는 기회를 제공한다.

제2부

인물로 보는 러시아 극동의 역사

05

극동의 부상과 러시아의 미래

극동의 개척자들 : 데즈뇨프에서 아르세니예프까지

ВОКЗАЛ

05

러시아가 16세기 후반과 17세기 전반 사이 우랄산맥을 넘어 태평양 연안까지 도달한 이른바 '시베리아 정복'과 함께 동진 팽창하기 시작하여 19세기 후반에 이르러 광대한 극동 영토를 흡수하는 과정에서 많은 러시아인이 역사에 이름을 남겼다. 이들은 출신과 배경, 활동 시기 등이 서로 달랐어도 약 3세기에 걸쳐 끊임없이 이어진 러시아의 극동 진출과 개척에서 하나같이 지울 수 없는 커다란 발자취를 남겼다. 그중 어떤 사람은 극동 지역의 대표 도시나 장소를 가리키는 이름으로 남아 있기도 하고, 또 어떤 사람은 극동의 여러 도시에서 기념 동상으로 위풍당당하게 서서 기억되기도 한다. 가장 최근에는 하바롭스크와 블라고베셴스크, 블라디보스토크 공항명이 러시아 극동의 개척자로 유명한 겐나디 네벨스코이(1813~1876)와 니콜라이 무라비요프아무르스키(1809~1881), 블라디미르 아르세니예프(1872~1930)를 기념하는 이름으로 각각 바뀌었다. 극동 개척 과정에서 이들이 보여준 남다른 의지와 노력, 열정과 헌신이 없었다면, 러시아 극동의 상황은 달라도 많이 달랐을 것이다. 다시 말해 현재 극동 지역 일부는 어쩌면 러시아 영토가 되지 못했을 수도 있다. 또 극동 전체나 일부를 둘러싸고 인접국 등 다른 나라, 다른 민족들과 훨씬 더 극심한 갈등과 충돌에 휩싸였을지도 모른다. 이들은 과거의 정복에서 현재의 개발까지 러시아 극동의 역사를 이해하는 데서 반드시 살펴봐야 할 위대한 이름들이다.

자바이칼변강주 수도 치타의 레닌 거리에 있는 표트르 베케토프(1600~1661) 기념비. 베케토프는 러시아 극동을 개척한 위대한 인물 가운데 한 명으로 자바이칼변강주 치타와 네르친스크, 사하공화국 야쿠츠크를 세웠다 (출처: 라승도)

세몬 데즈뇨프의 북방 대장정 노선 (출처: 레오니트 크루글로프)

세몬 데즈뇨프, 유라시아 대륙 최동단을 처음 탐험하다

2018년 러시아지리협회 후원으로 제작된 다큐멘터리 영화 『북방 대장정(Великий северный путь)』에서 레오니트 크루글로프(1970~) 감독은 17세기 전반 백해 연안 아르한겔스크에서 출발하여 야쿠티야 레나강을 거쳐 현재의 베링해 연안 추콧카까지 수천 킬로미터에 걸쳐 탐험한 세몬 데즈뇨프(1605~1673)의 기나긴 여정을 조명했다. 제목에 담긴 '북방'이라는 말에서도 분명히 드러나 있듯이, 이 영화는 약 400년 전에 있었던 데즈뇨프의 대장정을 러시아 북극 개척사에서 영광스러운 한 장을 장식하는 위대한 사건으로 바라봤다. 『북방 대장정』이 2018년 11월 '모스크바 북극의 날' 문화 프로그램에서 상연됐던 이유도, 2018년 12월 아르한겔스크 '북극 오픈(Arctic Open)' 국제영화제 다큐멘터리 부문에 주요작으로 초청받은 이유도 바로 여기에 있다. 하지만 데즈뇨프의 여정은 북방과 북극만

추콧카반도 끝자락 데즈뇨프곶 (출처: ru.wikipedia.org)

포함하지는 않았다. 크루글로프의 영화에서도 잘 나타나 있듯이, 데즈뇨프는 콜리마강을 통해 북극해 연안으로 나가 항해하여 유라시아 대륙 최동단을 돌아서 남하했다가 다시 아나디리강 하구를 통해 현재의 추콧카 내륙으로 깊숙이 들어왔다. 다시 말해 데즈뇨프는 오늘날 베링해 연안까지 포함하여 극동 지역 최동단 지역을 강과 바다로 항해하며 탐사했다. 데즈뇨프가 러시아 극동 개척사에서 당당히 한 자리를 차지하는 것도 그가 바로 극동 최동단을 처음으로 답사했기 때문이기도 할 뿐 아니라 비투스 베링(1681~1741)보다 훨씬 더 전에 추콧카와 알래스카 사이의 바다(현재의 베링해)를 항해했기 때문이기도 하다.

볼로그다주 벨리키우스튜크에 1972년 조성된 세묜 데즈뇨프 기념 동상 (출처: ru.wikipedia.org)

세묜 데즈뇨프가 언제 어디서 태어났는지는 정확하지 않다. 가장 널리 퍼진 가설에 따르면, 현재 러시아 북서연방관구 소속 지역 가운데 하나인 볼로그다주 벨리키우스튜크에서 1605년에 태어났다고도 하고 같은 해 아르한겔스크 북드비나강 상류 지역 피네가 마을에서 태어났다고도 한다. 데즈뇨프가 1635년 토볼스크와 예니세이스크 등 시베리아 지역에서 카자크 무리의 일원으로 모습을 드러내기 전까지 출생 이후 어디서 어떻게 자랐고 무엇을 했는지 알 수 있는 기록도 전혀 남아 있지 않다. 요컨대, 20대까지 데즈뇨프의 성장 과정을 살펴볼 수 있는 정보가 하나도 존재하지 않는다. 이후 데즈뇨프의 행적은 그가 1638년 현재 사하공화국 수도인 야쿠츠크로 가서 이듬해인 1639년 야쿠트 여성 아바카야다와 결혼하고 현지 원주민들에게서 모피 공물을 징수하며 활동했던 1630년대 후반부터 구체적으로 드러난다. 그는 특히 1640년대에 야쿠츠크를 근거지로 삼아 레나강과 야나강, 인디기르카강, 콜리마강을 따라 현재의 러시아 극동 북동부 지역을 폭넓게 답사했다.

데즈뇨프의 개인사에서만 아니라 17세기 중반 러시아의 극동 개척사에서도 최대 사건으로 기록할 만한 해는 바로 1648년이다. 1648년 6월 20일 데즈뇨프는 러시아 극동 최동단 지역인 콜리마-아나디리 탐사 계획을 두 번째로 실행에 옮겼다. 출발 당시 탐사대는 약 90명이었다. 데즈뇨프가 이끄는 탐사대는 백해 아르한겔스크 지역 포모르인들이 이용하던 돛대 1~2개짜리 범선 7척에 나눠 타고 스레드네콜림스크를 출발하여 북극해까지 항해해 나갔다. 그러나 북극해 연안을 따라 현재의 추콧카반도까지 이르기도 전에 배 2척이 빙하에 부딪혀 난파됐고 또 다른 2척은 실종됐다. 이들이 알래스카 연안까지 도달하여 침몰했다는 극단적인 가설도 존재한다. 이후 데즈뇨프 탐사대가 온갖 역경을 이겨내고 현재 데즈뇨프곶으로 불리는 추콧카반도 끝단이자 유라시아 대륙 최동단을 돌아 남하하다 아나디리강 하구에 도착한 1648년 10월 생존자는 24명에 불과했다. 이 중에서 12명으로 이뤄진 정찰대가 먹을 것을 얻을 수 있을까 하고 원주민들을 찾아 강 상류로 거슬러 올라갔지만, 3주 후 특별한 소득 없이 지치고 굶주린 채 제자리로 돌아왔다. 이때 생존자는 12명 중 단 3명뿐이었다. 상황은 계속 악화했다. 1648년과 1649년 사이 겨울을 나는 동안 3명이 괴혈병으로 사망했다. 다행히도 데즈뇨프를 포함한 나머지 12명은 1649년 봄에 날씨가 풀리자 아나디리강 상류로 올라가서 원주민들을 만날 수 있었다. 이 과정에서 원주민들과 충돌이 있었지만, 큰 사고는 없었다. 이들은 아나디리강 상류 지역에 요새를 건설하여 1650년 봄에 콜리마강과 아나디리강 사이를 잇는 육로를 발견한 세묜 모토라(?~1652)의 탐사대에 의해 발견됐다.

이때부터 9년간 데즈뇨프는 아나디리강을 중심으로 탐사를 계속하면서 무엇보다도 강 하구에서 발견한 바다코끼리 상아 수집에 열을 올렸다. 그는 아나디리에 오기 전까지 주로 원주민들에게서 흑담비 가죽 등 모피 공물 징수 업무를 담당했다. 하지만 이제는 바다코끼리 상아가 당시 러시아 정부에 보내는 주요 재정 충당 품목으로 떠올랐다. 1659년 데즈뇨프는 바이칼호수를 발견한 것으로 유명한 쿠르바트 이바노프(?~1666)에게 아나디리 요새 지휘권을 넘기고 그동안 수집한 바다코끼리 상아를 수레에 가득 싣고 콜리마 지역으로 떠났다. 콜리마에서 3년간 보낸 뒤 1662년 다시 야쿠츠크로 갔다가 2년 뒤 1664년 드디어 모스크바로 왔다. 모스크바에서 데즈뇨프는 황

세묜 데즈뇨프가 극동에서 보여준 다양한 활약상 (출처: 24smi.org)

제 알렉세이 미하일로비치에게 자신의 여행 기록을 바치고 20년에 걸쳐 황실을 위해 일한 노고에 대한 보상을 요청했다. 러시아 황실은 험난한 여정을 이겨내며 미지의 땅을 답사하고 2t 이상의 바다코끼리 상아까지 가지고 온 데즈뇨프의 공로를 인정하고 그에게 카자크 지도자 지위를 부여했고 금전과 현물로 두둑하게 보상했다. 1665년 데즈뇨프는 다시 모스크바에서 야쿠츠크로 떠나 이곳에서 1670년까지 살았다. 이후 데즈뇨프는 중앙정부로 올라가는 공물 호송을 감독하며 모스크바로 돌아왔다가 이곳에서 1672년 세상을 떠났다.

데즈뇨프의 탐사는 유라시아와 아메리카 두 대륙이 하나로 이어져 있다는 당대의 추측이 터무니없음을 처음으로 답사를 통해 실증했다는 점에서 지리상의 위대한 발견 가운데 하나로 높이 평가할 만하다. 하지만 그의 위업이 세상에 널리 알려지기까지는 그가 사망하고 나서 60여 년이 필요했다. 18세기 북방대탐사(1733~1743)에 참여한 독일 학자 게르하르트 뮐러(1705~1783)는 1736년 야쿠츠크를 방문했다가 이곳의 공식 문서보관소에서 데즈뇨프가 남긴 여행 기록을 찾아냈다. 이 기록에는 당시 데즈뇨프의 항해 노선을 나타내는 다양한 정보가 많이 담겨 있었다. 뮐러는 그중에서도 특히 '코처럼 튀어나온 거대한 암석'이라는 표현을 보고 깜짝 놀라지 않을 수 없었다. 그는 이것이 바로 지금의 데즈뇨프곶을 가리킨다고 생각했기 때문이다. 이로써 데즈뇨프는 역사상 최초로 유라시아 대륙 최동단을 항해한 것으로 확인됐다. 그러나 데즈뇨프의 역사적 항해를 둘러싼 논란은 계속됐다. 논란의 종지부는 20세기에 들어와서 러시아 학자들이 찍었다. 이들은 데즈뇨프가 1648년에 실제로 유라시아 대륙과 아메리카 대륙을 나누는 분기점을 통과했다는 점을 많은 고증을 통해 의심의 여지 없이 입증할 수 있었다.

'코처럼 튀어나온 거대한 암석'으로 표현된 데즈뇨프곶의 현재 모습 (출처: 레오니트 크루글로프)

데즈뇨프가 유라시아 대륙 최동단을 항해한 지 370년이 지난 지금 러시아에는 그의 위업과 관련한 기념물이 다양한 형태로 곳곳에 조성돼 있다. 그중에서 특기할 만한 것 가운데 하나는 1898년 데즈뇨프의 항해 250주년을 기념하여 데즈뇨프곶으로 명명된 유라시아 대륙 최동단 지점에서 1954년에 시작돼 1956년 완공된 '데즈뇨프 기념 등대'이다. 일설에 따르면, 이 등대 조성 구상은 작가이자 지리학자인 세르게이 마르코프(1906~1979)에게서 나왔다고 한다. 마르코프는 스탈린 시대에 정치 박해를 받았고 2차 세계대전에도 참전했다. 그는 러시아 여러 지역을 여행하기도 했는데, 이때 아르한겔스크와 노보시비르스크, 페트로파블롭스크캄차츠키에서 살았다. 그는 특히 태평양 연안 지역의 러시아 여행자들에게 많은 관심을 기울였고 1948년에 세묜 데즈뇨프에 관한 책을 출판했다. '데즈뇨프 기념 등대' 설치 구상도 이 과정에서 나왔다.

그러나 이 구상을 실행에 옮긴 사람은 마르코프가 아닌 그의 동료

'데즈뇨프 기념 등대' 오벨리스크 (출처: goarctic.ru)

작가 니콜라이 막시모프(1911~1993)였다. 마르코프는 기념 동상을 조성하자는 구상만 했지 이것을 실현하려는 노력을 구체적으로 보여주지 못했다. 이와 달리 막시모프는 무엇보다도 먼저 소련 정부 내각회의에 서한을 보내 '데즈뇨프 기념 등대' 설립 필요성을 역설하며 지원을 요청했다. 하지만 내각회의는 막시모프의 요청에 곧바로 응답하지 않았다. 그러자 막시모프가 1953년 내각회의에 재차 연락하여 기념비 조성에 필요한 자금 지원을 촉구했는데, 이번에는 내각회의에서 답변이 나왔다. 담당 기관에서 산적한 업무로 기념비 조성 안건이 그동안 뒷전으로 밀려나 있었다는 답변이었다. 이와 함께 기념비 조성 예산으로 30만 루블이 배정됐다는 반가운 소식도 들렸다. 이렇게 해서 시작된 데즈뇨프 기념비는 1954년 착공되기 시작하여 1956년 등대 형태의 오벨리스크로 완성됐다. 이 기념비는 세계적으로 드물게 등대 형태의 건축물로 유라시아 대륙 최동단에 조성돼 있어 독보적 존재감을 자랑하지만, 이곳의 정착촌이 폐쇄되면서 등대도 방치되어 많은 사람의 안타까움을 사고 있다. 다행히도 연구자와 관광객들의 복원 요청이 빗발치면서 추콧카자치구 정부에서 등대 복원 방안을 논의하기로 했다고 한다.

데즈뇨프의 발자취는 그가 70여 년에 걸친 생애에서 상당 부분을 보낸 야쿠츠크에 가장 뚜렷하게 각인돼 있다. 데즈뇨프는 야쿠츠크에서 30년 이상 살았다. 이 기간에 그는 야쿠츠크를 탐사 활동 중심지로 삼으면서 야쿠트인 등 현지 원주민들에게서 모스크바 정부에 바치는 모피 공물을 징수했고 콜리마강에서 아나디리강까지 이르는 유라시아 대륙 최동단을 한 바퀴 돌았다. 또 모스크바로 보내는 바다코끼리 상아도 아나디리강에서 야쿠츠크로 가져왔고 그의 여행 기록도 바로 야쿠츠크에 보존돼 있었다. 데즈뇨프는 특히 '야쿠트 민족의 사위'로 불리기도 한다. 이런 별칭은 데즈뇨프가 야쿠츠크에서 많은 세월을 보낸 데서 나오기도 했지만, 앞서 언급했듯이 1639년 그

'데즈뇨프 기념 등대' 오벨리스크. 데즈뇨프의 흉상이 설치돼 있다 (출처: wikiway.com)

데즈뇨프와 그의 야쿠트인 아내 아바카야다, 이들의 아들을 기념하는 동상이 2005년 9월 26일 야쿠츠크에서 제막됐다 (출처: 라승도)

가 우스티알단 출신의 야쿠트 처녀 아바카야다 시츄와 결혼해 아들까지 낳았던 데서 유래했다. 2005년 야쿠츠크 시내의 오이운스키 거리와 키로프 거리가 만나는 지점에 '민족우호' 기념으로 러시아인 데즈뇨프와 야쿠트인 아바카야다, 이들 사이에서 태어난 아들 류빔을 기념하는 동상이 제막된 것도 바로 이런 배경에서였다.

이들의 관계를 둘러싸고 나온 여러 전설 가운데 하나에 따르면, 데즈뇨프는 아바카야다와 결혼하고 아들을 낳은 지 얼마 되지 않아 1년 뒤 돌아온다고 기약하고 가족을 집에 남겨 놓은 채 탐사 길에 올랐다. 하지만 집을 나선 지 20년이 다 되도록 가족의 품으로 돌아오지 않고 강과 바다를 누비고만 돌아다녔다. 그래도 아바카야다는 20년 세월 내내 정절을 지키며 남편을 기다렸다고 한다. 이런 까닭에 그녀는 훗날 야쿠트 여인의 진정한 사랑과 절개를 대표하는 상징적 인물로 자리매김했다. 오늘날 야쿠츠크에서는 젊은 남녀가 결혼식 날에 데즈뇨프 일가 기념 동상으로 찾아와서 아바카야다를 손으로 어루만지곤 하는데, 이렇게 하면 신혼부부의 가정생활에서 모든 것이 탄탄대로라는 믿음이 이곳 사람들 사이에 생겨났기 때문이다. 이런 점에서만 보더라도 야쿠츠크의 데즈뇨프 동상은 다른 지역의 동상들과 많이 다르다고 할 수 있다.

예로페이 하바로프, 아무르강 지도를 그리다

블라디보스토크에서 시베리아횡단열차를 타고 바이칼호수를 끼고 있는 이르쿠츠크까지 여행하다 보면 수많은 도시를 통과하게 된다. 하바롭스크나 비로비잔, 치타, 울란우데처럼 잘 알려진 극동 대표 도시들이 있는가 하면, 생소한 소도시나 촌락들도 있다. 또 시베리아횡단열차가 통과하는 낯선 도시나 촌락 중에는 독특한 이름으로 눈길을 끄는 곳도 있다. 특히 러시아인이 아니고서는 어떤 배경에서 나왔는지 짐작하기 어려운 지명도 존재한다. 아무르주 서쪽 끝에 걸쳐 있는 촌락 '예로페이 파블로비치'가 단적인 예이다. 이 지명은 일단 두 단어로 이뤄져 있어 눈길을 끈다고도 할 수 있지만, '니즈니 노브고르드'나 '페트로파블롭스크캄차츠키' 같은 지명에서 보듯이 두 단어가 다양한 형태로 결합해 이뤄진 지명이 러시아에서 아주 보기 드물지는 않다. 그러나 '예로페이 파블로비치'처럼 특정인의 이름과 부칭 두 단어를 써서 지역 이름을 지은 사례는 보기 드물다. 게다가 '예로페이 파블로비치'가 도대체 누구이고 어떻게 하여 특정 지역의 이름으로까지 역사 속에 남게 됐는지 그 배경을 아는 사람은 러시아인 중에도 아주 많지는 않을 것이다.

예로페이 파블로비치는 극동의 대표 도시 가운데 하나인 하바롭스크의 지명을 통해서만 아니라 이곳 기차역 앞에 우뚝 서 있는 동상을 통해서도 널리 기억되는 카자크 출신의 러시아 탐험가 하바로

'예로페이 파블로비치' 기차역 (출처: ru.wikipedia.org)

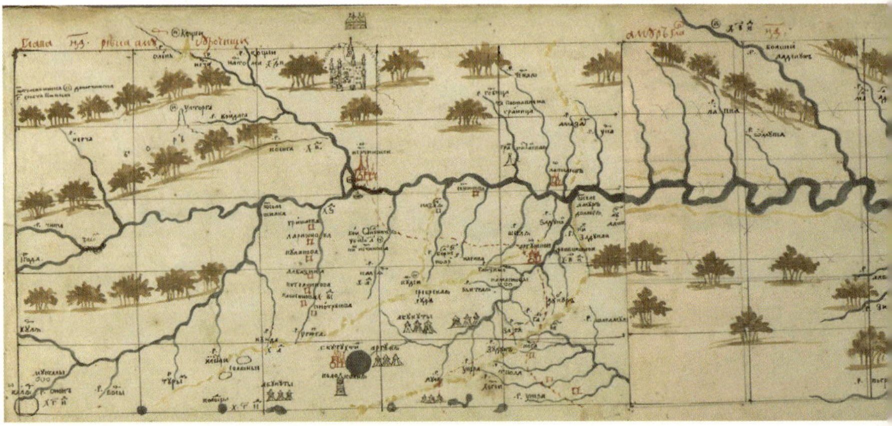

예로페이 하바로프가 작성한 아무르강 지도 (출처: geoamur.рф)

프(1603~1671)의 이름과 부칭이다. 이처럼 하바로프가 '예로페이 파블로비치'와 하바롭스크라는 지명의 기원이 됐고 그의 동상이 하바롭스크 기차역 앞에 당당하게 서 있게 된 것은 그가 1649년 바실리 포야르코프(1597~1667)에 이어 러시아인으로는 두 번째로 아무르강 유역에 진출하여 1653년까지 두 차례에 걸쳐 이 지역을 폭넓게 탐험하고 알바지노와 아찬스크 같은 요새를 건설하는 등 17세기 중반 러시아의 극동 개척에서 혁혁한 공로를 세웠기 때문이다. 하바로프의 활약상은 그가 1652년 아무르강 유역 탐사와 원정 과정에서 얻은 다양한 지식과 정보를 바탕으로 자세히 작성한 '아무르강 지도(Чертеж реки Амур)'에도 잘 나타난다. 하바로프가 작성한 지도는 유럽 최초의 아무르강 유역 지도로, 이후 러시아가 시베리아와 극동 지역을 정복하고 개척하는 데서 중요한 기초 자료로 활용됐다.

하바로프는 데즈뇨프의 출생지 가운데 한 곳으로 추정되는 볼로그다주 벨리키우스튜크 인근에서 태어났다. 그가 정확히 언제 태어났는지는 알려지지 않았지만, 1603년경에 태어난 것으로 추정된다.

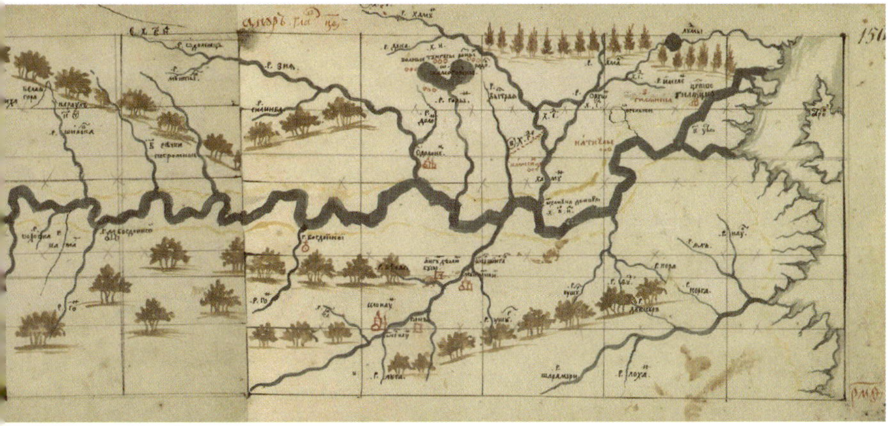

하바로프는 일찍이 청년 시절부터 모피 사업과 제염 사업 등에 뛰어들어 사업가로서 수완을 발휘하면서 부를 축적하기 시작했다. 이 과정에서 그는 북극해로 이어지는 크라스노야르스크 타이미르반도까지 올라갔다가 이후 아르한겔스크를 거쳐 다시 레나강 유역의 야쿠츠크까지 러시아 북부에서 극동 지역으로 폭넓게 여행했다. 하바로프는 야쿠츠크에서 사업을 확장하며 부자가 됐지만, 그의 욕심은 끝을 몰랐다. 1649년 하바로프가 포야르코프에 이어 두 번째 러시아인으로 정부의 승인을 받고 자비로 아무르강 유역 탐사에 나선 것도 무엇보다도 먼저 이 지역 부족들을 정복하여 금전적 이익을 창출할 목적에서였다. 실제로 하바로프 일행은 1649년에서 1653년까지 두 번에 걸쳐 아무르강 하구까지 탐사하면서 돈이 되는 것이라면 무엇이든 서슴지 않고 했다. 이때 하바로프 일행이 다우르족 등 현지 부족들에게 자행한 폭력은 잔인하기로 악명 높았던 포야르코프 탐사대보다 더하면 더했지 절대 못 하지 않았다. 이들이 저지른 파괴와 약탈, 살인은 너무나 끔찍하여 그로부터 200년이 지난 뒤에도 생생

하게 기억됐다고 한다. 이처럼 하바로프는 돈 욕심에 눈이 먼 나머지 아무르강 유역에 살던 부족들을 대상으로 남녀노소 가리지 않고 온갖 만행을 저지른 사람이라는 어두운 그림자가 드리워져 있다. 이는 그가 자신의 이름을 딴 도시 하바롭스크의 기차역 앞에 동상으로 떡하니 버티고 서서 러시아 극동 개척사의 위대한 인물 가운데 한 명으로 기억되고 있는 것과는 사뭇 대조적이다.

니콜라이 무라비요프아무르스키, 극동을 통치하고 극동에서 잠들다

2018년 11월까지만 해도 러시아 극동의 수도였던 하바롭스크에 가면 이 도시의 이름이 유래한 예로페이 하바로프의 기념 동상만 아니라 2006년 발행되기 시작한 러시아 화폐 5000루블 앞면에도 등장하

하바롭스크 기차역 앞 공원의 예로페이 파블로비치 하바로프 동상 (출처: 라승도)

는 니콜라이 무라비요프아무르스키 백작의 기념 동상도 만나볼 수 있다. 이와 동시에 하바롭스크에서 무라비요프아무르스키는 1891년에 제막된 기념 동상으로만 아니라 아무르 강변 공원에서 시작하여 중심부인 레닌 광장까지 이어지는 중앙로의 이름을 통해서도 기억되고 있다. 하바롭스크에서 가장 번화한 이 거리는 바로 무라비요프아무르스키 거리로 불린다. 또 그의 기념 동상이 팔짱을 끼고 우뚝 서서 도도하게 흐르는 아무르강 물결을 굽어보고 있는 강변 공원도 '무라비요프아무르스키 기념 공원'이다. 이처럼 하바롭스크에서 주요 거리와 공원 이름을 통해서도 기억되고 있고 러시아 최고액 지폐 전면 도안에도 들어가 있는 동상을 통해서도 기념되고 있는 무라비요프아무르스키는 누구이고 하바롭스크와는 어떤 인연이 있었을까?

니콜라이 무라비요프는 알렉산드르 1세 시대인 1809년 8월 11일 상트페테르부르크에서 러시아 정부 고위관리의 아들로 태어나서 알렉산드르 2세가 암살당한 해인 1881년 11월 15일 프랑스 파리에서

하바롭스크 아무르 강변에 있는 무라비요프아무르스키 기념 동상. 이 동상이 러시아 5000루블 지폐 도안으로 들어가 있다 (출처: 라승도)

블라고베셴스크 향토박물관에 걸려 있는 아이훈조약 복제 그림 (출처: 라승도)

사망했다. 그는 72년간 살면서 21년의 세월을 공직에 바쳤는데, 그중 절반 이상인 12년간 동시베리아 지사와 총독을 지내면서 러시아 극동 개척을 위해 많은 임무를 수행했다. 그는 무엇보다도 먼저 1689년 8월 27일 지금의 자바이칼변강주에 속하는 네르친스크에서 청나라와 체결된 조약으로 단념해야 했던 아무르강 유역을 그로부터 약 170년 후인 1858년 5월 16일 아이훈에서 청나라와 다시 만나 조약을

📷 블라고베셴스크 향토박물관에 설치돼 있는 아이훈조약 사건 일지 조형물 (출처: 라승도)

체결하여 아무르강 좌안 지역을 러시아 영토로 가져온 공로로 러시아 역사에서 높이 평가된다. 실제로 그는 1847년 동시베리아 지사로 취임하자마자 아무르강 하구를 지배하는 자가 진정으로 시베리아를 지배한다고 역설했을 정도로 아무르강 유역을 러시아 영토로 가져오는 작업에 착수했고 그로부터 11년 후에 아이훈조약 체결로 역사적 소임을 완수했다. 그는 아무르강을 사이에 두고 블라고베셴스크와 마주 보고 있는 아이훈에서 청나라 전권대표 혁산(奕山) 장군을 만나 아무르강 좌우로 러시아와 청나라의 국경을 새로 확정하는 조약 체결에 성공했다. 이 공로로 러시아 황실은 그에게 총독 지위와 함께 아무르스키라는 백작 칭호를 수여했다. 이때부터 그는 지금처럼 니콜라이 무라비요프아무르스키로 불렸다.

아무르주 수도 블라고베셴스크의 기원은 1856년으로 거슬러 올라간다. 하지만 이곳이 현재의 이름으로 불리게 된 것은 1858년 무라비요프아무르스키의 아이훈조약 체결 협상 개시 3일 전에 그와 동행한 이노켄티 대주교가 '성모수태고지' 기념 성당 건립을 위한 초석을 놓았던 데서 유래했다. '고지'라는 뜻의 '블라고베셰니예'에서 블라고베셴스크가 나왔기 때문이다. 하느님이 동정녀 마리아에게 대천사 가브리엘을 보내 그녀가 예수 그리스도를 잉태하리라고 계시한 것을 기념해 성당을 짓겠다는 것도 어쩌면 무라비요프아무르스키가 이끄는 러시아 대표단이 조약을 성공적으로 체결하리라고 예고하는 것이었을지 모른다. 어쨌든 이노켄티 대주교는 무라비요프아무르스키와 함께 블라고베셴스크 도시의 역사에서 중대한 발자취를 뚜렷하게 남겼다. 두 사람은 특히 2009년 10월 29일 '성모수태고지' 성당 경내에 조성된 기념 동상으로 다시 만났는데, 이들 뒤에는 러시아 국기인 삼색기가 커다랗게 펄럭이고 있다. 이들은 당시 아이훈조약 체결 기념으로 바로 이곳에 러시아 국기를 게양해 놓았다. 특히 이때 무라비요프아무르스키는 조약 체결 관계자 모두에게 축하의 말을 건네면서 이렇게 힘주어 말했다. "여러분! 축하합니다! 우리의 노고는 헛되지 않았습니다. 아무르가 러시아 땅이 됐습니다. 성스러운 정교회

📷 블라고베셴스크 '성모수태고지' 성당 경내에 조성된 무라비요프아무르스키와 이노켄티 대주교 동상. 동상 뒤편으로 러시아 삼색기가 펄럭이고 있다 (출처: 라승도)

가 여러분을 위해 기도하고 있습니다! 러시아가 감사하고 있습니다!”

앞서 소개했듯이, 무라비요프아무르스키가 하바롭스크에서 다양한 방식으로 널리 기념되고 있는 이유는 바로 그가 이 도시를 창건했다는 데서 찾을 수 있다. 그는 아이훈조약을 체결하고 나서 얼마 지나지 않은 1858년 6월 3일 당시 하바롭카(현재 하바롭스크)에 부대가 주둔할 위치를 결정했는데, 이것이 오늘날 하바롭스크 도시의 기원이 됐다. 5000루블 지폐에도 들어갈 정도로 가장 잘 알려진 무라비요프아무르스키 기념 동상이 하바롭스크에 조성된 것도 바로 이런 배경에서였다. 이 동상은 1891년 조각가 알렉산드르 오페쿠신(1838~1923)의 설계로 제작되어 현재의 위치에 세워졌다. 하지만 동상은 1917년 10월 러시아 혁명과 함께 들어선 볼셰비키 정권에 의해 1925년 철거되어 지역 박물관으로 옮겨졌다. 몇 년 뒤에 동상은 ‘역사적으로나 예술적으로도 관심을 끌지 못한다’는 이유로 조각조각 분쇄됐고 아무르강 유역이 러시아 영토로 편입될 때 이바지한 군인과 민간인들의 이름이 적힌 청동 기념판 5개도 폐기됐다. 무라비요프아무르스키의 동상이 철거되고 빈자리에는 레닌 동상이 들어섰다. 하지만 레닌 동상도 이 자리에 영원히 서 있을 수는 없었다. 1989년 설립 자금을 모금하기 시작한 지 3년 만인 1992년 5월 30일 무라비요프아무르스키 동상이 제자리로 돌아왔다.

한편, 무라비요프아무르스키는 시베리아와 극동 지역에서 철도 건설 필요성을 인식하고 시베리아횡단철도 건설을 여러 차례 제안했다. 그러나 알렉산드르 2세 황제는 엄청난 비용이 소요되는 철도 프로젝트를 받아들이지 않았다. 이와 함께 무라비요프아무르스키는 베이징조약으로 우수리 지역과 남쪽 항구들까지 장악한 데 안주하지 말고 인접국인 몽골과 조선을 포함해 청나라 북부와 서부를 계속해서 공격적으로 합병해나갈 것을 주장했다. 또 그는 동시베리아 총독으로 재임하는 동안 아무르강 유역 황무지에 러시아 정착촌을 만들려고 시도했다. 그래서 우선 자바이칼 지역 카자크들을 데려와 이곳에 정착시켜보려 했지만, 이들의 자발적 이주를 이끌어내는 데는 한계가 있었다. 그는 아무르강에서 증기선이 다니게 하고 아무르강 연안을 따라 길도 닦으려고 해봤지만, 성공에 이르지는 못했다. 이처럼 무라비요프아무르스키는 아무르강 유역의 중요성을 정확히 간파하고 이를 활용하기 위해 구체적인 방안들을 제시하는 등 시대를 앞서나갔다.

무라비요프아무르스키는 청나라 사람들의 공격을 막아낼 상비군이 없음을 인식하고 1858년 자바이칼을 포함하여 여러 지역 부대에서 카자크 병사들을 모아 아무르 카자크 부대를 만들었다. 이와 동시에 캄차카에서 외국인들의 공격이 잦아지자 이를 막아내기 위해 페

아무르강 유역에 처음 도착한 카자크들을 기념하는 동상이 블라고베셴스크시 외곽에 최근 조성됐다 (출처: 라승도)

트로파블롭스크 항구에 군사 요새도 건설하기 시작했다. 그는 1849년 이 지역을 조사하다 건설 현장에서 시그날니곶과 페트로파블롭스크갑(岬), 쿨투시노예 호숫가에 포대(砲隊)를 배치할 수 있는 새로운 장소를 찾아냈다. 크림전쟁이 시작되자 그가 우려했던 대로 외적들은 러시아의 태평양 점령군을 공격하기 위해 캄차카에 상당수의 해군을 배치했다. 1854년 8월 31일에서 9월 7일까지 영국과 프랑스 군대 2,600명이 총기 200정을 실은 배 6척을 나눠 타고 페트로파블롭스크 요새를 포위하고 공격했다. 이 과정에서 태평양연합군 사령관인 영국군 후방 사령관 데이빗 프라이스(1790~1854)가 자살하는 등 사망자만 300명이 넘었다.

페트로파블롭스크캄차츠키 시그날니곶 기념 공원으로 이어지는 오솔길 오른쪽 벽면에 '1854년 페트로파블롭스크 항구 방어전'이 묘사돼 있다 (출처: 라승도)

무라비요프아무르스키는 페트로파블롭스크 포위 공격을 성공적으로 방어했지만, 거리가 너무 많이 떨어진 지역에 식량과 무기를 공급하고 유지하는 것 자체가 어렵다는 사실을 깨달았다. 그리하여 캄차카에서 항구 시설을 철거하고 수비대를 철수시키기로 했다. 곧이어 항만

페트로파블롭스크캄차츠키 시그날니곶 기념 공원의 아바차만 기슭에 '1854년 페트로파블롭스크 항구 방어전'에서 사용된 대포들이 전시돼 있다 (출처: 라승도)

시설과 주택이 철거됐다. 창문과 문 등 고가 주택 자재는 숨겨 놓았고 현지 원주민들을 북쪽으로 대피시켰다. 카자크들은 아바차강 하구에 있는 마을로 이주했다. 러시아군 함대는 영국과 프랑스 연합편대가 다시 도착하기 전에 항구를 벗어나 니콜라옙스크나아무레로 신속히 이동했다. 1855년 5월 8일 프랑스 함대 5척과 영국 함대 9척이 아바차만에 들어왔지만, 페트로파블롭스크 항구를 더는 사용할 수 없었다.

1891년 알렉산드르 3세 황제에 이르러서야 비로소 착공된 시베리아횡단철도의 가치와 효용을 생각해보면 무라비요프아무르스키의 선구적 혜안에 놀랄 뿐이다. 그는 생존 당시 육로와 수로를 개발하지 못했지만, 이러한 작업이 러시아의 극동 개척과 발전에 반드시 필요하다는 것을 누구보다도 먼저 잘 알고 있었다. 아무르강 유역을 중심으로 극동에서 진행된 러시아의 제국주의적 팽창에서 니콜라이 무라비요프아무르스키가 영웅으로 대접받고 있고 그의 동상이 치타에서 블라고베셴스크, 하바롭스크, 블라디보스토크까지 이 지역 주요 도시에 당당한 모습으로 서 있는 이유가 여기에 있다.

1860년 무라비요프아무르스키는 오늘날 블라디보스토크의 기원이 된 블라디보스토크 군사초소 건설의 최종 책임자이기도 했다. 그는 동시베리아를 두 부분으로 나누는 자신의 계획안이 받아들여지지 않자 1861년 동시베리아 총독 자리에서 물러난 후 1881년 사망할 때까지 20년 내내 파리에 가서 살았다. 그는 사망 후 파리 몽마르트르 공동묘지에 묻혔지만, 그로부터 약 110년 뒤인 1990년에 그의 유해가 블라디보스토크로 옮겨져 와서 현재 고리키 드라마극장 뒤편에 조성된 묘지에 안장됐다. 또 2012년에는 그의 묘지 옆에 기념 동상이 제막됐는데, 이 동상의 특징은 그가 한 손에 아이훈조약 서류

블라디보스토크 고리키 드라마극장 뒤편에 있는 무라비요프아무르스키의 묘지와 동상 (출처: 라승도)

를 쥐고 있는 데서 찾을 수 있다. 무라비요프아무르스키의 유해가 러시아로 돌아와서 이르쿠츠크나 하바롭스크, 블라고베셴스크도 아닌 바로 블라디보스토크에 안장된 것은 그가 동시베리아 총독에서 물러나기 직전 마지막으로 수행했던 중대한 과업이 블라디보스토크 군사초소 건설이었기 때문일 것이다.

흥미로운 점은 하바롭스크와 블라디보스토크에 있는 무라비요프아무르스키의 동상이 아무르강과 금각만을 높은 곳에서 내려다보고 있다는 사실이다. 이처럼 무라비요프아무르스키의 동상이 드넓게 펼쳐진 강과 바다를 내다보고 있다는 사실은 그가 동시베리아 최고 통치자로 19세기 후반 러시아 제국의 극동 개척에서 핵심 역할을 수행했다는 것만 아니라 이 과정에서 누구보다도 더 멀리 앞을 내다보며 시대를 앞서갔다는 것도 넌지시 강조해준다. 요컨대, 그는 러시아 역사에서 극동 개척과 개발의 핵심 인물이자 대표 상징이다.

니콜라이 프르제발스키, 우수리를 발견한 '여행 천재'

로빈 한부리-테니슨이 2010년 엮어 펴낸 책 『위대한 탐험가들』(파주: 21세기북스, 2010)에서 전 세계 41명의 위대한 탐험가 중 러시아 출신은 니콜라이 프르제발스키(1839~1888)가 유일하다. 이 책에서 육지 부문의 위대한 탐험가로 분류된 프르제발스키는 이렇게 소개돼 있다. "니콜라이 프르제발스키는 여러 가지 면에서 기인이다. 탐험가로서 필생의 야망은 금지된 도시 티베트의 라사로 가보는 것이었다. 라사에 가는 꿈은 이루지 못했지만, 탐험 분야에서 그의 명성과 성취는 살아서 이름을 드높였고, 죽어서 더 떠받들어졌다." 그렇다면 프르제발스키는 어디서 무엇을 탐험했기에 살아서도 죽어서도 탐험가로서 명성이 자자했던 것일까?

세계 탐험사에서 프르제발스키는 무엇보다도 먼저 1870년대 당시 유럽인 중에서는 아무도 탐험하지 못한 몽골에서 티베트를 거쳐 카

니콜라이 프르제발스키 초상화 (출처: ru.wikipedia.org)

자흐스탄까지 아시아 내륙의 초원과 사막, 산악 지대를 약 20년간 네 번에 걸쳐 자세히 조사한 것으로 유명하다. 한부리-테니슨의 책에 따르면, 프르제발스키는 "탐험의 진정한 유산을 남겼다." "그는 마르코 폴로에 비견될 정도로(런던의 영국 왕립지리학회 의견에 따르면) 유럽의 아시아에 대한 지식의 경계를 활짝 열었다." 프르제발스키는 특히 중앙아시아 탐험 과정에서 자신의 이름을 딴 말을 발견한 것으로 오늘날에도 많은 사람의 기억 속에 남아 있다. 하지만 프르제발스키는 중앙아시아 탐험에 본격적으로 나서기 전에 1867년 아무르강을 거쳐 우수리강 유역까지 탐사하여 러시아 극동의 지식 확장에 크게 이바지하기도 했다.

니콜라이 프르제발스키는 1839년 4월 12일 스몰렌스크의 폴란드계 벨라루스 또는 우크라이나 귀족 집안에서 태어났다. 여기서 짐작할 수 있듯이, 프르제발스키의 피에는 적어도 두 개 이상의 민족과 세 개 이상의 문화가 뒤섞여 있었고 이런 출생 배경은 그의 괴팍하고 이해하기 힘든 성격을 설명하는 데 곧잘 동원되곤 한다. 한부리-테니슨의 말에 따르면, 어렸을 적에 그는 고향 스몰렌스크 주변의 숲속을 누비며 사냥을 즐겼고 늑대나 곰 등 사나운 짐승들을 자주 만나곤 했다. 그래서였는지 학교생활에 적응하는 데 어려움을 겪었고 집에서는 동생과 싸우기 일쑤였다. 이후 그는 1861년 상트페테르부르크 합동군사참모대학에 입학했고 여기서 수학하는 동안 아무르 지방의 군사 통계에 관한 책을 썼다. 특히 이 과정에서 프르제발스키는 관련 자료와 정보를 닥치는 대로 수집하고 소화하여 책으로 만들어 냈다. 이렇게 나온 값진 성과물 덕분에 그는 1864년 폴란드 바르샤바 군사학교에서 지리 교사로 교편을 잡기도 했고 러시아지리협회 회원이 되기도 했다. 1867년에는 아무르강을 따라서 우수리 지역으로 가

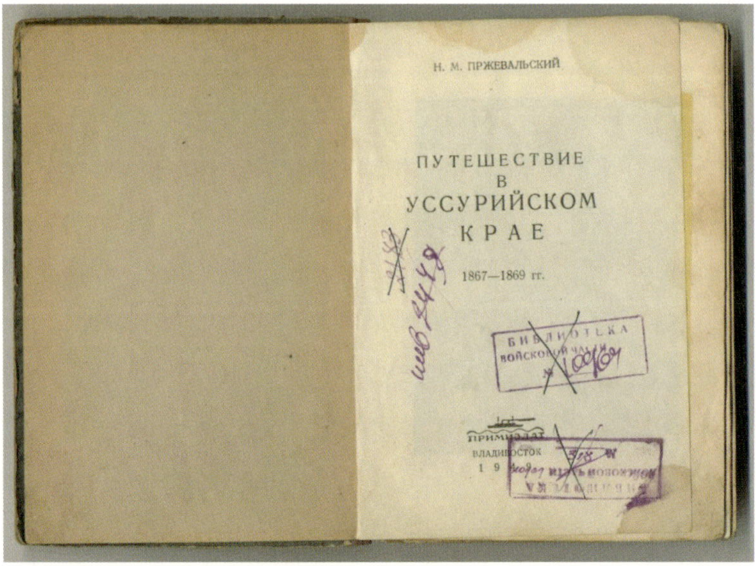

『우수리 지방 여행, 1867~1869』(출처: sakhalinmuseum.ru)

서 2년간 현지 동식물군을 조사하고 기록했고 이때 얻은 경험을 『우수리 지방 여행, 1867~1869』이라는 책에 담아 발표했다.

프르제발스키는 우수리 지역 탐사 여행과 관련하여 나중에 "유럽인의 발길이 아직 닿지 않은 지역을 연구하는 것이 부러울 만한 운명이자 어려운 의무로서 내게 부과됐다"고 썼다. 결과적으로 그는 이 운명과 의무를 받들어 성실하게 수행하여 원하는 바를 실컷 할 수 있었다. 특히 러시아지리협회에서 바로 우수리 조사의 성공적 수행을 통해 연구 능력을 입증하여 중앙아시아 탐험 기회를 얻을 수 있었다. 프르제발스키는 1867년 6월 하바롭카(현재 하바롭스크)에 도착하여 이곳에서 탐사 보조자인 니콜라이 야구노프와 두 명의 카자크를 만나 걷거나 배를 타고 우수리강 상류로 올라가서 한카호수까지 도달했다. 이때 그는 강에 물고기가 매우 풍부한 것을 보고 놀란 느낌을 기

프르제발스키는 1867년에서 1869년까지 우수리 지역을 탐험하고 여행기를 남겼다 (출처: dv.land)

록하기도 했다.

그로부터 3개월이 지난 1867년 9월 프르제발스키는 남쪽으로 더 이동하여 중국어로 수이푼강으로 불리는 우수리스크 라즈돌리나야강과 포시에트만 노보고롯츠키 초소까지 내려갔다. 그는 여기서 더 나아가 국경을 넘어 조선 땅에까지 들어가 보려고 했지만, 러시아와 접경한 경흥에서 그의 입국을 허가해주지 않았다. 그러자 프르제발스키는 동쪽으로 방향을 돌려 연해주 동해안의 군사초소 올가 쪽으로 갔다가 그해 겨울에 우수리로 돌아왔다. 그는 우수리 지역에서 연해주 최남단 국경 지대까지 3,000km 이상 이동하면서 이곳의 지형을 파악하고 동식물군을 자세히 관찰했다. 이와 함께 연해주 남동부에 거주하는 민족들에 관한 인종지학 자료를 폭넓게 수집하여 정리했다. 이때 조사를 통해 그가 학계에 크게 이바지한 분야는 특히 조류학과 기상학 분야였다. 그가 파악한 300종 이상의 조류는 매우 가치 있는 것으로 높이 평가받았다. 이와 함께 15개월 동안 매일 기

상트페테르부르크에 있는 니콜라이 프르제발스키 기념 동상. 중앙아시아 자연을 조사한 위대한 연구자라고 쓰여 있다 (출처: ru.wikipedia.org)

상을 관측했는데, 이 작업도 우수리 지역의 자연조건을 연구하는 데 기여했다.

프르제발스키는 1870년 상트페테르부르크로 돌아가서 마침내 러시아지리협회 승인과 지원을 받아 중앙아시아로 떠나기 전에 우수리를 중심으로 한 극동 지역에서 누군가가 표현한 것처럼 자신의 '여행 천재' 기질을 유감없이 발휘할 수 있었다. 그의 활약상은 이 지역의 자연과 역사, 문화 연구에 획기적인 전기를 마련하여 훗날 사할린섬을 방문하는 안톤 체호프(1860~1904)에게도 깊은 영감을 주었고 19세기 말 20세기 초에 우수리 지역을 탐험한 블라디미르 아르세니예프에게도 많은 영향을 끼쳤다. 다른 한편, 프르제발스키는 극동과 중앙아시아 탐사 과정에서 러시아 제국주의와 오리엔탈리즘을 공공연하게 드러낸 것으로도 유명하다. 그는 "기독교와 무역, 교육이 아시아 이웃들에 영향을 미칠 수 있는 수단이 되어야 한다"고 말하면서 자국 접경지대의 아시아 민족들에 대한 문화적 우위와 군사적 지배를 주장했다. 러시아 청중들이 미지의 땅에 사는 아시아 민족들에 대한 프르제발스키의 강연을 듣고 열렬히 호응한 것도 바로 그의 탐사 정신에 깔린 러시아 우월주의와 제국주의 경향 때문이었을 것이다.

블라디미르 아르세니예프, 우수리를 세계에 알리다

최근 러시아 항공사 비행기를 타고 극동 지역 하바롭스크나 유즈노사할린스크, 블라디보스토크로 여행하다 보면 현지 공항 착륙 이후 나오는 승무원의 안내 방송에 변화가 생겼음을 알 수 있다. 예를 들면, 오로라항공을 이용하여 블라디보스토크로 여행할 때 비행기가 현지 공항에 착륙하고 나면 승무원이 "우리 비행기는 방금 블라디보스토크 블라디미르 아르세니예프 국제공항에 도착했습니다"라고 러시아어와 영어로 말한다. 흥미롭게도 2018년까지만 해도 이런 안내 방송에는 '블라디미르 아르세니예프'라는 말이 나오지 않았다. 그러다 2018년 12월 러시아 정부가 주관한 '러시아의 위대한 이름' 선정 투표 결과가 나왔고 2019년 이 결과에 따라 여러 지역에서 자신들이 최고로 꼽은 '위대한 이름'을 따서 공항명을 바꾸었다. 블라디보스토크는 1900년 5월 이곳으로 와서 1930년 사망할 때까지 지금의 우수리스크를 중심으로 연해주 일대의 극동을 조사하여 위대한 업적을 남긴 러시아군 장교이자 탐험가였던 블라디미르 아르세니예프를 '위대한 이름'으로 꼽았고 이 이름을 따서 기존의 블라디보스토크 국제공항에서 '블라디미르 아르세니예프 국제공항'으로 개명했다. 이제 러시아 항공사 비행기를 타고 블라디보스토크를 드나들 때면 '블라디미르 아르세니예프'라는 이름을 자연스럽게 듣게 된다. 그러나 특히 이곳을 찾는 외국인 중에는 아르세니예프가 누구인지 아는 사람은 많지 않을 것이다. 그래서인지 블라디보스토크 공항은 청사 1층에서 2층 출국장으로 올라가는 에스컬레이터 종착점 바로 맞은편 벽면에 아르세니예프의 초상화와 함께 관련 자료를 펼쳐 놓고 그의 생애와 업적 등을 눈에 잘 띄게 간추려 소개하고 있다.

아르세니예프는 그보다 30여 년 전 아무르강을 따라 우수리 지역으로 와서 2년에 걸쳐 탐사를 수행한 니콜라이 프르제발스키와 몇 가지 점에서 비슷한 행보를 보여 흥미롭다. 먼저, 두 사람은 상트페테르부르크에서 태어나 자랐다는 공통점이 있다. 둘째, 이들은 모두 상트페테르부르크에서 군사학교를 졸업하고 러시아 제국 군대의 장교로 복무했다. 셋째, 프르제발스키가 1864년 폴란드 바르샤바에 있는

📷 블라디보스토크 블라디미르 아르세니예프 국제공항 청사 2층 벽면에 걸린 아르세니예프 사진과 설명문 (출처: 라승도)

1917년 중령 계급을 단 아르세니예프의 모습 (출처: ru.wikipedia.org)

군사학교에서 지리 교사로 활동했다면, 아르세니에프는 바르샤바에서 약 150km 떨어진 폴란드 북동부 도시 웜자에서 파견 근무를 했다. 넷째, 프르제발스키가 참모대학 시절에 이미 『아무르 지역 군사통계학 개설』을 썼을 정도로 아무르강 유역에 깊은 관심을 기울였고 1867년에는 아무르강을 거쳐 우수리 지역으로 탐사 여행을 떠났던 것처럼, 아르세니에프도 일찍부터 동시베리아 지역에 관심을 기울였고 마침내 1900년 블라디보스토크에 와서 우수리 지역을 중심으로 본격적으로 극동 탐사를 시작했다. 그는 어느 글에서 "동시베리아가 항상 나를 끌어당겼다. 그리고 내가 그 부름에 응했다"고 밝히기도 했다. 끝으로 두 사람은 30여 년의 간격을 두고 차례로 우수리 지역을 중심으로 극동의 자연과 인간, 문화를 연구하여 세계에 알렸다.

그러나 프르제발스키와 아르세니에프는 비슷한 점이 많은 만큼 차이점도 컸다. 무엇보다도 프르제발스키에게 우수리 지방은 앞서 언급했듯이 1870년 러시아지리협회의 승인과 지원을 받아 몽골에서 중국과 티베트를 거쳐 카자흐스탄까지 이르는 아시아 내륙 탐험에 오르기 위한 대장정의 출발점에 불과했다. 이와 달리 아르세니에프에게 우수리 지방은 그가 블라디보스토크에 도착한 1900년부터 이곳에서 사망한 1930년까지 30여 년을 바친 극동 탐험과 연구에서 출발점이자 종착점이었다. 더욱이 프르제발스키는 우수리 탐사에서 주로 이곳의 식생과 지형, 기상에 초점을 맞췄지만, 아르세니에프는 이 지역에 거주하는 우데게인 등 여러 소수 토착민의 역사와 문화로까지 조사 범위를 확장했다. 특히 그는 과학적 관찰과 분석만 아니라 예술적 표현과 묘사도 보여주며 작가로서의 탁월한 면모를 발휘했다. 이런 점에서 나중에 두 편의 동명 영화로 제작되어 더 유명해진 『데르수 우잘라』가 아르세니에프의 예술적 표현력을 유감없이 보여

1906년 아르세니예프가 찍은 데르수 우잘라의 모습 (출처: ru.wikipedia.org)

아키라 구로사와의 영화 속 아르세니예프와 데르수 우잘라의 모습 (출처: 라승도)

준 대표작이라고 할 수 있다.

『데르수 우잘라』는 아르세니예프가 1900년부터 1907년까지 우수리 지역을 탐사할 때 그를 안내하며 도와준 데르수 우잘라로 불리는 골디족 출신의 현지인과 함께한 탐사 여행기다. 아르세니예프의 우수리 탐사가 프르제발스키의 탐사와 변별되며 더 높이 평가받는 것도 바로 이 책 덕분이었다. 게다가 아키라 구로사와 감독 같은 세계적 거장이 1975년에 『데르수 우잘라』를 영화로 만들어 아카데미 최우수외국어영화상까지 거머쥔 것도 아르세니예프의 우수리 탐사 여행기가 더 많은 사람에게 관심과 사랑을 받게 된 주된 계기였다. 특히 『데르수 우잘라』에서 아르세니예프가 탐험가로서만 아니라 작가로서도 탁월하게 보여준 능력은 1920~30년대 소련 문학계의 대부라고 할 수 있었던 막심 고리키(1868~1936)의 눈에도 띄어 감동과 찬사를 받았다. 아르세니예프가 죽기 2년 전인 1928년 1월 24일 고리키는 그에게 보낸 편지에서 이렇게 썼다.

귀하의 책은 정말 감동적이었습니다. 그토록 중요한 과학적 가치에 대해서는 말할 나위도 없고, 풍부한 자연 묘사와 특유의 표현력에 저는 완전히 반해버렸습니다. 귀하는 브렘과 페니모어 쿠퍼를 합친 것보다 더 위대한 성과를 거두었습니다. (블라디미르 아르세니예프, 『데르수 우잘라』, 김욱 옮김 (서울: 갈라파고스, 2005))

아르세니예프가 『모히칸족의 최후』로 유명한 알프레드 쿠퍼보다 더 위대한 성과를 거뒀다고 고리키의 상찬을 받은 것은 그가 『데르수 우잘라』에서 보여준 과학적 가치와 예술적 표현의 절묘한 결합 덕분이었다.

러시아 극동 연해주에는 블라디미르 아르세니예프와 관련된 기념 공간이 여럿 있다. 그를 기념해서 도시명을 지은 아르세니예프시 우발리나야 언덕에는 아르세니예프와 데르수 우잘라 기념 동상이 우

아르세니예프 기념 연해주국립박물관 2층 아르세니예프 전시관에 진열돼 있는 책 (출처: 라승도)

람한 규모로 세워져 있어 방문객의 발길을 끈다. 또 블라디보스토크 시내 스베틀란스카야 중앙로 20번지에는 V.K. 아르세니예프 기념 연해주국립박물관이 자리 잡고 있다. 특히 그가 집필한 저술과 관련 자료를 풍부하게 진열해 놓은 박물관 2층 아르세니예프 전시관은 이곳을 찾는 방문객들의 필수 관람 코스 가운데 하나다. 이와 함께 블라디보스토크 기차역에서 멀지 않은 아르세니예프 거리 7번지에는 아르세니예프 가족이 살았던 고색창연한 '자택 박물관'이 고즈넉한 분위기 속에 방문객들을 맞이한다. 붉은색 벽돌로 지은 박물관 건물 앞마당에는 아르세니예프 두상 기념비가 서 있는데, 화강암 받침대에 "우수리 지역을 세계에 열어 보여준 블라디미르 클라브디예비치 아르세니예프"라고 쓰여 있어 극동 탐험가로서 그의 위대한 업적이 무엇인지 단번에 알 수 있다.

옐레나 골로브네바는 학술잡지 『시베리아역사연구』 2018년 제1호에 게재한 자신의 논문에서 아르세니예프의 연구 성과가 나오기 전에 극동은 많은 점에서 '미지의 땅'이었다고 말한다. 그녀의 견해에 따르면, 아르세니예프 이전에 니콜라이 프르제발스키 등 일부 연구자나 탐험가가 우수리 지역을 조사한 결과는 동식물학과 생물학, 지리학 분야의 전문가들 사이에서만 알려졌다. 그래서 독자가 이 지역에 관해 자세하고 흥미롭게 기술한 일반적 자료나 정보를 얻을 수 있는 책은 없었다. 아르세니예프가 1920년 이전까지 발표한 자료도 학술적 성격이 짙어 일반 대중의 관심을 끌지 못했다. 하지만 하바롭스크와 연해주에 걸쳐 900km 이상 뻗어 있는 시호테알린산맥을 탐사한 결과로 나온 책 『우수리 지역을 따라서』가 1921년 출판되자 블라디보스토크 현지 주민들은 물론이고 더 나아가 전 세계도 아르세니예프가 생생하게 보여주는 러시아 극동에 감추진 '미지의 세계'를 알

블라디보스토크 아르세니예프 자택 박물관과 그의 두상 기념비 (출처: 라승도)

고 흥분을 감추지 못했다. 현재 유네스코 세계자연유산 목록에 올라 있는 시호테알린산맥은 아르세니예프가 직접 탐사하여 다양한 과학적 관찰과 분석, 예술적 표현과 묘사를 통해 자세하게 소개하기 전까지는 전인미답의 영토였다. 1823년 세묜 브로넵스키(1763~1830)는 모스크바에서 『캅카스 최신 지리와 역사 정보』를 출판하여 러시아와 유럽 사람들에게 미지의 땅이었던 캅카스의 진면목을 온전하게 보여줘 놀라움을 자아냈다. 그로부터 약 1세기 뒤에 아르세니예프는 『우수리 지역을 따라서』, 『데르수 우잘라』, 『우수리의 미로 속에서』, 『타이가를 꿰뚫고』 등 수십 편에 달하는 저술에서 우수리를 중심으로 극동에 대한 새로운 인식의 지평을 러시아와 세계에 열어줬다.

06

극동의 부상과 러시아의 미래

작가들이 본 극동 : 곤차로프에서 샬라모프까지

06

알렉산드르 솔제니친(1918~2008)은 1970년 노벨문학상을 받고 나서 곧이어 1973년 소련에서 추방되어 독일을 거쳐 미국으로 건너가 망명 생활을 하다 1991년 소련 붕괴 이후 1994년 러시아로 영구 귀국했다. 이때 그는 비행기로 알래스카를 거쳐 마가단으로 들어왔고 여기서 다시 블라디보스토크로 이동하여 기차를 타고 모스크바로 돌아왔다. 솔제니친이 20여 년에 걸친 망명 생활을 끝내고 러시아로 돌아올 때 그가 선택한 귀국 노선은 상징적 의미가 매우 컸다. 무엇보다도 먼저 그의 귀국에 특별한 의미를 부여해 준 극적 배경으로 극동만 한 곳이 없었다. 러시아에서 해가 가장 먼저 뜬다고 해서 '러시아가 시작하는 곳'으로 불리는 극동은 소련 해체 이후 새롭게 탄생한 러시아로 돌아와서 새로운 삶을 시작하는 솔제니친에게 러시아 땅을 처음 밟는 장소로 특히 안성맞춤이었다. 게다가 솔제니친이 귀국할 때 첫발을 디뎠던 마가단은 그가 『수용소군도』에서 "가장 크고 가장 유명한 섬"으로 "추위와 잔인의 끝판"을 보여주는 콜리마 지역의 수도이다. 또 그가 열차를 타고 모스크바로 이동하기 위해 찾았던 블라디보스토크는 스탈린 시대 콜리마 수용소로 끌려가는 수많은 죄수를 실어 온 시베리아횡단철도의 종착점이자 출발점이다. 솔제니친은 '러시아가 시작하는 극동'에서 자신의 삶을 새롭게 시작함으로써 한편으로는 『수용소군도』를 통한 자신과 극동 사이의 개인적 인연을 상기할 수 있었고 다른 한편으

블라디보스토크 러시아 극동함대 본부 맞은편 부두에 있는 솔제니친 동상 (출처: 라승도)

2018년 12월 11일 모스크바 타간카 솔제니친 거리에 제막된 알렉산드르 솔제니친 동상 (출처: 라승도)

로는 러시아 역사에서 극동이 차지하는 위치와 의미를 부각할 수 있었다.

이반 곤차로프, 야쿠츠크에서 제국의 자부심을 느끼다

그러나 솔제니친은 긴 망명 생활을 정리하고 귀국할 때 극동을 통해 들어와서 시베리아를 지나오는 길에 받은 인상이나 소감을 기록으로 남기지 않았다. 만약 그가 짧으나마 극동과 시베리아를 보고 느낀 경험을 어떤 식으로든 구체적으로 기록해 발표했다면 러시아 국내외 독자들에게서 적잖은 반향을 불러일으켰으리라. 이와 대조적으로 솔제니친보다 140년 전인 1854년 이반 곤차로프(1812~1891)는 2년 6개월의 세계 여행을 마치고 귀국하면서 바로 극동을 통해 들어왔고 여기서 보고 느낀 경험을 기록으로 남겨 많은 관심을 끌었다. 곤차로프는 1852년 크론시타트 항구에서 출발한 '전함 팔라다'를 타고 세계 일주 여행을 시작해 희망봉을 돌아서 마닐라를 거치고 동해를 통과해 1854년 8월 2일 하바롭스크의 작은 항구 마을 아얀으로 들어왔다. 이후 그는 야쿠츠크와 이르쿠츠크를 지나고, 카잔과 자신의 고향 심비르스크(현재 울랴놉스크), 모스크바를 거쳐서 1855년 2월 25일 마침내 상트페테르부르크로 귀환했다. 이 과정에서 곤차로프는 2년 6개월의 여행을 통해 보고 듣고 겪은 경험을 일기 형식으로 기록해 남겼다. 이 기록은 1855년부터 1857년까지 잡지 『조국수기』와 『해양선집』, 『동시대인』 등에 나뉘어 부분적으로 연재되다가 1858년 상트페테르부르크 A.I. 글라주노프 출판사에서 『전함 팔라다』라는 제목의 두 권짜리 책으로 묶여 출판됐다.

전함 팔라다호와 이반 곤차로프 (출처: dv.land)

700쪽이 넘는 방대한 분량만큼이나 다양하고 흥미로운 내용으로 꾸며진 곤차로프의 여행기는 출판되자마자 각계각층의 독자를 사로잡았다. 전통적 독자층인 상류사회 지식인은 물론이고 정부 관리와 군사학교 생도들, 심지어 여성과 청소년까지 망라하는 수많은 독자가 『전함 팔라다』에 소개된 이국적 세계의 매력에 빠져들었다. 곤차로프는 1844년 첫 장편 소설 『평범한 이야기』를 출간하고 나서 1849년에는 최대 걸작 『오블로모프』를 잡지에 연재하면서 중견 작가의 반열에 들어섰다. 하지만 그에게 최고의 대중적 인기를 선사해준 것은 바로 『전함 팔라다』였다. 19세기 러시아 문학을 대표하는 소설 가운데 하나인 『오블로모프』는 1860년 초판 이후 19세기 내내 총 6판을 찍었다. 이와 비교하여 『전함 팔라다』는 1858년 초판 이후 그보다 4판 더 많은 총 10판을 찍었다. 당시 러시아 출판계에서 『전함 팔라다』에 관해 나온 서평과 논문들은 모든 사람이 이 책을 읽었다고 언급부터 하고 나서 논의를 시작했을 정도였다. 하지만 『전함 팔라다』는 시나 소설, 드라마처럼 본격 문학 장르에 속하지 않아 곤차로프가 작가로서 명성을 쌓는 데서 본질적 부분을 차지하지는 않았다.

다른 한편 곤차로프는 『전함 팔라다』를 통해 러시아 문학을 대표하는 주요 작가로는 처음으로 미지의 땅 극동을 생생하고 흥미롭게 묘사하고 소개하여 러시아의 극동 개척 역사에서 문학적 선구자 역할을 수행했다고 할 수 있다. 심지어 곤차로프는 '여행 천재'로 평가받는 니콜라이 프르제발스키가 1867년 유럽인으로서는 처음으로 우수리 지역을 탐사하고 『우수리 지방 여행, 1867~1869』을 출판했던 것보다 10여 년 전에 이미 러시아 극동의 신비와 매력, 가치를 널리 알렸다. 이와 관련하여 흥미로운 점은 두 권으로 출판된 『전함 팔라다』에서 러시아 극동에 관한 부분이 총 7백여 쪽 가운데 수십 쪽으로 그리 많지는 않지만, 이 부분만 따로 떼어 읽어도 아주 흥미로울 만큼 독자적인 내용으로 구성돼 있다는 사실이다. 곤차로프는 2년여에 걸친 항해를 마치고 하바롭스크의 오호츠크해 연안 항구 마을 아얀에 도착한 다음 여기서 다시 말을 타고 야쿠츠크로 이동했다. 이후 그는 야쿠츠크에서 두 달간 보내고 나서 니콜라이 무라비요프가 동시베리아 지사로 있던 이르쿠츠크로 떠났다. 이처럼 곤차로프가 『전함 팔라다』에서 보여주는 극동의 모습은 바로 야쿠츠크를 중심으로 흥미진진하게 펼쳐진다.

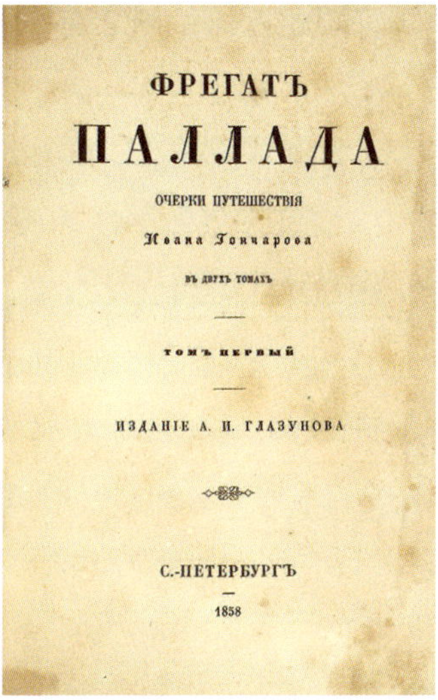

1958년 러시아어판 『전함 팔라다』 표지 (출처: ru.wikipedia.org)

곤차로프의 야쿠츠크 여정은 작은 항구 아얀에서 본격적으로 시작한다. 1854년 8월 12일 아얀에 도착한 곤차로프는 이곳이 생긴 지 10여 년이 됐는데도 “도시도, 마을도, 부락도 아니다”고 말하면서 다음과 같이 묘사한다.

> 계곡은 나누어져 우리 앞에는 자작나무와 소나무로 빽빽한 두 개의 높은 산 사이에 상당히 좁은 골짜기를 보여주었어. 그곳에는 닭 다리 형태를 띠고 있는 유명한 농가와 같이 서로 붙어서 아무렇게나 서 있는 무척 허술한 집이 10여 채 정도 있었네. 집들은 녹음 뒤에서 차례로 나타났다네. 그 집들 뒤에서 황금 십자가가 있는 교회의 녹색 둥근 지방이 초라하게 보였지. 바닷가 모래밭 위에 막사가 세워졌고 그 막사 오른쪽에는 조선소가 있더군. 생긴 지 얼마 안 된 것으로, 새로운 선박의 골조를 만들고 있었네. 그 뒤로는 많은 텐트와 두세 개의 유르트 천막이 세워져 있었지. 그 텐트들과 유르트 천만 사이에는 작은 언덕이 있었는데. 바로 이것이 아얀의 전부라네.(이반 곤차로프, 『전함 팔라다』, 정막래 옮김 (서울: 살림, 2016), 740~741쪽)

곤차로프가 “주민 200명이 살고 있는 소박하고 작은 벽촌일 뿐”인 아얀에서 처음 목도한 러시아 극동의 모습은 초라하기 짝이 없었다. 상트페테르부르크에서 수천 킬로미터 떨어진 외딴 항구 마을에서 곤차로프의 눈길을 사로잡을 만큼 발전한 문명의 흔적을 찾아보기는 쉽지 않았다. 하지만 이곳에서 마주친 야쿠트인들은 그의 관심을 끌기에 충분했다. 그들은 모두 아얀에 정착한 기독교도이고 옷을 깨끗하게 차려입고 있는 모습이 인상적이었다. 곤차로프가 보기에 이들의 모습은 초라하고 무질서한 아얀 마을과 사뭇 대조적이었다. 그

「오호츠크해 아얀 항구」(테오도르-알렉산드르 베베르, 1881) (출처: ru.wikipedia.org)

는 야쿠트인들이 기후에 맞게 옷을 잘 입고 있을 뿐 아니라 남녀 모두 띠처럼 수놓은 실내복을 입고 겨울에는 사슴이나 바다표범 털로 만든 옷을 입는다고 소개한다.

이와 함께 그는 야쿠트인들이 러시아인들에게서 일거리를 받는 덕분에 배불리 먹고 살 수 있을뿐더러 러시아인들과 사이좋게 지내기도 한다고 덧붙인다. 여기서 곤차로프는 야쿠트인의 이미지 묘사에 담겨 있는 두 가지 측면을 강조한다. 한 가지는 항구 마을 아얀이 보잘 것 없어도 그나마 야쿠트인들이 전통 복장으로 옷을 깔끔하게 잘 차려입고 풍족한 생활을 누리고 있다는 것이다. 다른 한 가지는 그들이 러시아 정교도이고 러시아인들에게서 언제나 일거리를 받고 러시아인들과 좋은 관계를 유지하고 있어 잘 산다는 것이다. 흥미롭게도 이는 곤차로프가 기독교화한 야쿠트인의 모습에 투사돼 있는 '러시아의 우월적 존재감'에 만족스러워하고 있음을 시사한다.

곤차로프는 항해를 끝내고 육지에 올랐을 때 한편으로 "바다와 헤어져서 다시는 그곳으로 돌아갈 수 없게 되리라는 섭섭함에 마음이 얼어붙었다"고 말하면서 다른 한편으로 "단단한 땅을 밟고 이제 더는 이 땅에서 떠나지 않아도 된다는 기쁨"을 표현한다. 그러나 곤차로프가 호텔도 없는 아얀에서 만난 극동의 땅은 그가 과연 살아서 자신의 '이타카섬'으로 돌아갈 수 있을지 모른다고 할 만큼 곳곳에 위험이 도사리고 있다. 그가 아얀에서 야쿠츠크로 가는 여정에서 본 땅은 곡식이 시원치 않게 자라고 건초도 적어 가축이 점점 사라지고 있다. 하지만 다행히도 야쿠츠크에서는 상황이 훨씬 더 낫다고 말한다. 그곳에는 주민도 많고 곡식도 더 풍부하다.

특히 곤차로프는 야쿠트인들이 "넓은 광대뼈, 작은 눈, 작은 코를 가진 민족"으로 "턱수염을 밀어버리고 얼굴이 거무스레하며 검은 머리카락을 지녔다"고 말하면서 러시아인들과 다른 이들의 타자성을 부각하지만, 이와 동시에 그들이 기독교인으로 "구릿빛 십자가를 가지고 있고" 기도를 한다고 강조한다. 그러면서 캄차카에서 아무르까지 러시아 정교 확산에 크게 이바지한 이노켄티 대주교와 다른 사람들의 노력 덕분에 높은 곳이라면 어디에든 십자가가 세

「야쿠트인의 인종적 묘사」 (구스타프-데오도르 파울리, 1862) (출처: ru.wikipedia.org)

워져 있다고 말한다. 요컨대, 곤차로프의 말에 따르면, 처음 밟은 극동 땅이 험난한데다 척박하지만, 17세기 탐험가와 사업가들이 건설한 야쿠츠크가 살기에 좋을 뿐 아니라 이곳 토착민 중 다수를 이루는 야쿠트인들이 기독교 신자여서 곳곳에서 러시아의 영향력이 뚜렷이 감지되고 있다.

곤차로프는 아얀에서 야쿠츠크까지 가는 길에 여러 역참을 거친다. 야쿠츠크에 가까이 다가갈수록 들판은 곡식으로 활기를 띤다. 곡식 중에는 호밀은 없었고 보리와 밀이 있는 것으로 묘사된다. 야쿠츠크에 도착하기까지 마지막 역참을 남겨둔 시점에서 곤차로프 일행 앞으로 천막들이 보이는 가운데 들판에는 보리 단이 묶여 있고 황소가 끄는 썰매들에는 건초가 실려 있다. 상황이 이전과는 훨씬 더 좋아지고 있음이 확연하게 느껴진다. 드디어 거의 마지막 역참인 암가에 도착했을 때 야쿠트인들의 오두막이 곤차로프의 눈에 들어온다.

> 오두막은 완전히 러시아식도 아니고 완전히 야쿠츠크식도 아니었네. 성상화들 아래에 있는 식탁 위에 덮인 빨간 식탁보는 확실하게 유럽과 문명화를 암시하고 있었어. 암가에서 식탁보는 천이 아니라 빨간 나사지 조각이었지. 카자크인인 역참 주인은 내게 말이 없다고 쌀쌀맞게 알렸네. 나의 동료들이 모든 말을 가져갔다고 했지.(814쪽)

여기서 흥미로운 점은 야쿠츠크를 지척에 두고 있는 암가 역참에서 본 야쿠트인들의 생활상이다. 이들이 거주하는 오두막은 러시아와 야쿠츠크 양식이 절반씩 적용돼 있다. 이는 야쿠트족 현지인들의 삶에 러시아 문화가 잘 스며들어 있음을 보여준다. 곤차로프는 이것

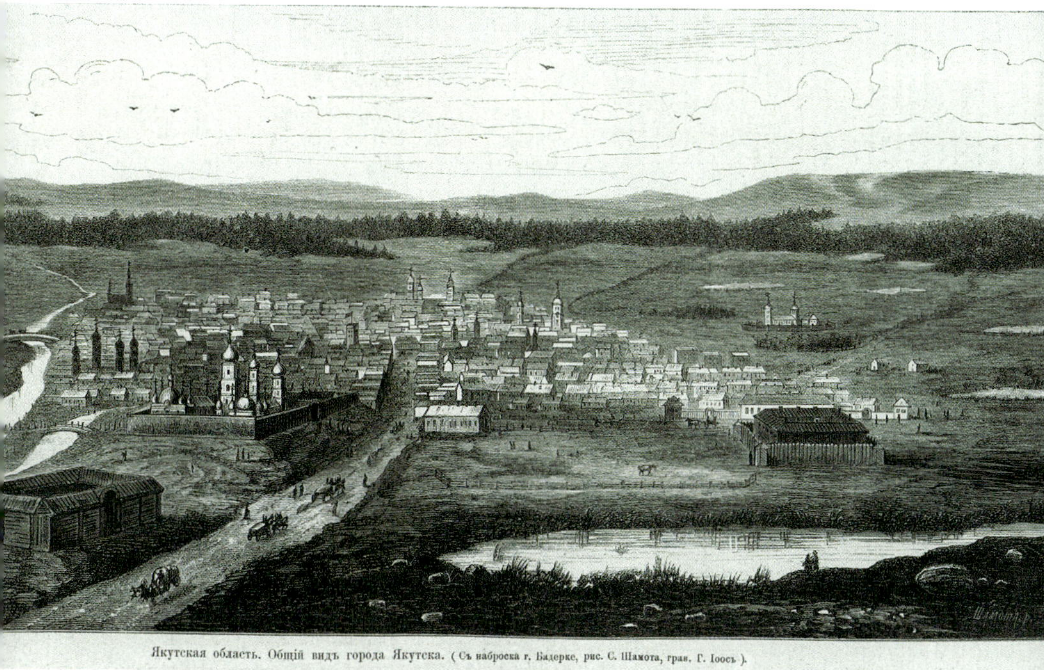

1878년의 야쿠츠크 전경 (출처: ru.wikipedia.org)

을 "유럽과 문명화"라고 표현한다. 달리 말하자면 야쿠츠크로 가까이 갈수록 러시아 정교회 문화를 중심으로 한 유럽 문명의 영향이 짙어진다고 할 수 있다.

1854년 9월 중순 곤차로프는 드디어 야쿠츠크에 도착한다. 그는 모피를 판매하고 인구 2,700명이 거주하는 북위 62도의 도시가 "거대한 사구에 세워진 곳이라서 광대한 모래밭, 관목, 호수들이 보였다"고 설명한다. 또 그때는 홍수가 일어나는 시기여서 레나강이 시내까지 흘러 들어온다고 말한다. 곤차로프는 아무일이 없을 때면 다음과 같이 흥미로운 사색에 빠지기도 한다.

> 비록 시골풍이긴 해도 최초의 러시아 도시가 2년 후에는 이곳에 결국 나타나게 될 걸세. 물론 도시에 러시아 성전, 러시아 집, 러시아 관리, 상인들이 있다고 하더라도 완전한 러시아인 건 아니지만, 그래도 모든 것이 순수할 거야! 채소를 가꾸는 정원도 하나 없고 사과나무나 배나무가 아니더라도 자작나무와 아카시아가 집과 울타리를 덮지 않는 곳이 러시아 어디에서 볼 수 있겠는가?(838~839쪽)

곤차로프는 야쿠츠크가 시간이 흐르면 '러시아 도시'로 번성할 수 있기를 바란다. 그의 이런 바람은 다양한 야쿠트 여자와 남자 무리가 있는 시장을 지나갈 때, 병원과 감옥, 국영 곡물 상점을 발견할 때 러시아적인 것과 비러시아적인 것을 많이 마주쳤지만, "시간이 지나면 대부분 러시아적인 것들로 변할 테지"라고 생각한다. 이는 결국 야쿠츠크가 러시아 중심으로 유럽화·현대화되어야 한다고 주장하는 것과 다르지 않다. 이러한 입장은 17세기부터 시작되어 현재까지도 이어지고 있는 러시아 극동의 개척과 개발 역사에서 서구 중심주의를 앞세운 제국주의적 오리엔탈리즘의 사고를 드러내는 것이다. 다른 한편 이러한 사고방식의 이면에는 예로페이 하바로프의 아무르 탐험과 원정에서 드러났듯이 러시아인들이 시베리아와 극동을 정복하고 개척할 때 특히 '부드러운 금'으로 불리던 모피나 광물을 찾으며 보여준 끝없는 욕심과 가공할 폭력, 극단적 착취가 숨겨져 있다.

곤차로프가 야쿠츠크에서 본 극동은 찬란한 미래에 대한 낙관적 전망이 지배적이다. 그래서 그의 야쿠츠크 이야기는 러시아의 극동 개척을 이상적인 이미지로 포장하여 보여주는 현대판 프로파간다 같은 느낌이 든다. 이런 점에서 곤차로프의 야쿠츠크 비전은 스탈린

사하공화국 야쿠츠크에 있는 북동연방대학교 건물 전경. 이곳의 최신식 건물 중에는 외관상 화려하고 깔끔하게 보이지만, 예를 들면 기숙사 침실이나 화장실처럼 안에 들어가서 보면 겉으로 보이는 것과 달리 허술하게 지은 곳이 적지 않다 (출처: 라승도)

시대를 중심으로 한 소비에트 예술의 시베리아 개발 프로젝트를 예시한다고도 볼 수 있다. 이것은 따지고 보면 현실보다는 이상에 더 초점을 맞추는 러시아식 선전 전통에 다름 아니다. 19세기 중반 곤차로프에게서부터 뚜렷이 감지되는 이러한 사고방식은 21세기 현재 극동 개발에서도 여전히 나타나고 있다. 현실보다는 이상이, 행동보다는 생각이 더 앞서고 있기 때문이다. 극동에서 진행되는 러시아의 현대화도 겉으로 보이는 것과 속으로 보이지 않는 것 사이에서 괴리감을 드러내고 있다. 원대한 계획에 반해 실천 행보는 미진하고 그나마 나온 결과도 자랑하기에는 아쉬운 부분이 있다. 겉으로 화려하게 보이지만, 속으로 불완전한 것이 적지 않다. 이는 오늘날 야쿠츠크에서도 심심찮게 찾아볼 수 있다.

블라디미르 코롤렌코, 야쿠츠크에서 따뜻한 인간의 향기를 전하다

앞서 언급했듯이, 곤차로프가 1854년 9월 8일 야쿠츠크에 거의 다 도착해서 들른 암가 역참은 『전함 팔라다』에서 상당히 인상적인 장소로 묘사된다. 이로부터 27년 뒤 암가 마을은 19세기 말 20세기 초 러시아 문학에서 야쿠츠크를 작품의 주요 배경 가운데 하나로 삼아 창작 활동을 펼친 인민주의 성향의 진보적 작가 블라디미르 코롤렌코(1853~1921)를 통해서 널리 알려졌다. 코롤렌코는 19세기 후반 러시아 문학을 대표하는 주요 단편 소설 가운데 하나인 「마카르의 꿈」을 야쿠츠크에 와서 유형을 살기 시작한 지 3년 만에 쓰기 시작하여 2년 뒤 1885년에 발표하여 특히 유명해졌다. 이 밖에도 그는 「매사냥꾼」, 「마류샤의 집」, 「아트-다반」, 「마지막 파뿌리」, 「등불」, 「나의 동시대인 이야기」, 「추위」 등 여러 작품에서 야쿠츠크와 이곳 사람들

우크라이나 지토미르에 있는 코롤렌코 자택 박물관. 코롤렌코는 이곳에서 유년 시절과 청소년기를 보냈다 (출처: ru.wikipedia.org)

의 생활상을 전면에 내세워 묘사했다. 게다가 이들 작품 중 상당수는 바로 암가 마을에서 집필됐다.

블라디미르 코롤렌코는 우크라이나 지토미르 코사크 출신의 지역 판사였던 아버지와 폴란드 출신의 어머니 사이에서 1853년 태어났다. 그는 처음에 폴란드 기숙학교에서 교육을 받기 시작했지만, 이후 지토미르에 와서 학업을 계속했다. 당시 그는 진보적 경향의 문예지 『동시대인』 편집장을 맡고 있던 시인 니콜라이 네크라소프(1821~1878)와 서구주의 작가 이반 투르게네프(1818~1883)의 작품을 접하고 단숨에 반해버렸다. 훗날 러시아 문학 세계 속에서 자신의 진정한 고향을 발견했다고 말했을 정도로 이때 그가 네크라소프 등을 접하게 된 것이 진보주의 작가의 길을 걷게 된 주요 배경 가운데 하나였다. 이후 코롤렌코는 18살이 되던 해인 1871년 상트페테르부르크 공과대학에 입학했지만, 채 1년도 되지 않아 극심한 재정난으로 대학을 중도 포기할 수밖에 없었다. 곧이어 1874년 모스크바로 건너가서 모스크바농임업학교에 들어갔지만, 동료 학생의 체포를 항의하는 서명 운동을 주도했다는 이유로 학교에서 쫓겨났다. 하지만 이 일에 대한 책임은 퇴학으로만 그치지 않았다. 그는 당국에 체포되어 처음에는 북서부 볼로그다로, 나중에는 핀란드만의 크론시타트로 가서 유형을 살았다. 1877년에는 다시 상트페테르부르크로 돌아와서 광물자원대학에 입학했고 인민주의 혁명 운동 단체에서 적극적으로 활동했다. 몇 달 뒤 그는 비밀정보기관인 '제3부' 요원의 감시에 걸려 체포되어 처음에는 뱌트카로, 나중에는 톰스크로 가서 유형을 살았다. 그러다 우랄 지역의 페름에서 거주할 수 있는 허가를 받았지만, 이것도 오래가지 못했다. 인민주의 혁명가들의 반정부 투쟁을 공공연하게 지지하다가 다시 체포됐기 때문이다. 그는 특히 체포 후 알렉산드르 2세 황제에 대한 충성 서약 맹세를 강요받았지만, 끝내 거부하고 머나먼 야쿠츠크 암가 마을까지 와서 유형을 살았다. 1885년 니즈니노브고로드로 옮겨가기 전까지 코롤렌코가 야쿠츠크에서 보낸 약 6년의 세월은 그가 19세기 말 20세기 초 러시아 문단에서 두드러진 작가 중 한 명으로 성장하는 데 큰 밑거름이 됐다.

잘 알려졌듯이, 데카브리스트들 1825년 12월 26일 니콜라이 1세 즉위식 때 러시아 제국의 전제주의를 반대하고 공화주의를 지향하며 봉기를 일으켰다가 실패하고 체포되어 시베리아로 유형 온 귀족 청년 장교들을 가리킨다. 이들의 유형 생활은 이르쿠츠크나 치타에서만 아니라 바로 야쿠츠크에도 볼 수 있었다. 특히, 야쿠트인들이 데카브리스트들의 어려운 유형 생활에 도움을 주자 이들은 야쿠트인들에게 각종 문화·지식 활동으로 보답했다. 야쿠츠크에서 데카브리스트들과 가까이 알고 지냈던 코롤렌코가 주목한 것도 바로 이런 부분이었다. 그는 야쿠트인이든 러시아이든 어느 한쪽이 더 우위에 있는 것으로 생각하지 않았으며 어려운 환경에서 진정한 인간적 가치는 상호 이해와 존중, 조력이라는 점을 실제 생활에서만 아니라 예술 창작에서도 그대로 실천했다. 이런 이유로 그는 야쿠트인들의 호의와 도움을 받고도 나중에 이를 망각하고 감사할 줄 모르는 러시아인들을 가차 없이 비판했다. 또 열악한 환경 속에서 부당한 대우를 받으며 힘겨운 삶을 사는 아쿠트인들의 처지를 적극적으로 옹호하고 대변했다.

앞서 언급한 그의 대표작 가운데 하나인 「마카르의 꿈」에서 코롤렌코는 러시아화한 야쿠트인 마카르가 죽어갈 때 신 앞에 나가서 이승의 죄를 심판받는 과정을 그린다. 마카르는 자신이 많은 죄를 지었음을 알고 절망한 나머지 술을 마시고 욕설을 퍼붓고 심지어 신의 존

1912년 일리야 레핀(1844~1930)이 그린 코롤렌코 초상화 (출처: ru.wikipedia.org)

재조차 잊어버린다. 그의 얼굴도 일그러지면서 혐오감을 자아낸다. 신이 마카르의 이런 태도를 꾸짖자 그는 자신의 행동에 수치심을 느끼며 머리를 떨군다. 하지만 곧이어 마카르는 고개를 번쩍 쳐들고 신에게 적극적으로 항변한다. 자신이 죄를 지을 수밖에 없는 원인은 왜 살펴보려고 하지 않고 죄만 보고 벌을 내리느냐는 것이다. 그는 이승에서 자신의 삶이 얼마나 고달팠는지 신에게 살펴봐달라고 애타게 간청한다. 그러자 신은 마카르가 살아온 삶을 되돌아보면서 이해한다는 듯이 고개를 끄덕인다. 이와 동시에 마카르가 지은 죄의 무게도 저울추 위에서 조금씩 줄어들면서 소설은 끝난다. 코롤렌코는 이 소설에서 평생 궁핍함과 배고픔에 시달리며 살았던 평범한 민중의 고달픈 삶에 진심 어린 동정과 지지를 표시한다. 여기서 마카르의 형상은 힘겨운 삶을 사는 순진무구한 민중의 영혼을 대표한다.

야쿠트인을 바라보는 코롤렌코의 시선은 인간이면 누구나 불의와 부정, 부당에 맞서 싸워야 한다는 입장으로 나타난다. 정의를 위해서라면 박해받는 사람이 러시아인이든 야쿠트인이든 상관없이 누구나 나서 그를 위해 싸워야 한다. 코롤렌코의 후기작들에는 야쿠츠크로 연결된 암가 같은 역참 마을에서 일하는 역참지기와 우편배달부, 마부들, 급사들과 부랑자들이 자주 등장한다. 코롤렌코는 누구보다도 이런 사람들에게 깊은 관심과 애정, 지지를 표현했다. 『전함 팔라다』에서 곤차로프가 옷을 잘 차려입고 배불리 먹고 사는 야쿠트인들에게 자주 주의를 기울였다고 한다면, 「마카르의 꿈」이나 「매사냥꾼」같은 작품들에서 코롤렌코는 학대받는 야쿠트 민중과 이들의 열악한 생활 조건에 더 많은 관심을 기울였다. 특히, 코롤렌코가 야쿠츠크에서 비참한 처지에 있는 것으로 묘사하는 역참지기들은 1831년 알렉산드르 푸시킨(1799~1837)이 발표한 『벨킨 이야기』를 구성하는 단편 가운데 하나인 「역참지기」에서 "14등관의 더할 바 없는 수난자이며 보잘 것 없는 관리로서 겨우 구타를 모면하는 존재"로 묘사되는 시골 역참지기 삼손 비린의 상황과 크게 다를 바 없다. 이런 점에서 코롤렌코의 야쿠트인 역참지기들도 19세기 러시아 문학에 등장하는 대표적 인물 유형 가운데 하나인 '작은 인간'에 속한다고 할 수 있다.

역참과 역참지기, 마부들의 이야기는 알렉산드르 푸시킨에게서만 아니라 코롤렌코에게서도 자주 등장한다 (출처: proza.ru)

이런 면에서 볼 때도 코롤렌코가 야쿠츠크를 바라보는 시선은 선배 작가 곤차로프의 시선과 많이 다르다. 곤차로프는 야쿠츠크에서 주로 러시아의 우월적 측면에 시선을 멈추고 우쭐한 기분을 드러내곤 한다. 바꾸어 말하면, 곤차로프의 입장은 극동에서 러시아의 존재감과 영향력 확장을 문화 제국주의적 사건으로 바라보고 지지한다. 이는 그가 야쿠츠크를 떠나서 이르쿠츠크에 도착해 머무는 동안 러시아의 아무르 지역 탈환과 지배를 위한 임무를 수행하던 동시베리아 지사 니콜라이 무라비요프와 자주 만나 의견을 주고받게 된 데도 영향을 미쳤을 것이다. 그러나 코롤렌코는 정의와 평등 세상을 꿈꿨던 자신의 정치 철학과 신념에 부합하고 러시아인과 야쿠트인 사이에 가로놓인 인종과 계급의 경계를 넘어서서 철저하게 민중의 눈높이에 맞춰 세계와 사물을 바라봤다. 그는 작가로서 곤차로프처럼 높은 지위나 명성을 얻지는 못했지만, 사람을 생각하는 마음만큼은 누구 못지않게 따뜻했다. 코롤렌코는 동토의 왕국 야쿠츠크에서 현지인들과 상당 기간 한데 섞여 살면서 진정으로 인간적인 따뜻함을 보여준 진보적, 민주적 경향의 작가였다.

안톤 체호프, 극동에서 '세상의 끝'을 보다

코롤렌코가 19세기 후반 러시아 문학에서 야쿠츠크를 통해 곤차로프와 밀접하게 연결됐다고 한다면, 그와 비슷한 시기에 활동했던 안톤 체호프는 1890년 여름에서 가을까지 시베리아를 거쳐 사할린섬에 다녀오는 여행을 준비하면서 『전함 팔라다』를 여러 번 다시 읽었을 정도로 곤차로프에게서 영향을 많이 받았다. 그는 공교롭게도 곤차로프가 사망한 해인 1891년부터 『사할린섬』 여행기를 쓰기 시작하여 1893년에 출판했는데, 이때 곤차로프에게서 많은 영감을 얻은 것으로 알려졌다. 몇 년 뒤 1900년 체호프는 한스 크리스티안 안데르센(1805~1875)의 동화와 니콜라이 고골(1809~1852)의 소설을 어른과 아이들의 마음을 모두 사로잡은 문학의 가장 좋은 사례로 꼽으면서 『전함 팔라다』도 같은 반열에 올렸다. 또 러시아 작가들의 서열을 개인적으로 정하면서 곤차로프를 레프 톨스토이(1828~1910)와 나란히 최고 자리에 세워 놓았고 자기 동생에게 이 책을 정말 지루하지 않은 여행기로 추천하기도 했다. 이런 점에서 곤차로프가 체호프에게 끼친 영향은 매우 지대했다고 할 수 있다.

사할린 여행을 떠나기 1년 전인 1889년 찍은 안톤 체호프의 사진 (출처: ru.wikipeida.org)

하지만 두 사람이 러시아 극동에 와서 본 세상은 판이했다. 곤차로프는 야쿠츠크에서, 체호프는 사할린섬에서 각기 다른 극동을 목격했다. 곤차로프에게 야쿠츠크는 미래 전망이 밝은 곳으로 보였지만, 체호프에게 사할린섬은 유형지의 혹독한 삶이 지배하는 끔찍한 곳이었다. 게다가 곤차로프가 야쿠츠크를 통해 보여준 러시아 극동과 체호프가 사할린섬을 통해 보여준 러시아 극동은 그들의 여행 방향만큼이나 정반대 모습이었다. 곤차로프는 크론시타트에서 출발하여 시계 반대 방향으로 움직여 하바롭스크 아얀을 통해 극동으로 들어와 시베리아를 지나서 모스크바를 거쳐 상트페테르부르크로 돌아왔다. 이와 반대로 체호프는 모스크바에서 출발하여 시계 방향으로 움직여 시베리아를 지나서 지금의 하바롭스크변강주 니콜라엡스크나아무레를 통해 배를 타고 사할린섬에 도착했다. 이후 3개월간 사할린섬에서 체류한 뒤 코르사코프 항구에서 출발해 블라디보스토크를 거쳐 인도양과 수에즈운하를 거쳐 우크라이나 오데사로 돌아왔다. 또 야쿠츠크를 중심으로 한 곤차로프의 러시아 극동 이야기는 두 권짜리 『전함 팔라다』 중 제2권 7장과 8장에서만 나오고 있다. 이와 대조적으로 체호프의 『사할린섬』은 제1부 '시베리아에서'와 제2부 '사할린섬 – 여행기 중에서'로 구성돼 있는데, 극동 이야기는 책 전체 분량 중 대부분을 차지하는 제2부에 걸쳐 펼쳐진다.

어린 시절부터 체호프는 극동을 여행하고 탐사했던 니콜라이 프르제발스키, 이반 곤차로프 등의 여행기를 탐독하고 깊은 감명을 받아 항상 어디론가 여행을 떠나고 싶어 했다. 1890년 마침내 그가 일생일대의 여행을 떠난 곳은 공교롭게도 러시아 극동이었다. 그러나 체호프의 행선지는 아무르나 우수리도 야쿠츠크도 아니었다. 그때나 지금도 러시아에서 가장 큰 섬인 사할린이 그가 많은 생각과 계획 끝에 떠나기로 한 여행지였다. 게다가 사할린은 체호프 자신이 주변에서 흔히 보던 일반 사람들이 사는 곳이 아니라 중죄를 지인 죄수들이 갇혀 살던 유형지로 악명 높은 곳이었다. 그래서 체호프가 사할린으로 떠난다고 했을 때 그의 여행을 우려한 사람이 주변에 적잖았다. 예를 들면, 당시 러시아 출판계에서 상당한 영향력을 행사했던 알렉세이 수보린(1834~1912)은 사할린이 누구에게도 필요 없고 아무도 사할린에 관심 없다고 말하기도 했다. 이런 주변 분위기 속에서 체호프 자신도 마치 전쟁터에 나가기라도 하는 듯한 느낌이 들었고 어쩌면 영원히 돌아오지 못 할 수도 있다고 생각했다.

체호프는 1890년 4월 21일 모스크바에서 사할린섬을 향해 먼 길을 떠났다. 그는 출발 후 2개월 20일 만에 사할린섬 중부의 알렉산드롭스크에 도착했다. 이후 사할린섬 여러 곳을 살펴보고 특히 이 과정에서 유형지 죄수들을 집중적으로 취재하고 면담하는 등 약 3개월간 '세상의 끝'에서 다양한 경험을 하고 모스크바로 돌아와서 1895년 『사할린섬: 여행기』를 출판했다. 체호프의 책은 중심부에서 주변부로 멀리 쫓겨난 사회적 주변인(죄수)들과 이들의 열악한 생활상을

안톤 체호프의 책 『사할린섬』 문학예술박물관 앞에 설치된 『사할린섬』 기념비 (출처: 라승도)

자세히 관찰하고 기록하여 그 스스로 '지상의 지옥'이라고 부른 유형지의 실상을 대중에게 널리 알렸다. 사할린섬은 1869년에 공식적으로 러시아 제국의 유형지가 됐는데, 체호프가 그로부터 20여 년 만에 방문했을 때 이곳은 그야말로 '참을 수 없는 고통의 장소'로 완전히 탈바꿈해 있었다. 예를 들면, 체호프는 죄수들의 감방에 들어가 본 경험을 전하면서 이렇게 묘사했다.

> 우리는 다른 감방으로 가본다. 이곳 역시 똑같이 현미경 아래에 놓인 파리처럼 누더기 아래 감춰진 무시무시한 빈곤이 있을 뿐이며, 또한 사유재산, 고독, 안락함, 평온한 수면을 부정하는 완전히 허무주의적인 헐벗은 삶이 있을 뿐이었다."(안톤 체호프, 『사할린섬』, 배대화 옮김 (서울: 동북아역사재단, 2012), 182쪽)

안톤 체호프의 책 『사할린섬』 문학예술박물관에 재현돼 있는 유형지 생활상 자료 (출처: 라승도)

작가이자 의사였던 체호프는 알렉산드롭스크 교도소 등에서 목도한 죄수들의 비참한 일상과 환경을 자세하게 관찰했을 뿐 아니라 이곳에서 발생한 각종 질병도 생생하게 묘사했다. 이와 함께 그가 방문하기 전까지 알려지지 않았던 다양한 기록과 통계 자료도 여행기에 포함했다. 그러나 체호프가 수집하여 포함한 자료들은 그 스스로 자주 강조하듯이 '신빙성이 없고' '신뢰하기 어려운' 것이었다. 『사할린섬』을 분석한 어느 연구 결과에 따르면, 이러한 상황은 당시 사할린 유형지에서 사회학, 의학, 인구학, 경제학, 범죄학을 통틀어 어느 분야든 지식의 측면에서나 권력의 측면에서도 '권위'가 없었음을 뒷받침해준다. 특히, 제2부 제6장 '예고르의 이야기'는 체호프가 죄수의 개인적 이야기를 유일하게 들려주고 있지만, 질서나 체계, 중심이 존재하지 않고 모든 것이 뒤죽박죽 혼란스럽고 지루하기 짝이 없다. 요컨대, 그의 이야기에는 경청할 만한 이야기로서도 획득할 만한 정보로서도 가치 있는 내용이 담겨 있지 않다. 체호프는 박사논문 세 편

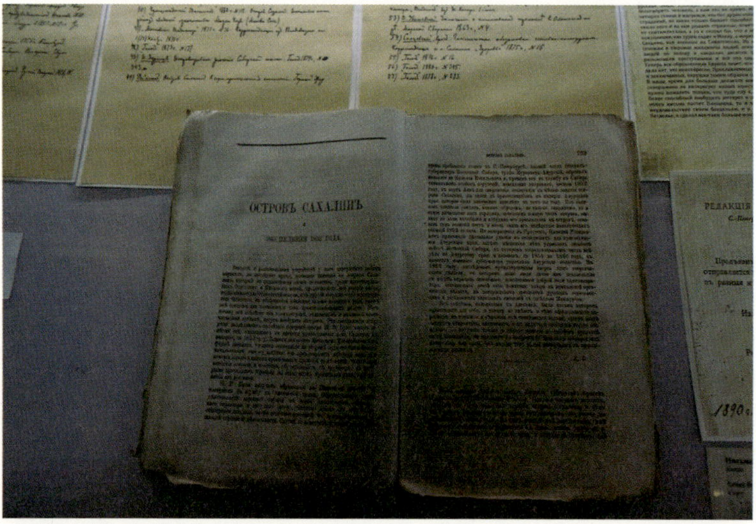

안톤 체호프의 책 『사할린섬』 문학예술박물관에 전시돼 있는 실물 책 『사할린섬』 (출처: 라승도)

을 쓸 정도로 방대한 자료를 수집했다고 말했지만, 이들 자료가 지식으로나 정보로서도 가치 있는지는 역설적이게도 바로 그 자신의 입을 통해 끊임없이 의심된다.

다른 한편, 『사할린섬』에서 체호프는 사할린이 러시아 영토의 일부이지만, 러시아 중심에서 멀리 떨어진 주변이자 '세상의 끝'으로 다시 집으로 돌아가려면 백 년은 걸릴 것이라고 말했다. 더 나아가 체호프는 사할린을 이국적 타자의 공간으로 이해했다. 그는 사할린이 러시아도 아니고 러시아적이지도 않아서 '우리 러시아'의 공간으로 받아들일 수 없을 듯이 말했다. 그가 보기에 사할린에서는 거의 모든 것이 이국적이다 못해 이질적이었다. 하지만 이것이 바로 러시아 극동의 일부로서 사할린섬이 가진 본질적 특성이기도 하다. 러시아 탐험가 이반 크루젠시테른(1770~1846)이 1807년 이곳을 방문하여 반도로 간주했을 때도, 그 뒤로 한참 지나 겐나디 네벨스코이 제독이 1849년 항해하여 이곳이 섬이라고 정확히 파악했을 때도 사할린의

유즈노사할린스크에 있는 겐나디 네벨스코이 제독 동상 (출처: 라승도)

고유한 특성은 제대로 파악되지 못했다. 사할린의 진정한 지리적, 문화적 정체성은 그로부터 30여 년 뒤 체호프가 일반인 신분으로 직접 방문하여 조사하고 그 결과를 여행기 『사할린섬』에 담아 발표하고 나서 처음으로 제대로 드러나기 시작했다.

체호프가 불편하게 느끼거나 생각했던 러시아 극동의 일부로서 사할린의 이질적 타자성은 독자들에게는 오히려 참신한 발견이자 신선한 충격이었을지 모른다. 시기상 이전의 프르제발스키와 이후의 아르세니예프 사이에 걸쳐 있는 체호프는 『사할린섬』으로 또 하나의 '러시아 극동의 백과사전'을 보여줬다고 할 수 있다. 사할린이 작가 자신의 말대로 '우리 러시아'와 다른 측면들은 여행기 전체에 걸쳐서 무수하게 나온다. 예를 들면, 체호프는 사할린섬에 도착하여 선착장에서 당시 행정 중심지였던 알렉산드롭스크로 가는 길에서 봤던 초라한 낙엽송이 "우리 러시아에서처럼 공원이나 숲의 장식으로서가 아니라 가혹한 기후와 질 나쁜 늪지의 표식이다"(138쪽)라고 쓰고 있다. 여기서 알 수 있듯이, 사할린은 체호프가 '우리 러시아'로 구분 지어 말하는 유럽 쪽 중부 러시아와 많은 점에서 다르다. 체호프가 본 사할린은 사람들의 면면에서도 '우리 러시아'와 구별된다. 이는 그가 알렉산드롭스크에 도착하고 나서 다음 날 아침 숙소 앞에서 본 죄수 무리의 모습에서 알 수 있다. 유형지로서 사할린의 이질적 존재가 바로 이때 고스란히 드러난다.

하지만 사할린이 유형지라고 해서 이곳에 죄수들만 있는 것은 아니다. 사할린에는 죄수 등 외부에서 들어온 사람들만 아니라 이곳에서 오래전부터 살았던 토착 부족도 있다. 실제로 체호프는 여행기에서 사할린에 사는 소수 토착민도 자세히 소개하고 있는데, 이곳의 대표적 토착민으로는 길랴크족과 아이누족을 들 수 있다. 그는 특히 길랴크족과 달리 생선과 고기로만 끼니를 해결할 수 없고 쌀이 필요했던 아이누족에 관해 자세히 소개한다. 체호프는 아이누족이 계속해서 줄어드는 등 여러 가지로 어려움을 겪고 있는 상황을 설명하면서 그들이 "온순하고 겸손하며 선량하고 잘 믿으며 솔직하고 정중하고 자기 재산을 소중히 여기고 사냥에서는 용감하고 […] 지적이기까지 하다"(346쪽)고 소개한다. 하지만 이와 동시에 그는 아이누족이 "절대로 씻지 않으며 옷도 벗지 않고 잔다"고 말한다. 또한, 그는 이들이 "모자도 쓰지 않고 맨발이며 무릎까지 올린 바지를 입으며 길에서 당신을 만나게 되면 아주 정중히 허리를 숙여 인사를 할 것이다"(343쪽)고 덧붙인다. 체호프는 턱수염을 기른 아이누족이 러시아 농부를 닮았다고 말하기도 하지만 아이누족에 대한 묘사나 소개는 대부분 이들의 이국적, 이질적 타자성을 부각하는 데 할애돼 있다. 하지만 이와 관련하여 그는 곤차로프와 달리 러시아의 우월성을 애써 강조

안톤 체호프의 책 『사할린섬』 문학예술박물관에 전시돼 있는 아이누족 등 사할린 소수 토착민 관련 자료 (출처: 라승도)

하지는 않는다.

안톤 체호프가 러시아 극동을 지나간 흔적은 여러 지역에서 위대한 작가를 기념하는 동상의 존재를 통해 확인할 수 있다. 1890년 6월 11일 체호프는 악전고투 끝에 도착한 지 일주일 만에 이르쿠츠크를 떠나 배를 타고 바이칼호수를 건넜다. 건너편은 현재 부랴티야공화국이고 이곳에서 가장 큰 도시는 울란우데이다. 그는 아무르강을 따라 배를 타고 하바롭스크 쪽으로 가려면 자바이칼주 스레텐스크까지 마차로 가야 했다. 배를 타고 바이칼호수를 건너 곧장 치타와 네르친스크를 거쳐 스레텐스크까지 가더라도 이 노선에서 가장 먼저 거쳐야 하는 곳은 바로 울란우데였다. 현재 울란우데에서 가장 번화한 거리인 레닌 거리는 '아르바트 거리'로 불리는데, 이 거리 중간쯤 건물 구석에 바로 안톤 체호프 동상이 여행객 차림으로 벤치에 앉아 있다. 러시아 라마 불교의 성지로 통하는 울란우데와 체호프는 뭔가 어울리지 않는 느낌이다. 하지만 체호프의 기념 동상이 울란우데 중심가에 있는 것을 보면 그가 이곳을 거쳐 갔음이 분명하다. 실제로 체호프는 1890년 6월 26일 울란우데의 당시 지명인 베르흐네우딘스크를 방문하고 "도시가 사랑스럽다"고 소감을 밝혔던 것으로 전해진다. 그리고 이 소감의 말이 바로 그의 기념 동상에 아로새겨져 있다.

체호프의 족적은 1890년 10월 3일 그가 사할린 여정을 모두 마치고 섬 최남단 코르사코프 항구에서 배를 타고

울란우데 아르바트 거리에 있는 안톤 체호프 동상 (출처: 라승도)

왔던 블라디보스토크에서도 찾아볼 수 있다. 당시 체호프는 블라디보스토크에서 10월 15일에서 19일까지 머물렀는데, 이때 그가 묵으면서 집필 작업도 했던 건물은 니콜라이 2세 황제가 황태자 시절 방문한 기념으로 세운 개선문 옆의 현재 박물관 건물에 잇닿은 붉은색 벽돌 건물이다. 이 건물에 딸린 안뜰 쪽에서 보면 벽면에 검은색으로 크게 보이는 기념판이 하나 걸려 있는데, 여기에 바로 체호프 두상이 새겨져 있다. 하지만 개선문 주변을 찾는 많은 관광객 중에서 이곳의 존재를 아는 사람은 그리 많지 않다. 일반인들의 눈에는 잘 띄지 않는 탓도 있지만, 이 도시에 체호프의 발길이 닿았다는 사실을 알고 있는 사람도 드물기 때문이다.

블라디보스토크에서 체호프 기념비는 2018년에도 새로 제막했다. 블라디보스토크에서 가장 높은 곳에 자리 잡고 있고 층수도 가장 많은 건물로 꼽히는 아지무트호텔 아래쪽의 작은 녹지에 가면 뒤편 벤

안톤 체호프가 블라디보스토크에 왔을 때 머물렀던 건물. 외벽 중간에 그의 초상이 새겨져 있다 (출처: 라승도)

치에 여행 가방을 놓아둔 채 왼쪽 손으로 책을 펼쳐 들고 앞을 보고 서 있는 체호프 동상을 볼 수 있다. 블라디보스토크와 체호프의 인연은 짧은 만남으로 그쳤지만, 체호프가 블라디보스토크에서 받은 인상은 짧은 만큼 강렬했다. 체호프는 블라디보스토크에서 고래가 커다란 꼬리를 물 위로 내밀었다가 탁 내려치는 등 자유롭게 헤엄치고 다니는 모습을 보고 즐거워했고 유럽식으로 살 수 있어 지루하지 않다고 만족스러워했다. 그는 블라디보스토크가 대체로 화려하다고 생각했다. 하지만 이와 달리 1890년 수보린에게 보낸 편지에서 체호프는 블라디보스토크에 와 있다고 말하면서 이곳에서는 끔찍한 빈곤밖에 말할 것이 없다고 정반대의 인상을 전했다. 그는 "정직한 사람 1명과 러시아 이름을 더럽히는 99명의 도둑이 있다"고 말했다.

사할린은 체호프를 빼놓고 아무것도 말할 수도 생각할 수도 없다. 진정한 의미에서 이 섬의 발견자이자 홍보자라고 할 수 있는 체호프의 발자취와 존재감은 러시아 항공사 비행기를 타고 유즈노사할린스크 국제공항에 착륙하자마자 느낄 수 있다. 비행기가 공항에 무사

러시아에서 가장 최근에 제막된 블라디보스토크의 안톤 체호프 동상 (출처: 라승도)

히 착륙하고 나면 승무원이 "우리 비행기는 방금 유즈노사할린스크 안톤 체호프 국제공항에 도착했습니다"라고 안내 방송해주기 때문이다. 사할린주 수도 유즈노사할린스크는 체호프의 도시라고도 할 수 있다. 도시 곳곳에 작가의 발자취가 짙게 묻어 있다. 이는 안톤 체호프의 『사할린섬』 문학예술박물관에서 한눈에 파악하고 이해할 수 있다. 약칭 '체호프 박물관'은 작가가 이 섬을 방문하여 보고 듣고 겪은 내용을 잘 구성해놓았다. 흥미로운 점은 2층짜리 박물관 2층에는 사할린섬의 과거와는 판이한 최근 변화상을 보여주고 있다. 이는 체호프가 약 130년 전 사할린섬에 와서 봤던 것과 극명한 대비를 이루면서 역설적이게도 과거 이곳의 비극성을 더 선명하게 느낄 수 있게 해준다. 박물관 2층 전시관에서 볼 수 있는 사할린섬의 현재 발전상은 과거 이곳에서 죄수들이 동원돼 개발되기 시작한 역사에 길게 잇닿아 있다. 끝으로 유즈노사할린스크에서 체호프의 숨결은 이 박물관 옆 공원 산책로 등에 조성된 체호프 소설의 작중인물 동상들에서도 느낄 수 있다.

안톤 체호프의 책 『사할린섬』 문학예술박물관 앞의 체호프 동상 (출처: 라승도)

안톤 체호프의 책 『사할린섬』 문학예술박물관 2층 전시관 (출처: 라승도)

바를람 샬라모프, 콜리마에서 '하얀 죽음의 땅'을 보다

안톤 체호프는 1890년 12월 10일 사할린섬 방문을 마치고 돌아오는 길에 작가 이반 레온티예프(1856~1911)에게 쓴 편지에서 "나는 지옥에 있었습니다"라고 말했다. 곧이어 1893년 출판한 여행기 『사할린섬』에서 그는 "사할린의 모든 것이 불타고 있고" "모든 것이 지옥처럼 연기에 휩싸여 있다"고 썼다. 하지만 체호프는 지옥에 빗대어 말한 사할린의 끔찍한 삶을 유형수로 직접 겪지 않고 외부자로 가까이서 지켜봤을 뿐이었다. 다시 말해 사할린섬의 유형 생활이 제아무리 비참했을지라도 체호프에게는 결국 관찰과 조사의 대상이었을 뿐 그의 목숨까지 위협하는 생존의 문제는 아니었다.

이와 대조적으로 바를람 샬라모프(1907~1982)는 이오시프 스탈린(1878~1953)의 대숙청 광풍 속에 '반혁명 트로츠키파 활동' 혐의로 체포되어 5년의 중노동형을 선고받고 콜리마 지역의 굴라크(강제노동수용소)로 보내져 지옥과도 같은 극한 현실을 직접 겪어야 했다. 게다가 샬라모프는 콜리마에서 5년 형기를 다 채우기가 무섭게 1943년 '반소비에트 작가' 이반 부닌(1870~1953)을 '러시아 고전 작가'로 치켜세웠다는 혐의로 다시 체포되어 10년 형을 선고받고 '하얀 죽음의 땅'로 표현되는 콜리마에 계속 남아 중노동에 시달려야 했다. 이런 점에서 샬라모프는 곤차로프와 코롤렌코, 체호프 등 그보다 훨씬 더 먼저 러시아 극동 땅을 밟은 선배 작가들과 확연하게 달랐다. 19~20세기 러시아 문학을 통틀어 극동에서 자연과 인간의 벌거벗은 삶을 샬라모프처럼 쓰라리게 경험하고 신랄하게 묘사했던 작가는 아무도 없었다.

현재 남쪽으로는 하바롭스크변강주, 북쪽으로는 추콧카자치구와

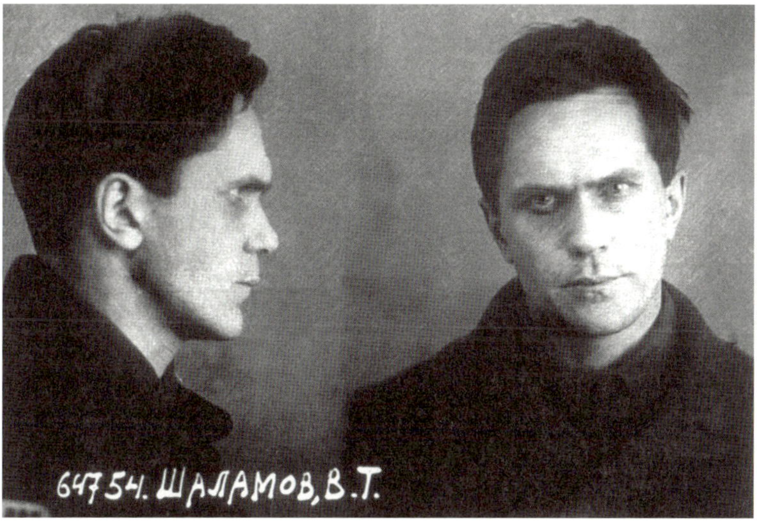

1937년 내무인민위원회에 체포됐을 당시 바를람 샬라모프의 모습 (출처: en.wikipedia.org)

인접해 있고 동쪽으로는 캄차카변강주, 서쪽으로는 사하공화국과 접경해 있는 마가단주는 1953년 12월 3일 소련 최고회의 간부회 지령에 따라 하바롭스크변강주에서 독립했다. 그전까지 마가단은 이곳에 흐르는 커다란 강 이름을 따서 콜리마로 불렸는데, 지금도 콜리마는 공식·비공식적 차원에서 마가단을 대신해 쓰인다. 이는 앞서 소개한 것처럼 마가단 소콜 공항 청사 앞에 '러시아의 황금 심장 콜리마에 오신 것을 환영합니다'라고 커다랗게 써 놓은 문구만 봐도 잘 알 수 있다. 특히, 이 문구는 콜리마 지역이 금과 우라늄 등 천연자원이 풍부하다는 사실을 가리킨다.

그러나 이 문구는 러시아 천연자원의 풍부한 보고로서 콜리마의 위상과 영광만을 부각할 뿐 러시아 현대사의 비극적 현장으로서 콜리마의 어두운 과거를 가리키지는 않는다. 소련은 1920년대 말부터 콜리마 지역에서 시작된 금과 석탄 등 천연자원 개발을 통해 1930년대 산업화의 발판을 마련했고 더 나아가 이를 토대로 1941~45년 2차 세계대전을 승리로 이끌 수 있었다. 하지만 콜리마의 극단적 자연 환경과 인간 조건 속에서 금광과 탄광 개발에 강제로 동원돼 희생된 수많은 사람의 비극적 운명은 샬라모프가 약 20년간 콜리마에서 굴라크 생활을 직접 겪고 쓴 『콜리마 이야기』가 1966년 서방에서 처음으로 나오기 전까지 잘 알려지지 않았다.

체호프는 사할린 유형지에서 지옥 같은 현실을 옆에서 지켜봤지만, 샬라모프는 콜리마 수용소에서 지옥의 상황을 직접 겪었다. 샬라모프가 콜리마에서 직접 겪은 지옥의 풍경은 한겨울 영하 60~70도 사이를 오르내리는 혹독한 자연조건에서도 느낄 수 있지만, 굴라크 곳곳에 존재하는 죽음의 이미지에서도 찾아볼 수 있다. 예를 들면, 「첫 죽음」이라는 이야기에서 화자는 "나는 극북에서 숱한 인간의 죽음을 보았다"고 말하면서 특히 "처음 본 죽음을 가장 선명하게

마가단 향토박물관에 전시돼 있는 굴라크 감시초소 모형 (출처: 라승도)

기억한다"고 덧붙인다. 화자가 처음 봤다고 말하는 죽음은 광산 소장의 여비서 안나 파블로브나의 죽음이다. 어느 날 갑자기 광산에 나타난 안나 파블로브나는 "너무 아름다운 여자"여서 모두가 좋아했다고 화자는 말한다. 하지만 불행하게도 안나는 질투에 눈이 먼 "군복 입은 남자의 손"에 목 졸려 죽는다. 안나 파블로브나처럼 아무리 아름다운 존재라고 해도 악이 만연한 콜리마의 수용소에서는 죽음을 피해 가기 어렵다.

샬라모프가 목격하고 묘사하는 콜리마의 극한 세계에서는 인간도 자연도 죽어가는 모습이 똑같다.

> 극북 지방의 나무는 사람처럼 누워서 죽는다. 땅 밖으로 드러난 큰 뿌리는 바위를 움켜잡은 거대한 맹금의 발톱과 같다. 이 거대한 발톱에서 아래로, 영구 동토로 따뜻한 갈색 껍질에 덮인 수많은 가느다란 촉수 같은 하야스름한 새순이 뻗어나갔다. [중략] 다리 힘이 허약한 나무는 강력한 폭풍에 쉽게 쓰러진다. 낙엽송은 옆으로 벌렁 나자빠져 밝은 녹색과 밝은 장밋빛을 띤 부드럽고 두꺼운 이끼층에 드러누워 죽는다.(바를람 샬라모프, 『콜리마 이야기』, 이종진 옮김 (서울: 을유문화사, 2015), 69쪽)

샬라모프가 보여주는 1930~40년대 러시아 극동 콜리마 지역은 380여 년 전 세묜 데즈뇨프 등 탐험가들이 처음으로 누볐을 때처럼 영웅적 모험을 위한 낭만적 공간이 절대 아니다. 샬라모프의 콜리마는 인간이나 자연이나 견디지 못하면 곧 쓰러져 죽을 뿐인 생존 투쟁의 극한 공간이다. 이곳에서는 "추위와 굶주림, 장시간의 중노동과 불면"이 사람의 목숨을 순식간에 앗아간다. 특히 콜리마 수용소에서

마가단 향토박물관에 전시돼 있는 조각가 유리 즐로타(1958~)의 「바를람 샬라모프」 조각상
(출처: 라승도)

죽음은 많은 사람에게 너무나 일상적이어서 죽음을 바라보는 감각 조차 무뎌진다. 사람들은 주변에서 누군가 죽으면 슬퍼하고 애도하기보다는 죽은 자의 소지품을 나누어 갖기에 바쁘다. 「휴대 식량」이라는 이야기에서 목매달아 죽은 이반 이바노비치를 보고 사벨레프처럼 충격받은 사람도 있지만, 다른 사람들은 죽은 자의 옷을 분배하는 데 관심이 많다.

누군가 말했듯이 "콜리마는 죽음을 의미한다"라고 할 때, 콜리마에서 일상화된 죽음은 인간의 육체적, 물리적 죽음만 아니라 정신적 죽음도 가리킨다. 이곳에서는 감각뿐만 아니라 정신까지 무뎌져서 선과 악의 경계마저 모호하다. 「외상으로」라는 이야기에서 사시카가 가르쿠노프를 살해하는 장면은 죽음에 대한 무감각과 무관심에서 나오는 사람들의 도덕적, 윤리적 모호성을 잘 보여준다. 샬라모프의 콜리마는 강제 노동과 착취, 죽음의 공간이다. 하지만 이곳에서 죽음은 너무나 일상적이고 평범하여 누가 죽어도 놀라운 사건이 되지 못한다. 샬라모프가 보여준 콜리마의 끔찍한 비극성도 이런 역설적 상황에서 나온다. 작가들이 본 러시아 극동에서 샬라모프의 콜리마가 곤차로프와 코롤렌코의 야쿠츠크, 체호프의 사할린섬보다 더 강렬한 이유도 여기서 찾을 수 있다.

07

극동의 부상과 러시아의 미래

극동에는 누가 사는가 : 러시아의 내적 타자들

세계인구평가(World Population Review) 인터넷 사이트 자료를 보면, 2019년 10월 기준 러시아연방 인구는 약 1억4천6백만 명이다. 러시아가 1,710만km²로 세계 최대 국토 면적을 자랑하고 있고 그 안에 185개 이상의 수많은 민족이 거주하고 있는 공룡 국가라는 사실과 비교하면 러시아 인구는 아주 적다. 세계 각국 국토 면적 순위에서 959.7만km²로 4위에 올라 있는 중국과 328.7만km²로 7위에 올라 있는 인도가 각각 약 13억8천만 명과 13억4천만 명으로 세계 각국 인구 순위에서 1위와 2위를 달리고 있다는 점을 고려하면, 러시아의 국토 면적과 인구 규모 사이에는 커다란 불균형이 존재한다. 러시아는 국토 면적이 우리나라보다 170배 더 크지만, 인구는 겨우 3배 정도 많을 뿐이다.

흥미롭게도 이런 불균형 현상은 러시아 극동 지역에서 판박이처럼 그대로 되풀이되고 있다. 11개 연방주체로 구성된 러시아 극동연방관구는 약 695km²로 러시아 전체 국토 면적에서 40.6%를 차지하며 8개 연방관구 중 최대 규모를 뽐내지만, 인구는 820만 명으로 8개 관구 중 최하위를 면치 못한다. 이처럼 심각한 불균형 구조는 면적이 전체 관구 중 가장 적은 170,400km²에 불과하지만, 인구는 약 950만 명으로 극동연방관구보다 130만 명가량 더 많은 북캅카스연방관구와 비교해 보면 훨씬 더 극명하게 드러난다. 인구 밀도 측면에서 보

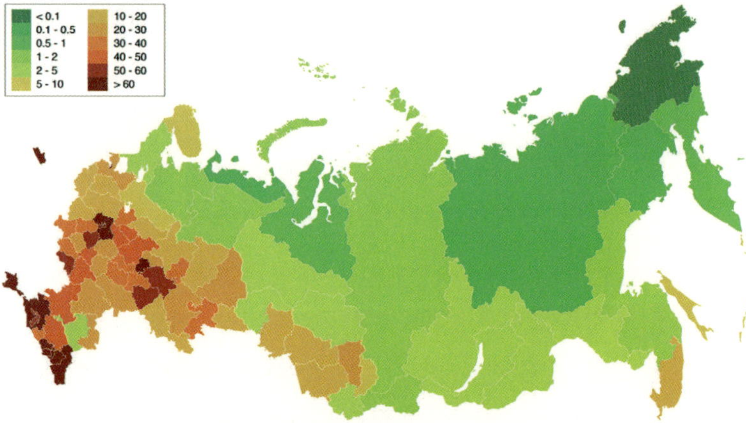

2019년 기준 러시아 지역 인구 밀도 (출처: ru.wikipedia.org)

면 중앙연방관구가 1km²당 59명으로 가장 높고, 극동연방관구는 1km²당 단 1명으로 가장 낮다.

인구 위기에 빠진 극동

러시아 극동은 땅이 넓디넓고 수많은 민족이 섞여 살고 왕래하는 사람들도 많다. 하지만 극동에 정주하는 사람들은 광대한 영토 면적이나 다양한 민족 분포와 전혀 어울리지 않게 매우 적다. 더 심각한 문제는 러시아 정부가 최근 '극동 헥타르' 같은 유인책을 적극적으로 도입하여 인구 증가를 촉진하고 있지만, 안타깝게도 인구가 늘기는 커녕 오히려 더 줄고 있다는 것이다. 러시아 정부는 2010년대에 들어와서 APEC 정상회의와 EEF 등 국제 메가 이벤트를 블라디보스토크에서 개최하고 루스키섬 개발과 함께 루스키대교 등 핵심 인프라를 대규모로 새로 조성했다. 또 2012년 7월에는 아무르주 스보보드니에서 보스토치니 우주기지가 본격적으로 건설되기 시작했고 수년이 흐른 현재 많은 시설이 완공됐고 그동안 로켓도 몇 번 발사됐다. 최근에는 러시아 정부가 선도개발구역이나 자유항 제도 등을 새로 마련하여 극동 지역의 투자 활성화와 고용 창출에 적극적으로 나서고 있다.

그러나 이런 노력에도 인구 상황이 크게 호전되지 않아 러시아 중앙정부나 지방 당국 모두의 우려를 낳고 있다. 예를 들면, 부랴티야공화국과 자바이칼변강주가 극동연방관구에 편입되기 전인 2017년 극동연방관구에서 빠져나간 사람 수는 1만6천 명이었고, 2018년에는 그보다 더 많은 2만2천 명이 극동을 떠났다. 러시아 정부가 극동개발부를 중앙부처로 신설하고 극동발전프로그램까지 특별히 마련해 이 지역 발전을 위해 깊은 관심을 기울이며 물심양면 지원을 아끼지 않고 있지만, 인구는 갈수록 줄고 있어 특단의 대책이 필요하다.

이런 가운데 블라디미르 푸틴 대통령은 2019년 9월 4일 제5차 EEF 개막을 앞두고 블라디보스토크에서 극동 발전 문제를 논의하는 국가위원회 회의를 열고 이 자리에서 특별히 극동 인구 상황이 진전을 보지 못하고 있는 점에 깊은 우려를 표시했다. 푸틴 대통령은 "주요 지표 가운데 하나가 인구 상황이다. 이 지표가 여전히 우려할 만한 수준에 있다고 말하지 않을 수 없다"고 밝혔다. 그의 말에 따르면, 사실상 극동연방관구 소속 11개 전 지역에서 인구가 계속해서 줄어들고 있다. 바꾸어 말하자면, 극동으로 들어오는 사람 수보다는 극동에서 빠져나가는 사람 수가 더 많다. 푸틴 대통령도 지적했듯이, 그나마 불행 중 다행인 점은 극동 유입 인구가 전보다 늘고 있다는 사실이다. 하지만 극동 지역 유입자 수가 유출자 수를 압도하지 않는다면, 극동의 인구 상황은 계속해서 나빠질 수 있고 이는 러시아의

보스토치니 우주기지 로켓 발사장 (출처: ru.wikipedia.org)

미래 발전에도 부정적 영향을 끼칠 수 있다. 푸틴 대통령은 이런 상황을 반전시키려면 극동이 러시아의 다른 지역들에서 사람들을 끌어들이는 중심지가 돼야 한다고 강조하고 이를 위해 교육과 보건, 주거 등 사회복지 문제들을 하루빨리 해결해야 한다고 덧붙였다.

2019년 초 러시아연방 통계청은 연방관구별로 2018년 결산 결과로 나온 거시경제 지표를 발표했다. 극동 지역 정보 분석 업체 'East Russia'의 자료를 보면, 2018년 한 해 동안 극동 지역은 많은 부문에 걸쳐 나쁘지 않은 성적표를 받았다. 예를 들면, 2018년 1월에서 12월까지 산업생산 지수는 104.4%를 기록했다. 생산성이 러시아 전체 평균치인 102.9%보다 더 높은 증가세를 보였다. 극동 지역 통합재정수지도 2017년 대비 13.8% 증가한 것으로 나타났다. 이처럼 여러 부문에 걸쳐 양호한 거시경제 지표들이 나왔지만, 유독 인구 통계 자료에서만 부정적인 상황이 나타나 당국자들 사이에서 우려를 자아냈다. 푸틴 대통령이 2018년 11월 3일 부랴티야공화국과 자바이칼변강주

블라디미르 푸틴 대통령은 2019년 9월 4일 블라디보스토크에서 열린 국가위원회 회의에서 극동 인구 감소를 지적하고 대책 마련을 지시했다 (출처: kremlin.ru)

의 소속을 시베리아연방관구에서 극동연방관구로 변경한 주된 이유 가운데 하나도 1991년 소련 붕괴 이후 25년여에 걸쳐 극동 인구가 800만 명에서 620만 명으로 급감한 상황을 회복시키려는 의도에서 찾을 수 있다. 두 지역의 극동 편입 덕분에 2019년 현재 극동 인구는 820만 명 이상을 유지하고 있지만, 이러한 조치가 극동의 인구 감소를 막는 근본적 해결책은 되지 못한다.

극동 인구가 계속해서 줄어들자 2018년부터 러시아 정부는 러시아 전국에 걸쳐 극동 발전을 위한 '국민 의견'을 수집하고 있다. 다시 말해 극동에서 인구 유출을 막고 유입을 늘릴 방안을 폭넓게 청취하고 있다. 이 과정에서 정부 당국자에서 각계 전문가, 일반인에 이르기까지 많은 사람이 인구 증가 방안을 내놓고 있다. 예를 들면, 드미트리 메드베데프 러시아 총리는 2018년 국가두마(하원)에 출석한 자리에서 극동 지역 인구 유출을 어떻게 막을 수 있느냐는 질문을 받고 새로운 대책을 만들어 내놓기보다는 정부가 이전에 계획한 모든

드미트리 메드베데프 러시아 총리는 2019년 8월 2일 유즈노사할린스크에서 극동 지역의 사회복지 시설 건설과 보수, 현대화를 논의했다 (출처: minvr.ru)

것을 이행하는 것이 좋겠다고 답변했다. 일례로 그는 극동 지역에 상당 기간 학교를 짓지 않아서 학교 400개를 지을 수 있다고 말했다.

그러나 메드베데프 총리의 이런 해결책이 알려지자 극동연방대학교 막심 키벨레비치 박사는 죽어가는 환자에게 분장사를 데려와서 볼에 홍조를 띠게 하고 두 눈을 반짝이게 하고 머리에 가발을 씌어줘 봐야 병으로 죽어가는 환자는 어차피 죽을 수밖에 없다고 비판했다. 그는 병에 걸려 죽어가는 환자에게 분장보다는 치료가 필요하다고 말하면서 사람들과 기업들이 이곳에서 안심하고 일하고 잘 살 수 있도록 분위기를 완벽하게 조성해줘야 한다고 주장했다. 또 다른 일각에서는 많은 일자리와 좋은 임금, 인프라만 있으면 사람들이 떠날 이유가 없다고 말한다. 가령 '극동 헥타르' 프로그램이 아무리 좋아 보여도 이곳이 제대로 가동되려면 관련 인프라가 충분히 구축돼야 한다. 프로그램만 그럴싸하고 효율적인 인프라가 뒷받침되지 못하면 빛 좋은 개살구에 그칠 수 있다.

2019년 6월 28~29일 마가단에서 열린 러시아 극동 인구 발전 관련 학술회의 포스터 (출처: minvr.ru)

사람들이 극동을 떠나려고 하는 이유는 다양하다. 러시아 경제지 베도모스티 2019년 9월 4일 자에 소개된 러시아여론연구센터 '프치옴'의 설문조사 결과에 따르면, 물가가 비싸서 극동을 떠나고 싶다고 밝힌 사람이 30%로 가장 많았다. 다음으로 인프라 발전 수준이 낮아서라고 밝힌 사람이 28%로 많았고, 수입이 적어서, 기후가 좋지 않아서라고 말한 사람도 각각 23%였다. 이 밖에 주변 환경이 불편하고 자녀 교육과 자아실현 기회가 불충분하고, 주택을 마련하기 어려워서 떠나고 싶다고 밝힌 사람이 각각 19%와 18%, 17%와 13%를 기록했다. 게다가 극동 지역 평균 수명은 70세로 러시아 평균(73세)보다 더 낮다. 이와 함께 일할 수 있는 나이에서 사망률도 높게 나타나고 있다. 10만 명 중 589건으로 러시아 평균인 10만 명 중 486건보다 더 높다. 의료 검진을 받는 비율도 러시아 평균보다 밑돌고 있고 장비가 노후해 불만을 사는 의료기관 비율도 높다.

하지만 최근 러시아 정부는 지역 발전을 가속화하고 인구 감소도 막기 위해 특단의 조치를 마련했다. 먼저 2021~2025년에 걸쳐 역내 선도개발구역에 1,112억 루블을 쏟아부을 계획이다. 이와 함께 푸틴 대통령이 직접 밝히고 강조했듯이, 극동은 연간 6% 경제성장률 달성을 목표로 설정했다. 이는 2010~2011년 러시아 정부가 APEC 정상회의 개최를 위해 인프라 건설에 대규모 자금을 투자했던 때 달성한 성장률과 비슷하다. 이런 수준의 경제성장률을 달성하여 극동 지역 경제가 살아나 생활 여건이 더 나아지면 사람들이 이곳에서 떠나지도 않을뿐더러 외부로부터 더 많은 사람이 이곳에서 살려고 찾아올 수 있다. 그렇게 되려면 무엇보다도 다방면에 걸쳐 상당량의 민간투자가 이뤄져야 한다. 이는 중앙정부 차원에서 충분한 지원이 뒤따라야 하고 지방정부도 자체적으로 많은 노력을 기울여야 한다는 것을 의미한다. 중앙정부가 아무리 많은 예산을 쏟아붓고 민간투자를 유치해도 지방정부와 함께 주민들이 제대로 움직여 주지 않으면 원하는 목표를 충분히 달성하지 못할 것이다.

이와 함께 애국심 고취가 아직은 큰 주목을 끌고 있지 않지만, 지역적 차원에서 애국주의 발전 방안들을 논의할 때가 됐다고 지적하는 전문가들도 있다. 이들은 '작은 조국'으로 표현되는 극동에 대한 사랑이 이 지역에서 인구 유출을 막는 강력한 방어 기제로 작동할 수 있다고 본다.

러시아 극동의 인구 분포

러시아 극동 인구는 1991년 소련 붕괴 전후로 1천만 명 이상이었다가 그 뒤로 급속하게 감소하여 현재 820만 명이다. 현재 극동연방관구에서 인구가 가장 많은 곳은 연해주로 1,923,100명이다. 다음으로 인구가 많은 지역은 하바롭스크변강주와 자바이칼변강주로 각각 1,333,330명과 1,072,806이다. 부랴티야공화국과 사하공화국, 아무르주가 각각 98만여 명과 96만여 명, 80만여 명으로 그 뒤를 따르고 있다. 또 사할린주와 캄차카변강주, 마가단주는 각각 487,300명과 314,700명, 148,072명으로 인구 50만 명 이하 지역이다. 마지막으로 유라시아 대륙 최동단에 있는 추콧카자치구는 49,800명으로 5만 명도 안 된다. 추콧카는 연해주보다 면적이 4배가량 크지만, 인구는 40

1. 부랴티야공화국 984,511명
2. 자바이칼변강주 1,072,806명
3. 아무르주 801,752명
4. 유대인자치주 164,200명
5. 연해주 1,923,100명
6. 하바롭스크변강주 1,333,330명
7. 사할린주 487,300명
8. 사하공화국 962,800명
9. 마가단주 148,072명
10. 캄차카주 314,700명
11. 추콧카자치구 49,800명

러시아연방 극동연방관구 지역별 인구 (출처: 라승도)

배가량 적다.

추콧카자치구

러시아 극동에는 러시아어로는 야쿠티야로 불리는 사하공화국처럼 지역명이 명목 민족명에서 나온 지역들이 있다. 사하공화국 외에도 부랴티야공화국과 추콧카자치구가 여기에 해당한다. 이들 지역은 사하인(러시아어로는 야쿠트인)과 부랴트인, 축치인이 토착민으로 오랜 옛날부터 대대로 살아왔던 곳이다. 하지만 이들이 해당 지역 인구의 대다수를 차지하고 있지는 않다. 예를 들면, 추콧카자치구 인구는 약 50,000명가량인데, 이 중에서 과반수는 25,000명 이상으로 러시아인이 차지한다. 이곳에서 러시아인 다음으로 많은 축치인은 12,700여 명으로 전체 인구 중 23%가량이다.

2019년 제5차 EEF '극동의 거리' 전시회에서 추콧카 원주민인 축치인 남자가 한 축제에서 전통 춤을 선보이고 있다 (출처: 라승도)

이 밖에 1,000명 이상으로는 우크라이나인(2,800여 명)과 에스키모인(1,500여 명), 에벤인(1,300여 명)이 있다. 나머지 인구는 20개 이상으로 다양한 민족이 채우고 있다. 그중에는 독일인이나 폴란드인처럼 유럽인도 있고 카자흐인이나 우즈베크인처럼 중앙아시아 출신도 있고 아르메니아인처럼 캅카스 지방에서 온 사람들도 있다. 축치인 같은 북극권 소수 토착민은 이곳에서 오랫동안 삶의 터전을 이루며 살아왔지만, 다른 민족들은 다양한 이유로 유라시아 대륙 최동단까지 찾아와서 살고 있다. 러시아인 중에는 먼 옛날 정복과 개척, 개발을 위해 이곳까지 와서 살았던 사람들의 후예들도 있다. 유라시아 대륙에서 대각선 방향으로 아주 멀리 떨어진 중앙아시아나 캅카스 지역 출신 중에는 산업 현장에서 일하고 있거나 이 먼 곳에서도 택시 기사나 버스 기사로 일하고 있는 이주노동자도 있다.

한편, 추콧카는 러시아 극동에서 민족 정책 국가 프로그램을 성공적으로 수행하고 있는 지역 순위에서 선두를 달리고 있는 것으로 나타났다. 러시아 대통령행정실 관계자들은 2019년 7월 8일 유대인자치주 수도 비로비잔에서 열린 '2025 러시아연방 국가 민족 정책 전략' 회의에 참석하여 추콧카와 야쿠티야, 마가단이 소수 토착민족 정책 관련 국가 프로그램을 충실히 잘 수행하는 지역 순위에서 각각 1~3위를 기록했다고 밝혔다. 이날 회의에서 옐레나 옙튜호바 추콧카 자치구 소수 토착민 문제 관리 책임자는 자치구 안에서 소수 토착민 언어를 배우는 사람이 1,780명에 이른다고 말했다. 이는 축치어와 에스키모어 등 소수 토착민 언어들을 더 많은 사람이 사용하여 보존하도록 하는 민족 정책 국가 프로그램의 다양한 행사를 성공적으로 진행한 덕분이었다. 예를 들면, 소수 토착민 언어로 영화를 제작하고 상영하는 영화제 개최도 여기에 포함된다. 이러한 소수 토착민 문화 보존과 보호는 곧 이들의 삶의 질 향상으로 이어지고 이는 다시 이들이 거주하는 지역에서 인구 유출을 막는 데도 도움이 되어 의미 있는 정책이라고 평가할 수 있다.

축치어 책 (출처: 1ku.ru)

사하공화국

추콧카와 달리 40여 개 민족으로 구성된 사하공화국은 이곳에 사는 최대 토착민족인 야쿠트인이 전체 인구 95만 명가량 중에서 46만 명 이상으로 다수를 차지한다. 야쿠트인 다음으로 많은 수를 차지하는 민족은 35만 명가량으로 러시아인이다. 극동 어느 지역에서도 러시아인이 가장 많기는 하지만, 야쿠트인 자치 공화국인 이곳에서 러시아인이 특히 더 많은 이유는 수도 야쿠츠크가 17세기부터 러시아의 동진 팽창에서 전초기지였고 그때부터 다른 어느 민족 지역보다 러시아화가 다양한 방식을 통해 더 많이 이뤄졌던 배경에서 찾을 수 있다. 야쿠트인과 함께 이곳에서 삶의 터전을 일구며 살아왔던 에벤키인이 러시아인 다음으로 많지만, 각각 45만 명 이상과 35만 명 이상을 기록하는 야쿠트인과 러시아인 수에 비춰보면, 20,000명 남짓으로 매우 적다. 우크라이나인도 에벤키인들과 비슷한 숫자를 보여준다.

이 밖에 사하공화국에서 10,000명 이상인 민족으로는 타타르인과 에벤인이 있다. 10,000명 단위 이하에서는 부랴트인과 벨라루스인이 각각 7,00여 명과 4,000여 명으로 가장 많다. 나머지 약 40개 민족 중에서는 많아야 2,000여 명인 민족도 있고 300명 이하의 극소수 토착 민족도 있다. 중국인과 한인 등 동아시아 민족도 1,000여 명씩 살고 있는데, 특히 한인 중에는 고려인이나 조선족 출신이 대다수를 형성하는 것으로 보인다. 이들 중 대부분은 상업이나 농업에 종사하고 있는데, 수도 야쿠츠크에서만 활동하지 않고 이곳에서 북동쪽으로 아주 많이 떨어진 우스네라에서 큰 잡화점을 운영하는 사람도 있다. 흥미롭게도 우스네라에는 중앙아시아 우즈베키스탄에서 온 사람들도 눈에 띄는데, 이들은 현지에서 우즈베크 식당을 운영하거나 수박 등 채소나 과일을 파는 청과상으로 돈벌이를 하고 있다.

이와 관련하여 특기할 점은 야쿠츠크 시내에도 중앙아시아 출신 이주노동자가 많이 살고 있다는 사실이다. 이들은 버스 기사나 택시 기사로 주로 일하는데, 이들이 동시에 파업이라도 하면 야쿠츠크 교

사하공화국 우스네라에서 대형 잡화점 '한국'을 운영하고 있는 중국 조선족 출신 상인 김운남 씨 (출처: 라승도)

2018년 야쿠츠크에서 일어난 키르기스인 이주노동자의 야쿠트 여성 강간 사건을 규탄하는 집회 모습 (출처: ykt.ru)

통이 마비될 정도로 이 분야에서 이들의 존재감은 매우 크다고 한다. 예를 들면, 2018년 야쿠츠크에서 일어난 키르기스인 이주노동자의 야쿠트 여성 강간 사건으로 이주노동자에 대한 야쿠트인들의 태도가 급격히 악화하고 분위기가 험악해지면서 이들이 운전대를 잠시 놓자 교통 혼란 상황이 발생하기도 했다. 현재 키르기스인들을 포함하여 사하공화국에 거주하는 중앙아시아 출신은 6,000여 명이다.

부랴티야공화국

30여 개 민족이 모여 사는 부랴티야공화국은 인구 98만여 명으로 사하공화국보다 조금 더 많다. 하지만 사하공화국과 달리 이곳 인구의 절대다수를 차지하는 민족은 토착민인 부랴트인이 아니라 바로 러시아인이다. 전체 인구 98만여 명 중에서 러시아인이 63만 명가량으로 최대 규모이고 부랴트인은 28만여 명으로 러시아인 수의 절반에도 미치지 못한다. 부랴티야공화국 수도인 울란우데에만 43만여 명이 사는데, 여기서도 러시아인이 상당수를 차지한다. 이처럼 부랴티야에서 러시아인 수가 절대적으로 많은 이유는 이곳이 러시아 라마 불교의 중심지이고 샤머니즘도 강세를 보이는 곳이지만, 일찍이 러시아인 이주와 유입이 많았던 데서 찾을 수 있다. 이러한 배경은 도시명이 베르흐네우딘스크에서 현재 울란우데로 바뀌긴 했지만, 러시아 제국과 소비에트 시대 유산이 울란우데 중심부를 압도적으로 지배하고 있는 것과도 관련돼 있다. 러시아인과 부랴트인 다음으로는 우크라이나인과 타타르인이 각각 9,000여 명과 8,000여 명으로 많다. 흥미롭게도 부랴티야에는 독일인도 1,500여 명 거주한다.

📷 울란우데 중심부 '소비에트 광장'에서 학생들이 울란우데 '시의 날' 축제 행사 예행연습을 하고 있다 (출처: 라승도)

기타 지역들

약 40개 민족이 거주하는 자바이칼변강주에서는 110만여 명의 인구 중에서 러시아인이 97만여 명으로 압도적으로 많다. 그다음은 부랴트인이 70,000여 명으로 많다. 이웃 지역인 아무르주 인구는 83만여 명 중에서 러시아인이 77만여 명으로 압도적 다수를 형성한다. 우크라이나인이 그다음으로 16,000여 명을 차지한다. 아무르주와 하바롭스크변강주 사이에 끼어 있는 유대인자치주는 유대인 인구가 1,600여 명으로 전체 17만여 명 중에서 0.9% 정도밖에 되지 않는다. 16만여 명인 러시아인이 절대다수를 형성하는 가운데 4,000여 명의 우크라이나인이 러시아인 다음으로 많은 민족이다. 나머지 약 40개 민족 중에서 1,000명이 넘는 민족은 하나도 없다.

유대인자치주 수도 비로비잔에 있는 유대인박물관 (출처: 라승도)

하바롭스크변강주는 134만여 명으로 극동에서 인구가 두 번째로 많다. 여기서도 압도적 다수를 차지하는 민족은 118만여 명으로 러시아인이다. 그다음으로 많은 민족은 겨우 26,000여 명에 그치는 우크라이나인이다. 195만여 명으로 극동 최대 인구를 자랑하는 연해주에서도 절대다수 민족은 러시아인으로 167만여 명이다. 우크라이나인이 약 50,000명으로 두 번째로 많다. 연해주 인구 분포에서 주목할 점은 한인이 약 18,000명으로 세 번째로 많은 민족이라는 사실이다. 예로부터 한인들이 이곳에 많이 살았고, 또 1937년 강제 이주로 중앙아시아 지역에 가서 살던 고려인들이 특히 1991년 소련 붕괴 이후 다시 이곳으로 돌아오기도 했고, 최근에는 한반도나 사할린, 중국 연변 등지에서 이곳으로 온 한인들이 다양하게 분포해 있기 때문이다.

연해주에서 바다 건너에 있는 사할린주는 러시아인이 총 49만여 명의 인구 중 약 41만 명으로 역시 절대다수를 구성한다. 이 섬에서 원래부터 살았던 토착민은 19세기 후반 러시아인들이 상륙하여 점

연해주에서 고려인은 우수리스크에 많이 모여 산다. 사진은 우수리스크 고려인문화센터다 (출처: 라승도)

령하면서부터 급감하기 시작하여 지금은 눈에 거의 띄지 않는다. 이들과 달리 한인들은 1930년대 일제 강점기에 끌려오기 전까지 사할린섬과 지리적으로나 역사적으로도 깊은 인연이 없었지만, 지금은 사할린에서 약 25,000명으로 두 번째로 많은 민족이다. 그래서 이들은 사할린 전체 인구 중 5% 남짓이긴 해도 이곳 사회에서 중요한 위치를 차지한다. 한인 다음으로 많은 민족은 약 12,000명의 우크라이나인이다.

캄차카변강주는 32만여 명의 인구 중에서 러시아인이 25만여 명으로 절대다수를 차지한다. 그다음 자리는 약 10,000명으로 우크라이나인이 차지한다. 전체 인구 중 2% 남짓밖에 되지 않지만, 세 번째로 많은 민족은 바로 이곳 소수 토착민인 코랴크인이다. 이곳에도 한인이 약 1,400명 거주한다. 흥미롭게도 이들 대다수는 20세기 중반 북한 지역에서 노동자로 건너왔던 사람들이거나 그들의 후손들로 주

캄차카 인구 상당수는 수도 페트로파블롭스크캄차츠키에 거주한다. 페트로파블롭스크캄차츠키에서 한 러시아인 남자가 시내버스 정류장에서 버스를 기다리고 있다 (출처: 라승도)

로 공항이 있는 엘리조보 지역에 모여 산다.

끝으로, 30여 개 민족 15만여 명이 사는 마가단주에서도 절대다수는 12만여 명의 러시아인이다. 그다음으로 우크라이나인이 9,000여 명 살고 있고 세 번째로 많은 에벤인은 현지 소수 토착민으로 2,600여 명이다. 이곳에는 캅카스 지역에서 온 인구시인도 700여 명 사는데, 이들은 1991년 소련 붕괴 직후 북오세티야와의 전쟁 참화를 피해 마가단까지 왔고 현재 이곳에서 튼실한 인구시 이슬람 공동체를 형성하며 살고 있다.

야쿠트인, 극동 최대 토착민족

러시아 극동에는 16세기 말 17세기 초 러시아인들이 이곳을 정복하고 개척하기 오래전부터 살았던 토착민족이 많이 거주한다. 러시아의 '내적 타자'라 할 수 있는 이들 민족은 러시아의 식민화 과정에서 저항하다 많은 희생을 치러 이미 그때부터 숫자가 줄어들기 시작했다. 레나강에서 베링해까지, 북극해에서 연해주까지 이르는 광대한 영토의 러시아 극동 지역에는 다양한 토착민족이 폭넓게 분포한다. 하지만 오늘날 이들의 숫자는 모두 합쳐 100만 명에도 훨씬 미치지 못한다. 이들 민족 중 최대 규모를 자랑하는 야쿠트인도 47만여 명에 그친다. 그나마 야쿠트인은 조만간 민족 전체가 소멸될 위기에 놓여 있는 몇몇 소수 토착민족과 비교하면 사정이 훨씬 더 낫다. 토착민족 중에서 숫자가 가장 많을뿐더러 자치 공화국 영토도 보유하고 있기 때문이다. 이런 면에서 부랴트인들도 다른 토착민족들과 비교하면 사정이 나은 편이다. 또 추콧카 지역에 주로 모여 사는 축치인도 숫자가 아주 적을지라도 자치구가 있어 그나마 다행이라고 할 수 있다.

야쿠트인은 러시아연방 전체에 걸쳐 47만여 명이 거주한다. 이 중에서 46만여 명이 사하공화국에 거주하며 나머지는 다른 지역에 분포한다. 예를 들면, 크라스노야르스크변강주와 하바롭스크변강주에 각각 1,400여 명이 분포하고 모스크바에 약 1,500명이 거주한다. 이 밖에 이르쿠츠크주와 아무르주, 마가단주, 연해주 등 기타 지역에 많게는 수백 명씩, 적게는 수십 명씩 거주한다. 야쿠트인은 러시아 극동 지역 거주 토착민족 중에서 최대 규모를 자랑한다. 특히 야쿠트인이 집중적으로 거주하는 사하공화국에서 이들은 전체 인구 95만 명 중 46만여 명으로 다수를 차지한다. 사하공화국이 극동에서 비러시아 민족이 인구 다수를 점유하는 유일한 지역인 이유도 여기에 있다.

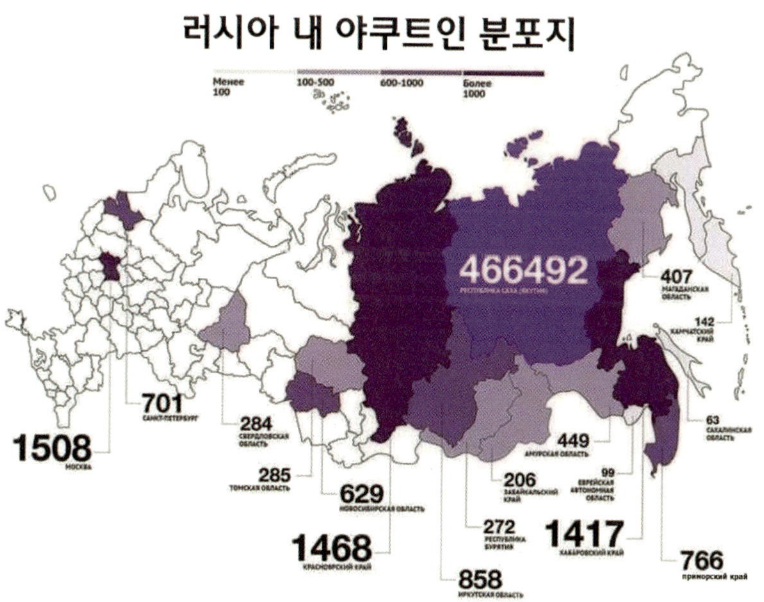

러시아 내 야쿠트인 분포지 (출처: ytk.ru)

역사적으로 볼 때 야쿠트 민족은 중앙아시아에서 이주해온 튀르크계 부족의 후예다. 좀 더 구체적으로 말하면, 7세기경 예니세이강에서 바이칼호수로 옮겨와서 몽골계 민족과 섞여 살기 시작한 쿠리칸족이 야쿠트인의 조상으로 알려졌다. 그래서 원래 야쿠트인은 올혼섬을 중심으로 바이칼호수 주변 지역에 흩어져 살았다. 그러다가 13세기 초 칭기즈칸의 몽골군을 피해 북상하다가 레나강 중류 지역에 정착했다. 이곳은 뼛속까지 파고드는 한겨울 혹한과 극성스러운 한여름 모기떼로 지금도 악명 높은데, 당시 이런 자연조건은 몽골군 같은 이민족의 침입으로부터 야쿠트인을 막아주는 방어막이 되기도 했다. 하지만 1632년 이곳으로 진출한 표트르 베케토프의 카자크 부대 앞에서는 시베리아의 동장군도 길을 터줄 수밖에 없었다.

야쿠트인들은 레나강을 따라 남북으로 분포하여 말과 소를 기르고 순록을 치면서 살았다. 또 이들은 타이가 숲과 레나강을 십분 활용해 살면서 사냥과 낚시에도 능했다. 이와 함께 야쿠트인들은 이웃 민족들과도 활발하게 교류하면서 지리적, 민족적 경계도 폭넓게 넘나들며 평화롭게 살았다. 하지만 17세기 전반 러시아인들이 쳐들어와서 야쿠트인들에게 모피 공물을 강요하자 이들 사이에는 충돌이 불가피했다. 마침내 1634년과 1642년 야쿠트인들은 러시아의 지배와 착취에 맞서 봉기를 일으켰다. 그들은 러시아인들의 폭정을 참을 수 없었다. 두 차례에 걸쳐 일어난 야쿠트인의 봉기는 당시 야쿠츠크 요새 사령관이었던 표트르 골로빈(?~1654)의 지휘 아래 무참히 진압됐다. 러시아의 잔혹한 대응으로 많은 야쿠트인이 죽었고 이들의 생활 터전도 철저히 파괴됐다. 특히 이때부터 수십 년간 야쿠트인들은 전염병까지 창궐하는 가운데 심각한 인구 감소를 겪었다. 실제로 1642년에서 1682년까지 40년 동안 야쿠트 토착민 수가 약 70% 급감

야쿠츠크에 있는 '러시아 – 나의 역사' 박물관에서 보여주는 러시아와 야쿠티야 역사의 주요 사건과 장면들 (출처: 라승도)

했다고 한다. 당시 이처럼 많은 인구 손실이 없었다면, 야쿠트인 수는 지금보다 훨씬 더 많았을 것이다.

18세기에 들어와서 러시아는 야쿠츠크 정복 초기의 탐욕적이고 무자비한 방식에서 벗어나 유화적이고 포용적인 전략으로 전환했다. 이때 러시아는 야쿠트인들에게 토지를 제공하고 농사 기술도 전파했고 더 나아가 러시아 정교도 포교하여 정신적 차원에서 계몽적 식민화 정책을 펼쳤다. 그 결과 러시아인들이 레나강 유역에 발을 들여놓은 지 두 세기가 흐른 1820년대에는 야쿠트인 대다수가 러시아 정교로 개종했다고 한다. 실제로 1854년 야쿠츠크를 방문한 작가 이반 곤차로프의 여행기 『전함 팔라다』와 19세기 후반 이곳에서 유형을 살았던 작가 블라디미르 코롤렌코의 소설들을 보면, 러시아 문화에 동화되어 기독교를 믿는 야쿠트인이 아주 많았다. 이와 동시에 야쿠트인들은 샤머니즘 등 토착신앙과 전통문화도 여전히 뿌리 깊게 간직하고 있었다.

야쿠트인들은 20세기에 들어와서 러시아 역사의 격랑 속에 휘말려 큰 시련을 겪었다. 1917년 10월 혁명 이후 새롭게 들어선 볼셰비키 정권은 내전이 끝나고 나서 마침내 극동 지역까지 대부분 수중에 넣었다. 하지만 이때까지도 소비에트 정권이 접수하지 못한 유일한 지역이 남아 있었는데, 그곳이 바로 야쿠츠크와 주변 지역이었다. 미하일 코로베이니코프(1893~1924)가 이끄는 백위군 잔당은 1921년 9월부터 1923년 6월까지 이 지역에서 소비에트 정권에 맞서 끝까지 항전했다. 특히 코로베이니코프는 1922년 3월 '야쿠트 지역인민임시정부'를 세우고 그 안에 '야쿠트 인민군'을 조직하여 야쿠츠크를 점령했다. 그러나 이곳에서 백위군의 지배는 오래가지 못했다. 이들은 1년여 후인 1923년 6월 16일 현재 하바롭스크변강주에 속하는 오호츠크해 연안 항구 마을 아얀 근처까지 밀려났다가 여기서 궤멸됐다. 이렇게 막을 내린 백위군 최후의 항전은 야쿠트인들이 가담했다고 해서 '야쿠트 봉기' 또는 '야쿠트 원정'으로 불린다. 야쿠트인들은 자신들의 지역에서 백위군이 발호했다 패퇴하는 과정에서 대혼란 속에

야쿠티야에서 일어난 내전을 다룬 책 표지 (출처: 라승도)

큰 희생을 치렀다.

야쿠트인들이 러시아 현대사에서 겪은 시련은 여기서 끝나지 않았다. 1928년 시작되어 1930년대 내내 진행된 스탈린 정권의 농업 집단화 정책은 멀리 극동의 영구동토 지역까지 커다란 영향을 미쳤다. 스탈린의 공포정치가 대숙청으로 극에 달했던 1937년 기준으로 야쿠트인들의 집단화 비율은 71%에 달했다. 하지만 이 과정에서 많은 야쿠트인, 그중에서 특히 순록을 치는 사람들이 집단화에 강력하게 반발하고 저항했다. 안타깝게도 저항의 결과는 수많은 사람의 희생으로 이어졌다. 집단화는 이른바 '부농 퇴치'를 동반했는데, 부농으로 분류된 사람들이 재산과 인명 등에서 피해를 가장 많이 봤다. 또 정치적 탄압 와중에 기아와 영양실조가 심해 목숨을 잃는 사람이 더 많았다. 게다가 야쿠티야에서는 집단화가 50년대까지 계속해서 이어졌다. 그 결과 1959년 야쿠트인 수는 23만여 명으로 최저치를 기록했다. 다행히도 야쿠트 인구는 1970년대부터 조금씩 회복되기 시작하여 현재 45만여 명에 이르고 있다.

1991년 소련 붕괴는 야쿠트인의 삶과 문화에도 큰 여파를 미쳤다. 무엇보다도 이들이 사는 지역 이름이 야쿠트 소비에트사회주의자치공화국에서 간단히 사하공화국으로 바뀌었다. 이러한 지역명 변경은 야쿠트인들이 소련 붕괴 이후 새로운 러시아에서 자신들의 민족 정체성을 재정립하려는 다양한 시도와 긴밀하게 맞물려 있다. 이는 야쿠트인들이 자신들을 부를 때 쓰는 '사하'라는 말을 공화국명에 사용했다는 사실에서 극명하게 드러난다. 야쿠트인들은 17세기에 러시아인들이 들어와서 자신들을 가리켜서 '야쿠트'로 부르기 전까지 스스로 '사하'라고 불렀다. 따라서 야쿠트인들이 '사하'라는 말을 공화국명으로 사용하고 그와 관련한 상징이나 기호들도 폭넓게 적용하

야쿠츠크 시내 중앙광장에 서 있는 야쿠트 민족 시인 플라톤 오이운스키 기념 동상 (출처: 라승도)

기 시작한 것은 자신들의 정체성을 새롭게 확립하려는 시도의 표현에 다름 아니다. 실제로 야쿠트인들은 최근 들어 자신들의 민족문화 유산을 새롭게 발굴하고 발전시키는 행보를 다양하게 펼쳐왔다. 예를 들면, 야쿠트 시인이자 작가인 플라톤 오이운스키(1893~1939) 기념 동상이 2003년 야쿠티야 중심부에서 제막됐는데, 이는 야쿠트 민족이 배출한 위대한 인물에 대한 존경심이자 자부심의 표현이다. 오이운스키는 특히 1930년대에 반혁명 민족주의 사상 유포 혐의로 체포되어 감옥에서 사망했다. 소비에트 시대 정치 박해의 희생자였던 오이운스키가 기념 동상으로 되돌아온 것은 포스트소비에트 시대 야쿠트 민족의 부활과 부흥을 암시한다.

사하공화국은 1992년 12월 26일 일찌감치 공화국 깃발과 문장을 새로 채택했다. 여기에도 야쿠트 민족 색채가 짙게 배인 상징들이 들어가 있어 야쿠트인의 민족 정체성 확립 노력이 엿보인다.

극동의 소수 토착민족

러시아 극동 지역에는 야쿠트인처럼 46만여 명으로 최대 규모를 자랑하는 토착민족이 있는가 하면, 2010년 인구총조사 기준으로 단 4명만 남은 초극소수 토착민족도 존재한다. '추콧카 해안의 바다 사냥꾼'으로 불리는 케레크인이 바로 그들이다. 오늘날 케레크인이 거의 소멸 상태에 놓인 원인은 이들이 20세기 동안 추콧카에서 축치인 사이에 섞여 살면서 대부분 동화된 데 있다.

현재 극동에는 서너 명만 남아 있는 케르크인에서 30,000여 명에 이르는 에벤키인까지 20여 개 소수 토착민족이 거주한다. 러시아 정부는 민족 정책 국가 프로그램을 가동하며 소수 토착민을 보호하고 이들의 문화를 보존하기 위해 노력하고 있지만, 이들의 수는 해를 거듭할수록 줄어들고 있다. 2010년 인구총조사 기준으로 극동 거주 1,000명 이하 극소수 토착민족 중에는 추바이(약 1,000명), 오로치인(686명), 네기달인(482명), 알류토르인(482명), 알레우트인(400명), 타즈인(약 300명), 오로크(272명), 케레크인(4명)이 있다. 이들은 주로 추콧카에서 캄차카, 마가단, 사할린, 연해주, 하바롭스크 등 동쪽 지역에 주로 분포한다. 사할린섬 북부에서 순록을 치며 사는 오로크인 중에는 부랴티야까지 흩어져 사는 사람도 있다.

흥미롭게도 이들 중에는 추콧카와 캄차카반도 건너편의 알래스카에 동족이 더 많이 거주하는 민족들도 있다. 대표적인 사례가 바로

「축제 의상을 입은 알래스카 알레우트인」(미하일 티하노프(1789~1862), 1818)
(출처: ru.wikipedia)

알레우트인이다. 알레우트인은 캄차카반도에 약 400명이 남아 있지만, 알래스카에는 6,700여 명이 거주한다. 게다가 이들은 1867년 러시아의 알래스카 매각과 함께 미국과 러시아로 갈려 오랫동안 떨어져 살아 일상생활과 문화, 가치관도 많이 달라졌다.

인구 1,000명 이상 10,000명 이하 소수 토착민족 중에는 7,800여 명에 달하는 코랴크인에서 1,400여 명에 그치는 우데게인까지 10개 민족이 있다. 이 중에서 가장 큰 규모를 자랑하는 코랴크인은 6,500명 이상으로 절대다수가 캄차카변강주 북부 코랴크자치구를 중심으로 거주한다. 그 밖에도 이들은 마가단과 추콧카, 하바롭스크, 연해주, 야쿠티야까지 극동 여러 지역에 걸쳐 폭넓게 분포한다. 캄차카반도에 거주하는 코랴크인 중에는 해안가에 살면서 어업 활동을 하는 사람들도 있지만, 주로 내륙 툰드라에서 순록을 사육하며 생활하는 사람들이 대다수를 이룬다. 극동에서 크랴크인 다음으로 많은 소수 토착민족은 4,500명가량의 니브흐인이다. 아무르강 하류와 사할린섬, 쿠릴열도에 분포해 있는 니브흐인은 강과 바다를 무대로 생활하는 민족답게 주로 어업으로 생계를 유지한다. 물고기는 이들의 일상생활과 문화에서도 중요한 일부를 구성한다.

니브흐인 다음으로 많은 극동의 소수 토착민족들로는 캄차카와 마가단 지역에 걸쳐 거주하는 이텔멘인(약 3,000명)과 하바롭스크, 연해주를 무대로 활동하는 울치인(약 2,700명), 칭기즈칸의 후예로 부랴티야와 자바이칼 지역에 사는 함니간인(약 2,000명), 캄차카반도에서 러시아인에 동화되어 명맥을 유지하며 사는 캄차달인(약 1,900명), 사하공화국에 모여 사는 돌간인(약 1,900명)이 있다. 이 밖에 한때 사하공화국에서 마가단, 추콧카까지 광대한 지역을 주름잡으며 살았던 유카기르인(약 1,600명)과 주로 추콧카에 거주하는 에스키

2013년 7월 13일 캄차카변강주 수도 페트로파블롭스크캄차츠키에서 열린 '어부의 날' 기념 춤 경연회에 참가한 이텔멘 소녀들 (출처: en.wikipedia.org)

모인(약 1,500명), 연해주와 하바롭스크에 흩어져 사는 우데게인(약 1,400명)도 러시아 극동의 소수 토착민족을 대표한다.

러시아 극동에서 30,000여 명으로 가장 많은 수를 자랑하는 소수 토착민족은 에벤키인이다. 야쿠트어로 퉁구스족으로도 불리는 에벤키인은 극동 지역에서 주로 사하공화국을 중심으로 활동한다. 사하공화국에 거주하는 에벤키인은 20,000여 명으로 극동 거주 에벤키인 수에서 절대다수를 차지한다. 에벤키인은 아무르주와 하바롭스크변강주, 자바이칼변강주에도 일부 거주한다. 에벤키인 다음으로 많은 극동 소수 토착민족은 에벤인이다. 현재 극동 지역에 사는 에벤인은 20,000여 명으로 사하공화국과 마가단주, 캄차카, 추콧카, 하바롭스크에 넓게 분포해 있다.

마가단주 올라군 가들랴 마을 초등학교의 에벤인 선생님과 소수 토착민 학생들 (출처: 라승도)

에벤키인 다음으로는 축치인이 있다. 이들은 추콧카자치구에 12,700명, 캄차카변강주에 1,400여 명, 사하공화국에 600여 명, 마가단주에 200여 명 거주한다. 축치인의 수는 러시아 극동을 통틀어도 15,000여 명 안팎에 그친다. 그러나 이들은 에벤키인과 에벤인보다 훨씬 더 적지만, 러시아 연방주체 가운데 하나인 추콧카자치구의 명목 민족이라는 점에서 다른 소수 토착민족들보다 더 나은 처지에 있다.

10,000명 이상의 극동 소수 토착민족 중에서 12,000여 명으로 가장 적은 나나이인(골디족)은 극동 북부 툰드라 지역에서 주로 순록을 사육하며 살았던 에벤키인, 에벤인, 축치인과 다르게 극동 남부 하바롭스크와 연해주의 아무르강이나 우수리강 유역에 걸쳐 물고기를 잡으며 살았다. 옛날부터 러시아인들이 나나이인을 보고 '물고기만

먹고 산다'고 말했을 정도로 물고기는 이들의 주식이었을 뿐만 아니라 일상생활과 전통문화에도 깊은 영향을 미쳤다. 그러나 최근 들어 강물 오염과 물고기 남획 등으로 나나이인들은 전통적 생활방식에서 벗어나 새로운 삶의 길을 모색하고 있다. 이들은 강에서 하는 어로 활동에만 머물지 않고 양봉 등 땅에서 할 수 있는 일도 적극적으로 찾아 나서고 있다.

극동의 이주노동자들

러시아 극동 지역에서 인구가 줄어들수록 극동을 찾는 외국인 이주노동자 수는 늘어날 것으로 보인다. 특히 2019년 10월 러시아 정부가 건설업 등 여러 업종에 걸쳐 외국인 이주노동자 쿼터를 대폭 줄였음에도 극동에서 이들에 대한 수요는 더 늘어날 전망이다. 2014년 우

극동 건설 현장에서 일하는 중앙아시아 출신 이주노동자들 (출처: minvr.ru)

크라이나 사태와 국제 유가 하락 등의 영향으로 루블화 가치가 급락하면서 특히 중국인 이주노동자들이 본국으로 대거 되돌아가고 최근에는 유엔(UN)의 대북 제재 영향으로 북한 이주노동자들이 러시아에서 썰물처럼 빠져나가면서 극동 지역에서 일손 부족 현상이 나타나고 있다. 최근 러시아 정부 통계 자료에 따르면, 극동 지역에서 중국인과 북한 노동자들이 떠난 일자리는 우즈베크인과 키르기스인 등 중앙아시아 국가 출신 이주노동자들이 빠르게 채우고 있는 것으로 드러났다. 특히 중앙아시아 국가들과 러시아 사이에 무비자 협정이 체결돼 있어 이들 지역 이주노동자가 일자리를 찾아 극동으로 오는 데는 큰 어려움이 없다.

러시아 극동으로 온 중앙아시아 출신 이주노동자들은 주로 크고 작은 건설 현장에서 일한다. 2012년 APEC 정상회의 전후로 블라디보스토크를 중심으로 대규모 인프라 건설 공사가 시작되면서 극동 지역의 노동력 수요가 급증했다. 가장 최근에는 아무르주에서 '블라고베셴스크-헤이허 다리' 건설 공사가 있었고 앞으로 아무르강을 가로지르는 두 도시 간 초국경 케이블카 건설 공사도 예정돼 있다. 이와 함께 아무르주에서는 보스토치니 우주기지 건설 작업도 계속되고 있고 대규모 가스 정제 공장도 건설되고 있다. 이 밖에 최근 극동 발전 속도를 고려하면 앞으로 많은 지역에서 크고 작은 인프라 건설 공사가 잇따를 것으로 보여 외부 노동력 수요도 더 많아질 것이다. 특히, 극동 발전을 위한 각종 건설 프로젝트가 나날이 늘고 있는 것과 달리 극동 현지 인구가 계속해서 줄어들고 있어 외국인 이주노동자 유입 현상은 더 심화할 것으로 예상된다.

그러나 중앙아시아 국가들에서 온 외국인 이주노동자들이 극동 지역 건설 현장에서만 일하는 것은 아니다. 이들 중에는 연해주 블라

블라디보스토크에서 택시기사로 일하는 우즈베크인 이주노동자 일리야스 (출처: 라승도)

디보스토크에서 아무르주 블라고베셴스크, 캄차카변강주 페트로파블롭스크캄차츠키, 사하공화국 야쿠츠크 등에 이르기까지 여러 도시에서 택시기사로 일하는 사람들도 적지 않다. 물론, 이러한 경향은 극동 지역에서만 볼 수 있는 것은 아니다. 모스크바나 상트페테르부르크 같은 대도시에만 아니라 러시아 전국 어느 도시에 가도 택시기사 중에는 중앙아 출신 이주노동자들이 자주 눈에 띈다. 이들이 택시기사로 일하는 주된 이유는 이 일이 무엇보다도 비교적 자유롭고 안전하다는 데서 찾을 수 있다. 실제로 블라디보스토크에서 택시기사로 일하는 우즈베크인 20세 청년 일리야스는 자기 시간을 비교적 자유롭게 사용하며 여유 있게 생활할 수 있어 택시기사를 선택했다고 밝혔다. 일리야스 같은 신세대 이주노동자들에게 택시 운전은 이주노동과 생활의 만족도를 높여주는 업종을 받아들여지고 있다.

08

극동의 부상과 러시아의 미래

극동을 움직이는 사람들 : 러시아의 파워 엘리트

08

유리 트루트네프, 극동 개발을 이끄는 불도저

현재 러시아의 최우선 과제인 극동 지역 개발을 총지휘하고 있는 사람은 유리 트루트네프(1956~)다. 그는 2013년 8월 31일 러시아연방 극동연방관구 담당 부총리 겸 대통령 전권대표에 취임한 후 현재까지 6년 이상 러시아의 극동 개발 정책을 총괄하고 있다. 러시아에서 극동 개발과 관련하여 가장 영향력 있는 인물인 셈이다.

트루트네프는 소련 공산주의청년동맹(콤소몰) 간부, 기업가, 선출직 지방자치단체장, 중앙정부 임명직 고위공직자의 길을 걸으며, 러시아에서 가장 성공적으로 경력을 일궈온 사람 중 한 명으로 평가된다. 이러한 성공에는 무엇보다 그의 저돌적이고 강력한 추진력이 크게 이바지한 것으로 보인다. 목표가 정해지면 모든 수단과 방법을 동원하여 반드시 해내고야 마는 트루트네프의 불도저 리더십이 크게 작용했다. 푸틴은 러시아 역사상 어느 시기, 어느 지도자도 해결하지 못한 극동 개발이라는 난제에 도전장을 던졌다. 그리고 이 막중한 임무를 수행할 총책임자로 다름 아닌 트루트네프를 선택했다.

트루트네프는 1956년 3월 1일 페름주 폴라즈나에서 태어났다. 폴라즈나는 현재 볼가연방관구 페름주의 주도인 페름시 북쪽으로 멀지 않은 곳에 있는 작은 도시다. 그의 부모는 모두 석유 채굴 기업 노

유리 트루트네프 러시아연방 극동연방관구 담당 부총리 겸 대통령 전권대표 (출처: minvr.ru)

동자였다. 부모의 영향 때문이었는지 중등교육과정을 마치고 그는 자연스럽게 페름공과대학 채광(採鑛)학부에 입학했다. 학부 재학 시절부터 폴라즈나네프티와 코미네프티 등 지역 내 주요 석유·가스 채굴 기업에서 실무 경험을 쌓았고, 1978년 우수한 성적으로 대학을 졸업했다.

대학을 졸업한 후에는 1978년부터 1981년까지 페름석유산업학술연구소 연구원으로 근무했다. 이후 트루트네프는 소련의 핵심 직능단체 중 하나인 콤소몰로 자리를 옮겼다. 1981년부터 1985년까지 콤소몰 페름시 위원회와 페름주 위원회에서 교관으로 일했다. 1985년부터 페름주 집행위원회에서 청소년·대학생 관련 부서를 관할했고, 1986년부터 1988년까지는 스포츠 분야를 책임졌다.

1980년대 후반 미하일 고르바초프(1931~) 소련 공산당 서기장은 개혁·개방 정책을 위해 이른바 사회주의적 시장화를 적극적으로 추

소련 공산당 서기장 시절 미하일 고르바초프 (출처: ru.wikipedia.org)

진했다. 특히 1988년 1월 1일 국영기업법을 발포하여 경공업과 서비스업 분야를 중심으로 협동조합 형태의 사기업체 설립을 장려했다. 이러한 조치는 당시 젊은이들에게 새로운 활동 공간을 열어줬다. 실제로 이 시기 시장경제 메커니즘을 가장 먼저 습득한 일부 청년은 1991년 소련이 붕괴하고 신생 러시아에 자본주의 개혁이 본격적으로 추진되는 과정에서 엄청난 부를 축적할 수 있었다. 오늘날 러시아의 과두 금융·산업 재벌을 뜻하는 올리가르흐는 바로 이때 협동조합을 주도했던 인물들이 대다수다.

트루트네프도 고르바초프 등장 이후 소련에 불어온 새로운 변화에 발 빠르게 적응한 젊은이 중 한 명이었다. 그는 1988년부터 사업에 눈을 돌려 몇몇 동료와 다양한 정부 기구에 스포츠용품을 납품하는 '콘탁트'라는 이름의 협동조합을 설립했다. 1990년 그는 콘탁트를 토대로 '엑스 리미티드(EKS Limited)'라는 식료품 수입·판매 회사를 만들고 대표직을 맡았다. 1996년에는 엑스 산하 기업들을 통합해 '엑스 인터내셔널(E.K.S International)'이라는 회사를 설립했다. 이를 통해 기존 스포츠용품과 식료품 외에 자동차 수입·판매 등으로 사업 영역을 확장했다. 또 러시아 주재 스위스 무역대표부에서 근무했던 동료 올레크 치르쿠노프(1958~)와 스위스 초콜릿 브랜드 네슬레를 수입하여 판매했고 '세미야'라는 슈퍼마켓 체인도 함께 운영했다.

트루트네프는 사업에서 거둔 성과를 바탕으로 공직에 눈을 돌렸다. 1994년 3월 페름시 의회 의원 선거에 출마했으며, 의원 당선 후 시 의회 경제정책·납세위원회 위원장으로 활동했다. 그는 시의원이자 페름주 최대 도소매사업자연합 대표로서 페름 지역에서 사업자들에 대한 세금 부담을 줄이기 위한 활동에 매진했다.

1996년 12월 8일 트루트네프는 돌연 페름시 시장 선거에 출사표를 던졌다. 당시 페름시와 모스크바 선거 전문가들은 그의 당선 가능성을 매우 낮게 평가했고 선거 캠프 참여를 주저했다. 트루트네프는 이른바 '꾼'들의 도움을 받지 못하게 되자 '엑스 리미티드' 임직원을 중심으로 선거 캠프를 꾸렸다. 특히 선거 문외한인 두 명의 의사(올레크 체르케소프, 그리고리 쿠라노프)와 한 명의 도매상(올레크 치르쿠노프)이 그의 선거 캠프를 이끌었다.

그러나 막상 선거전이 시작되자 이들 아마추어가 예상 밖의 기세로 선거판을 주도했다. 트루트네프는 현직 시장이었던 블라디미르 필리(1945~2001)에게 파상적 네거티브 공세를 퍼부었다. 그는 필리가 페름시에서 미국인들에게 핵폐기물 처리를 허용하려는 것과 관련하여, 이것이 지역 주민들에게 엄청난 환경적 재앙을 초래할 것이라고 비난했다. 더욱이 트루트네프 캠프는 필리 지지자들을 겨냥해 물리적 폭력 행사도 서슴지 않는 등 공세적 행보를 이어갔다. 그 결과

페름 시장 시절 유리 트루트네프가 언론의 질문에 답하고 있다 (출처: 24smi.ru)

트루트네프는 전문가들의 예상을 비웃듯 61.42%의 압도적 득표로 14.21%를 획득한 필리를 멀찌감치 따돌리고 시장에 당선되는 기염을 토했다.

같은 해 치러진 페름주 주지사 선거 2차 투표에서 트루트네프와 그의 팀은 겐나디 이굼노프(1936~) 후보를 적극적으로 지원했다. 당시 트루트네프는 지역 내 노년층 유권자들에게 이굼노프에 대한 노골적인 지지 서한을 보냈다. 이것이 충격적이었던 것은 서한이 지역 의무건강보험공단 용지에 작성됐기 때문이었다. 이 행위는 시장 당선자로서 사실상 노년층에게 보험료 인상을 압박하면서 이굼노프에 대한 지지를 강요한 것과 다름없었다. 일찍이 이탈리아 피렌체 출신의 정치사상가 니콜로 마키아벨리(1469~1527)는 자신의 『군주론』에서 지도자의 덕목으로 목적 달성을 위해 수단과 방법을 가리지 않는 몰인정을 강조한 바 있다. 이런 점에서 앞서 언급한 일화들은 마키아

겐나디 이굼노프 (출처: properm.ru)

벨리주의자로서 트루트네프의 리더십을 여실히 보여주는 사례라고 할 수 있다.

2000년 겨울 트루트네프는 페름주 주지사 선거에 출마했다. 주지사 이굼노프가 오랜 동지인 트루트네프에 대한 존경을 표현하며 그에 대한 공개적 지지와 불출마를 선언하면서 싱거운 선거가 예상됐다. 그러나 얼마 후 무슨 이유에서였는지 이굼노프는 불출마 선언을 철회하고 주지사 선거전에 다시 뛰어들었다. 이로써 현직 페름 주지사와 페름 시장이 차기 주지사직을 놓고 치열한 경쟁을 시작했다. 당시 이굼노프는 현직 주지사로서 이점을 활용하여 다양한 행정 자원을 동원해 선거 운동에 나섰다. 트루트네프에게는 페름 지역 내 주요 기업가들의 지지가 핵심 동력이었다. 12월 3일 치러진 선거 결과 트루트네프는 51.42%를 득표하여, 35.02%를 획득한 이굼노프를 제치고 1차 투표에서 주지사 당선을 결정지었다.

주지사로서 트루트네프는 2001년부터 페름주와 코미프레먀츠키 자치구와의 통합을 적극적으로 추진했다. 당시 러시아 중앙정부는 행정 효율성을 높이기 위해 일부 연방주체 간의 자발적 통폐합을 권고하면서, 새로 구성된 연방주체에 추가 재정 지원을 제공할 것이라는 당근을 제시했다. 트루트네프는 당시 지역 행정 수반 가운데 최초로 중앙정부의 재정 지원을 명분으로 두 연방주체 간 통폐합에 관한 주민투표를 추진했다. 어느 나라나 마찬가지지만 정체성이 서로 다른 지역 사이의 통폐합은 큰 저항을 불러오기 마련이다. 하지만 불도저 리더십을 가진 트루트네프는 이를 뚝심 있게 밀어붙였고, 결국 2013년 12월 7일 두 지역을 통합한 새로운 연방주체 성립을 이끌었다. 이 일은 트루트네프가 모스크바 주류 엘리트의 신임을 얻는 데 크게 이바지했으며, 그의 중앙 정치 무대 진출을 위한 중요한 기회를 제공했다. 당시 푸틴 대통령이 페름시를 방문해 트루트네프를 만나 대담을 나눴는데, 푸틴은 두 개 지역 통폐합에 대한 그의 강력한 의지에 큰 인상을 받은 것으로 알려졌다.

2004년 3월 9일 푸틴 정부 1기 미하일 카시야노프(1957~) 내각이 사퇴하고, 미하일 프랏코프(1950~) 총리를 중심으로 2기 내각이 구성됐다. 그 과정에서 트루트네프는 러시아연방 자원부 장관에 임명되어 페름을 떠나 모스크바에 진출했다. 이 인선은 수년간 트루트네프가 비탈리 아르튜호프(1944~) 자원부 장관을 향해 쏟아낸 매서운 비판들도 큰 영향을 미쳤다. 당시 트루트네프는 러시아의 대표적 자원 채굴 지역인 페름 주지사로서 자원 정책을 총괄해온 아르튜호프 장관과 여러 이슈를 놓고 대립각을 세워왔던 터였다. 이를테면, 그는 2001년 한 대규모 포럼에서 공개적으로 자원부를 비판해 눈길을 끌었다. 핵심 요지는 페름주 정부가 자원부에 지역 내 일부 자원 활

2004년 1월 6일 블라디미르 푸틴 대통령이 비탈리 아르튜호프 자원부 장관을 면담하고 있다 (출처: kremlin.ru)

용에 대한 허가 신청서와 석유 매장지 경매 조건 변경에 관한 서류 검토 요청서를 제출했는데, 자원부가 이를 제때 처리하지 않고 책상 속에 묵혀 두어 지역 재정에 심각한 손실을 입혔다는 것이었다.

장관 취임 직후 트루트네프는 전임 아르튜호프 장관 체제에서 추진됐던 일련의 자원 정책에 대한 대대적인 적실성 검증 작업에 나섰다. 특히 그는 아르튜호프 임기 말에 발급된 74건의 자원 채굴 허가 면허에 대한 혹독한 검열을 진행했고, 한 달 후 전격적으로 수르구네프테가스와 상트페테르부르크국립광산공사 등이 취득한 4건의 면허에 대한 취소 조치를 단행했다.

2005년부터는 전략적 중요성이 있는 자원 매장지 개발에 외국 기업의 참여를 금지하는 이른바 '핵심 매장지 법'을 제정하는 데 힘을 집중했다. 이 법령에 따르면, 국가 안보를 위해 일부 전략적 광물 매장지의 개발 입찰에 외국 시민과 무국적자, 외국 법인들이 직간접적으로 50% 이상의 지분을 가진 지주회사들의 참여가 허용되지 않는다. 이와 함께 트루트네프가 이끄는 자원부는 금 채굴 사업의 활성화를 위해 개인 차원의 참여를 허용토록 하는 한편, 삼림 활용에 대한 불필요한 규제를 제거하고 벌채 허가량을 국제적 수준으로 상향 조정했다.

2006년 10월 7일 트루트네프는 러시아 주재 일본 대사 사이토 야수오(1948~)와의 회담 과정에서 '사할린-2' 프로젝트 시공사인 일본 기업 '사할린 에너지'를 공개적으로 비판해 언론의 큰 주목을 받았다. 그는 '사할린 에너지'가 러시아자원감독청이 제기한 환경보호법 위반 개선 요구에 성실히 응하기는커녕 오히려 러시아 내 자원 관련 기구들을 대상으로 로비 활동을 한 것을 문제 삼았다. 뒤이어 그는 올레크 미트볼리(1966~) 러시아자원감독청 청장에게 '사할린 에너지'에 대한 대규모 검열을 하고 중대한 위반 사실이 확인될 경우 사업을 중단시키라고 지시했다. 결국, '사할린 에너지'는 러시아 자원부 등 당국의 강력한 압박에 관계법 위반 사실을 인정하고 본격적인 시정 작업에 착수할 수밖에 없었다.

2006년 7월 25일 러시아 주재 일본 대사로 부임한 사이토 야수오가 블라디미르 푸틴 러시아 대통령으로부터 신임장을 받고 있다 (출처: kremlin.ru)

2007년 8월 트루트네프는 국가두마(연방 하원) 선거를 앞두고 여당인 '통합러시아'에 입당했다. 당시 러시아의 하원의원 선거는 450명 의원 정수 전원을 정당명부식 비례대표제로 선출했다. 따라서 각 정당은 연방 전체와 지역 차원에서 2개의 비례대표 명부를 만들어 선거전에 임했다. 러시아의 선거제도는 중앙정부 공직자가 현직에서 사임하지 않고도 총선에 참여할 수 있도록 허용하고 있다. 이에 명망이 높은 중앙정부 고위공직자가 지역 비례대표 명부 상위에 이름을 올리고 선거 운동을 주도하는 경우가 적지 않았다. 트루트네프는 2007년 국가두마 선거에서 페름주 비례대표 후보 명부 1번으로서 선거 운동을 주도했다. 그는 2007년 12월 '통합러시아'가 총선에서 64.3%를 득표하는 압승을 거둠에 따라 페름주를 대표하는 하원의원 당선을 확정했지만, 뒷순위 비례대표 후보에게 의원직을 양보했다.

2008년 3월 대통령 선거에서 드미트리 메드베데프 총리가 신임 대통령에 당선됐고, 같은 해 5월 대통령에 취임했다. 메드베데프 대통령은 신정부 총리로 푸틴을 지명해 세상을 놀라게 했다. 이에 푸틴을 정점으로 하는 새로운 내각이 구성됐지만, 트루트네프는 변함없이 자원·환경부 장관직을 유지했다. 2011년 12월 총선을 앞두고 트루트네프는 다시 한 번 페름주 비례대표 명부를 이끌며 선거에 참여했다. 2007년 때와 마찬가지로 하원의원 당선이 확정됐지만, 의원직을 지역 출신 거부에게 양보했다.

2012년 3월에는 푸틴이 대통령 선거에서 승리했고, 그해 5월 대통령직에 화려하게 복귀했다. 푸틴은 신정부 총리로 메드베데프를 지명해 두 사람은 4년 만에 다시 역할을 맞바꿨다. 트루트네프는 새로 구성된 내각에서 자원·환경부 장관직에서 물러나는 대신 대통령행

2009년 11월 5일 드미트리 메드베데프 러시아 대통령이 유리 트루트네프 자원부 장관을 면담하고 있다 (출처: kremlin.ru)

정실로 자리를 옮겨 대통령 보좌관이 됐다. 그에게는 푸틴 대통령이 신설한 대통령 직속 민간항공발전위원회 위원장직도 같이 주어졌다.

그러나 이듬해인 2013년 8월 트루트네프는 다시 내각으로 복귀했다. 푸틴이 빅토르 이샤예프(1948~) 극동연방관구 대통령 전권대표 겸 극동개발부 장관을 2013년 아무르주 홍수 사태에 대한 미흡한 대처 등을 이유로 전격 해임했기 때문이었다. 푸틴은 극동 개발을 이끌 새로운 책임자로 트루트네프를 지명하고, 러시아연방 극동연방관구 담당 부총리 겸 대통령 전권대표 직책을 맡겼다. 2018년 5월 푸틴 4기 정부가 출범하면서 상당 폭의 개각이 이뤄졌다. 하지만 트루트네프는 푸틴의 변함없는 신뢰를 바탕으로 러시아연방 극동연방관구 담당 부총리 겸 대통령 전권대표에 유임됐다.

앞서 언급한 것처럼, 러시아의 신동방정책과 극동 개발 정책은 한국 등 동북아시아 주요 국가들과의 협력을 전제로 한다. 트루트네프

홍남기 경제부총리 겸 기획재정부 장관과 유리 트루트네프 러시아연방 극동연방관구 담당 부총리 겸 대통령 전권대표가 2019년 9월 24일 제18차 한·러 경제과학기술공동위원회 회의에 참석하여 기념 촬영에 임하고 있다 (출처: dfo.gov.ru)

는 2015년부터 한국 정부가 매년 대규모 대표단을 꾸려 참여하고 있는 블라디보스토크 EEF의 조직위원장직을 맡고 있으며, 푸틴 대통령과 박근혜, 문재인 대통령의 정상회담에서도 러시아 측 주요 배석자로 빠짐없이 참석해왔다. 그는 러시아의 극동 개발 책임자로서 한국과의 경제·통상 협력 관련 회의에서 우리 측 경제부총리의 상대자 역할을 수행해왔으며, 러시아 고위급 인사로서 한국에 가장 많이 방문한 인물 중 한 명이기도 하다.

2017년 12월 12일 당시 추미애 더불어민주당 대표가 러시아를 방문했을 때 그를 맞이한 사람도 트루트네프였다. 당시 추 대표는 트루트네프에게 "도복이 잘 어울리는 무사이실 줄 알았는데, 아주 훌륭한 신사가 앉아 계신다"며 그를 추켜세웠다. 그가 극진 가라데 유단자라는 사실을 고려한 발언이었다. 실제로 트루트네프는 어렸을 때부터 가라데, 유도, 삼보, 레슬링 등 다양한 무술을 연마해왔으며, 국

2017년 7월 17일 블라디미르 푸틴 러시아 대통령이 유리 트루트네프 러시아연방 극동연방관구 담당 부총리 겸 대통령 전권대표를 면담하고 있다 (출처: kremlin.ru)

제극진가라데연맹에서 2005년 5단, 2018년 6단을 공인받은 가라데 고수이다.

그는 2000년부터 2004년까지 미쓰비시 랜서 에볼루션(Mitsubishi Lancer Evolution) 러시아컵 자동차경주대회에 꾸준히 참가했을 만큼 자타 공인 레이싱 마니아이기도 하다. 또 트루트네프는 러시아 정부 내에서 재산이 가장 많은 공직자 중 한 명이다. 2009년과 2011년 발표된 고위공직자 재산·소득 공개 자료에 따르면, 그의 연간 소득은 각각 1억5천5백만 루블(28억6천5백만 원)과 2억1천1백만 루블(39억 원)에 달했다. 레이싱 마니아답게 포르쉐, 마세라티 등 고가의 스포츠카도 여러 대 보유하고 있는 것으로 알려졌다. 그는 세 번의 결혼을 통해 세 아들과 두 딸을 둔 아버지이기도 하다.

트루트네프가 러시아 중앙 정치 무대에서 쌓아 올린 화려한 이력은 푸틴의 깊은 신뢰를 바탕으로 한 것이라 할 수 있다. 실제로 푸틴은 트루트네프를 자원부 장관에 인선하기 오래전부터 유심히 지켜봐왔다고 한다. 푸틴은 늘 유도 입문을 자신의 인생에서 중요한 변곡점으로 평가해왔고, 이런 점에서 트루트네프에게 강한 유대감을 느꼈을지도 모른다. 또한, 트루트네프는 체첸 분리주의자와 올리가르흐들에 대한 무자비한 징벌을 주장해왔으며, 푸틴이 대통령 취임 후 일관되게 추진해온 수직적 권력 구조의 열렬한 지지자이기도 했다.

트루트네프는 정치인, 행정가로서 거칠고 저돌적인 리더십을 가진 인물이다. 당연히 동료들에게도 격식을 차려 나긋나긋하게 대하는 사람이 아니다. 프랏코프 총리가 트루트네프에게 무언가를 지시했을 때 만약 자신과 생각이 다르면, 그는 늘 "네, 이행하겠습니다"가 아니라 "생각해보겠습니다"라고 대답했다고 한다. 그의 무뚝뚝하고 고지식한 성격을 잘 보여주는 예이다. 다른 사례도 있다. 2017년 푸틴은 자신을 대신해 다보스포럼에 파견할 러시아 대표단 단장으로 트루트네프를 지명했다. 이때 푸틴이 트루트네프를 따로 불러 옌스 스톨텐베르그(1959~) 북대서양조약기구(NATO) 사무총장이나 페트로 포로셴코(1965~) 우크라이나 대통령이 혹시 감정을 자극하는 발언을 하더라도 "절대 쉽게 근육을 드러내 보이지 말라"라고 당부했다고 하니 그의 불같은 성격이 짐작되고도 남는다.

트루트네프는 푸틴의 가장 가까운 사람 중 한 명이라는 평가를 받는다. 어쩌면 낙후한 극동 지역 개발이라는 러시아의 숙원이자 난제를 해결하기 위해 푸틴에게는 거칠긴 해도 목표한 바는 반드시 이루고 마는 고지식한 용장이 필요했는지도 모른다. 여러모로 닮은 점이 많은 푸틴의 총아 트루트네프가 극동을 어떻게 바꿔놓을지 기대된다.

알렉산드르 코즐로프, 극동 출신의 30대 '젊은 피' 장관

현재 러시아 극동을 이끄는 대표 주자로 알렉산드르 코즐로프(1981~) 극동·북극개발부 장관을 꼽지 않을 수 없다. 코즐로프가 극동 지역 개발을 위한 중앙정부의 정책을 입안하고 집행하는 전담 부서인 극동·북극개발부 장관에 임명됐을 당시 그는 겨우 만 37세였다. 그렇다면 이 젊은 관료는 어떻게 푸틴 대통령의 마음을 움직였을까?

코즐로프는 1981년 1월 2일 사할린주 수도 유즈노사할린스크에서 태어났다. 그는 인텔리 출신의 두 부모와 일곱 살 아래의 여동생으로 이뤄진 작고 소박한 가정에서 평범하게 자랐다. 학창 시절 그는 과목 대부분에서 우수한 성적을 거뒀고, 수학과 화학, 특히 아이스하키를 좋아했던 이른바 '범생'이었다. 이 시절 그는 자신이 언젠가 유명한 관료가 되리라는 생각은 전혀 하지 못했던 것 같다. 그가 자아를 정립했을 1990년대는 소련과 러시아의 극심한 혼란기였다. 하지만 훗

사할린주 정부 청사 (출처: 라승도)

날 코즐로프는 이 과정이 조국은 물론 자신에게도 성장을 위한 불가피한 시기였다고 회고했다.

코즐로프는 중등교육과정을 마치고 모스크바경영아카데미 법학부에 입학하여 2003년 법학사 학위를 취득했다. 그는 대학 재학 시절이었던 2000년 19세의 나이로 아무르주 라이치힌스크시에 있는 석탄 채굴 회사 '아무르스키우골리(아무르석탄)'(당시 이 회사의 이름은 '달네보스트우골리(극동석탄)') 법무팀에 입사해 2007년까지 7년여 동안 다양한 직책을 맡으며 근무했다. 코즐로프는 이 회사에서 법무과장, 대표이사 법무보좌관, 법무팀장, 법무 담당 부대표이사 등을 거쳤다.

2007년 코즐로프는 러시아 남서부 끝에 있는 로스토프주 구코보시로 이주하여 석탄 채굴 회사 '루스키우골리(러시아석탄)' 지사장으로 근무했다. 하지만 얼마 후 그는 다시 아무르주로 돌아와 2008년 '루스키우골리' 블라고베셴스크 지사장이 됐다. 2009년 코즐로프는

아무르주 라이치힌스크시에 있는 '아무르석탄' 본사 (출처: wikimapia.org)

자신이 사회생활을 시작했던 친정 '아무르스키우골리'의 대표이사에 취임했고, 경영인으로서 자신의 경력에서 최고점에 다다른다. 코즐로프는 하루 일정을 분 단위로 관리했고, 취업 후 13년간 휴가를 단 네 번밖에 쓰지 않았을 정도로 일에 빠져 지냈다고 한다. 이처럼 그가 경영인으로서 성공적으로 경력을 일궈온 데에는 성실하고 꼼꼼한 성격이 크게 이바지한 것으로 보인다.

코즐로프는 '아무르스키우골리' 대표이사로 재임 중 니콜라이 콜레소프(1956~) 아무르 주지사가 해임된 후 권한대행에 임명된 올레크 코제먀코(1962~)와 우연히 만났다. 당시 신임 주지사 코제먀코는 코즐로프의 잠재력을 한눈에 알아보고 그를 주 정부로 불러들였다. 코제먀코는 2011년 2월 2일 코즐로프를 아무르주 건설·건축·주택부 1차관에 임명한 데 이어 같은 해 12월 장관으로 승진시켰다. 이로써 코즐로프는 아무르주 정부 역사상 최연소 장관이라는 기록의 주인공이 됐다.

2015년 3월 블라디미르 푸틴 대통령과 올레크 코제먀코 아무르주 지사의 면담에 배석한 알렉산드르 코즐로프의 모습 (출처: ru.wikipedia.org)

블라고베셴스크 시장 재직 당시 알렉산드르 코즐로프 (출처: 24smi.ru)

2014년 2월 14일 코제먀코는 자신이 가장 신뢰하던 인물 중 한 명이었던 코즐로프를 아무르주의 주도 블라고베셴스크시 정부로 보내는 뜻밖의 조치를 했다. 2010년 코제먀코는 자신과 사사건건 부딪쳤던 알렉산드르 미굴랴(1961~) 블라고베셴스크 시장을 해임하고, 시장 직선제를 시 의회 의원들의 투표를 통해 선출하는 간선제로 변경하는 조치를 단행했다. 간접선거로 시장에 선출된 파벨 베레좁스키(1956~)가 2014년 시장 직선제를 제안했고, 때마침 코즐로프가 부시장에 임명된 것이다. 며칠 후 베레좁스키가 시장직에서 자진해서 물러남에 따라 부시장이었던 코즐로프는 시장 권한대행이 됐다. 그해 4월 코즐로프는 여당인 '통합러시아' 블라고베셴스크 시장 선거 예비경선에서 승리했고, 9월 14일 치러진 시장 선거에서 38.64% 득표로 신임 시장에 당선됐다.

블라고베셴스크 시장으로서 코즐로프가 한 조치 중 가장 흥미로운 것은 시장 접견 대기실의 의자를 모두 없애버린 것이었다. 훗날 그

2016년 5월 30일 블라디미르 푸틴 대통령이 알렉산드르 코즐로프 아무르주 지사를 면담하고 있다 (출처: kremlin.ru)

는 한 인터뷰에서 이 조치와 관련하여 "전화가 있잖습니까? 비서실에 전화해서 시장 면담 시간을 잡으면 될 것을 왜 몇 시간씩 줄을 서 기다립니까?"라고 언급했다. 그는 많은 시 공무원이 자신에게 재가를 받기 위해 대기실에 1시간 넘게 앉아서 시간을 낭비하는 모습이 끔찍하게 싫었다.

코즐로프는 블라고베셴스크 시장으로 재직한 지 1년도 채 지나지 않아 다시 아무르주 정부로 돌아갔다. 사할린 주지사 해임이 결정적 이유였다. 2015년 3월 4일 알렉산드르 호로샤빈(1959~) 사할린 주지사가 집무실에서 횡령 등의 혐의로 전격 체포됐고, 3월 25일 푸틴은 '신뢰의 상실'을 이유로 그를 해임했다. 사할린주에 발생한 비상 상황에서 푸틴은 코제먀코를 사할린 주지사 권한대행에 임명했다. 코제먀코가 자리를 옮기게 되자 공석이 된 아무르 주지사 자리에 코즐로프가 권한대행으로 임명됐다. 특히 코제먀코가 후임 아무르 주지사 선정에 큰 영향을 미친 것으로 알려졌다.

코즐로프는 만 34세의 나이로 아무르주 역사상 최연소 주지사가 됐다. 이처럼 '새파란' 주지사의 등장은 러시아 엘리트와 대중에게 여러모로 중요한 의미로 받아들여졌다. 코즐로프는 러시아 내에서 여전히 경력 상승의 '사다리'가 작동하고 있으며, 젊고 열정적인 인물들이 언제든 이 사다리를 타고 고위직으로 올라갈 수 있다는 것을 현실에서 보여줬다.

코즐로프는 2015년 9월 13일 치러진 아무르 주지사 선거에 출마했다. 선거는 꽤 치열했다. 그는 유효 투표수의 절반을 겨우 넘는 50.54%를 득표하여 28%를 획득한 자민당 출신의 최대 경쟁자 이반 아브라모프(1978~)를 제치고 1차 투표에서 당선을 확정했다. 하지만 자신이 시장으로 근무한 블라고베셴스크에서 아브라모프보다 15% 정도 더 적은 득표를 기록해 체면을 구기기도 했다.

코즐로프는 젊은 주지사로서 새로운 모습을 자주 보여줬다. 그는 이른바 '문턱 없는 주 정부'를 내세우며 시민들과 자유로운 소통을 강조했다. 코즐로프는 주 정부 장관들과 수시로 지역 곳곳을 순시하고 주민들과 대화를 나눴다. 무엇보다 사회관계망서비스(SNS)를 통해 지역 주민들과 긴밀히 소통했다. 자신의 개인 인스타그램 계정을 통해 시민들의 불만과 민원을 직접 청취하고 주 정부의 대처 결과를 보고했다. 대표적으로 지역 내 어린이집 갈취 문제와 노후화된 상수도 문제에 대한 주민들의 민원도 이런 방식으로 해결했다. 2017년 8월에는 유튜브에 '주지사 라이브'라는 이름의 리얼리티 방송을 연재하며 자신의 집무와 일상을 가감 없이 공개하기도 했다.

또 아무르 주지사 재임 시 코즐로프는 아무르주와 중국 헤이룽장성을 연결하는 대규모 교량 건설에 착수했다. 2016년 12월 24일 아무르강(중국명은 헤이룽강)을 가로지르는 '블라고베셴스크-헤이허 다리' 건설이 시작됐다. 총연장 19.9km의 왕복 2차선 자동차 전용 교량인 이 다리는 러시아와 중국이 각각 자국 영토에서 건설을 시작해 중간 지점에서 만나 다리를 연결하는 방식을 취했는데, 러시아는 이 가운데 13.43km를 책임졌다. 주지하듯이 러시아와 중국은 약 4천 km의 국경선을 맞대고 있다. 그중에서 아무르강은 양국의 자연·물리적 국경선을 이루며 전체 국경 길이의 약 절반 정도를 차지하고 있지만, 그동안 아무르강을 가로질러 양국을 연결하는 교량은 단 하나도 없었던 터였다. 러시아와 중국은 이 교량 건설을 통해 블라고베셴스크와 헤이허 쌍둥이 도시의 성장은 물론 양국의 경제적 협력과 발전을 더욱더 촉진할 수 있을 것으로 기대했다. 실제로 양국은 이 다리를 통해 연간 200만 명의 인적 왕래와 600만t의 물류 이동이 발생할 것으로 예상한다. 2019년 5월 31일 열린 교량 연결 기념식에서 코즐로프는 "오랫동안 기다려 온 역사적 순간"이라고 감회를 표현했다.

2018년 5월 18일 코즐로프는 중앙 정치 무대에 진출했다. 푸틴 대

'블라고베셴스크-헤이허 다리' 건설 현장 (출처: minvr.ru)

통령은 전임 알렉산드르 갈루시카(1975~) 극동개발부 장관을 대체해 그를 신임 장관에 임명했다. 신임 극동개발부 장관 인선은 러시아 내에서 여러모로 큰 관심을 끌었다. 푸틴이 '왜 트루트네프에게 힘을 실어주면서도 극동 개발의 실무를 담당하는 부서의 장을 교체했을까'라는 의문이 제기됐다. 더욱이 갈루시카는 러시아 내에서 가장 영향력 있는 정치인 중 한 명으로 평가되는 뱌체슬라프 볼로딘(1964~) 국가두마(하원) 의장의 후원을 받고 있었던 터였다.

러시아 내 분석가들의 평가에 따르면, 해당 인사는 무엇보다 극동에서 민심 이반이 중요한 원인이었던 것 같다. 사실 갈루시카는 장관 재임 시 중앙정부의 과감한 투자를 끌어냈고, 선도개발구역과 '극동 헥타르' 등의 프로젝트에서 의미 있는 성과를 만들어냈다. 하지만 극동 주민들은 트루트네프나 갈루시카 같은 외지 출신 인사들이 극동 개발 정책을 주도하는 데 반감을 표출했다. 더욱이 중앙정부가 극동에 과감한 투자를 확대했는데도 자신들의 실질적 삶의 질이 나아지지 않는 데 대한 불만이 컸다. 일례로, 갈루시카는 극동 지역의 핵심

알렉산드르 갈루시카 전 극동개발부 장관 (출처: minvr.ru)

거점 안으로 중국 공장을 유치하려 했는데, 이는 지역 주민의 강력한 반발을 초래했다.

크렘린과 트루트네프는 바로 이런 정서를 고려해 코즐로프라는 새로운 카드를 제시한 것으로 보인다. 실제로 트루트네프는 코즐로프 인선 후 "갈루시카와 최선을 다해 일했다. 하지만 우리가 극동 출신이 아니라는 비판이 계속해서 들려왔다. 코즐로프는 극동 출신이다"라고 언급한 바 있다. 또 그는 극동 지역 내 사회복지 확대 계획도 강조했다. 예컨대, 트루트네프는 첫 아이를 출산할 때도 보조금을 지급하고, 자녀 출산에 따른 필요에 의해 주택을 사거나 건축하면 비용을 보조하고, 다자녀 부모의 개인소득세를 면제하는 등 극동 주민을 대상으로 한 모성보호 재원을 30% 증액할 것을 대통령에게 제안했다고 밝혔다. 이런 발언은 앞으로 중앙정부의 극동 정책이 지역 주민의 삶의 질 개선에도 비중을 둔다는 것을 시사한다.

코즐로프는 아무르 주지사 권한대행이었던 2015년 3월 28일 블라고베셴스크 소방청에서 심리치료사로 근무하던 안나 로기노바와 결

알렉산드르 코즐로프와 그의 아내 안나 로기노바 (출처: 24smi.ru)

혼했다. 두 사람이 처음 만난 것은 코즐로프가 라이치힌스크에서 일하던 2003년이었고, 이들은 무려 12년간 연애 끝에 결혼의 결실을 이뤘다. 흥미롭게도 일에만 빠져 살던 코즐로프가 결혼을 결심한 데에는 푸틴의 조언이 직간접적인 영향을 미쳤다고 한다. 가까운 가족과 친구들이 모여 소박하게 진행한 결혼식의 축사는 그를 공직으로 이끈 코제먀코가 맡았다. 2017년 12월 2일 두 사람 사이에서 딸 알리사가 태어났고, 코즐로프는 알리사와의 다정한 일상을 인스타그램을 통해 공개하는 등 '딸바보'로서의 면모를 유감없이 보이고 있다. 그는 현재 자신의 멘토 코제먀코가 선물한 닥순드와 허스키하스야 반려견 두 마리도 키우고 있는 것으로 알려졌다.

2018년 고위공직자 재산·소득 공개에서 코즐로프는 자신의 연간 소득으로 230만 루블(4,300만 원), 부인의 연간 소득으로 170만 루블(3,100만 원)을 신고했다. 현재 두 사람은 64.8m²의 아파트와 주차장, 12,000m²의 토지만 소유한 것으로 알려졌다. 러시아 고위공직자로서는 매우 작은 규모의 재산이 무척이나 이례적으로 느껴진다.

코즐로프는 어린 시절부터 아이스하키를 유난히 좋아했고, 이 취미는 현재까지 계속되고 있다. 그는 동료들에게 "나는 이 스포츠가 좋아. 팀 경기잖아!"라고 언급하면서 애정을 표시했다고 한다. 실제로 그는 2010년 블라고베셴스크 시장이 된 후 추가 예산을 확보해 도시 최초의 실내 경기장을 건설한 바 있다. 그의 아이스하키 사랑은 2017년 아무르주에서 러시아와 중국 팀 간 국제대회 개최로 이어졌다. 코즐로프는 러시아 아마추어 성인 팀 주장을 직접 맡아 중국 팀과의 경기를 이끌었다. 이때 시작된 러시아와 중국 간 교류전은 현재까지 매년 정기적으로 열리고 있다.

코즐로프는 아무르주 석탄 채굴 기업과 주 정부에서 공직 경험을

극동 출신의 차세대 정치 지도자 코즐로프가 앞으로 어떤 행보를 보일지 귀추가 주목된다 (출처: minvr.ru)

쌓은 전형적인 기술관료로 평가할 수 있다. 무엇보다 극동 토박이로서 타지 출신 관료들에 대한 극동 주민들의 반발을 무마하고, 지역 엘리트와 대중에게서 연방정부의 극동 개발 정책에 대한 협조를 끌어내는 데 유리한 인물이라 할 수 있다. 코즐로프가 신세대 관료로서 보여 온 자유롭고 참신한 소통 능력은 대중의 지지를 끌어내는 중요한 장점이 될 것이다. 무엇보다 성실하고 꼼꼼한 관리자로서 강골 트루트네프 부총리를 뒷받침하여 조화롭게 일할 수 있으리라는 기대가 컸을 것으로 짐작된다. 코즐로프는 "내게 토요일과 일요일은 없다. 균형을 찾으려고 해야 한다는 걸 안다. 하지만 이렇게 사는 것이 더 흥미롭다. 내가 지금 하고 있는 것에서 추진력을 얻고 있다"고 말한 바 있다. 그가 얼마나 자기 일에 빠져 있고, 만족하는지 알 수 있는 대목이다. 극동 출신의 차세대 정치 지도자 코즐로프가 극동·북극개발부에서 어떤 성취를 이룰지, 이를 바탕으로 어느 위치까지 성장할 수 있을지 기대된다.

올레크 코제먀코, 카리스마 넘치는 '극동의 리틀 푸틴'

올레크 코제먀코 연해주 주지사는 1962년 3월 17일 연해주 체르니곱카에서 태어났다. 그의 부모는 모두 연해주 화력발전소 건설에 참여했고, 발전소가 완공된 후에도 산하 부서에서 근무한 노동자들이었다. 코제먀코의 부친 니콜라이는 벨라루스에서 아무르주로 이주한 극동·시베리아 철도 건설 노동자 가족 출신으로 역시 벨라루스 이주민 출신 여성과 결혼했다. 이 부부는 1960년대 초 연해주로 이주하여 올레크와 올가 이란성쌍둥이 남매를 출산했다.

코제먀코의 아버지는 수필과 소설 6권을 집필했고, 소련 작가동맹 가입을 꿈꿀 정도로 문학에 소질이 있었다. 아마추어 작가였던 그의 아버지는 한 극동 매체와의 인터뷰에서 코제먀코의 유년 시절에 대해 이렇게 소개했다.

올레크와 올가 코제먀코의 어린 시절 모습 (출처: primamedia.ru)

올레크와 올가는 누가 무엇을 할 것인지 스스로 계획을 세우고 반드시 지켰다. 올레크는 화장실과 현관, 부엌을, 올가는 나머지 네 개의 침실을 나누어 청소했다. 내가 아내와 함께 집에 돌아오면 집은 늘 정돈돼 있었다. 우리는 소와 돼지를 키웠는데 아이들이 항상 도움을 줬다. 특히 올레크는 어른처럼 소여물을 잘 먹였다.

코제먀코는 초중등교육과정을 거치며 늘 우수한 성적을 거둬 부모를 기쁘게 했다고 한다. 교과목 중에서는 수학과 체육을 선호했고, 복싱을 유난히 좋아했다. 이후 대학에 진학한 코제먀코는 1982년 하바롭스크공과대학교를 졸업했고, 1992년에는 극동소비에트통상대학교(1992년부터 태평양국립경제대학교, 2012년부터 극동연방대학교로 편입) 경제학과를 졸업했다. 대학 재학 시절인 1981년 연해주화력발전소에 배관공으로 배치되어 사회생활을 시작했다.

그는 1982년부터 1984년까지 군 복무를 거쳤고, 1985년부터 1988년까지 블라디보스토크 개보수 공사에 기술자로 참여했다. 2003년에는 러시아연방 학술원 산하 경제연구소에서 박사학위를 받았다. 2008년에는 대통령 직속 러시아공직아카데미에서 국가경제를 전공하며 수학했다. 학창 시절부터 그는 학문적 호기심이 강하고 재능이 많은 인물로 평가됐다. 특히 주변 동료들은 코제먀코가 공학도 출신이지만, 기술자의 삶보다는 사업가, 고위공직자를 꿈꿨던 야심가의 면모를 보였다고 기억했다.

코제먀코는 1987년 '갈라테야'라는 이름의 화훼협동조합을 조직하여 꽃 도소매업을 시작했다. 1989년에는 '프리모르스키' 협동조합을 조직했고, 같은 이름의 식료품 회사도 설립했다. 1995년 부친 소유의 수산물 기업 '페베테에프(ПБТФ)' 부대표가 되면서 본격적으

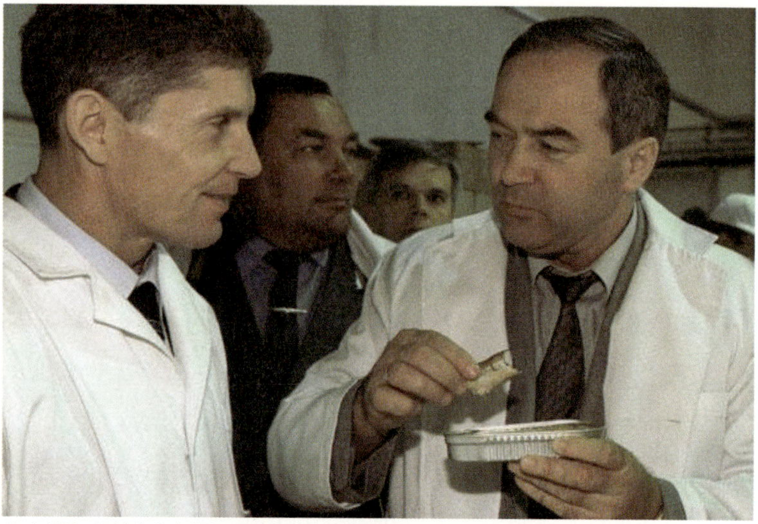

수산물 기업 '페베테에프(ПБТФ)' 대표 시절 올레크 코제먀코 (출처: primamedia.ru)

로 경영자의 길을 걷기 시작했다. '페베테에프'는 연해주 3대 수산물 채취·가공공장 중 하나로 코제먀코는 1998년부터 2002년까지 이 회사의 대표이사로 재직했다. 그는 여기에 머무르지 않고 2009년 주류 회사 '아르고-1'을 동료들과 함께 설립하기도 했다.

사업적 성공은 코제먀코가 공직에 진출할 수 있는 길을 열어줬다. 2001년 그는 연해주 의회 선거에 출마해 의원에 당선됐다. 이를 바탕으로 2002년부터 연해주를 대표하는 연방회의(상원) 의원으로 지명돼 2004년까지 의원직을 수행했다. 2004년 돌연 연방 상원의원직을 자진해서 사퇴하고, 당시 전국구 거물 정치인이었던 세르게이 미로노프(1953~) 상원의원의 보좌관으로 자리를 옮기는 파격적 행보를 보였다.

코제먀코는 2004년 12월 캄차카 주지사 선거에 도전했지만, 14.14%를 득표하여 낙선의 고배를 맛봤다. 하지만 곧이어 2005년 1

월 코랴크자치구 부지사에 임명됐다. 당시 그는 월동에 필요한 난방유 등의 필수품을 지역 주민들에게 공급하는 역할을 담당했다. 자치구 정부는 물론 대통령실에서도 그의 책임감과 실행력을 높게 평가했을 정도로 맡은 업무를 충실하고 엄밀하게 이행했다고 한다. 이처럼 코랴크자치구 부지사 경력은 그의 정치 역정에서 중요한 변곡점이 됐다.

2005년 3월 9일 푸틴 대통령은 코제먀코를 코랴크자치구 지사 권한대행에 임명했다. 앞서 언급한 트루트네프와 마찬가지로, 그는 코랴크자치구 지사로서 이웃한 캄차카주와의 통폐합을 적극적으로 추진했다. 그 결과 2007년 7월 1일 두 연방주체가 하나로 통합된 캄차카변강주가 출범했다. 새로운 연방주체 성립에 따라 구지사직을 잃게 된 그는 2007년 7월 21일 세르게이 소뱌닌(1958~) 당시 대통령행정실장(현 모스크바 시장)의 보좌관에 임명되어 모스크바에서 2008년까지 근무했다.

2008년 10월 20일 아무르주 의회는 드미트리 메드베데프 대통령의 제안을 수용해 코제먀코를 아무르 주지사로 선출했다. 아무르 주지사로 재임하면서 코제먀코는 주 정부 공직자에 대한 대규모 구조조정에 돌입했다. 그는 부적절한 임무 수행을 이유로 많은 공무원을 해임했고 그중 일부를 검찰에 고발했다. 2012년부터 주지사 직선제가 시행됨에 따라 그해 12월 주지사 선거에 '통합러시아' 후보로 출마해 77.28%의 압도적 득표로 당선됐다.

아무르 주지사직을 수행하던 코제먀코는 2015년 봄 갑자기 사할린 주지사로 자리를 옮겼다. 알렉산드르 호로샤빈 사할린 주지사가 부패 혐의로 구속되면서 2015년 3월 15일 푸틴 대통령이 그를 사할린 주지사 권한대행으로 임명했기 때문이다. 뒤이어 치러진 사할린

드미트리 메드베데프 대통령과 올레크 코제먀코 아무르주 지사 (출처: kremlin.ru)

주지사 선거에서 코제먀코는 67.8%를 득표하여 주지사에 당선됐다. 당선 이후 그는 자신의 영향력 아래에 있던 약 2,000명의 공무원, 친지, 기업가를 아무르주에서 사할린주로 대거 이주시켜 이른바 '코제먀코 사단'을 구성했다.

사할린 주지사로서 그는 특히 지역 내 농업 부문의 수입대체제 확보에 주력했다. 이는 2014년 우크라이나 위기 이후 서방의 대러 경제제재가 확대됨에 따라 중앙정부가 지역에 수입대체 부문의 적극 육성을 강조했기 때문이었다. 그 결과 사할린 지역 내에서 육류와 유제품, 채소 등의 자체 생산량이 대폭 증가하여 지역 주민은 이들 물품을 수입에 의존할 필요가 없게 됐다.

사할린주는 천연자원 생산을 통해 주 정부 재원의 대부분을 조달하는 지역이다. 따라서 사할린은 원래부터 부채가 적은 지역이었지만, 코제먀코 취임 이후 이마저 계속 줄어들어 2017년부터는 흑

📷 사할린 주지사 시절의 올레크 코제먀코 (출처: sakhalin.info)

해 연안의 세바스토폴시와 함께 채무 제로 지역이라는 영예를 안았다. 주지사로서 코제먀코는 사할린으로의 인구 유입에도 관심을 기울였다. 특히 주민들의 정주를 촉진하기 위한 수단으로 극동 최초로 12,750t의 소규모 LNG 플랜트 건설을 추진했다. 여기서 생산된 천연가스는 가정용 난방을 위한 용도로 쿠릴열도 등 지역 내 오지들에 공급됐다.

사할린주에서 입지를 탄탄히 구축해가던 코제먀코는 2018년 겨울 자신이 태어난 연해주로 돌아왔다. 연해주 정세가 긴박해졌기 때문이었다. 2018년 9월 9일 연해주 지사 선거가 치러졌는데, 이 선거에서 여당인 '통합러시아' 소속의 현직 주지사 안드레이 타라센코(1963~)는 공산당 소속의 안드레이 이센코(1981~)와 치열한 경합을 벌였다. 타라센코가 2차 결선 투표에서 매우 근소한 차이로 승리했지만, 곧이어 부정선거 시비가 터져 나왔다. 선거 결과에 분노한 지역

블라디보스토크 시내 거리에 설치된 올레크 코제먀코 후보의 2018년 연해주 주지사 선거 홍보 간판 (출처: sibreal.org)

주민들이 대규모 부정선거 규탄 시위를 벌이자 러시아 중앙선거관리 위원회는 주지사 선거를 무효화하고 재선거를 결정했다. 이러한 비상 상황에서 9월 26일 푸틴 대통령은 코제먀코를 연해주 지사 권한 대행에 임명해 상황을 수습하고자 했다.

주지사 권한대행이 된 그는 이틀 후인 9월 28일 3개월 후 치러질 재선거에 무소속으로 출마하겠다고 선언했다. 코제먀코는 연해주 지사 권한대행으로서 공산당 후보 이센코가 내세웠던 핵심 선거 공약인 '전쟁의 아이들' 법안의 입법을 전격적으로 추진했다. 이 법은 1928년 6월 22일부터 1945년 9월 3일까지 태어난 사람들에게 별도의 사회적 지원을 제공하는 것이 핵심 취지였다. 즉, 코제먀코가 경쟁 후보의 선거 공약을 선제적으로 이행함으로써 재선거의 주요 쟁점을 희석해버린 것이다. 동시에 그는 극동연방관구 수도를 하바롭스크에서 블라디보스토크로 옮기는 구상도 밝혔는데, 이는 연해주 주민들의 불만을 누그러뜨리는 데 상당한 효과를 발휘했다. 이러한 공세적 조치를 한 결과 코제먀코는 2018년 12월 16일 치러진 재선거에서 61.88%를 득표해 경쟁자들을 누르고 신임 주지사로 당선됐다.

코제먀코는 스키, 달리기, 수영을 좋아하고, 특히 열렬한 복싱광으로 알려져 있다. 그는 때때로 지역 매체와 사회관계망서비스(SNS) 등을 통해 자신의 신체적 강인함을 어필하곤 한다. 이를테면, 자신이 직접 '철마'로 명명한 할리 데이비드슨 자가용 바이크를 타고 동호인들과 레이싱을 즐기기도 하고 러시아 정교회 주현절 행사인 얼음물 목욕 전통에 따라 웃통을 벗고 차가운 물에 온몸을 담그고 나오기도 한다. 이 과정에서 공개되는 그의 군살 하나 없는 근육질 몸매는 공교롭게도 푸틴 대통령의 강건한 남성성을 강조하는 행보를 연상시키곤 한다.

러시아 정교회 주현절 행사인 얼음물 목욕을 마치고 나온 올레크 코제먀코 (출처: dni.ru)

코제먀코는 대학 시절 만난 부인 이리나 게라시멘코와 결혼해 세 명의 자녀를 두었다. 아들 니키타와 딸 알리사는 두 사람이 낳은 아이고, 셋째는 죽은 친척의 아이를 입양했다. 부인 이리나는 현재 코제먀코가 공직에 진출하기 전까지 소유했던 기업 대부분을 이어받아 경영하고 있다. 아들 니키타도 'NK-로투스'라는 회사를 경영하면서 미하일롭스키 선도개발구역 내에서 대규모 채소 경작용 온실 단지 건설을 추진하고 있다. 또 그는 '니키타 코제먀코'라는 자신의 이름을 딴 독립 주류 브랜드를 통해 맥주, 코냑, 보드카를 생산·판매하고 있고, 피자, 카페, 레스토랑 등 프렌차이즈 사업과 출장 외식 사업도 병행하고 있다. 코제먀코는 2015년과 2016년 각각 극동연방관구 주지사 중 가장 높은 수치인 2,500만 루블(4억6천만 원)과 2,700만 루블(5억 원)의 연간 소득을 신고했다. 물론 이 금액은 부인과 자녀의 소득을 뺀 것이었다.

코제먀코는 2019년 4월 말 김정은 북한 국무위원장과 블라디미르 푸틴 대통령의 블라디보스토크 정상회담에서 푸틴 대통령을 수행한 러시아 대표단의 일원이었다. 그는 트위터에 김정은 위원장과 함께 찍은 사진을 올려 한국 언론에서도 주목을 받았다. 흥미로운 사실은 그가 북한 최고지도자를 직접 만난 것이 이번이 처음이 아니라는 것이다. 그는 김정일 전 북한 국방위원장과도 무려 세 차례나 만난 독특한 경험이 있다. 그는 자신의 인터넷 블로그에 김정일 위원장에게서 받은 인상을 이렇게 전했다.

> 그(김정일 위원장)는 다재다능하고 사교적이며 주의 깊은 대화 상대자였다. 그는 허물없이 우리와 농담을 주고받았는데, 우리는 북한과 러시아 소녀들 중 어느 쪽이 노래를 더 잘 부르는지를 놓고

올레크 코제먀코와 그의 아내 이리나 코제먀코 (출처: wikimedia.org)

논쟁도 벌였다. 어쨌거나 그는 1950~60년대 러시아 노래를 좋아했다.

한국과 북한 모두 대러 교역에서 가장 큰 비중을 차지하고 있는 지역이 바로 연해주다. 러시아가 한국, 북한과 경제 협력을 적극적으로 추진하고 있는 상황에서 코제먀코의 행보는 앞으로 우리에게도 더 자주 노출될 것이다.

코제먀코는 극동 지역 내 비즈니스와 정치 공동체 모두에서 강력한 입지를 구축해온 말 그대로 지역의 최고 거물 중 한 명이다. 당연히 여러 스캔들과 비리 의혹에 연루되어 왔으며, 이런 점에서 그는 결코 깨끗한 정치인이라고 말하기 어렵다. 하지만 그는 "극동에서 대처하기 어려운 상황이 발생하면 코제먀코를 주지사로 임명하라!"라는 말이 회자할 정도로 비상 상황을 무난하게 정리해온 카리스마 넘치

올레크 코제먀코 연해주 지사가 김정은 북한 국무위원장의 영원한 불꽃 헌화를 지켜보고 있다 (출처 : primorsky.ru)

는 정치 지도자이기도 하다. 코제먀코는 매번 새로 부임한 지역에서 전임 지도자가 축성한 인적·조직적·정책적 구조물을 무자비하게 청산하는 것을 시작으로 자신이 설정한 과제에 대한 구체적 결과물을 기어코 만들어 내고야 만다. 실제로 그는 현대 러시아 역사상 4개 연방주체 지역에서 주지사를 역임한 유일한 인물이다.

정치분석가 알렉산드르 쿠네프는 이와 관련하여 "거친 연해주 기업가들 사이에서 그는 결코 혼자가 아니다. 그는 광범위하고 강력한 비공식 네트워크를 갖고 있다. 그는 싸울 줄 아는 정치인이다!"라고 말한 바 있다. 더욱이 코제먀코는 이고리 세친(1960~) 로스네프티 회장이나 재벌 사업가 겐나디 팀첸코(1952~) 등 푸틴의 최측근 인사들과 깊은 유대를 형성하고 있는 것으로 알려졌다. 푸틴과 크렘린궁은 극동 개발이라는 난제를 해결하기 위해 그동안 막대한 재원을 투입하고도 선거철만 되면 극동 주민들의 저항 투표에 시달려왔다. 어

블라디미르 푸틴 대통령과 올레크 코제마코 연해주 지사의 면담 모습 (출처: kremlin.ru)

쩌면 러시아 중앙정부는 거친 연해주에서 구체적 성과를 내기 위해 물러설 줄 모르는 싸움닭 코제먀코 같은 지도자가 필요했는지도 모른다.

사르다나 압크센티예바, '북방의 여왕'이 된 야쿠츠크 최초 여성 시장

2018년 9월 9일 치러진 러시아 지방선거에서 사하공화국 수도 야쿠츠크가 이변의 중심지로 떠올랐다. 야쿠츠크 역사 최초로 여성이 시장으로 선출됐기 때문이다. 49세로 젊고 활동적인 사르다나 압크센티예바(1970~)가 이변의 주인공이었다. 압크센티예바는 특히 무소속 여성 후보로 시장 선거에 출마하여 여당인 '통합러시아' 후보를 누르고 예상 밖 승리를 거뒀다. 그녀의 당선은 무엇보다도 먼저 야쿠츠크가 러시아연방 구성 주체 수도로서는 유일하게 야권 출신의 시장을 배출했다는 점에서 매우 주목할 만했다. 이와 함께 야쿠츠크 역사상 처음으로 여성이 시장이 됐다는 사실은 이곳에 커다란 변화가 시작됐음을 보여준다.

러시아 변방에서 작고도 조용한 '선거 혁명'을 통해 이뤄진 야권 여성의 시장 당선은 그 자체로 놀랍고 신선했다. 게다가 압크센티예바는 시장 직무를 시작하자마자 효율적이고 실용적인 시민 친화 행보를 거침없이 펼쳐 보인 덕분에 야쿠츠크 현지에서는 물론이고 극동 지역을 포함하여 러시아 각지에 걸쳐 높은 인지도를 뽐내고 있다. 시장 취임 이후 압크센티예바의 인스타그램 팔로워 수가 러시아 전역에 걸쳐 10만 명을 훌쩍 넘어섰다는 것도 그녀의 전국구 지명도를

사르다나 압크센티예바 야쿠츠크 최초 여성 시장 (출처: ru.wikipedia.org)

방증한다. 지금도 러시아 중앙 언론에서 그녀를 조명하고 인터뷰하는 기사가 끊이지 않고 나오는 이유도 그녀의 시장 당선과 이후 행보가 그만큼 범상치 않았기 때문이다. 그녀가 몰고 온 변화의 바람은 러시아 밖으로도 널리 알려져 외국 언론의 관심을 끌었다. 2019년 8월 30일 미국 「뉴욕타임스」는 야쿠츠크를 직접 방문하여 그녀를 취재한 내용을 토요일판 특집기사로 싣기도 했다.

이 기사에는 압크센티예바가 그녀의 인스타그램 팔로워를 포함한 지지자 사이에서 '북방의 여왕', '철의 여인', '초인 시장', '여주인' 등 다양한 별명으로 불린다고 소개돼 있다. 특히 다른 도시 주민들, 심지어 모스크바나 상트페테르부르크에 사는 사람들조차도 변화가 필요하다면서 압크센티예바에게 자신들의 도시로 와달라고 그녀의 인스타그램 계정에 메시지를 남긴다고 한다. 이처럼 그녀가 보여주는 변화 행보는 아주 거창하지는 않아도 누구에게서나 충분히 공감을 사고 지지를 얻고 있다.

예를 들면, 압크센티예바는 시장으로 취임하고 나서 지난 1년 동안 야쿠츠크시 예산에서 수천만 루블을 절감했다고 하여 찬사를 받고 있다. 관용 고급 자동차를 경매로 처분하고 고비용 행사들을 폐지하고 정보활동비를 감축하는 방식으로 예산을 절감하여 시민들의 지지를 받았다. 또한, 온라인과 오프라인에서 동시에 시민들과 직접 자주 접촉하면서 쌍방향 소통의 문을 활짝 열었다. 압크센티예바는 야쿠츠크 시민들이 민원 해결을 위해 블라디미르 푸틴 러시아 대통령 앞으로 편지를 쓴다고 지적하면서 앞으로는 대통령에게 편지를 써서 민원을 해결하려 들지 말고 자신에게 직접 편지를 써서 원하는 바를 얘기하라고 말한다. 이는 압크센티예바가 일관되게 추구하고 있는 주민 밀착형 행보를 보여주는 대표적인 사례 가운데 하나로 꼽힌다.

오늘날 가부장제적 러시아 사회와 남성 중심적 정치 무대에서 볼

사르다나 압크센티예바 야쿠츠크 시장이 주택 보수정비 현장을 방문하여 관계자의 설명을 듣고 있다 (출처: ykt.ru)

때 압크센티예바는 야쿠티야에서만 아니라 러시아 전체에서도 분명히 아주 드문 현상 중 하나다. 그녀의 인기 비결은 무엇보다도 주민 눈높이에 맞춘 서민주의 노선에서 나오고 있지만, 현재 승승장구하는 그녀 앞에는 앞으로 넘어서야 할 도전도 적잖고 만만치 않다. 그중 하나가 지구온난화와 기후변화로 영구동토층이 빠른 속도로 녹으면서 야쿠츠크 주민들의 일상생활을 심각하게 위협하기 시작한 상황이다. 영구동토층이 녹으면 오래전에 지은 각종 건물을 떠받치고 있던 지반이 침하하면서 건물이 기울거나 무너질 수 있다. 이때 발생하는 사태 수습에는 경제적으로나 사회적으로도 큰 비용이 소요될 것으로 보인다. 압크센티예바가 바로 이 당면 문제 하나만이라도 앞으로 제대로 극복하고 해결한다면 야쿠츠크 최초 여성 시장으로 역사에 뚜렷한 발자취를 남길 수 있을 것이다.

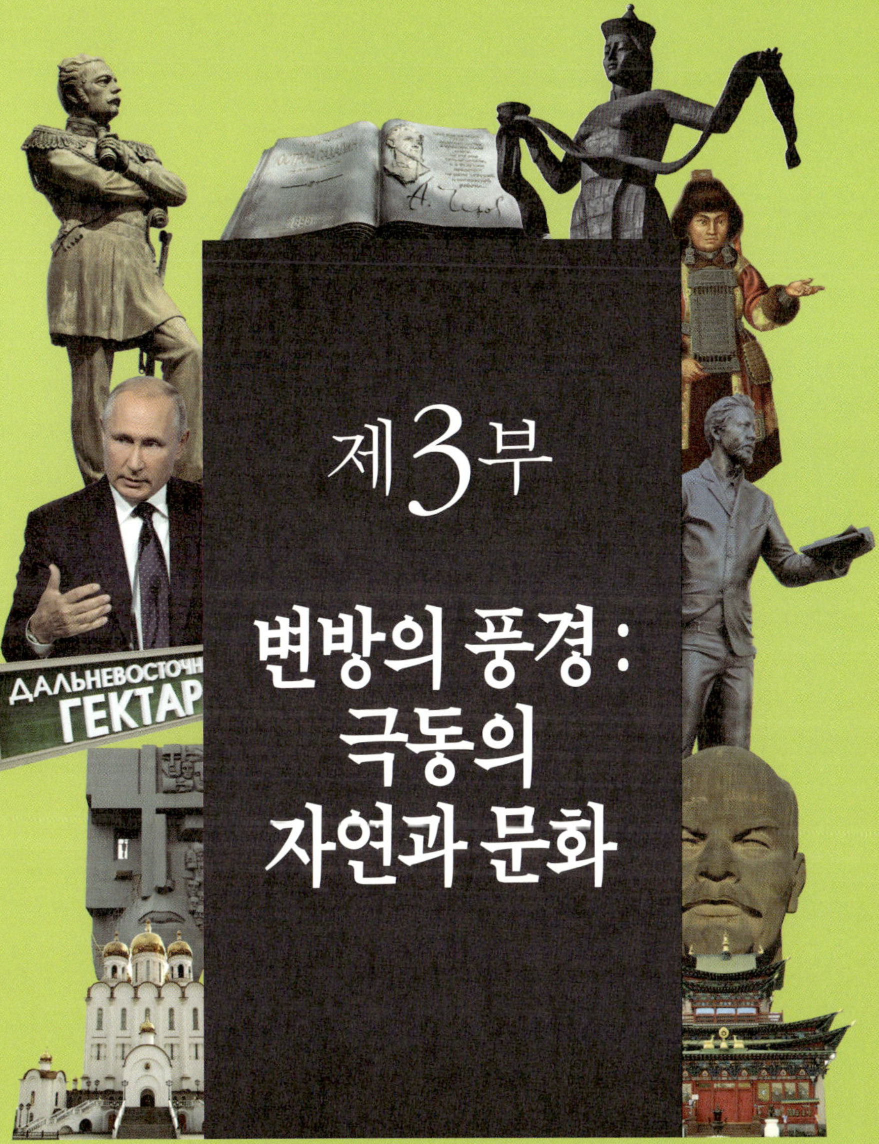

제3부

변방의 풍경 : 극동의 자연과 문화

09

극동의 부상과 러시아의 미래

바이칼호수 : 러시아 극동이 시작되는 곳

09

2018년 11월 3일 러시아연방 대통령 행정명령 제632호에 따라 부랴티야공화국과 자바이칼변강주가 시베리아연방관구에서 극동연방관구로 소속을 변경했다. 새로운 행정 개편은 두 지역에 대한 높은 관심과 적극 지원 의사를 뒷받침한다. 러시아 정부는 사회·경제적으로 낙후하고 소외된 두 지역을 극동연방관구에 편입시킴으로써 개발 의지를 강하게 드러내고 있다. 이와 함께 지역 편제 변화를 통해 정치적 지지를 확보하는 부수 효과도 기대된다. 또 바이칼호수 유역은 이르쿠츠크주를 중심으로 하는 시베리아연방관구와 부랴티야공화국을 중심으로 하는 극동연방관구로 나뉘면서 경쟁과 상생의 시너지 효과를 얻을 수 있다. 이제 바이칼호수는 행정 구역상 시베리아와 극동 사이의 경계라는 또 하나의 상징이 됐다.

바이칼호수, '시베리아의 푸른 눈'

바이칼호수는 북서쪽 이르쿠츠크주(이르쿠츠크시)와 남동쪽 부랴티야공화국(울란우데시) 사이에 초승달 모양으로 놓여 있다. 이름은 타타르어로 '풍요로운 호수'를 뜻하는 바이쿨에서 나왔다. 바이칼은 약 2,500만 년 전에 형성된 지구상 최고(最古) 최대 담수호다. 크기는 길이 636km, 폭 20~80km, 면적 31,494km^2, 깊이 1,642m로 대한민

바이칼호수 위치 (출처: en.wikipedia.org)

국 영토의 1/3에 해당한다.

역사상 처음으로 바이칼호수에 도달한 러시아인은 탐험가 쿠르바트 이바노프(?~1666)였다. 1643년 그는 74명의 수하 부대를 이끌고 현재 올혼섬을 마주 보고 있는 바이칼호수 서쪽 기슭에 도착했다. 이들은 퉁구스족 원주민의 안내를 받아 배를 타고 올혼섬으로 건너갔고 여기서 부랴트인들과 마주쳤다. 곧이어 이들은 두 그룹으로 나뉘어 바이칼호수를 본격적으로 탐사하기 시작했다. 특히 카자크 출신의 세묜 스코로호트(생몰 년도 미상)는 36명으로 탐사대를 구성하고

올혼섬과 마주 보고 있는 바이칼호수 서쪽 기슭이 멀리 구름 아래로 보인다 (출처: 라승도)

배를 마련하여 호수 서쪽 기슭을 따라 항해하여 베르흐나야안가라까지 갔다. 이들은 그곳에서 방책을 세워 겨울을 나는 동안 퉁구스 원주민들에게서 모피 공물을 징수했다. 나중에 이들은 호수가 얼어붙자 빙판을 달려 남쪽으로 내려왔는데, 이때 부랴트인들의 매복에 걸려 일부가 목숨을 잃기도 했다. 하지만 이들은 탐사를 멈추지 않고 바이칼호수에서 안가라강으로 진출했고 더 나아가 예니세이스크까지 올라갔다. 한편, 이바노프는 바이칼호수 탐사 과정에서 직접 관찰한 내용과 원주민들에게서 얻은 정보를 바탕으로 바이칼에 관한 이야기를 쓰기도 했고 바이칼 주변 지역 약도를 그리기도 했다. 이렇게 하여 쿠르바트 이바노프는 바이칼호수를 처음으로 발견했을 뿐만 아니라 바이칼에 관한 기록과 정보도 최초로 남긴 러시아인으로 역사에 이름을 남겼다.

그러나 아쉽게도 이바노프가 남긴 자료로는 당시 바이칼호수를 제대로 느껴보기 어려웠다. 바이칼호수의 생생한 모습은 이바노프가 바이칼호숫가에 처음 발을 들여놓은 지 약 20년 후인 1662년 아바쿰(1620~1682) 대사제가 시베리아 유형 당시 예니세이스크에서 다우리야 지역으로 이동할 때 자기 눈으로 직접 본 호수 주변의 자연과 동식물을 묘사한 그의 『생애전』 지면에서 비로소 자세히 드러났다.

> [호수] 부근의 산들은 높고 암벽도 굉장하더군요. 2만 베르스타도 넘게 다녀 보았지만 그런 산들은 처음 보는 것 같았어요. 꼭대기에는 궁과 탑, 대문과 기둥, 돌벽과 안뜰 같은 것들이 있어 보였어요. 이 모든 것이 하느님의 손으로 만들어진 것이지요. 거기엔 양파랑 마늘도 자라더군요. 그곳 마늘은 로마노프 양파보다도 크고 굉장히 달답니다. 또 그곳에는 하느님이 거두시어 삼도 자라고 뜰에는 색스럽고 향기로운 예쁜 꽃들도 피어 있답니다. 새들도 엄청 많고요. 호수 위에는 거위와 백조들이 눈이라도 온 양 떠다닙니다. 그곳 어류로 말할 것 같으면 용철갑상어, 타이멘연어, 스털렛철갑상어, 시베리아연어, 송어, 그 밖에도 많은 종류들이 있어요. 호수 물은 담수이고 물개와 커다란 바다표범들이 많이 살고 있지요. 메젠에서는 그 큰 바다에서도 그런 놈들은 본 적이 없었어요. 호수에는 물고기가 우글거립니다. 용철갑상어나 타이멘연어는 기름이 어찌나 많은지 철판에 지지지도 못할 정도랍니다. 온통 기름

바이칼호수에 서식하는 물개 (출처: en.wikipedia.org)

투성이가 되어 버리니까 말이에요. 이 모든 것이 다 우리의 빛, 그리스도께서 인간을 위해 마련해 주신 게 아니겠습니까. 그리하여 우리가 하느님께 찬미드릴 수 있도록 말입니다.(이인영, 『아바쿰: 러시아 문화사적 측면에서 본 『생애전』』 (서울: 서울대학교출판부, 1991), 335~336쪽)

아바쿰은 바이칼호수에서 본 풍요를 하느님께서 인간에게 내린 축복의 선물로 받아들인다. 그에게 바이칼은 호수인지 바다인지 구분하기 쉽지 않은 것처럼 묘사된다. "우리는 바다 너머로 발을 내디뎠습니다"라고 말하는가 하면, "배를 호숫가에 대려고 하는데 돌풍이 일어 파도 때문에 댈 곳을 간신히 찾았지요"라고 말하기도 한다. 하지만 바이칼이 호수이든 바다이든 상관없이 그에게 가장 중요한 점은 바이칼의 풍요가 하느님께서 "인간을 위해 마련해 주셨다"는 것이다. 이처럼 아바쿰은 종교적 관점에서 바이칼을 묘사하고 있지만, 그로부터 10여 년 후인 1675년 러시아 외교관인 니콜라이 스파파리(1636~1708)는 과학적 관점에서 처음으로 바이칼호수 주변의 지리적 특징을 파악해 소개했다. 그는 바이칼호수로 흘러 들어오는 강들과 바이칼에서 흘러나가는 강을 정확하게 파악했고 바다처럼 크고 넓은 호수를 한 바퀴 도는 데 며칠이 소요되는지도 측정했다. 그는 여기서 더 나아가 바이칼호수의 깊이도 측정해보려고 했다.

한편, 바이칼호수는 옛날이나 지금이나 많은 작가와 시인에게 예술적 영감의 대상이었다. 바이칼을 소재로 한 시나 소설 중에서 가장 많이 알려진 작품 가운데 하나는 19세기 러시아 시인 드미트리 다비도프(1811~1888)가 1848년에 쓴 시 「바이칼에서 한 도망자의 상념」이다. 19세기 전반 알렉산드르 푸시킨(1799~1837) 시대의 유명 시인이었던 데니스 다비도프(1784~1839)와 데카브리스트였던 바실리 다비도프(1780~1855)의 조카인 드미트리 다비도프는 시베리아 유형지에서 도망친 탈옥수들에 관한 시를 바이칼호수를 배경으로 썼다. 이 시는 이후 1850년대 중반 자바이칼 지역의 네르친스크 광산에서 유형을 살았던 이름 없는 죄수들이

드미트리 다비도프 초상
(출처: irkipedia.ru)

처음으로 곡을 붙여 노래로 만들었다. 이 노래는 1863년 문예지 『동시대인』 11월 호에 처음 발표됐는데, 노래 가사는 원작 시와 거의 비슷했다. 그로부터 약 150년이 흐른 1995년 에스토니아 펑크록 그룹 J.M.K.E가 이 노래의 커버 버전을 녹음하면서 다비도프의 시가 다시금 주목을 받았다. 또 2011년에는 러시아 유명 록 음악 그룹 '아크바리움'이 다시 이 노래를 부른 덕분에 다비도프의 시도 21세기에 덩달아 되살아났다.

성스러운 바이칼이 훌륭한 바다이고
오물 생선통이 훌륭한 배지
어이, 바르구진강아, 어서 파도를 몰아라
이 젊은이가 갈 길이 멀지 않으니

오랫동안 나는 무거운 족쇄를 끌었지
아카투이산에서 한참을 돌아다니며
옛 동지가 탈출을 도왔지
자유를 느끼자 나는 살아났네

실카와 네르친스크 도시가 이제 두렵지 않아
나를 산악경비대도 붙잡지 못했고
깊은 산 속 굶주린 짐승도 잡아먹지 못했고
사격수의 총탄도 맞추지 못했다

나는 한밤중에도 백주대낮에도 걸었네
주위를 잘 살펴 가며 도시는 피했지

시골 아가씨들은 내게 빵을 주었고
시골 총각들은 담배를 주었지

성스러운 바이칼이 훌륭한 바다이고
구멍 뚫린 카프탄이 내 배의 훌륭한 돛이지
어이, 바르구진강아, 어서 파도를 몰아라
폭풍우 소리가 들려온다

다비도프의 시 제목은 「바이칼에서 한 도망자의 상념」이지만, 노래 제목은 시 첫 행의 내용을 살짝 바꾸어 「성스러운 바이칼이 훌륭한 바다이고」로 달라졌다. 하지만 노래 가사는 특히 전반부에서 내용이 거의 달라지지 않을 정도로 원작 시와 매우 비슷하다. 이 노래는 원작 시와 마찬가지로 지금의 부랴티야공화국 바르구진강 등 바

데카브리스트 빌겔름 큐헬베케르(1797~1846)과 미하일 큐헬베케르(1798~1859) 형제 기념비. 이들은 바르구진에서 3년간 유형을 살았다 (출처: ru.wikipedia.org)

이칼 유역에 유배된 사람들, 자유민의 신분이 되지 못했던 사람들의 심정을 그대로 담고 있다. 하지만 유배지로서의 오랜 세월을 고스란히 안고 있는 바이칼은 역설적이게도 이곳에서 비로소 참된 자유를 느낄 수 있게 해준다. 멀리 떨어져 쉽게 닿을 수 없는 곳이야말로 이 세상의 모든 통념에서 벗어나게 해주기 때문이다.

한편, 바이칼호수는 19세기 러시아 유명 작가 안톤 체호프에게 깊은 인상을 심어줬다. 그는 1890년 여름 시베리아를 지나 사할린섬으로 건너갔는데, 그가 바이칼을 보고 감동에 빠진 것도 바로 이때였다. 체호프는 그해 6월 20일 자 편지에서 바이칼호수를 보고 받은 감동을 이렇게 묘사했다.

> 고요하고 맑은 날씨였다. 바이칼호수는 물빛이 옥색이어서 흑해보다 더 투명했다. 그래서 수심이 아주 깊은 곳에서도 호수 밑바

바이칼호수 북부의 일명 '입술' 지역 풍경 (출처: ru.wikipedia.org)

닥이 보인다고 한다. 나도 그렇게 깊은 곳을 봤다. 물에 비친 바위와 산이 옥색으로 물들어 보여 뼛속까지 시리게 느껴졌다. 바이칼 산책은 정말 놀라웠다. 수 세기가 흘러도 영원히 잊지 못할 것 같다.

체호프가 약 130년 전에 직접 가서 보고 느꼈던 바이칼호수의 아름다운 풍광과 투명하고 깨끗한 물은 지금도 변함없이 많은 사람에게 깊은 감동을 심어준다. 바이칼호수에서 추운 겨울이 물러가고 따뜻한 봄이 찾아와서 얼음이 풀릴 때 호숫물에 동전을 던져 넣으면 동전이 40m까지 가라앉는 것을 볼 수 있다고 한다. 바이칼호수 물이 그만큼 투명하고 깨끗하다는 말이다. 하지만 최근 바이칼호수 근처에 세워져 가동에 들어갔다가 현지 주민들의 강력한 반대와 저항에 부딪혀 문을 닫은 중국 생수 공장 사태가 잘 말해주듯이 바이칼호수는 크고 작은 환경 파괴 위협에 시달리고 있다. 최근 관광산업이 활성화되면서 바이칼은 이곳 사람들에게 그야말로 돈을 퍼다 준다. 그래서 어떤 사람들은 여름철 관광 성수기에 한몫 단단히 챙기면 봄, 가을, 겨울에 일하지 않고 편히 쉬며 먹고 살 수 있을 정도라고 한다. 하지만 관광 특수기에 외지 사람들이 이곳에 와서 버리고 가는 쓰레기는 이들이 감당해야 할 값비싼 대가이기도 하다. 관광 관련 활동으로 매년 80만t의 쓰레기가 바이칼호수에 유입되고 있기 때문이다. 1996년 일찌감치 유네스코 세계자연유산 목록에 등재된 데서 알 수 있듯이 바이칼호수는 러시아만의 유산이 아니라 인류 모두의 유산으로 각별히 보호하고 소중히 간직해야 한다. 이제는 현지 당국과 주민, 관광객 등 모두가 지혜를 모아 바이칼호수 보존에 적극적으로 나서야 할 때다.

올혼섬, '바이칼의 진주'

누군가가 바이칼호수에 간다고 한다면, 반드시 해야 할 일이 몇 가지 있다. 그중 하나가 바로 올혼섬 방문이다. 올혼섬에 가지 않고는 바이칼에 갔다 왔다고 할 수 없을 만큼 올혼섬은 어떤 목적으로 가든 바이칼호수 여행에서 필수 방문 코스다. 올혼섬에 가는 가장 일반적인 방법은 이르쿠츠크 시내에서 버스로 1시간쯤 걸리는 리스트뱐카 마을까지 간 다음 이곳 선착장에서 올혼섬까지 4시간쯤 걸리는 쾌속선으로 갈아타고 가는 것이다. 올혼섬은 보통 1박 2일 이상 일정으로 여유 있게 다녀오는 것이 더 좋다. 이런 일정이면 리스트뱐카에서 가장 유명한 '탈치' 건축민속박물관도 가서 살펴볼 수 있다. 또 올혼섬에 들어가서 하루 묵으면 이곳의 자연과 사람, 문화를 충분히 여유 있게 경험할 수 있다.

올혼섬은 당일치기로 서둘러 다녀올 수도 있다. 그렇게 하려면 무엇보다도 우선 매우 부지런해야 한다. 이르쿠츠크 시내에서 올혼섬까지 버스와 쾌속선으로 왕복 이동하는 데만 총 10시간가량 걸려서

리스트뱐카 '탈치' 건축민속박물관의 목조 건축물 (출처: commons.wikimedia.org)

올혼섬 선착장에서 내린 관광객들을 태우고 후지르 마을로 향하는 차량들이 비포장도로를 달리며 먼지바람을 일으키고 있다 (출처: 라승도)

적어도 아침 7시에는 출발해야 한다. 이렇게 부지런히 움직여도 올혼섬에 도착해서 떠나는 시점까지 머물 수 있는 시간은 많아야 두세 시간 남짓이다. 섬 선착장에 도착하여 배에서 내려 러시아산 미니밴을 타고 주요 행선지인 후지르 마을까지 가는 데도 수십 분이 소요된다. 게다가 후지르 마을로 가는 길은 내내 비포장도로로 울퉁불퉁하고 먼지바람도 많이 날려 순탄치 않다. 한마디로 빠듯하고 불편한 여정이어서 바이칼에서 편안하고 낭만적인 여행을 기대하는 사람이라면 실망할 수도 있다. 하지만 여정이 다소 험난하긴 해도 올혼섬은 여러 가지 신비와 매력을 품고 있어 불편을 무릅쓰고서라도 충분히 가볼 만한 가치가 있다.

사람들이 올혼섬을 방문하는 주된 이유는 바이칼에서 가장 신성한 장소로 통하는 바로 이곳에서도 성지 중 성지로 꼽히는 '샤먼 바위'를 직접 보고 주변의 정기도 느끼고 비경도 음미하려는 데서 찾을 수 있다. 올혼섬은 바이칼호수 서쪽 기슭 중간쯤 되는 지점에서 건너

올혼섬 후지르 마을 거리 (출처: 라승도)

편으로 멀지 않은 곳에 호수 자체의 닮은꼴처럼 오른쪽으로 45도 가량 기울어져 길게 뻗어 있다. 길이 73.5km, 최대 너비 15km, 면적 730km²로 바이칼에서 가장 큰 섬이자 세계에서 세 번째로 큰 호수 섬으로 꼽힌다. 2019년 1월 기준 상주인구는 1,744명으로 2년 전인 2017년 1,682명보다 62명 더 늘었다. 이 중에서 대다수를 이루는 1,350명이 올혼섬의 최대 거주지인 후지르 마을에 산다. 전체 인구 중 상당수는 올혼섬에서 오래전부터 조상 대대로 살아온 부랴트인들이 차지하고 있는 가운데 러시아인들도 존재한다. 오래전부터 해왔던 대로 어업과 농업, 목축업에 종사하는 주민도 많지만, 관광객을 상대로 식당이나 상점, 민박을 운영하는 등 관광 사업에 종사하는 사람도 적잖다.

올혼섬은 모든 길이 비포장도로인 데서 짐작할 수 있듯이 환경과 생활 모두 열악하다. 이곳 주민들은 생활 편의 시설과 인프라 구축, 도로포장 등을 지방정부에 여러 차례 요청했지만, 이들의

올혼섬 주민들이 후지르 마을에 블라디미르 푸틴 대통령 흉상을 설치하고 있다 (출처: yandex.ru)

요청이 언제 실행에 옮겨질지는 요원하기만 하다. 이들이 당면한 여러 가지 문제를 여실히 반영하는 우스꽝스러운 사건이 최근 일어났다. 2019년 8월 31일 올혼섬 주민들이 난데없이 블라디미르 푸틴 러시아 대통령의 흉상을 세워 뉴스거리로 떠올랐다. 올혼섬에 사는 이들은 이곳이 바이칼국립공원 보호법에 묶여 있어 집이 있어도 등록할 수 없고 토지도 임대할 수 없다면서 이런 법적 차별을 없애 달라고 지방정부에 호소했지만, 아무 소용없었다. 그래서 지방정부가 해결하지 못하고 있으니 국가가 나서서 이곳의 해묵은 문제들을 해결해주기를 바라는 열망에서 전 국민의 관심을 끌기 위해 이처럼 대통령 흉상까지 설치하게 됐다고 한다. 이 일화는 바이칼 지역을 둘러싸고 있는 고질적 문제가 적지 않고 심각함을 보여주는 여러 사건 가운데 하나로 꼽을 만하다.

올혼이라는 러시아어 지명은 부랴트어 단어 '오이혼'에서 나왔다는 설도 있고 '올한'에서 나왔다는 설도 있다. '오이혼'은 '수풀이 우거진'이나 '숲이 적다'는 뜻이고, '올한'은 '메마르다', '건조하다'라는 뜻이다. 그래서인지 올혼섬에서 숲이 차지하는 비중은 전체 면적 중 1/3 남짓이고 나머지는 메마른 모래땅이나 돌, 바위로 뒤덮여 있어 황야처럼 삭막하다. 올혼섬 선착장에서 후지르 마을까지 가는 길에 보이는 풍경이 사막 같은 황량한 분위기를 자아내는 이유도 여기에 있다. 날씨가 좋지 않아 바람이 강하게 불 때는 모래 폭풍이 일어나 자동차 안이나 건물 안으로 피하지 않으면 눈앞이 캄캄할뿐더러 견디기조차 힘들다. 하지만 날씨가 아주 좋을 때 새파란 하늘과 투명한 물빛이 올혼섬을 둘러싸고 빚어내는 아름다운 풍경은 모래땅과 바위산조차도 이곳만의 매력을 뒷받침하는 필수 요소로 바꿔놓는다.

올혼섬의 매력적 풍경은 바이칼호수의 대표적 이미지로 '아시아의 성소' 가운데 하나로 불리는 '샤먼 바위'에 가봐야 비로소 오롯하

모래땅과 바위산으로 뒤덮인 올혼섬의 삭막한 풍경 (출처: 라승도)

올홈섬 '샤먼 바위' (출처: 라승도)

올혼섬 '샤먼 바위'로 내려가는 언덕 꼭대기에 세르게가 나란히 줄 지어 서 있다 (출처: 라승도)

게 느낄 수 있다. '샤먼 바위'는 바이칼호수에 가보지 않은 사람도 사진이나 영상 자료를 통해 한 번쯤 봤거나 이야기를 통해 들었을 만큼 세계적으로 알려진 명승지다. '부르한곶', '샤먼곶', '동굴곶'으로 도 불리는 '샤먼 바위'는 올혼섬 후지르 마을에서 조금 떨어진 언덕 끝자리에 돌출된 두 개의 커다란 바위 봉우리를 가리킨다. 섬을 기준으로 안쪽 봉우리의 높이는 30m이고 바깥쪽 봉우리의 높이는 42m다. 특히 안쪽 봉우리는 동굴이 구불구불 뚫려 있는데, '샤먼 바위'라는 명칭도 바로 이곳에서 유래했다. 부랴트 샤먼들의 제사 등 각종 종교의식이 여기서 거행되기 때문이다. 또 부랴트 불교도들은 바이칼호수의 최고 신령을 가리켜 '부르한'이라고 부르는데, 바로 이 동굴이 '부르한' 신령의 처소라고 믿는다. '샤먼 바위'가 '부르한곶'으로 불리는 이유도 이런 배경에서 나왔다.

올혼섬에 깃든 샤머니즘의 정신은 '샤먼 바위'로 이어지는 언덕 꼭대기에 나란히 줄지어 서 있는 커다란 나무 기둥들과 기둥에 칭칭 감긴 오색 헝겊의 선명한 이미지에서도 느낄 수 있다. 이 나무 기둥은 말을 묶어 두는 데 쓰는 것으로 세르게라는 말로 불린다. 세르게는 옛날 옛적 부랴트인들 사이에서 하늘과 땅을 하나로 이어주는 정신적 고리로 받아들였다고 한다. 올혼섬을 찾는 관광객 중에서 세르게의 참된 의미를 제대로 이해하는 사람은 별로 없다. 그래서인지 현지 안내인들은 관광객들에게 세르게 앞으로 지나갈 때면 그 앞에 멈춰서서 세르게를 둘러싼 흥미로운 의미를 설명해주거나 세르게 앞으로 술을 조금 따라 뿌리는 의식을 시범 삼아 보여준다. 세르게는 '샤먼 바위' 위쪽에 있는 높은 언덕에 서 있는 데서 짐작되듯이, 주로 언덕배기나 산등성이, 고갯마루 등에 세워져 있다. 올혼섬 선착장에서 후지르 마을로 가는 길의 고갯마루에도 세르게가 세워져 있어 사람들은 이곳을 넘어갈 때 차에서 잠시 내려 세르게 앞으로 동전을 던지거나 술을 붓거나 한다. 일종의 고사를 간단히 지내는 것과 같다고 할 수 있다.

환바이칼열차, 세상에서 가장 느리게 달리다

예로부터 이곳 사람들이 바다로 생각했을 정도로 넓디넓은 바이칼호수를 제대로 둘러볼 방법은 환바이칼열차를 이용하는 것이다. 환바이칼열차는 세계에서 가장 느린 열차라는 별명이 붙어 있다. 환바이칼열차 노선은 슬류단카역에서 포르트 바이칼역까지 84km에 걸쳐 있다. 시속 20km로 천천히 운행하는 열차는 중간역마다 정차하여 바이칼호수의 정취를 한껏 느낄 수 있게 해준다. 본래 이 노선은 시베리아횡단철도의 한 구간이었지만, 안가라강에 댐이 생기면서 일부 구간이 수몰되자 시베리아횡단철도에서 제외됐다. 이때 제외된 구간이 바이칼호수 주변을 운행하는 관광열차로 사용됐다. 자작나무와 석탄을 싣고 바이칼호수 주변을 달리는 환바이칼열차는 호수 주변의 아름다운 경치를 천천히 여유 있게 둘러볼 수 있어서 '황금으로 만든 연결쇠'라는 별명을 갖고 있다. 환바이칼열차에서는 창 너머로 자작나무와 소나무가 빽빽한 야생의 원시림이 이어지는 풍경을 감상할 수 있고, 정차 역에서는 절벽에 만들어진 터널과 다리를 구경하고 근처 숲을 산책하거나 호숫가에서 수영을 즐길 수 있다. 환바이칼의 옛 선로는 전기 공급으로 운영되는 전차 대신 증기 기관차로 연결되어 있어 느긋하고 운치 있는 여행을 즐기게 해준다.

알렉산드르 3세 황제의 지시로 1891년에 시작된 시베리아횡단철

환바이칼철도에 건설된 수많은 교량 중 한 곳의 모습 (출처: ru.wikipedia.org)

도 건설 공사는 바이칼 구간만 빼고 1900년에 동서 구간 전체가 완공됐다. 바이칼 구간은 험준한 산악지대여서 당시로는 기술도 부족하고 비용도 많이 들어가는 난공사 구간이었다. 이 구간이 개통되기 전인 1905년까지는 포르트 바이칼역에서 쇄빙선을 타고 호수를 건넌 후 탄호이역에서 다시 기차를 타야 했다. 얼음이 두껍게 어는 한겨울에는 호수 위로 철로를 가설했다. 이 구간은 러시아 제국의 마지막 황제 니콜라이 2세가 유럽의 전문가들을 초빙하여 1899년 여름에 착공했다.

1902년에 시작된 공사는 2년 3개월에 걸쳐 완공됐는데, 슬류단카에서 포르트 바이칼까지 84km에 걸친 구간에만 200개의 교량과 39개의 터널이 있을 만큼 힘든 공사였다. 연인원 5만 명이 동원됐고, 암반투성이의 바이칼 연안에 교량을 건설하고 선로를 부설하려면 대대적인 폭파 작업이 필요했다. 평균 수심이 1km에 가까운 바이칼호수의 남서쪽 급경사면에 대규모 토목공사를 시행한다는 것 자체가

환바이칼철도 기념탑 (출처: ru.wikipedia.org)

알렉산드르 3세 황제가 시베리아횡단철도를 건설토록 했다고 하여 그의 공적을 기리기 위해 이르쿠츠크에 기념 동상이 세워졌다 (출처: 라승도)

불가능했다. 온종일 터널을 뚫어도 40~50cm에 불과했고, 1km마다 들어가는 비용은 수에즈운하를 건설했던 비용의 갑절이었다. 그만큼 위험성이 큰 지역이라 이곳에는 다른 구간보다 중량이 더 무거운 레일을 사용했고 1km당 침목 수도 많이 늘렸다. 이 구간이 '러시아 철제 혁대에 물린 황금 버클 장식'이라고 불리는 이유도 여기에서 연유한다.

울란우데, 동방으로 가는 '붉은 관문'

부랴티야공화국의 수도 울란우데는 2019년 1월 1일 기준 인구 435,496명으로 하바롭스크(617,473명)와 블라디보스토크(605,049명)에 이어 러시아 극동에서 세 번째로 크다. 역사적으로 볼 때도 울란우데는 1666년에 설립되어 야쿠츠크(1632년 설립)와 치타(1653년 설립)에 이어 러시아 극동에서 세 번째로 오래됐다. 그러나 도시의 역

우다 방책 요새 구축 장소에 설치된 기념 십자가 (출처: ru.wikipedia.org)

사적 변화 과정에서 볼 때 울란우데는 극동에서 가장 오래된 도시들인 야쿠츠크나 치타보다도 훨씬 더 다채롭고 역동적인 변모 과정을 겪었다. 이는 울란우데가 350여 년의 세월 동안 다섯 번의 명칭 변화를 거쳤다는 데서 가장 먼저 확인할 수 있다. 이러한 사실은 극동에서 가장 오래된 도시인 야쿠츠크가 397년간 세 번, 두 번째로 오래된 도시인 치타가 363년간 네 번의 명칭 변화를 거친 것과 비교하면 더 확실하게 드러난다.

먼저, 야쿠츠크는 1632년 레나강 방책 요새 또는 야쿠트 방책 요새로 시작하여 1643년 현재의 이름으로 바뀌었다. 다시 말해 야쿠츠크는 현재 이름으로 바뀐 뒤 376년간 한 번도 명칭 변화를 거치지 않았다. 다음으로, 치타는 플로트비셰에서 플로티, 치친스카야 슬로보다를 거쳐 현재의 명칭에 이르렀다. 끝으로, 울란우데는 처음에 우다 지모비예(겨울 숙영지)에서 출발하여 우다 방책 요새, 우딘스크, 베르흐네우딘스크를 거쳐 1934년 현재 이름으로 바뀌었다. 여기서 알 수 있듯이, 울란우데는 극동 11개 연방주체 수도 이름 중에서 가장 최

'린포체 바크샤' 불교 사원에서 내려다본 울란우데 시내 풍경 (출처: 라승도)

울란우데가 1934년 전까지 200년 동안 베레흐네우딘스크였음을 보여주는 개선문. 1891년 니콜라이 2세가 황태자 시절 시베리아횡단철도 개통 기념 여행 당시 이곳에 머문 것을 기념해 지었다. 당시 나무로 지은 개선문은 소련 시절 파괴됐고 현재 개선문은 2006년 지은 것이다 (출처: 라승도)

1 года
скъ

근에 생긴 이름이다.

울란우데는 1666년 러시아 카자크들이 이곳을 관류하는 강 가운데 하나인 우다강의 오른쪽 기슭 높은 곳에 퉁구스 원주민들에게서 모피 공물을 거둬들일 목적으로 세운 겨울 숙영지에서 기원했다. 이곳은 1678년 우다 방책 요새로, 다시 1690년 우딘스크로 바뀌었다. 그로부터 45년 뒤 1735년 우딘스크는 베르흐네우딘스크로 바뀌었고 이렇게 바뀐 지명은 1934년까지 약 200년 동안 유지됐다. 베르흐네우딘스크는 1775년 도시 지위와 문장을 받았고 1783년부터 이르쿠츠크주 관할 아래 들어갔다. 1917년 10월 사회주의 혁명 이후에는 프리바이칼주 중심지가 됐다가 내전기인 1920년 4월부터 10월까지는 극동공화국 수도가 됐다. 적군의 승리로 내전이 끝난 뒤 1923년 5월 30일부터 베르흐네우딘스크는 부랴트-몽골 소비에트사회주의자치공화국의 수도가 됐지만, 1934년 7월 27일부터는 소련 중앙위원회 최고회의 규정에 따라 울란우데로 개명됐다. 이후 울란우데는 1957년 6월 7일 부랴티야 소비에트사회주의자치공화국의 수도였다가 소련 붕괴 이후 1992년 3월 27일부터 러시아연방 부랴티야공화국의 수도가 됐다.

울란우데의 역사적 변화 과정에서 가장 중요한 사건은 바로 1934년 소련 정부의 도시 명칭 변경이었다. 베르흐네우딘스크에서 울란우데로 도시 이름이 바뀐 것은 상징적 의미가 매우 컸다. 부랴트어로 '붉은(울란) 관문(우데)'을 뜻하는 울란우데로의 개명은 세 가지 커다란 의미를 내포한다. 첫째, 제정 러시아에서 소비에트 사회주의로의 완벽한 전환을 가리킨다. 이는 부랴트어 '울란'이 뜻하는 '붉다'라는 말에서 잘 뒷받침된다. 예를 들면, '붉은 군대'처럼 '붉다'라는 말은 곧 '소비에트'나 '사회주의', '공산주의'와 직결되기 때문이다. 둘째,

제정 러시아 시절 상업적 중심지였던 곳이 부랴트 민족 공화국의 행정적, 정신적 중심지로 완전히 탈바꿈했음을 의미한다. 달리 말하자면, 이는 울란우데가 부랴트 민족 정체성 확립의 중심지로 떠올랐음을 암시한다. 셋째, 새로운 지명에 담긴 '관문'이라는 말은 울란우데가 몽골과 중국을 포함한 동아시아 국가들로 공산주의 사상이 퍼져나가는 '문'이자 '길'임을 시사한다.

실제로 1934년 베르흐네우딘스크가 울란우데로 바뀌면서 이미 1931년 완료된 '소비에트 광장'을 중심으로 한 신도심에 소비에트 색채가 더욱더 짙어지기 시작한다. 이러한 흐름은 1938년 레닌 거리가 시작되는 '소비에트 광장' 동쪽 끝자락에 건설된 부랴트국립아카데미오페라발레극장에서 뚜렷하게 감지된다. 물론, 부랴트 민족문화 상징들도 극장 건물 안팎을 일부 장식하고 있지만, 건축 양식과 예술 정신은 전적으로 소비에트식이다. 이후 1940년대부터 1970년대까지 '소비에트 광장'에는 소비에트 과거와 현재를 반영하는 다양한

울란우데 '소비에트 광장'에 있는 부랴트국립아카데미오페라발레극장 (출처: 라승도)

울란우데 '소비에트 광장'의 '레닌 두상' (출처: 라승도)

건축물과 조형물이 등장하면서 신도심 주변을 소비에트 색채로 압도한다. 가장 대표적인 예로 '레닌 두상'을 들 수 있다. 높이 7.7m, 너비 4m, 무게 42t으로 세계에서 가장 큰 '레닌 두상'은 1970년 러시아 혁명 지도자 블라디미르 레닌(1870~1924)의 탄생 100주년을 기념하여 조성됐다. 울란우데 하면 '레닌 두상'을 떠올릴 정도로 '레닌 두상'은 소비에트 유산이 지배하는 울란우데 도심의 대표 이미지가 됐다.

한편, 울란우데에서 부랴트 민족 정체성 확립 움직임은 소련 시대에 부분적, 장식적 차원으로 그쳤던 것과 달리 소련 붕괴 이후 1990년대부터 현재까지 매우 다양하고 적극적으로 이뤄지고 있어 흥미롭다. 부랴트 민족문화 부흥으로 설명할 수 있는 이러한 경향에서 가장 주목할 만한 것 가운데 하나는 울란우데 공항에서 시내로 들어올 때 건너는 셀렌가강 다리를 지나고 나면 눈앞으로 크게 보이는 '어머니 부랴티야' 기념상이다. 울란우데판 '자유의 여신상'으로 불리기도 하고

울란우데 '어머니 부랴티야' 기념상 (출처: commons.wikipedia.org)

'환대하는 부랴티야'로 불리기도 하는 이 기념상은 원래 2002년 부랴트국립아카데미오페라발레극장 뒤편으로 '울란우데의 아르바트 거리'로 통하는 레닌 거리가 시작되는 내리막길 지점에 세워졌지만, 웅장한 극장 건물에 가려 존재감이 약하다는 지적이 많아 2008년 결국 현재 자리로 옮겨졌다. 받침대까지 포함하여 16m로 울란우데에서 가장 높은 기념비로 유명한 '어머니 부랴티야'는 양팔로 티베트 전통 예식 스카프 '하다크'를 펼쳐 들고 있는데, 바로 이 스카프가 부랴트인들의 손님 '환대'를 상징한다. 또 동상이 쓰고 있는 모자의 둥근 꼭지는 금박을 입혀 놓았는데, 이 금박이 날씨 좋은 날에 햇볕을 받아 반짝이면 울란우데 어디에서나 동상을 볼 수 있다고 한다.

1991년 소련 붕괴 이후 특히 2000년대에 들어와서 울란우데에서 점점 더 짙어지는 부랴트 민족문화 색채는 불교의 확산에서도 뚜렷하게 나타나고 있다. 대표적인 사례로 도시 곳곳에 새로 들어서고 있

울란우데 시내에 있는 '린포체 바크샤' 불교 사원 본당 (출처: 라승도)

는 크고 작은 불교 사원들을 들 수 있다. 이와 관련하여 울란우데에서 가장 높은 곳 가운데 하나로 경치가 탁월한 '리시 고라(민둥산)'에 2000년부터 짓기 시작하여 2004년 완공된 '린포체 바크샤' 사원을 특별히 주목할 만하다. 이볼가 사원처럼 대규모 불교 사원은 대부분 울란우데에서 멀리 떨어진 곳에 있지만, '린포체 바크샤' 사원은 울란우데 시내에 있을 뿐만 아니라 높은 곳에 자리 잡고 있어 전망도 아주 좋다. 게다가 사원은 불당 건물 내부도 바깥도 모두 선명한 색상으로 칠해져 있어 날씨가 좋은 날이면 시내 어디에서도 볼 수 있을 정도다. 특히 2004년에는 러시아에서 가장 큰 도금 불상이 본당에 모셔져 사원의 의미가 한층 더 커졌다. 티베트어로 '소중한 스승'을 뜻하는 '린포체 바크샤' 사원은 울란우데 시내에 있고 세련되고 깔끔한 분위기 덕분인지 불교 신도들만 아니라 일반 시민과 외국인 관광객들의 발길도 빈번하다.

울란우데에서는 부랴트 민족문화가 그들의 전통 음식을 통해서도 잘 유지되고 있다. 이곳에는 우리나라의 만두와 유사하게 생겼지

'린포체 바크샤' 사원 본당의 불상과 그 앞에서 기도하는 불자 (출처: 라승도)

울란우데 시외에 있는 이볼가 사원의 에티겔로프 불당 (출처: 라승도)

울란우데 '텐기스' 레스토랑에서 판매하는 부랴트 만두 '부자' (출처: 라승도)

울란우데 중심부 '소비에트 광장'에 있는 부랴트 만두 전문점 '부자 룸' (출처: 라승도)

만, 만두피가 더 두껍고 만두소에 고기가 더 많이 들어간 음식을 파는 식당이 많다. 부랴트어로 '부자'로 불리는 부랴트 만두는 유목민의 주거 형태인 유르트(게르)처럼 생겨서 흥미롭다. 유목민들은 이동할 때 간편하게 휴대할 수 있는 '부자'를 만들어 먹었고, 이것이 오늘날 부랴트 문화를 대표하는 음식이 됐다. 이르쿠츠크에서 부랴티야, 자바이칼까지 이어지는 바이칼 지역에 가면 꼭 먹어 봐야 하는 이 음식은 사실 부랴트인의 이동과 밀접하게 관련돼 있다. 그들은 자신들이 머무는 곳마다 이 음식을 현지화하면서 다른 이름을 만들어냈다. 이 음식은 울란우데와 치타에서는 '부자'로 불리지만, 이르쿠츠크에 가면 '포자'로 불린다.

치타, 자바이칼의 숨은 보석

자바이칼변강주는 러시아에서 햇볕이 나는 날이 가장 많은 지역이기도 하고 우라늄 생산량에서도 러시아 1위를 달리는 지역이기도 하다. 그러나 이런 기록 순위를 잘 아는 사람은 외국에서는 물론이고 러시아에서도 그리 많지 않을 듯하다. 자바이칼은 그만큼 생경한 곳이라고 할 수 있지만, 최근 이곳은 극동의 다른 지역과 마찬가지로 이웃 나라 중국에서 오는 관광객이 적지 않다. 그래서인지 자바이칼변강주 수도 치타 시내 여러 곳에서 중국의 영향을 어렵지 않게 감지할 수 있다. 중국 식당들도 눈에 자주 띄지만, 치타에서 중국의 영향은 바부시킨 거리 113번지에 있는 향토박물관에 가보면 분명하게 알 수 있다. 이는 무엇보다도 먼저 박물관 입구에 있는 중국어 안내문에서만 아니라 '중국과 함께 3세기' 특별전 소개문에서도 쉽게 눈치챌 수 있다. 박물관 안에서는 2층에 마련된 '러시아-중국

치타 향토박물관 전경 (출처: 라승도)

치타 향토박물관 내 '러시아-중국 우호 전시관'에 마련된 양국 우호 기념물 (출처: 라승도)

우호 전시관'을 둘러보면 자바이칼 지역을 중심으로 한 러시아가 역사·지리적으로나 문화적으로 중국과 어떤 관계에 있었는지를 이해할 수 있고 최근 러·중 양국의 긴밀한 관계도 짐작할 수 있다. 치타 시내 거리에서 마주친 젊은 러시아 여성들이 한국인들을 보고 외모가 비슷해서 중국인인 줄 알고 '니하오'라고 반갑게 인사말을 건네는 모습에서 중국인에 대한 이곳 러시아 사람들의 태도가 어떤지 능히 짐작하고 남는다.

치타는 1653년 표트르 베케토프(1600~1661)가 부랴티야 원정 당시 이곳에 와서 겨울 숙영지를 세운 데서 기원했다. 그로부터 366년이 흐른 지금 치타는 블라디보스토크나 하바롭스크와 비교하면 인구 약 35만 명으로 작은 도시다. 그러나 역사와 문화에서 보면 극동을 대표하는 이 두 도시보다 훨씬 더 유구한 전통을 자랑한다. 이는 1776년 세워져 극동에서만 아니라 시베리아 전체에서도 가장 오래

치타 시내 레닌 거리 100번지에 있는 폴루토프 여인숙 건물 (출처: 라승도)

된 목조 건축물인 미하일로-아르한겔스카야 교회가 바로 이곳 치타에 잘 보존된 사실만 봐도 알 수 있다. 이와 함께 치타 시내 주요 거리에 잘 보존된 19세기 러시아 전통 건축물들도 이곳이 러시아 극동의 다른 지역들에서는 찾아보기 어려운 19세기와 20세기 초 러시아 목조 건축문화의 보고임을 잘 보여준다. 예를 들면, 치타 중심가를 형성하는 레닌 거리 100번지에 있는 2층짜리 폴루토프 여인숙은 1903~05년에 지은 것으로 섬세한 건축미가 돋보여 치타 목조 건축의 백미로 높이 평가받고 있다.

1825년 12월 26일 데카브리스트 봉기에 가담했다가 체포되어 재판에서 유형 선고를 받고 이곳으로 온 귀족 청년 장교들의 이야기도 치타에 잘 보존된 극동 지역의 러시아 건축문화를 얘기할 때 빼놓을 수 없다. 1827년 1월 말 당시 요새였던 치타로 유형 온 데카브리스트는 4명뿐이었다. 니키타 무라비요프(1795~1843)와 알렉세이 무라비

데카브리스트 미하일 나리시킨(1798~1863)의 아내 옐리자베타 나리시키나(1802~1867)가 살았던 집 (출처: 라승도)

요프(1802~1853) 형제, 이반 안넨코프(1802~1878), 콘스탄틴 토르손(1793~1857)이 그들이었다. 이후 1828년까지 70여 명의 봉기 가담자가 이곳으로 오면서 치타는 그야말로 데카브리스트들로 넘쳤다. 이들은 나중에 치타에서만 머물지 않고 이곳에서 멀리 떨어진 네르친스크 광산 지역까지 흩어져 노역과 함께 유형을 살았지만, 치타에 머무는 동안 많은 일을 했다. 처음에 이들은 손발에 족쇄를 차고 지냈지만, 1828년 8월 니콜라이 1세 황제의 특별 지시로 족쇄에서 벗어날 수 있었다. 이와 함께 데카브리스트와 이들의 가족은 자신들이 거주할 집을 짓고 텃밭도 일굴 수 있었다. 특히 이들은 75개의 오두막집에 400명가량이 살던 벽지 마을이 지금과 같은 유럽적 면모를 띠는 도시로 발전하는 데도 크게 이바지했다. 오늘날 이곳 사람들은 치타의 중심부가 상트페테르부르크를 연상시킨다고 말하곤 하는데, 이는 바로 데카브리스트들이 도시 중심부를 설계했기 때문이다.

데카브리스트들이 치타에 남긴 역사는 앞서 소개한 미하일로-아르한겔스카야 교회에 잘 보존돼 있다. 이곳은 '데카브리스트들의 교회'로도 불리는데, 그 이유는 치타에 와서 유형을 살았던 데카브리스트 가운데 몇 명이 이 교회에 와서 결혼식을 올린 사연에서 찾을 수 있다. 치타에 먼저 온 데카브리스트 4명 중 한 명이었던 이반 안넨코프는 바로 이곳에서 자신의 프랑스인 아내 폴리나 괴블과 결혼식을 올렸다. 결혼식에 참석한 손님들은 식이 끝나자 자신들이 차고 있던 족쇄를 맞부딪혀 소리를 내서 신랑·신부를 축하했다고 한다. 이들의 낭만적인 이야기는 나중에 알렉산더 뒤마(1802~1870)가 1840년에 쓴 유명 소설 『펜싱 선생』의 배경이 됐다. 이 교회에서 결혼식을 올린 데카브리스트는 안넨코프만이 아니었다. 드미트리 자발리

시베리아와 극동 지역에서 목조 교회 건축물로 가장 오래된 미하일로-아르한겔스카야 교회. 지금은 교회로 기능하지 않고 '데카브리스트 박물관'으로 사용되고 있다 (출처: 라승도)

신(1804~1892)도 당시 치타 지구 관리자였던 세묜 스몰리야니노프(1769~1836)의 딸 아폴리나리야와 바로 이곳에서 결혼식을 올렸다. 이 교회는 1917년 러시아 혁명 이후 예배가 중단되어 방치 상태에 있다가 1971년부터 '데카브리스트 박물관'으로 사용되기 시작했다. 이곳에서 멀지 않은 묘지에는 세르게이 볼콘스키(1788~1865)와 그의 아내 마리야 볼콘스카야(1805~1863) 사이에서 태어난 딸이 묻혀 있다. 현재 치타에는 '데카브리스트들의 교회'에서 시작하여 '데카브리스트 광장'과 '데카브리스트 거리'를 거쳐 '드미트리 자발리신 제방'에 이르기까지 이곳에 와서 유형을 살았던 데카브리스트들과 관련된 장소가 많아 이 도시의 역사적, 문화적 깊이를 더해준다.

치타는 1917년 10월 사회주의 혁명 이후 소비에트 정권이 들어서면서 커다란 변화를 맞이했다. 치타에 새겨진 소비에트 시대의 유산은 무엇보다도 먼저 도시 중심부를 가로지르는 레닌 거리와 그 중간에 있는 레닌 광장에 집중돼 있다. 극동 지역들에서만 아니라 러시아 어느 도시에서도 볼 수 있듯이, 치타의 레닌 광장에도 한복판에 레닌 동상이 우뚝 서 있다. 레닌 동상을 중심에 두고 동서남북 사방으로 펼쳐진 웅장한 건물들은 거의 모두 신고전주의 양식으로 전형적인 소비에트 건축문화를 보여준다. 또 레닌 거리에 있는 '장교회관'과 '문화휴식공원', '조국' 영화관 등은 이른바 '소비에트 노스탤지어'를 불러일으키기에 충분한 소련 시대의 여가문화를 고스란히 간직하고 있다. 이처럼 치타 시내 중심부는 19세기 러시아의 건축문화가 잘 보존돼 있긴 하지만, 소련 시절의 유산이 압도적인 존재감을 뿜어낸다.

레닌 광장에서 조금만 더 아래로 내려가면 자바이칼철도교통대학교와 치타 기차역 등이 나오고 이들 맞은편으로는 카잔성당이 우뚝

치타 중심부 레닌 광장과 레닌 동상 (출처: 라승도)

치타 중심부에 있는 자바이칼철도교통대학교 본관 건물 (출처: 라승도)

치타 중심부 레닌 거리에 있는 '장교회관'과 '문화휴식공원' 건물 (출처: 라승도)

치타 중심부에 자리 잡은 치타 기차역 청사 (출처: 라승도)

서 있다. 이들 모두 큼직큼직하게 웅장한 자태를 뽐내고 있지만, 여기서도 소비에트 시대의 영향이 더 짙게 느껴진다. 요컨대, 치타의 중심부는 19세기부터 21세기까지 제정 러시아 시기에서 소비에트 시기, 포스트소비에트 시기까지 다양한 시대와 체제, 이념의 흔적이 뒤섞여 있지만, 적어도 외형적인 측면에서 존재감이 가장 두드러지는 것은 바로 소비에트 시대의 유산이라고 할 수 있다.

치타에서 두드러지게 보이는 또 다른 특징적 양상 가운데 한 가지는 도시 중심부에서 멀지 않은 곳에 대규모로 조성된 '군사영예 기념공원'이다. 수도 모스크바 같은 대도시든 북극권 나리얀마르 같은 소도시든, 촌락이나 마을이든 러시아 어디에 가도 볼 수 있는 동상으로는 레닌 동상을 꼽을 수 있고, 공원으로는 바로 2차 세계대전(대조국전쟁) 기념 공원을 들 수 있다. 치타에서도 이 두 가지를 모두 볼 수 있지만, 이곳의 '군사영예 기념 공원'은 러시아 극동에서 가장 크고 인상적인 규모의 2차 대전 기념 공원이어서 특히 눈길을 끈다. 이 공원에서는 2차 대전 등 전쟁에 동원된 각종 무기가 전시돼 있는 것도

치타 중심부에서 멀지 않은 곳에 대규모로 조성된 '군사영예 기념 공원'의 중앙 조형물 '승리의 순간'과 '영원한 불꽃' (출처: 라승도)

홍미롭지만, 공원의 중심점은 17.5m 높이로 나란히 줄지어 서 있는 5개의 거대한 기둥을 배경으로 설치된 '승리의 순간' 조형물과 그 앞의 '영원한 불꽃'이다. 이 공원은 2018년 개축 공사를 거치면서 새로운 내용이 추가됐는데, 대조국전쟁 승리에 기여한 '영웅도시' 가로숫길 조성도 그중 하나다. 이 전쟁 기념 공원은 분명히 규모와 내용에 걸쳐 러시아 극동의 다른 지역들에서는 찾아볼 수 없는 치타의 독특한 도시 풍경을 빚어낸다.

끝으로, 치타와 극동의 역사에서 절대 빼놓을 수 없는 인물들이 있다. 표트르 베케토프와 니콜라이 무라비요프아무르스키가 바로 그들이다. 베케토프는 치타의 역사적 기원이 됐던 카자크 원정대의 겨울 숙영지를 바로 이곳에 세웠다고 해서 치타의 설립자로 기억된다. 그의 기념 동상이 레닌 거리에 조성돼 있는 이유가 여기에 있다. 이와 함께 니콜라이 무라비요프아무르스키의 기념 동상도 치타 시

치타 시내에 있는 니콜라이 무라비요프아무르스키 기념 동상 (출처: ru.wikipedia.org)

내 보고먀코프 거리와 네도레조프 거리가 만나는 지점에 2014년 5월 29일 제막됐다. 무라비요프아무르스키의 동상이 하바롭스크와 블라고베셴스크, 블라디보스토크에 이어 치타에도 조성된 이유는 그가 1851년에 치타의 도시 지위 부여와 창설된 지 얼마 안 된 자바이칼 카자크 부대의 치타 배치를 주장했던 데서 찾을 수 있다. 이후 치타는 무라비요프아무르스키 덕분에 러시아 극동 개척 역사에서 중요한 거점 가운데 하나가 됐고 더 나아가 시베리아횡단철도가 지나가는 주요 도시 가운데 하나로 성장했다.

10

극동의 부상과 러시아의 미래

아무르강 : 태평양으로 흐르는 극동의 젖줄

2018년 9월 9일 한국방송공사(KBS)는 글로벌 다큐멘터리 '아시아의 아마존 아무르강' 3부작을 일주일 단위로 편성해 3주 연속 방송하기 시작했다. KBS는 2015년 '아르테 프랑스'에서 제작한 다큐멘터리를 수입하여 한국어 방송으로 내보내면서 아무르강에 대해 "세계에서 손꼽는 규모를 자랑하지만, 아직 베일에 싸여 있는 강"이자 "거대한 물줄기가 두 강대국을 가르며 아시아 중심부에서 태평양으로 흘러나가는" 강이라고 설명한다. 실제로 아무르강

아무르강 지도 (출처: en.wikipedia.org)

은 시베리아와 극동 지역을 통틀어 남쪽에서 북쪽으로 흐르지 않고 서쪽에서 동쪽으로 흘러 태평양으로 들어가는 대규모 강으로서 유일무이하고, 1,900km에 걸쳐 이웃 나라 중국과 국경을 형성하며 도도하게 흐르는 장강으로서도 독보적이다. 총 2,824km에 달하는 아무르강은 역사·문화적으로나 생태·환경적으로도, 더 나아가 정치·경제적으로도 예나 지금이나 러시아의 극동 개척과 개발 정책에서만 아니라 아·태 지역 진출 전략에서도 매우 중요하다.

블라고베센스크, 아무르강의 러·중 쌍둥이 도시

아무르강 유역에서 가장 먼저 눈길을 끄는 도시는 바로 중국과 엎어지면 코 닿을 거리에 있는 아무르주의 수도 블라고베센스크다. 역사적으로 블라고베센스크는 1856년 아무르강과 만나는 제야강 하구에 러시아 군사초소가 생긴 데서 기원했다. 그로부터 2년 후 1858년 알렉산드르 2세 황제가 이곳에 도시 설립을 승인하면서 군사초소는 블라고베센스크로 개명됐고 블라고베센스크는 같은 해 5월 28일

아무르주 수도 블라고베센스크 강변 공원에 서 있는 니콜라이 무라비요프아무르스키 동상이 1858년 아이훈조약이 체결된 중국 헤이허(옛 아이훈) 쪽을 건너다보고 있다 (출처: 라승도)

아무르주 수도 블라고베셴스크 향토박물관에 마련된 아이훈조약 연표. "러시아 국기는 한 번 게양되면 절대 내려와서는 안 된다"라는 니콜라이 1세 황제의 말이 적혀 있다 (출처: 라승도)

아이훈조약 체결로 러시아 땅이 된 아무르강 좌안 지역의 중심지로 급부상했다. 이로부터 약 20년이 흐른 뒤인 1877년 블라고베셴스크는 인구가 약 8천 명으로 불어났고 특히 아무르강을 사이에 두고 중국 아이훈과 마주 보고 있는 유리한 입지 덕분에 상업과 무역이 발전했다. 현재 극동에서 최대 인구를 자랑하는 하바롭스크가 1880년대 말 인구 4천 명을 기록한 것을 보면 이 당시 블라고베셴스크가 얼마나 번창했는지 가늠해볼 수 있다. 특히 19세기 말에는 블라고베셴스크 주변 지역에 골드러시가 불어 닥쳐 금광업이 발전하기도 했다. 이는 1890년 여름 사할린섬으로 가는 도중 이곳에 들른 안톤 체호프가 "너나 할 것 없이 온통 금에 관한 얘기뿐이었다"라고 말한 데서도 잘 드러난다.

블라고베셴스크가 19세기 말 20세기 초 러시아 극동의 상업과 무역에서 앞서가는 도시였다는 사실은 1891년 니콜라이 2세 황제가 황태자 시절 극동을 순회하면서 이곳에 들렀을 때 나온 흥미로운 일화에서도 잘 뒷받침된다. 당시 블라고베셴스크 주민들은 러시아의 고유 풍습에 따라 빵과 소금을 쟁반에 담아 황태자에게 바치며 열렬히 환영했다. 흥미로운 점은 이때 빵과 소금을 담은 쟁반이 일반적으로 사용되던 은쟁반이 아니라 금쟁반이었다는 사실이다. 이는 당시 블라고베셴스크가 번성하는 도시라는 주민들의 자부심을 드러내 보인 것이다. 어쨌든, 황태자 시절 니콜라이 2세의 방문은 블라고베셴스크의 역사에 깊은 자취를 새겨 놓았다. 니콜라이 2세 황제에 대한 기억은 승리 광장과 아무르강 강변 공원 사이를 가로지르는 '붉은 함대' 거리에 1891년 그의 방문 당시 조성된 개선문의 우람한 자태에 잘 나타나 있다. 특히 개선문에는 "아무르 땅은 러시아의 땅이

1891년 니콜라이 2세가 황태자 시절 블라고베셴스크를 방문한 기념으로 조성된 개선문 (출처: 라승도)

었고, 러시아의 땅이며, 러시아의 땅일 것이다"라고 쓰여 흥미롭다.

중국과 매우 가까운 접경 도시라는 점에서 블라고베셴스크는 체호프가 사할린섬으로 가는 길에 들렀을 때 아무르강을 보고 남긴 소감으로도 주목할 만하다. 그는 1890년 지인에게 보낸 한 편지에서 아무르강을 보고 난 소감을 이렇게 적고 있다.

> 나는 아무르강 기슭을 멋지게 묘사할 재주가 없습니다. [...] 러시아 쪽 강기슭은 오른쪽이고, 중국 쪽은 왼쪽입니다. 내가 내키는 대로 러시아를 바라볼 수도 있고 중국을 바라볼 수도 있습니다. 중국도 러시아처럼 삭막하고 황량할 뿐입니다. [...] 중국이 우리에게서 아무르강을 빼앗아갈 것이라는 데는 의심의 여지가 없습니다.

아무르강 건너편의 아이훈에서 체결된 조약으로 아무르강 좌안 지역이 러시아 땅으로 변한 지 30여 년이 지난 시점에 체호프는 중국인들이 이곳을 다시 차지할 것으로 우려했다. 물론, 그의 우려는 지금까지 한 번도 현실화된 적이 없었다. 하지만 그가 블라고베셴스크를 떠난 지 10년 후인 1900년 7월 '의화단 운동'으로 불리는 중국인들의 외세 배척 운동의 여파로 블라고베셴스크에서 빚어진 러시아 당국의 중국인 탄압은 아무르강을 사이에 둔 두 강대국의 관계를 커다란 위기에 빠뜨릴 수 있었다. 당시 러시아의 탄압을 피해 중국으로 돌아가려고 아무르강을 건너다가 물에 빠져 죽은 중국인 수는 5천 명이 넘었다고 한다. 어쨌든, 그 뒤로 중국인들이 블라고베셴스크에서 큰 소동을 벌인 일은 없었다. 하지만 1920년부터 1922년까지 러시아 혁명 후 일어난 내전 기간에 블라고베셴스크는 백군 지원을 구실로 러시아 영토에 들어온 일본군에게 한때 점령됐다.

블라고베셴스크의 일본군 (출처: ru.wikipedia.org)

냉전 시절 소련은 아무르강과 우수리강 접경지대에서 중국과의 전면전으로 비화할 수 있었던 심각한 국경 분쟁과 무력 충돌을 몇 차례 빚었다. 중국을 코앞에 두고 있는 블라고베셴스크도 당시 첨예했던 양국의 긴장과 갈등 국면에서 절대 자유로울 수 없었다. 그 시절 소련 국경수비대 관련 시설들이 아무르 강변을 따라 고스란히 남아 있고 일부는 지금도 가동되고 있는 모습을 보면 양국 사이의 긴장 관계가 어땠는지 충분히 짐작되고도 남는다. 블라고베셴스크에서 당시 살았던 사람들의 회상을 들어보면, 상황이 얼마나 엄중했던지 아무르강 넘어 중국 쪽으로 시선을 돌리는 것조차 조심스러웠다고 한다. 그런 행위로 중국을 두둔한다거나 동경한다거나 하는 의심을 살 수도 있었기 때문이다. 게다가 블라고베셴스크에는 아무르강 건너편 헤이허에 일가친척을 두고 있는 사람도 적지 않았다. 이들은 러·중 국

블라고베셴스크 아무르 강변에 소련 시절 국경수비대 시설이 전시돼 있다 (출처: 라승도)

경 분쟁과 무력 충돌 상황에서 누구보다도 언행에 신중해야만 했다.

그러나 1991년 소련 붕괴 이후 러시아와 중국 사이에 국경이 열리면서 상황은 180도 달라지기 시작했다. 특히 중국 경제가 2000년대부터 급속도로 발전하면서 그전까지 블라고베셴스크와 비교하여 시골이나 다름없었던 아무르강 건너편의 헤이허도 상전벽해와도 같은 변화를 겪었다. 헤이허는 중국의 급속한 경제 발전에 힘입어 도시 현대화에 박차를 가하면서 순식간에 블라고베셴스크를 따라잡았다. 헤이허는 도시 풍경 조성에서 쌍둥이 도시를 지향하며 블라고베셴스크를 모방했지만, 단순히 모방하는 데만 그치지 않고 블라고베셴스크가 생각지도 못할 만큼 빠르게 도시 공간을 현대화했다. 헤이허 시내에는 러시아식 외관과 러시아어 간판이 붙은 건물이 곳곳에 즐비하다. 또 도시 한복판에 러시아 국민시인 알렉산드르 푸시킨 동상을 세워

헤이허시 한복판에 세워진 알렉산드르 푸시킨 동상 (출처: amurlenta.ru)

놓는 것도 잊지 않았다. 이는 무엇보다도 강 건너편에 사는 러시아 사람들을 관광객으로 끌어들이기 위한 전략에서 나왔다.

그러나 헤이허시는 자신들의 매력도와 경쟁력을 끌어올리기 위해 여기서 한 걸음 더 나아가 다양한 국적의 외래 요소들을 적극적으로 도입하여 도시 외관을 완전히 서구식으로 바꿔놓았다. 특히 몇 킬로미터에 달하는 아무르 강변을 깔끔하게 정비해 놓은 것은 헤이허의 도시 현대화 사업에서 백미로 평가된다. 또 해가 지고 땅거미가 내리면 약속이라도 한 듯이 강변을 따라 환하게 불을 밝히는 가로등과 주변 건물들의 화려한 조명 쇼는 헤이허를 밤마다 불야성의 도시로 탈바꿈시켜 놓는다. 강 건너편에서 이 모습을 지켜본 러시아 사람들의 감회는 다양했다. 무엇보다도 불과 얼마 전까지만 해도 시골이었

블라고베셴스크 쪽 아무르 강변에서 바라본 중국 헤이허시 야경 (출처: 라승도)

던 곳이 짧은 시간에 불야성을 이루는 화려한 현대 도시로 탈바꿈한 것이 그저 놀랍고 부럽기만 했다. 하지만 이렇게 환하게 불을 밝히는 데 쓰는 전기가 바로 블라고베셴스크에서 생산된 것이었으니 이곳 사람들의 기분이 마냥 좋을 리만 없었다. 러시아 전기를 싼값에 사다가 도시를 화려하게 수놓는 조명을 밝히는 데 물 쓰듯 펑펑 쓰는 중국인들은 러시아인들에게 우리가 이만큼 잘 산다고 염장을 지르듯 대놓고 자랑하는 것으로밖에 보이지 않았다.

하지만 헤이허의 대변화는 블라고베셴스크에도 긍정적인 영향을 끼쳤다. 2011년 여름 블라디미르 푸틴 대통령은 블라고베셴스크시를 공식 방문했을 때 아무르강 건너편에 있는 헤이허시의 최신 변화를 목격하고 건너편 중국 도시를 발전 모델로 삼아 아무르 강변 정비 등 도시 현대화 사업을 실행하라고 블라고베셴스크시에 지시했다. 푸틴 대통령의 지시에 따라 블라고베셴스크시는 그해 10월 곧바로 아무르 강변 정비 작업에 나섰고 그로부터 얼마 지나지 않아 시민들

블라고베셴스크 쪽 아무르 강변에서 바라본 중국 헤이허시 쇼핑센터 (출처: 라승도)

깔끔하게 단장한 블라고베셴스크 강변 풍경 (출처: 라승도)

은 건너편 헤이허시 강변 못지않게 산뜻하게 정비된 아무르 강변을 볼 수 있었다. 이와 함께 깔끔하게 단장한 강변을 따라 현대식 건물들이 새롭게 들어서면서 주변 환경도 훨씬 더 밝아졌다. 특히, 이제는 블라고베셴스크에서도 저녁이 되면 강변 주변의 건물들과 가로등이 불을 환히 밝히고 있어 아무르강은 러시아와 중국 두 도시 사이에서 밤마다 화려한 불빛으로 물든다. 블라고베셴스크와 헤이허가 여러모로 많이 닮은 접경지대 쌍둥이 도시로서 면모를 뽐내는 것도 바로 이런 데서 찾을 수 있다.

한편, 블라고베셴스크는 최근 러시아 극동 지역에서 점증하는 중국의 영향력과 존재감을 가늠하는 데서 중요한 척도가 된다. 사실 블라고베셴스크는 인구 22만5천 명으로 하바롭스크나 블라디보스토크와 비교하면 도시 규모가 작다. 블라고베셴스크는 두 도시보다 더 먼저 생겼고 역사·문화적 의미도 작지 않지만, 도시 발전은 비교할 수 없을 정도로 많이 뒤처져 있다. 이는 2019년 제5차 EEF '극동의 거리' 전시회에서 아무르주가 보여준 농업 중심의 빈약한 전시 내용에서도 확인할 수 있다. 게다가 블라고베셴스크는 두 도시와 달리 내륙 깊숙이 자리 잡고 있어서 대외 교류와 협력도 제한돼 있다. 그렇다고 문화·관광 자원이 다채롭고 풍부하다고 할 수도 없어 세계 각국에서 이곳을 찾는 외국인 관광객은 그리 많지 않다. 상황이 이렇다 보니 블라고베셴스크는 가장 가까운 이웃 나라 중국의 투자와 협력

블라고베셴스크 글로리아호텔 리셉션 데스크 뒷벽에 모스크바와 블라고베셴스크, 베이징 시간을 알려주는 시계가 걸려 있다 (출처: 라승도)

에 많이 의존한다. 블라고베셴스크를 대표하는 호텔 가운데 하나인 글로리아호텔 리셉션 데스크 뒷벽에 블라고베셴스크 현지와 러시아 수도 모스크바, 중국 수도 베이징의 시간을 보여주는 시계만 걸려 있는 걸 보면 이곳이 그만큼 고립돼 있고 중국 지향성이 강하다는 것을 알 수 있다.

최근 블라고베셴스크에서 중국의 발자취와 존재감, 영향력은 다양한 차원에서 뚜렷하게 감지된다. 먼저 아무르주의 수도를 방문하는 외국인 단체 관광객은 중국인이 절대다수를 이룬다. 중국인 관광객들이 강 건너편에서 바로 넘어왔는지 좀 더 먼 곳에서 왔는지 구체적으로 확인하기는 쉽지 않지만, 블라고베셴스크의 관광산업을 먹여 살리는 사람들은 바로 이들이다. 2019년 10월 15일 화요일 블라고베셴스크 향토박물관은 수십 명에 달하는 중국인 단체 관광객이 방문하지 않았다면 온종일 텅 빈 채 파리를 날렸을지 모른다. 이와 함께 블라고베셴스크 주요 거리에서는 중국 식당을 어렵지 않게 찾아볼

블라고베셴스크 향토박물관을 둘러보고 있는 중국인 관광객들 (출처: 라승도)

수 있다. 심지어 어떤 구역에서는 중국 식당 서너 곳이 문을 열고 있다. 이들 식당은 현지 러시아인들을 대상으로 영업하기도 하고, 이곳을 찾는 중국인 관광객이나 사업가들을 대상으로 영업하기도 한다. 또 아무르 강변 공원이나 시내 주요 거리에 있는 유럽식 식당이나 카페에 가면 중국인 몇 명은 꼭 눈에 띈다. 특히 2015년에는 러시아에서 세 번째로 블라고베셴스크 국립사범대학교에 중국 정부의 지원으로 공자학원이 문을 열었는데, 이곳에서 중국의 영향력과 존재감을 이보다 더 잘 보여주는 사례는 아마도 없을 것이다. 이는 블라고베셴스크에 중국(어)에 대한 관심을 보이는 사람이 그만큼 더 많아졌고 관심의 차원도 훨씬 더 높아졌음을 방증한다.

이처럼 블라고베셴스크의 삶에서 중국의 존재는 시간이 흐를수록 짙어져 간다고 말할 수 있다. 이러한 경향은 2019년 5월 말 블라고베셴스크와 헤이허를 잇는 다리가 마침내 연결됐고 11월 말 완공되어 더욱더 가속화할 것으로 보인다. 아무르강을 가로지르며 러·중 쌍

2019년 11월 29일 완공된 '블라고베셴스크-헤이허 다리' (출처: minvr.ru)

둥이 도시를 이어주는 이 다리는 두 도시 사이의 교류와 협력을 상징하지만, 특히 러시아의 '아시아 선회' 정책과 맞물려 최근 들어 한층 더 긴밀해지고 있는 양국의 우호 관계를 상징하기도 한다. 그러나 이 다리가 양국 관계를 진정으로 돈독하게 해주는 가교 구실을 충분히 해주리라는 기대감도 크지만, 다른 한편에선 다리가 개통하면 중국(인)의 러시아 진출이 지금보다 훨씬 더 빨라지고 많아져서 블라고베셴스크와 아무르주, 더 나아가 러시아 극동 지역이 중국의 영향권 아래 바로 놓일 수 있다고 우려한다. 분명한 점은 그동안 두 도시 사이에 비자 면제 협정이 체결되어 주민들이 배를 이용해 자유롭게 왕래했는데, 이런 왕래 속도와 규모가 앞으로 다리를 통하면 훨씬 더 커지리라는 것이다.

'블라고베셴스크-헤이허 다리' 연결식 소식이 나온 지 약 두 달 후

UNSTUDIO의 블라고베셴스크 케이블카 터미널 청사진 (출처: unstudio.com)

에는 아무르강을 가로지르며 두 도시 사이를 오가는 세계 최초 초국경 케이블카 건설 뉴스가 타전돼 세계인의 관심을 끌었다. 케이블카 건설 프로젝트 운영사인 러시아 건축 컨설팅사 '스트렐카 KB'는 2019년 9월 30일 네덜란드 건축 사무소 UNSTUDIO가 설계한 블라고베셴스크 케이블카 터미널의 청사진을 일반에 공개했다. 공개된 청사진에 따르면, 테라스와 스카이 가든을 포함한 몇 개 층의 첨단 건물로 이뤄진 케이블카 터미널에서는 아무르강 건너편으로 헤이허시를 한눈에 내려다볼 수 있다. 현재 건설 중인 터미널 등 관련 시설이 2020년에 모두 완공되어 케이블카가 개통하면 두 도시 간 이동 시간은 3~4분이면 충분하다고 한다. 케이블카는 수화물 공간을 포함해 최대 60명까지 태우고 15분 간격으로 운행한다. 앞으로 초국경 케이블카가 운행하기 시작하면 두 나라와 도시를 아무르강 위로 이어주는 또 다른 이색 교통수단이 될 것이 분명하다. 이는 더 나아가 러·중 양국의 교류와 협력도 다양한 차원에서 훨씬 더 촉진할 것으로 예상된다.

하바롭스크, 러시아 극동의 전략적 요충지

아무르강은 세계 10대 강에도 포함되는 극동에서 가장 큰 강이다. 아무르강은 몽골과 중국, 러시아 3개국을 통과한다. 하지만 아무르강 유역의 절반 이상인 54%는 러시아가 차지한다. 총 2,824km에 달하는 아무르강은 크게 상류와 중류, 하류 세 부분으로 나뉜다. 상류는 러시아에서 발원하는 실카강과 몽골에서 발원하는 아르군강이 합류하는 지점에서 시작해 블라고베셴스크까지 약 900km에 걸쳐 흐르며 산악지대여서 물살이 거칠고 빠르다. 중류는 블라고베셴스크에서 하바롭스크까지 약 1,000km에 걸쳐 흐르고 강폭이 넓고 강기슭에 습지도 많다. 하류는 하바롭스크에서 콤소몰스크나아무레와 니콜라옙스크나아무레를 거쳐 오호츠크해까지 950km에 걸쳐 이어진다. 특히 아무르강 중류와 하류의 분기점에서는 우수리강이 합류한다. 이곳에는 현재 인구 617,473명으로 아무르강 유역에서는 물론이고 러시아 극동 전체에서도 가장 큰 도시 하바롭스크가 지척에 있다.

하바롭스크는 역사적 기원이 17세기까지 거슬러 올라가는 야쿠츠크나 울란우데, 치타와 비교하면 1858년에 세워져 비교적 젊은 도시에 속한다. 하바롭스크는 블라고베셴스크보다는 2년 더 늦게, 블라디보스토크보다는 2년 더 일찍 세워졌다. 1854년 2월 겐나디 네벨스코이 제독은 아무르강과 만나는 우수리강 하구에 군사초소를 설치해야 한다고 당시 동시베리아 지사였던 니콜라이 무라비요프에게 요청했다. 하지만 그의 요청은 곧바로 수용되지 않았고 4년 후인 1858년 5월 31일 무라비요프아무르스키 총독이 동시베리아 제13상비대

러시아 5000루블 지폐 도안에 들어간 니콜라이 무라비요프아무르스키 동상과 하바롭스크 아무르 강변 (출처: ru.wikipedia.org)

대 군사초소를 두 강이 만나는 지점 근처에 설치하면서 마침내 실현됐고 바로 이때 지금의 하바롭스크도 하바롭카라는 이름으로 역사를 시작했다. 당시 무라비요프아무르스키가 군사초소에 부여한 하바롭카라는 이름은 35년 뒤인 1893년 지금의 하바롭스크로 바뀌었다. 이에 앞서 1880년 하바롭카는 도시 지위를 부여받았다. 하바롭카든 하바롭스크든 도시명은 17세기에 아무르강을 처음 탐험한 러시아인 중 한 명으로 이곳까지 진출한 예로페이 하바로프의 위업을 기리기 위한 목적에서 나왔다.

사람들은 하바롭스크의 초기 역사를 얘기할 때 흔히 도시명이 유래한 예로페이 하바로프의 이름을 먼저 떠올리거나 도시의 초석을 놓은 니콜라이 무라비요프아무르스키 백작을 우선 생각한다. 이들의 기념 동상이 각각 하바롭스크 기차역 앞 광장과 아무르 강변 공원에 우뚝 서 있어 눈에 잘 띄는 것도 사람들이 두 인물을 하바롭스크의 역사와 관련하여 누구보다도 더 잘 기억하는 이유일 것이다. 이와 대조적으로 겐나디 네벨스코이 제독은 하바롭스크의 탄생 역사에서 숨은 공로자였음에도 그동안 대접을 제대로 받지 못했다. 이미 언급했듯이, 네벨스코이는 1849년에서 1855년까지 아무르강 하류 탐사 과정에서 우수리강 하구와 아무르강이 만나는 곳에 군사초소를 설치해야 한다고 일찌감치 주장했고 그의 이런 주장은 몇 년 후 무라비요프아무르스키에 의해 현실화됐다. 이런 점에서 하바롭스크의 역사는 바로 네벨스코이의 머릿속에서 시작됐다고도 할 수 있다.

하지만 그동안 하바롭스크에서 네벨스코이에 대한 대접은 썩 만족스럽지 못했다. 소련 시절인 1952년 하바롭스크는 아무르강 기슭에 네벨스코이의 동상을 세우고 그의 업적을 기렸다. 그러나 이 동상은 소련 붕괴 이후인 1996년 무슨 이유에서인지 누군가에 의해 파괴

겐나디 네벨스코이 초상화 (출처: ru.wikipedia.org)

되어 사라졌다. 그로부터 지금까지 20여 년 동안 하바롭스크에서 네벨스코이의 흔적은 찾아볼 수 없었다. 다행히 2017년부터 하바롭스크 향토사학자들을 중심으로 그의 동상 건립 논의와 함께 기금 모금이 시작됐다. 2019년 여름에는 애초 약 2,000만 루블로 평가된 동상 설립 비용이 러시아연방 국민 예술가인 알렉산드르 루카비시니코프(1950~)로 동상 설계자를 교체한 덕분에 900만 루블로 줄었고 2017

년 시작된 국민 성금도 200만 루블까지 모였다. 이처럼 네벨스코이 동상 건립 계획이 차근차근 실행에 옮겨지고 있어 그의 늠름한 자태를 하바롭스크에서 볼 날이 머지않았다. 이와 함께 2019년부터는 하바롭스크 노비 국제공항 이름이 겐나디 네벨스코이 기념 국제공항으로 공식 개명되어 아무르강 유역과 러시아 극동 개척 역사에서 네벨스코이가 이룬 성과를 기억하는 사람이 앞으로 더 많아질 것으로 보인다.

다른 한편, 2018년 11월 극동의 수도가 하바롭스크에서 블라디보스토크로 갑자기 바뀌긴 했지만, 하바롭스크는 여전히 지정학적, 군사적, 경제적 측면 등에서 러시아 극동의 전략적 요충지로 꼽힌다. 특히 아무르강과 우수리강은 모두 러시아와 중국 사이에서 국경선을 형성하고 있는데, 하바롭스크는 바로 두 강이 합류하는 지점에서 불과 30km 남짓 떨어진 곳에 있다. 이처럼 유리한 입지 조건 덕분에 하바롭스크는 극동 지역에서 러·중 두 강대국의 긴밀한 교류와 협력을 위한 핵심 무대로 통한다. 게다가 하바롭스크는 러시아와 중국 어느 쪽에서든 아무르강 상·중류에서나 우수리강 상류에서 출발하여 아무르강 하류를 통해 태평양으로 나갈 때 반드시 거쳐야 하는 최대 관문이다. 또 하바롭스크는 극동 지역에서 강을 통해 태평양으로 나가는 수로의 최대 거점이기도 하지만, 태평양을 끼고 있는 블라디보스토크까지 가는 시베리아횡단철도의 극동 최대 경유지이기도 하다. 끝으로 하바롭스크는 동부 시베리아의 천연가스가 '시베리아의 힘' 가스관 동부 지선으로 블라디보스토크를 통해 한반도까지 공급될 때 경유하는 곳이기도 하고 사할린섬의 천연가스가 연해주를 통해 한반도로 들어가게 될 때 거치는 곳이기도 하다.

러시아 극동의 전략적 요충지로서 하바롭스크의 남다른 위상은

하바롭스크 국제공항 국내선 신터미널 (출처: minvr.ru)

현재 극동연방관구에서 가장 큰 규모를 자랑하는 하바롭스크 국제공항 확장 개보수 프로젝트로 더 커질 전망이다. 21세기 러시아의 극동 개발 정책에서 핵심 사업 가운데 하나인 선도개발구역 조성 계획에 따라 수행되는 하바롭스크 국제공항 재건 프로젝트는 2018년부터 2021년까지 4년간 총 3단계에 걸쳐 진행된다. 제1단계는 이착륙 활주로 개보수와 국내선 신터미널 건설로 이뤄지고, 제2단계와 3단계는 호텔과 전시관, 쇼핑오락센터, 비즈니스 파크 건설 등으로 구성된다. 하바롭스크 국제공항은 현재 연간 약 2백만 명의 승객과 3만t의 화물을 수송하고 있는데, 앞으로 재건 프로젝트가 3단계까지 모두 완료되고 나면 승객과 화물 수송에서 비약적인 발전이 기대된다.

실제로 2018년 3월 유리 트루트네프 러시아연방 극동연방관구 담당 부총리 겸 대통령 전권대표는 하바롭스크 국제공항 신터미널 등이 모두 완료되면 이용 승객이 두 배 증가해야 한다고 말했다. 또 그는 2019년 9월 30일 제1단계 완료 시점에 맞춰 하바롭스크 국제공항을 직접 방문하여 둘러보는 자리에서 곧이어 진행되는 제2단계 사업에 극동개발기금과 대외경제은행 조달 자금 63억 루블(약 1,134억 원)이 투입된다고 밝히기도 했다.

하바롭스크 국제공항 재건 프로젝트는 현지 사회 발전에서만 아니라 러시아 극동 개발에서도 큰 의미가 있다. 사실 하바롭스크는 극동 지역에서 최대 규모를 자랑하고 가장 유럽적인 도시임에도 국제공항만큼은 그에 걸맞지 않게 현대적 면모를 제대로 갖추지 못했다. 특히 국제선 청사의 규모와 시설은 하바롭스크가 지금은 아니지만, 2000년부터 2018년까지 약 20년간 극동연방관구 수도로 기능했다는 사실이 믿기지 않을 정도로 빈약하고 초라하기 짝이 없었다. 이런 점에서 볼 때 최근 새롭게 탈바꿈하고 있는 하바롭스크 국제공항은 무엇보다도 먼저 지역 사회의 이미지 향상에 이바지하면서 외부 투자자와 관광객 유치에 일조할 것으로 보인다. 이와 함께 하바롭스크는 국제공항 현대화를 통해 러시아 극동 지역의 항공 허브로서도 입지를 굳게 다질 수 있다. 마지막으로 하바롭스크 국제공항 정비는 푸틴 대통령의 러시아 중앙정부가 2010년대부터 공항 신·개축을 통해 실행하고 있는 지역 균형 발전의 좋은 결과 가운데 하나를 보여준다. 특히, 러시아 중앙정부는 2010년 블라디보스토크 국제공항을 대대적으로 현대화한 이후 다시 하바롭스크 국제공항을 대규모로 증·개축함으로써 극동 지역에서 인프라 현대화 의지가 그만큼 크다는 것을 예증해 보이고 있다.

하바롭스크대교, '아무르강의 기적'을 재연하다

모두 아홉 종류로 이뤄진 러시아 루블화 지폐는 앞면과 뒷면 디자인에 러시아 역사와 문화, 인물과 자연 등을 대표하는 이미지가 다양하게 들어가 있다. 수도원에서 우주기지까지 각종 건축물도 루블화 지폐 디자인을 장식하는 다채로운 이미지 가운데 하나다. 특히 여러 건축물 중에는 다리도 세 개 포함돼 있는데, 세 개 중 두 개가 바로 극동에서 나왔다. 하나는 앞서 소개한 블라디보스토크 루스키대교로 2017년 발행되기 시작한 2000루블 지폐에 들어가 있고, 다른 하나는 하바롭스크대교로 2006년 발행되기 시작한 5000루블 지폐에서 니콜라이 무라비요프아무르스키 백작의 기념 동상과 함께 앞뒷면을 장식하고 있다. 하바롭스크대교는 루블화 최고액 지폐에 등장함으로써 루스키대교와 함께 러시아 극동 지역을 대표하는 전국구 이미지로 자리 잡았다.

하바롭스크대교는 하바롭스크가 러시아 극동 지역에서 철도와 도로, 수로 교통의 요지이자 전략적 허브임을 잘 보여준다. 이 다리로는 시베리아횡단철도가 통과하고 하바롭스크에서 치타까지 이어지는 연방도로 R297 아무르대로가 지나간다. 하지만 현재 5000루블 지폐에 들어가 있는 모습으로 자리 잡기까지 하바롭스크대교는 제정 러시아 시절부터 소련 시대를 거쳐 최근까지 다양한 건설 과정과 우여곡절을 겪어 하바롭스크와 극동 역사의 산증인이나 다름없었다. 하바롭스크에서 최초의 철교 착공식은 1915년 10월 1일 개통을 목표로 1913년 7월 30일에 열렸다. 그러나 철교 개통식은 중간에 1차 세계대전이 발발하여 건설 자재 공급이 늦춰지면서 예정보다 1년 더 늦은 1916년 10월 5일 러시아 정교회의 축성을 받으며 성대하게

하바롭스크대교 (출처: 라승도)

열렸다. 그러나 1년여 뒤 10월 사회주의 혁명이 일어나고 곧이어 내전이 발발하면서 철교는 지은 지 4년도 채 되지 않아 심각한 위기에 빠진다. 1920년 4월 20일 러시아 내전에 개입한 일본군을 피해 퇴각하던 적군 유격대가 이 다리에서 두 개 구간의 철제 구조물을 파괴했고 이로 인해 시베리아횡단철도 운행이 5년간 중단됐다. 파괴된 철교는 보수를 거쳐 1925년 3월 22일 재개통했다.

하바롭스크철교는 1991년 소련 붕괴 직후 또 한 번 중대한 변화를 맞이한다. 1992년 다리 개축 공사에 따라 기존 철교 옆에 자동차용 상단과 철도용 하단으로 이뤄지는 복층 교량이 새로 건설되기 시작했다. 신규 다리는 착공 6년 만인 1998년 6월 철도용 하단이 개통했고 자동차용 상단은 이듬해인 1999년 개통했다. 오늘날 하바롭스크

아무르다리역사박물관 (출처: 라승도)

대교로 불리는 다리가 완공되면서 1916년 건설된 옛 철교는 해체 작업에 들어갔지만, 교각은 여전히 그 자리에 남아 있다. 옛 철교의 한 구간을 구성하는 교각과 철제 도리는 완전히 철거되지 않고 하바롭스크대교 동단 옆에 조성된 아무르다리역사박물관 부지로 옮겨져 전시돼 있다. 이곳 박물관에서는 아무르강을 가로지르는 최초의 다리가 어떻게 생겼는지 실물로 확인해볼 수 있다. 이 밖에도 박물관에는 기차역 플랫폼, 증기기관차와 객차 등이 마련돼 있어 초창기 철도와 열차의 모습을 살펴볼 수 있다.

하바롭스크대교는 1917년 이전까지 '알렉세이 다리'로도 불렸다. 1913년 7월 30일 다리 착공일이 제정 러시아의 마지막 황제인 니콜라이 2세의 아들 알렉세이 황태자의 생일과 겹친다고 해서 그렇게 불렸다고 한다. 그러나 1917년 10월 혁명이 일어났고 이듬해인 1918년 7월 18일에는 황제 일가가 예카테린부르크에서 총살됐다. 이때부터 소련 시절 내내 '알렉세이 다리'라는 말은 사람들의 입에 오르내리지 않았다. 다른 한편, 하바롭스크대교는 '아무르강의 기적'으로도 불린다. 무엇보다도 시베리아횡단철도 구간에서 최대 규모를 자랑할 뿐만 아니라 러시아 전체에서도 가장 큰 다리 가운데 하나로 꼽힌다고 해서 이런 별명이 붙었다. 옛 철교는 길이 2.6km에 최대 높이 60m였다. 당시 철교 건설에는 135억 루블의 예산과 강철 17,800t이 들어갔다. 이후 철교는 소련 붕괴 이후 개축 과정을 거치면서 복잡한 토목 기술과 공정, 많은 사람의 헌신과 노력이 집대성되어 하바롭스크대교로 다시 태어남으로써 '아무르의 기적'이 무엇인지 다시 한 번 확인시켜줬다.

하바롭스크, 극동에서 가장 좋은 도시

1890년 안톤 체호프는 아무르강 하구 도시 니콜라옙스크나아무레로 가서 배를 타고 사할린섬으로 떠나기 전 마지막으로 하바롭스크에 들렀다. 이때 체호프는 친구에게 띄우는 편지에서 "아무르강의 하바롭카에서 시간을 좀 보내보게"라고 권하며 "죽을 때까지 기억할 만한 새롭고 놀라운 것을 아주 많이 보게 될 길세"라고 단언한다. 당시 체호프의 눈에 비친 하바롭스크가 구체적으로 어떤 모습이었는지 정확히 파악할 수 없지만, 나날이 새롭게 변화하고 있었던 것만큼은 분명해 보인다. 체호프가 방문했던 그때나 지금도 하바롭스크는 어쩌면 극동 지역에서 가장 흥미롭고 아름다운 곳일지 모른다. 오늘날 하바롭스크는 러시아 극동의 다른 도시들과 비교하여 무엇보다도 가장 깨끗하고 질서 있는 모습으로 방문객들에게 깊은 인상을 심어준다. 실제로 바로 이 점이 극동 지역에서 최고 자리를 다투는

하바롭스크 아무르 강변길 (출처: 라승도)

하바롭스크와 블라디보스토크를 구별 짓는 중요한 차이점이다.

2019년 8월 12일 러시아 유명 블로거 가운데 한 명인 일리야 바를라모프(1984~)는 러시아의 '좋은 도시 순위'를 발표하며 하바롭스크를 9위에 올려놨다. 매년 러시아 구석구석과 세계 주요 도시를 방문하며 각 도시의 장단점을 자세히 파악해 소개하는 활동으로 영향력 있는 유명인사가 된 바를라모프의 '좋은 도시 순위'에서 상위 10대 도시에 포함된 극동 지역 도시는 하바롭스크가 유일하다. 나머지 극동 도시 중에서는 블라고베셴스크와 블라디보스토크, 야쿠츠크가 각각 31위와 32위, 37위로 30위권에 겨우 포함됐을 뿐이다. 하바롭스크가 극동 지역을 통틀어 도시 외관에서만 아니라 생활에서도 가장 세련된 면모를 뽐낸다고 할 수 있는 근거도 이런 데서 나온다. 하바롭스크의 세련미는 역사적 건축물이 현대적 건물들과 조화를 이루며 잘 보존된 시내 중심가를 걷다 보면 금방 알 수 있다. 실제로 하바롭스크 중심가를 형성하는 무라비요프아무르스키 거리는 19세

하바롭스크 무라비요프아무르스키 거리에 있는 옛 건축물들 (출처: 라승도)

하바롭스크 극동국립과학도서관 (출처: 라승도)

하바롭스크 아무르 강변 공원으로 내려가는 계단 (출처: 라승도)

하바롭스크 레닌 광장 (출처: 라승도)

하바롭스크 군사영예 공원 (출처: 라승도)

기 말과 20세기 초에 지은 건축물이 양쪽으로 다채롭게 서 있어 아무르 강변 공원 언덕에서 시내 한복판인 레닌 광장까지 걸어가면서 유럽적 분위기가 물씬 나는 거리 풍경을 만끽할 수 있다.

무라비요프아무르스키 거리 1번지에 있는 극동국립과학도서관은 1894년에 지은 붉은색 벽돌 건물로 하바롭스크 중심가의 역사적 건축물을 대표한다. 이 밖에도 하바롭스크 시내에는 깨끗하게 잘 보존된 붉은색 벽돌 건축물이 유난히 많아 눈길을 사로잡는다. 게다가 이런 역사적 건축물이 즐비한 중심 거리는 번잡하지도 어수선하지도 않고 깔끔하게 잘 정돈돼 있어 편안하고 산뜻한 도시 이미지를 심어주기에 충분하다. 그래서 러시아 극동 지역에서 진정한 산책의 즐거움을 느낄 수 있는 도시는 하바롭스크가 유일하다고 말할 수 있다. 이렇게 매력적인 인상은 1990년대 후반에 대대적인 정비 사업을 거쳐 새롭게 탈바꿈한 레닌 광장 주변에서만 아니라 군사영예 광장과 무라비요프아무르스키 강변 공원에서도 뿜어져 나온다. 하바롭스크의 주요 장소들에 감도는 편안하고 평화로운 분위기는 이 도시를 산책의 천국으로 만들어준다. 하바롭스크의 도시 경쟁력과 관광 잠재력도 역사 보존과 환경 친화가 잘 어우러져 빚어내는 조화롭고 질서 있는 풍모에서 찾을 수 있다.

러시아 정부 산하 금융대학교 전문가들은 2019년 여름과 가을에 25만 명 이상 거주하는 러시아 도시 78개를 대상으로 '삶의 질' 만족도를 조사한 결과를 발표했다. 올해 조사에서 1위를 차지한 도시는 타타르스탄의 수도 카잔이었다. 2위와 3위는 그로즈니와 튜멘이 각각 차지했다. 그 밖에 상위 10대 도시에는 크라스노다르, 모스크바, 상트페테르부르크, 이르쿠츠크, 세바스토폴, 우파, 케메로보가 포함됐다. 아쉽게도 극동 지역에서는 50위 안에 포함된 도시는 한 곳도 없었다. 그나마 하바롭스크가 55위에 올라 최고 순위를 기록했다. 블라디보스토크는 68위까지 떨어져 러시아 극동의 수도로서 체면을 구겼다. 이 조사에서 순위는 도시 생활의 '편안함'과 '편리함'을 평가하는 지표들이 얼마나 좋으냐에 따라 좌우된다. 이런 점에서 볼 때 앞서 소개한 것처럼 아무르 강변을 중심으로 도시 생활환경이 잘 정비된 하바롭스크는 적어도 극동 지역에서만큼은 가장 편안하고 편리하게 살 수 있는 도시로 꼽을 만하다.

콤소몰스크나아무레, 아무르 강변에 들어선 '청춘의 도시'

1932년 소련 정부는 하바롭스크에서 북동쪽으로 365km 떨어진 아무르 강변의 페름스코예 마을에 조선소 건설을 목적으로 신도시 설립 계획을 발표하고 곧장 실행에 옮겼다. 도시 이름은 '아무르강에 있는 콤소몰(공산주의청년동맹) 도시'를 뜻하는 콤소몰스크나아무레로 정했다. 아무르 강변의 산업 신도시는 소련 각지에서 자원해 달려온 콤소몰 대원들에 의해 건설되기 시작했다. 그러나 1980년대 페레스트로이카 시대에 밝혀졌듯이 원래 취지나 겉으로 보이는 선전과는 다르게 도시 건설에 투입된 인원 중 70%는 근처에 있는 굴라크(강제노동수용소)들에서 동원한 정치범들이었다. 안타깝게도 이러한 '흑역사'는 콤소몰스크나아무레의 탄생과 발전에 관한 영광스러운 이야기들의 빛에 가려 잘 드러나지 않는다. 실제로 콤소몰스크나아무레를 둘러싼 이야기들에서는 과거부터 현재까지 도시 건설의 신화적, 전설적 측면들만 주로 부각됐다. 콤소몰스크나아무레에 '청춘의 도시'라는 별명이 붙은 것도 이런 맥락에서 이해할 수 있다. 1932년 7월 12일

콤소몰스크나아무레에 처음 상륙한 청년 건설자들을 기념하여 조성된 바위 기념비
(출처: ru.wikipedia.org)

에 생겨나 아주 젊은 도시여서 그런 별명이 붙기도 했지만, 이 말은 찬란한 공산주의 미래를 믿는 청년들이 머나먼 변방까지 직접 찾아와서 신도시 건설에 청춘을 바쳤다는 뜻으로도 해석된다.

아무르 강변에 신도시를 건설하고 사람들을 이주시켜 살게 하려는 스탈린 정권의 계획은 니콜라이 무라비요프가 1858년 아이훈조약 체결 이후 러시아 땅이 된 아무르강 좌안의 여러 지역에 카자크 등 러시아인 주민을 정착시켜 살게 하려 한 정책을 떠올리게 한다. 무라비요프의 정책은 새로운 땅으로 자진해서 이주하려는 러시아인이 처음에 생각보다 많지 않아 원하는 대로 잘 이뤄지지 않았지만, 스탈린의 계획은 사회주의 신세계 건설 프로파간다가 효과적으로 작동한 덕분인지 콤소몰 대원들의 자발적 참여를 끌어내며 뜻하는 대로 차근차근 진행됐다. 실제로, 1930년대 스탈린 시대 극동 개발과 동원 정책의 대표 사례로 볼 수 있는 콤소몰스크나아무레 건설은

영화 『콤소몰스크』의 한 장면 (출처: 라승도)

스탈린주의 예술가들의 적극적인 호응과 지지 속에 널리 선전됐다.

예를 들면, 당시 소련 영화계 거물 가운데 한 명이었던 세르게이 게라시모프(1906~1985)는 1938년 아무르 강변의 신도시 건설 현장을 직접 방문하고 영화 『콤소몰스크』를 찍어 무에서 유를 만들어내려는 젊은이들의 창조적 열정과 영웅적 헌신, 집단적 정신을 생생하게 묘사하여 보여줬다. 신도시 건설 현장에 와서 열심히 일하는 17명의 아가씨는 소련 방방곡곡에 사는 처녀들에게 보내는 편지에서 꿈이 현실이 되는 이야기를 들려주며 콤소몰스크나아무레로 와서 자신들과 함께 일하며 살자고 호소한다. 이윽고 소련 곳곳에서 극동의 아무르 강변 신도시 건설 현장으로 속속 도착하는 젊은이들의 행렬이 이어진다. 이처럼 게라시모프의 영화는 콤소몰스크나아무레가 스탈린 시대의 신세계 건설 프로파간다에서 이상적 모델 도시였음을 잘 뒷받침해준다.

게라시모프의 영화가 나온 지 80여 년이 흐른 현재 콤소몰스크나

아무레는 인구 24만여 명으로 러시아 극동에서 여섯 번째로 큰 규모를 자랑한다. 아무르강 유역에서는 하바롭스크 다음으로 크고 아무르강을 가로지르는 철교도 하바롭스크에 이어 두 번째로 1975년 건설됐다. 오늘날 콤소몰스크나아무레는 러시아 '극동의 산업 수도'로 불릴 정도로 항공과 정유, 조선 산업이 잘 발달해 있다. 특히 러시아 우주항공군의 주력 전투기인 수호이-27 등과 민간 항공기 수호이 수퍼제트-100이 바로 이곳에 있는 러시아통합항공기제작사에서 생산된다. 또 러시아 최대 석유 기업인 로스네프티의 정유공장도 콤소몰스크나아무레에 있어 이 지역의 산업 발전에 크게 이바지하고 있다. 1930년대에 설립된 조선소에서는 잠수함을 포함한 각종 군함이 건조된다. 이런 대규모 산업 시설들 덕분에 콤소몰스크나아무레는 소련 시절이나 지금이나 극동을 대표하는 산업 도시의 위상을 뽐내고 있지만, 1930년대 소비에트 모더니티를 구현한 '청춘의 도시'로서 참

콤소몰스크나아무레 러시아통합항공기제작사 공장에서 생산 중인 수호이 수퍼제트-100 (출처: ru.wikipedia.org)

신한 면모는 오래전에 사라진 것처럼 보인다.

1930년대 아무르 강변에 세워진 '청춘의 도시'를 지배한 창조적 열정과 영웅적 헌신, 집단적 정신의 흔적은 도시 여기저기에 여전히 남아 있다. 이런 점에서 특히 주목할 만한 것은 콤소몰스크나아무레 중앙도서관 건물 앞 광장에 서 있는 작가 니콜라이 오스트롭스키(1904~1936)의 동상이다. 사실 콤소몰스크나아무레와 오스트롭스키는 어떤 점에서도 직접적인 관계가 존재하지 않는다. 하지만 1930년대 소련 젊은이들이 자진해서 극동의 아무르 강변까지 와서 신도시 건설에 청춘의 열정을 쏟아부으며 헌신하도록 영감을 불어 넣어 준 것은 바로 니콜라이 오스트롭스키가 1930~34년에 쓴 불후의 소설 『강철은 어떻게 단련되었는가』였다. 특히 소설의 주인공 파벨 코르차긴이 죽는 순간까지 몸과 마음을 모두 바쳐 보여준 불굴의 의지와 희생정신은 타의 추종을 불허했다. 결국 오스트롭스키의 동상은 파벨 코르차긴 같은 사람들의 영웅적 위업이 '청춘의 도시' 건설에

콤소몰스크나아무레 중앙도서관 앞에 서 있는 니콜라이 오스트롭스키 동상
(출처: ru.wikipedia.org)

필요했음을 암시한다.

콤소몰스크나아무레는 생긴 지 90년도 되지 않아 극동의 도시 중에서 가장 젊다. 그야말로 '청춘의 도시'답게 이곳에는 하바롭스크나 블라고베셴스크에서 흔하게 존재하는 러시아 전통 양식의 건축물을 찾아볼 수 없다. 대신 이곳에서는 1930년대 스탈린주의 문화를 반영하는 건축 양식이 있어 흥미롭다. '첨탑이 있는 집'으로 불리는 레닌 광장 입구의 오렌지색 5층 건물은 외형상 모스크바 마야콥스키 광장 맞은편에 있는 베이징호텔 건물과 매우 비슷하다. 실제로 두 건물은 각각 오렌지색과 베이지색으로 색깔만 다를 뿐 형태가 닮았다. 이 건물은 당시 모스크바에서 건설되고 있던 스탈린주의 양식의 고층건물들을 모방하는 데서 나왔다. 첨탑의 존재가 특징인 이런 건물 8~10개를 콤소몰스크나아무레에 건설할 계획이었지만, 실제로 건설된 것은 3개뿐이고 그중에서 두 개는 첨탑이 없다. 이곳은 당시 '아무르스탈' 공장 직원들을 위해 1956년에 지었다.

콤소몰스크나아무레 레닌 광장의 '첨탑이 있는 집' (출처: ru.wikipedia.org)

'콤소몰스크나아무레 종합발전 장기계획'에 따른 도시 환경 정비 청사진 (출처: todaykhv.ru)

그러나 '첨탑이 있는 집'과 비교적 잘 보존된 몇몇 건물을 제외하면 콤소몰스크나아무레는 소비에트 현대성보다는 낙후성이 더 짙게 느껴진다. 바꾸어 말하자면, 하바롭스크에서 보이는 세련되고 쾌적하고 편안하다는 인상을 이곳에서는 찾아보기 어렵다. 소련 붕괴 이후 30년이 다 되는 시점에 와 있지만, '청춘의 도시'는 여전히 소련 시절에 멈춰 있다는 인상이 짙다. 콤소몰스크나아무레는 도시 생활환경과 인프라가 낙후해 있는 상태에서 2013년 아무르강 유역을 강타한 최악의 홍수로 치명타를 입었다. 당시 급격히 불어난 강물에 잠겼던 도시 시설 중에는 여전히 복구되지 못하고 있는 것이 많다. 다행히 러시아 중앙정부는 이곳의 심각한 홍수 피해 상황을 파악하고 지원에 나서 2015년 선도개발구역 지정 등 '콤소몰스크나아무레 종합발전 장기계획'을 내놓았다. 이 계획에 따라 콤소몰스크나아무레는 현재 도시 생활환경과 사회복지 인프라 개선 작업에 착수했다. 이렇게 부활의 신호탄을 쏘아 올린 콤소몰스크나아무레는 머잖아 아무르 강변에 21세기판 '청춘의 도시'를 새롭게 선보일 것으로 기대된다.

11

극동의 부상과 러시아의 미래

콜리마대로 :
상처와 영광의 교차로

ТАЛАЯ
МАГАДАН
450м

11

러시아 극동은 바이칼호수에서 발원하여 야쿠츠크를 거쳐 북극해로 흘러 들어가는 레나강과 몽골 북부에서 발원하여 블라고베셴스크와 하바롭스크, 콤소몰스크나아무레, 니콜라옙스크나아무레를 거쳐 태평양으로 흘러 들어가는 아무르강 같은 수로들이 잘 발달해 있다. 이와 함께 극동 지역에는 블라디보스토크에서 출발하여 하바롭스크, 치타, 울란우데를 거쳐 이르쿠츠크로 연결되어 모스크바까지 이어지는 시베리아횡단철도도 지나간다. 이르쿠츠크주 타이셰트에서 시작하여 부랴티야공화국과 사하공화국, 자바이칼변강주, 아무르주를 통과하여 오호츠크해를 끼고 있는 하바롭스크변강주 소베츠카야가반까지 4,300km에 걸쳐 이어지는 바이칼-아무르철도도 있다. 수로와 철도 외에 자동차도로도 러시아 극동 주요 지역들을 긴밀하게 연결해준다. 예를 들면, 연방도로인 R297 아무르대로는 자바이칼변강주 수도 치타에서 아무르주 벨고르스크와 블라고베셴스크를 거쳐 하바롭스크시까지 2,165km에 걸쳐 펼쳐진다. 블라디미르 푸틴 대통령은 2010년 8월 27일 취임한 지 3개월쯤 지나 러시아 국산 승용차 '라다'를 직접 몰고 아무르대로를 달려 화제가 되기도 했다.

러시아 극동 지역을 연결하는 연방도로 중에는 R297 아무르대로의 한 지점인 아무르주 스코보로디노시 네베르 마을에서 뻗어 나와 사하공화국 알단시를 거쳐 야쿠츠크시 니즈니베스탸흐까지 북쪽으

2010년 8월 27일 블라디미르 푸틴 대통령이 러시아 국산 승용차 '라다'를 직접 운전하며 R297 아무르대로를 달리고 있다 (출처: ru.wikipedia.org)

로 1,150km 이상 펼쳐지는 A360 레나대로도 있다. '아무르-야쿠츠크' 도로로 불리기도 하는 레나대로는 2006년 한때 세계에서 가장 위험한 도로 가운데 하나로 꼽히는 불명예를 안기도 했다. 2014년까지만 해도 틴다와 네륜그리, 알단 같은 도시 부근 노선만 일부 포장돼 있고 대부분 노선은 전혀 포장돼 있지 않아 눈이 녹기 시작하는 5월에서 6월 초까지 레나대로는 수렁처럼 변해 통행이 불가능할 정도였다. 다행히 최근 러시아 중앙정부가 '러시아 교통 시스템 발전 방안'을 마련하여 시행하면서 레나대로는 2022년까지 전 구간에 걸쳐 아스팔트로 포장될 예정이다. 이와 함께 2019년 11월 마침내 푸틴 대통령의 승인을 받은 레나대교 건설 계획이 조만간 실행에 옮겨져 완공되면 러시아 극동 지역의 주요 도로로서 레나대로의 역사도 새로

2014년 보수정비 이후 포장도로로 바뀐 레나대로 구간 (출처: ru.wikipedia.org)

운 한 장을 추가할 것으로 보인다.

콜리마대로, 뼈 위에 세운 길

'러시아 교통 시스템 발전 방안'은 야쿠츠크시 니즈니베스탸흐에서 A360 레나대로와 연결되어 오호츠크해를 끼고 있는 마가단시까지 2,000km 이상 길게 이어지는 또 다른 연방도로 R504 콜리마대로에도 적용된다. 콜리마대로도 몇몇 도시를 경유하는 극히 일부 구간을 제외하면 대부분 아스팔트로 포장돼 있지 않아 특히 해빙기와 여름철에는 통행하기가 굉장히 불편하고 위험하다. 도로 보수정비 사업

콜리마대로 (출처: Колыма. современный путеводитель)

이 완료되는 2022년 이후 콜리마대로는 2,000km 이상 전 구간에 걸쳐 완전히 새롭게 탈바꿈한 모습을 보여주지는 못할지라도 지금보다 훨씬 더 많은 구간에서 아스팔트로 깔끔하게 포장되어 러시아 극동 산악도로의 새로운 이미지를 보여줄 수 있다.

콜리마대로는 현재 마가단주와 사하공화국 사이의 인적, 물적 교류와 소통에서 없어서는 안 될 중요한 도로로 기능한다. 러시아 극동의 가장 높은 지역에 걸쳐 2,000km 이상 뻗어 있는 콜리마대로는 기후 조건이 혹독하여 관리하기가 쉽지 않다. 그래서 10여 년 전만 해도 다리 유실 등으로 일부 구간이 폐쇄되어 차량 통행이 불가능할 때도 자주 있었다. 하지만 2008년 새로운 다리 건설 등 보수정비 작업이 대대적으로 이뤄지면서 콜리마대로는 전 구간에 걸쳐 연중 통행이 가능해져 전략적으로 중요한 연방도로 지위를 받았다. 그러나 아

2018년 7월 30일 마가단으로 가는 콜리마대로 수수만 구간의 보수정비 현장 (출처: 라승도)

스팔트 포장은 여전히 극히 일부 구간에 그치고 있고 대부분 구간은 자갈 포장으로 이뤄져 있다. 더욱이 크고 작은 하천을 끼고 있는 마가단주의 도로 구간들은 여름철 폭우가 쏟아지면 유실될 위험이 많아 특별 관리가 필요하다.

그러나 콜리마대로가 대대적인 보수정비를 거쳐 새롭게 대이난다고 해도 이곳에 깊이 아로새겨진 '뼈의 길'이라는 오명까지 씻어낼 수 있을지는 미지수다. 1932년 여름부터 1953년까지 스탈린 집권기 20여 년에 걸쳐 집중적으로 건설된 콜리마대로는 한편으로 소련의 산업화와 현대화에 중대한 발판을 마련해준 금과 우라늄 등 콜리마 지역의 자원 개발에 이바지한 '영광의 길'이기도 하다. 다른 한편으로 콜리마 지역의 금광 개발과 도로 건설에는 헤아릴 수 없이 수많은 사람이 극북의 혹독한 환경 속에 강제로 동원돼 일하다 쓰러져 죽었다.

니콜라이 게트만(1917~2004)은 굴라크 전문 화가로 유명하다. 콜리마대로 건설 등에 동원된 굴라크 죄수들의 참상을 묘사한 그의 그림 일부가 마가단시 향토박물관 굴라크 특별관에 전시돼 있다 (출처: 라승도)

게다가 주로 스탈린 정권의 정치 박해 희생자들이었던 이들은 강제 노동에 시달리다 죽어서도 제대로 된 대접을 받지 못했다. 이들은 도로 건설 현장 어디서든 죽으면 그 자리에서 곧바로 땅속에 묻혔거나 근처 호숫물에 던져졌다. 콜리마대로가 '뼈의 길'이 되어 '상처의 길'로 남게 된 이유도 여기에 있다.

'달스트로이'와 베르진의 시대

콜리마대로는 1931년 11월 마가단에 설립된 국영 트러스트 '달스트로이'와 이듬해 4월 설치된 북동강제노동수용소 '세보스트라그'의 합동 작업으로 건설되기 시작했다. 콜리마 지역 산업 개발과 도로 건설 전담 국영 트러스트였던 '달스트로이'는 '세보스트라그'에서 기결수들을 넘겨받아 콜리마대로 건설 현장에 투입했다. 두 조직의 총책임은 라트비아 출신의 볼셰비키 당원이었던 에두아르트 베르진(1894~1938)이 맡았다. '달스트로이'의 콜리마대로 건설은 베르진의 지휘 아래 1932년 본격적으로 시작되어 스탈린이 사망한 1953년까지 계속됐다. 이 과정에서 현재 사하공화국 우스네라까지 이어지는 1,162km 구간이 먼저 건설됐고 그 이후에는 야쿠츠크까지 연결되는 한디가 구간이 건설됐다. 베르진은 '달스트로이'와 '세보스트라그'에서 죄수들을 동원하여 마가단 도시와 콜리마대로를 건설하고 금광을 개발하는 등 많은 과업을 수행했다. 하지만 베르진도 1937년 시작된 스탈린의 대숙청을 피해 가지 못했다. 1938년 그는 간첩 혐의로 체포되어 총살됐고 그가 이끌던 '달스트로이'는 내무인민위원회로 통합됐다. 또 그가 죽은 뒤 마가단의 베르진 거리는 스탈린 거리로 바뀌었다. 하지만 1953년 스탈린 사후 스탈린 거리는 다시 베르진

마가단시 청사 앞에 세워진 에두아르트 베르진 흉상 (출처: 라승도)

거리로 바뀌어 오늘에 이르고 있다. 흥미롭게도 콜리마대로는 바로 베르진 거리와 교차하는 지점에서 시작한다.

콜리마 개발 역사에서 에두아르트 베르진이 차지하는 의미는 매우 크다. 베르진은 무엇보다도 이 지역에 풍부한 금 매장지를 개발하는 데 필요한 노동력을 확보하기 위해 굴라크 죄수들을 조직적으로 동원했다. 하지만 일반적 예상과 달리 베르진은 자신이 맡은 임무를 성공적으로 완수하기 위해 콜리마의 '비인간적' 환경에서 죄수들을 최대한 '인간적으로' 대우하려고 노력했다. 그는 금을 많이 캐려면 죄수들이 따뜻하게 차려입고 먹는 것도 배불리 잘 먹어야 한다고 믿었다. 다시 말해 금 생산량을 확대하려면 죄수들의 노동 환경을 그만큼 개선해줘야 한다고 생각했다. 앤 애플바움이 2004년 논픽션 부문 퓰리처상에 빛나는 자신의 저서 『굴락』(서울: 드림박스, 2004)에서 인용한 미국인 굴라크 생존자 토마스 스고비오는 이렇게 술회했다. "기온이 영하 60도 아래로 내려가면 일하러 가지 않아도 되었다. 그들은 한 달에 3일 휴가를 받았다. 음식은 충분했고 영양가 있었다. 죄수들에게 따뜻한 의복을 주었는데 털모자와 펠트부츠였다."(166쪽) 이처럼 베르진의 지휘 아래서 굴라크 죄수들은 어느 정도 인간적인 대우를 받았다. 그 결과 '달스트로이'가 가동된 지 2년 만에 금 생산량이 8배로 급증한 것으로 전해진다.

베르진이 '달스트로이'를 지휘하며 이룬 성과는 마가단의 도시 인프라 건설에서도 나타났다. 1930년대에 굴라크 죄수들은 도로 건설과 광산 개발에만 동원되지 않았다. 이들은 마가단 항구 선착장과 방파제 건설에도 투입됐을 뿐만 아니라 더 나아가 마가단 도시 환경 조성에도 조직적으로 참여했다. 그 결과 마가단은 '달스트로이'가 활동을 개시한 지 6년여 만에 촌락에서 도시로 지위가 격상됐을 정도

마가단시 향토박물관 '콜리마' 특별관에 전시돼 있는 빅토르 스베틀리니치(1894~)의 그림 「새로운 부지에서」(1937) (출처: 라승도)

로 급성장했다. 마가단은 사실상 아무것도 없었던 곳에서 단 몇 년 만에 도시로 탈바꿈했다. 이처럼 놀라운 변화는 유명 작가 바실리 악쇼노프(1932~2009)의 어머니로 1930~40년대 콜리마 굴라크에서 10년간 복역했던 예브게니야 긴즈부르크(1904~1977)의 자전 소설 『험난한 노선』(1965)에도 잘 묘사돼 있다. 긴즈부르크는 자신을 포함해 수많은 무고한 사람들을 박해했던 자들을 증오하면서도 그들이 이뤄낸 성과를 경외심에서 바라보며 자랑스러워하는 모순적인 모습을 보여준다.

> 인간의 마음이란 얼마나 신기한지! 나의 영혼은 온통 이 영구동토에 마을을 만들자며 무고한 사람들의 피와 눈물로 이 땅을 녹이고 있는 그 자들을 증오한다. 그러면서 동시에 우스꽝스러운 자만심도 내 안에 있다. 우리의 마가단이 내가 자리를 비운 7년 사이에 얼

마나 훌륭하게 자라났는가! 알아보기가 힘들 정도다. 나는 가로등 하나하나, 아스팔트 구석구석, 하다못해 문화원이 달러 프린세스를 공연한다는 포스터도 경외심에서 바라보았다. 우리는 우리 삶의 모든 부분을 소중히 여긴다. 괴로웠을지라도...(『굴락』, 168쪽)

그러나 1938년 베르진의 체포와 처형 이후 마가단에서 베르진의 시대는 저물고 1940년부터 '달스트로이' 수장을 맡은 이반 니키쇼프(1894~1956)의 '정치 시대'가 도래한다. 두 시대의 차이점은 굴라크 죄수들을 위해 열린 문화 행사의 성격에서 특히 잘 드러났다. 베르진은 다양한 문화 행사를 산업 생산성을 향상하는 데 주로 활용했지만, 니키쇼프는 이것을 자신이 부여받은 정치적 선전 임무를 완수하는 데 이용했다. 이는 스탈린의 대숙청 이후 변화한 정치 환경을 그대로 반영한 것이었다. 바꾸어 말하면, 콜리마에서 죄수들을 상대로 한 베르진의 온건한 '문화 정책'은 적어도 1953년 스탈린이 사망할

마가단시 향토박물관 '콜리마' 특별관에 전시돼 있는 예브게니야 긴즈부르크의 자전 소설 『험난한 노선』 발표 당시 표지와 원고, 그녀의 사진 (출처: 라승도)

때까지 당분간 기대하기 어려웠다.

유리 두디와 박해의 추억

러시아 유명 비디오 블로거 중 한 명으로 꼽히는 유리 두디(1986~)는 최근 주요 언론인과 사업가, 정치인, 운동선수, 문화예술인 등을 상대로 인터뷰를 진행하여 큰 주목을 받았다. 그는 2018년 7월 말 경제신문 「포브스」 러시아판이 발표한 유명인 순위에서 50위를 차지했을 정도로 높은 대중적 인지도를 자랑한다. 현재 자신이 운영하는 유튜브 채널 'v두디(вДудь)' 구독자 수가 600만 명 이상을 헤아릴 정도로 두디는 러시아 온라인 공간에서 압도적 존재감을 뽐낸다. 특히 2019년 4월 두디는 스탈린 시대 정치 박해 희생자들이 건설한 콜리마대로를 마가단에서 야쿠츠크까지 직접 답사하며 찍은 다큐멘터리 영화 『콜리마: 우리 공포의 근원(Колыма: родина нашего страха)』을 자신의 유튜브 채널에 공개하여 큰 반향을 불러일으켰다.

콜리마를 다룬 다큐멘터리 영화 『콜리마: 우리 공포의 근원』에서 콜리마 지역의 역사적 의미를 설명하는 러시아 유명 비디오 블로거 유리 두디 (출처: 유리 두디)

이 영화는 스탈린 시대 정치 박해를 둘러싼 '흑역사'의 한복판에 콜리마대로가 있다는 사실을 러시아 국민에게, 그중에서 특히 젊은이들에게 상기시켰다는 점에서 긍정적 반응 일색이었다. 두디는 18~24세 러시아인 절반가량이 스탈린 정권의 정치 박해에 관해 알지 못한다는 러시아여론연구센터 '프치옴'의 조사 결과를 듣고 영화 제작에 나섰다고 밝혔다. 이와 함께 두디의 영화에서는 다름 아닌 스탈린 시대 정치 박해 희생자 후손들이 자신들의 부모에게 닥친 불행을 안타까워하면서도 스탈린의 박해가 소련의 산업화와 전쟁 승리를 위해 어느 정도 불가피했다는 식으로 국가 폭력을 정당화하는 것처럼 발언하여 충격을 주기도 했다.

『콜리마: 우리 공포의 근원』에서 두디는 마가단에서 야쿠츠크까지 2,000km 이상 펼쳐진 콜리마대로를 9일 동안 달리면서 현지 주민들과 콜리마에 관한 이야기를 주고받는다. 이와 동시에 두디는 영화 중간마다 스탈린 정권의 정치 박해로 콜리마에 끌려와 강제 노동을 하며 유형 생활을 했던 사람들의 후손을 인터뷰한 내용을 보여준다. 인류 역사상 최초로 유인 우주선을 우주 공간으로 쏘아 올려 소련 우주 신화의 아버지로 불리는 '수석 설계사' 세르게이 코롤료프(1906~1966)의 딸인 나탈리야 코롤료바도 그중 한 사람이다. 그녀는 자신의 아버지가 1938년 6월 27일 내무인민위원회 요원들에게 체포되어 콜리마로 끌려가서 굴라크에서 갖은 고초를 겪다가 다행히 나중에 풀려나 돌아온 이야기를 눈물을 글썽이며 전한다. 흥미롭게도 인터뷰 말미에서 그녀는 자신의 아버지가 당한 정치 박해의 최고 책임자인 스탈린을 어떻게 생각하느냐는 두디의 질문에 스탈린이 1953년 사망했을 때 아버지와 어머니, 자신도 모두 믿을 수 없는 사실에 너무 슬퍼 펑펑 울었다고 밝혔다.

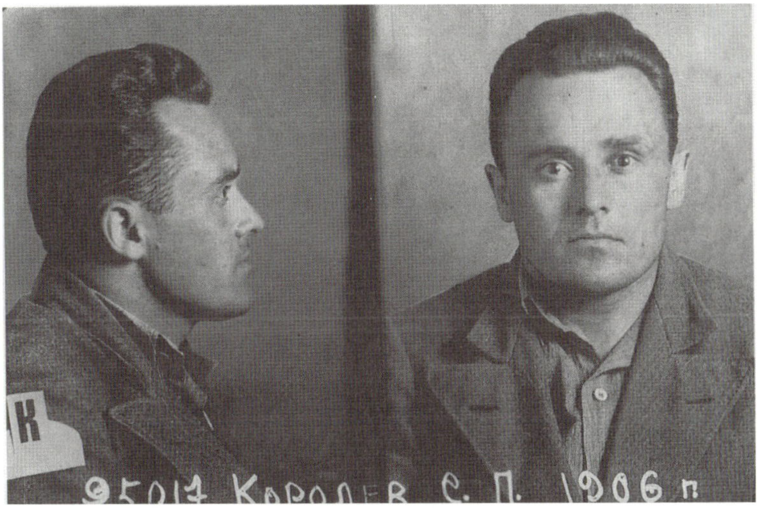

세르게이 코롤료프의 수형자 사진 (출처: ru.wikipedia.org)

『콜리마: 우리 공포의 근원』에서 듀디의 질문에 대답하는 나탈리야 코롤료바 (출처: 유리 두디)

스탈린을 두둔하고 동정하는 듯한 이야기는 유리 두디가 마가단주 야고드노예에서 만난 안나 바우키테라는 여성에게서 더 노골적으로 전해진다. 바우키테는 콜리마의 굴라크에서 유형을 살았던 정치 박해 희생자 지그마스 바우쿠스의 딸로 현재 야고드노예 사회복지센터 소장직을 맡고 있다. 그녀는 스탈린을 어떻게 보느냐는 두디의 질문을 받자마자 스탈린이 '훌륭했다'고 대답한다. 이런 대답이 믿기지 않다는 듯이 두디가 조금 놀란 표정으로 다시 한 번 묻자 그녀도 전혀 변함없이 스탈린이 정말 '훌륭했다'고 되풀이한다. 바우키테는 스탈린이 훌륭했던 이유 중 하나로 그가 '전쟁에서 이겼다'라고 말한다. 심지어 그녀는 자신의 아버지가 정치 박해를 받았고 불법적으로 투옥됐음에도 스탈린이 멋진 사람이었다고 자신에게 가르쳐줬다고 말하기도 했다. 그녀의 견해에 따르면 무고한 국민을 박해한 것은 스탈린이 아니라 스탈린 주변의 사람들이었다. 이는 '좋은 황제, 나쁜 신하들'이라는 러시아인들의 오래된 믿음을 그대로 반영한 것으로 보인다. 스탈린이 러시아 역사에서 담당한 역할을 긍정적으로 평가하는 러시아 국민의 비율이 70%로 사상 최고치를 기록했다는 2019년 레바다센터 여론조사 결과는 그래서 놀랍지 않다.

2017년 9월 모스크바 소재 러시아군사협회 군복박물관 앞뜰 통치자 오솔길에 등장한 스탈린 흉상 (출처: 라승도)

마가단, 콜리마대로의 출발점

마가단주의 수도인 항구 도시 마가단은 러시아 극동연방관구 11개 지역 수도 중에서 가장 젊다. 마가단의 기원은 나가예프만 기슭에 최초의 개척자들이 발을 내디디고 천막을 치며 살기 시작한 1929년으로 거슬러 올라간다. 마가단은 현재 마가단주 전체와 추콧카자치구 일부를 포괄하는 콜리마 지역에서 1928년 지질학자 유리 빌리빈(1901~1952)이 금과 우라늄 등 유용광물을 발견하자 이를 개발할 목적으로 이듬해 세워지기 시작했다. 이후 마가단은 나가예프만 기슭에서 천막촌으로 출발한 지 10년 만인 1939년 도시 지위를 부여받았다. 금 생산량도 콜리마 지역이 본격적으로 개발되기 시작한 지 10년 만에 세계 금 생산량의 1/3을 차지할 정도로 급증했다. 이 모든 것은 마가단에서 콜리마 지역 곳곳의 금광으로 이어지는 도로가 건설되면서 수월해졌다.

마가단 나가예프만 기슭에 설치된 최초 건설자 기념비. 1929년 이곳 나가예프만에서 마가단 도시 건설이 시작됐다고 쓰여 있다 (출처: 라승도)

당시 소련 당국은 콜리마대로 건설과 금광 개발에 퇴역 군인들을 투입하고 일반인들을 고용하기도 했지만, 이들로는 턱없이 부족했다. 그래서 스탈린 정권이 생각해낸 방안은 바로 이곳에 수용소를 짓고 죄수들을 보내 도로 건설과 금광 개발에 투입하는 것이었다. 대다수가 무고한 사람들이었던 죄수들은 기차로 블라디보스토크까지 실려 온 다음 다시 배를 타고 마가단까지 왔다. 이렇게 블라디보스토크를 거쳐 마가단까지 오는 데 많게는 3개월까지 걸리기도 했다. 하지만 마가단까지 오기도 전에 질병이나 다른 원인으로 죽은 사람도 많았다. 예를 들면, 시인 오시프 만델시탐(1891~1938)은 블라디보스토크까지 잘 도착했지만, 마가단으로 가기 전 잠시 머물던 수용소에서 사망했다. 하지만 그가 어떻게 죽었고 어디에 묻혔는지 구체적으로 알 수 있는 자료는 전혀 남아 있지 않다. 이 밖에 마가단으로 가는 배에서 죽은 사람들은 그대로 바다에 내던져져 물고기 밥 신세가 됐다.

영국 출신의 세계적 여행 작가로 유명한 콜린 더브런은 1999년 출판한 여행기 『시베리아』에서 처음에 수천 명의 죄수가 콜리마 도로 건설에 투입됐다고 말한다. 그러나 봄철이나 여름철에는 진흙 사태

마가단 향토박물관에 걸려 있는 1930년대 초 마가단 죄수 수송선 그림 (출처: 라승도)

콜리마대로 건설 현장의 죄수들 (출처: ru.wikipedia.org)

가 일어나 도로를 집어 삼켜버리는가 하면 겨울철에는 땅이 꽁꽁 얼어붙으면서 도로가 쩍쩍 갈라져 아무짝에도 쓸모없게 됐다. 그래서 1km 남짓 거리의 도로를 건설하는 데만 받침목 수만 개가 필요했다. 콜리마대로 건설에 동원된 죄수들은 제대로 잠을 자고 쉴 수 있는 곳이 전혀 없었다. 추위는 죄수들이 콜리마 지역의 극도로 열악한 환경에서 맞서 싸워야 할 최대 적이었다. 1932년 혹독한 겨울이 찾아왔을 때 콜리마 수용소에는 죄수들만 아니라 경비병들과 심지어 경비견들까지도 혹한을 이기지 못하고 얼어 죽었다. 더브린의 밀에 따르면, 이듬해 봄 마가단으로 살아 돌아간 죄수는 백 명 중 한 명도 되지 못했다고 한다.

더브런은 콜리마 지역 개발에 동원된 수많은 죄수가 얼마나 끔찍하게 죽어갔는지 다음과 같이 구체적으로 소개한다.

> 그들은 광산의 갱 속에서 떨어지는 바위에 깔려서, 또는 승강기 케이블이 끊어지는 바람에, 또는 폭약의 독가스에 중독되어, 또

> 규폐증과 괴혈병, 고혈압으로 피와 폐 조직을 토해내며 죽어갔다. 겨울에는 증기 호스가 금을 함유한 모래를 녹이면 그들은 거기서 나온 찌꺼기를 수레에 싣고 온도가 높은 금 이는 작업장에서 기온이 섭씨 영하 50도까지 내려가는 밖으로 나갔다. 그들은 한 달도 못 견디고 폐렴이나 뇌막염으로 죽었다. 10년도 채 안 되어서 콜리마는 세계 금 생산량의 3분의 1을 생산하게 되었다. 어떤 사람의 계산에 따르면, 금 1킬로그램당 사람 1명이 죽었다고 한다. 하지만 몇 사람이 죽었는지는 실상 알려져 있지 않다. 2백만 명 이상이 죽었을 것으로 추측될 뿐이다.(콜린 더브런, 『시베리아』 (서울: 마인드큐브, 2018), 437쪽)

이처럼 금광에서 일하다가 끔찍하게 죽어가는 사람도 헤아릴 수 없이 많았지만, 콜리마대로 건설 현장에서 섭씨 영하 50도를 오르내리는 극한 추위 속에 힘든 노동과 허기에 지쳐 견디지 못하고 쓰러져 죽어간 사람도 부지기수였다. 하지만 이들은 죽어서도 제대로 된 대접을 받지 못했다. 앞서 언급했듯이, 도로 건설 현장에서 죄수들이 어떤 이유로든 죽으면 간단한 추도식 절차도 없이 길바닥에 곧바로 묻히거나 길에서 가까운 곳에 아무렇게나 버려졌다. 콜리마대로에 '뼈의 길'이라는 오명이 붙은 것도 바로 이런 배경에서 나왔다. '뼈의 길'은 수없이 많은 무고한 사람들이 콜리마대로를 건설하다 죽어갔음을 뜻하기도 하지만, 안타깝게 죽어간 사람들의 시신을 콜리마대로 건설 현장에 그대로 묻었음을 의미하기도 한다. 그래서인지 2,000km 이상 펼쳐진 콜리마대로를 달리다 보면 당시 죽어간 사람들의 묘지를 거의 찾아볼 수 없다. 콜리마대로에서 매우 드물게나마 보이는 정치 박해 희생자 추모비도 사람들의 발길이 잘 닿지 않은 곳

마가단주 수수만시 외곽 아르카갈린스키 고개에 1999년 설치된 콜리마 굴라크 수형자 추모비 (출처: 라승도)

에 숨어 있듯이 설치돼 있을 뿐이다.

공식적으로 R504 콜리마대로는 마가단시 주요 간선도로인 레닌 거리와 직결되는 지점에서 시작한다. 하지만 레닌 거리가 마가단 최초의 개척자들이 발을 처음 내디딘 나가예프만 기슭까지 이어져 있어 엄밀히 말하면 콜리마대로는 나가예프만에서 시작한다고 해도 과언이 아니다. 흥미롭게도 나가예프만 기슭에는 소련 시절 음유시인 블라디미르 비소츠키(1938~1980)의 동상이 오호츠크해를 바라보고 서 있고 동상 주변에 설치된 스피커에서는 그가 1965년에 지어 부른 노래 「내 친구는 마가단으로 떠났다」가 24시간 내내 흘러나온다.

> 내 친구는 마가단으로 떠났다.
> 경의를 표하라! 경의를 표하라!

그는 스스로 떠났다. 그는 스스로 떠났다.
죄수로 가지 않았다. 죄수로 가지 않았다.

친구는 운이 없어서 떠난 것이 아니다.
누군가를 골려주려고 떠나지도 않았다.
누가 뭐라고 하든 괴짜라는 소문 때문에 떠나지도 않았다
그냥 그렇게 떠났다. 그냥 그렇게 떠났다.

누군가는 말할지도 모른다. 쓸데없는 짓이라고!
왜 모든 걸 버리려고 하지, 어떻게 그럴 수 있지?
거기는 노동수용소만 있잖아,
살인범들과 살인자들만 있잖아!

그는 소문을 믿지 말라고 대답한다.
살인자들은 오히려 모스크바에 더 많다.
그런 다음 여행 가방을 꾸린다.
그리고 마가단으로 간다. 그리고 마가단으로 간다.

이런 일은 내게 맞지 않는다.
나는 밤 전차에서 뛰어내려 집으로 갔을 것이다.
하지만 나는 마가단으로 가지 않는다.
습관을 잊은 채, 인용부호를 닫은 채.

나는 기타 반주에 맞춰 노래할 것이다.
그가 보게 될 것에 관해,

그의 삶에서 절대 보지 못한 것에 관해,
마가단에 관해, 마가단에 관해 노래할 것이다.

내 친구는 자신의 뜻에 따라 떠났다.
그는 만족한다. 그는 만족한다.
호송대가 그를 때리지는 않을 것이다.
그는 자발적으로 갔다. 그는 자발적으로 갔다.

그러나 내 운명은 신으로부터 주어졌다.
그러나 어쩌면 나도 마가단으로
친구와 함께 떠날지 모른다.
그리고 바닥 침상에 누울지 모른다.

마가단시 나가예프만 기슭에 서 있는 블라디미르 비소츠키 동상 (출처: 라승도)

마가단시 나가예프만 기슭에 서 있는 블라디미르 비소츠키 동상 (출처: 라승도)

비소츠키의 동상은 1968년 3월 그의 마가단 방문을 기념하여 2014년 세워졌다. 동상 주변에서 끊임없이 흘러나오는 노래는 비소츠키가 모스크바토목대학교에서 함께 수학한 동창이자 친구인 시인 이고리 코하놉스키(1937)가 1965년 마가단으로 떠나자 그를 생각하며 지은 것이다. 이 노래는 비소츠키의 친구와 마가단에 관한 이야기이기도 하지만, 콜리마 지역의 굴라크 죄수들에 관한 이야기이기도 하다. 특히 비소츠키의 동상이 굽어보고 있는 나가예프만은 콜리마 죄수들이 이곳에 와서 처음이자 어쩌면 마지막으로 본 바다 풍경일지 모른다. 이곳에 와서 콜리마로 갔다가 다시는 돌아오지 못한 사람들이 많았기 때문이다. 그래서 비소츠키의 노래는 마가단과 콜리마의 어두운 역사를 그의 친구에 관한 이야기를 통해 역설적인 방식으로 에둘러서 들려준다고 말할 수 있다. 이런 점에서 비소츠키의 동상과 그의 노래는 단순히 한 유명 예술가를 기념하는 것으로 그치지 않고 콜리마대로가 사실상 시작되는 바로 그 장소에서 정치 박해 희생자들을 기억하고 추모하는 것으로 그 의미가 확장된다고 할 수 있다.

'애도의 가면', 정치 박해 희생자 추모비

마가단시에서 시작하는 콜리마대로 주변에는 스탈린 정권의 정치 박해로 콜리마까지 멀리 끌려 와서 이 지역 산업 개발에 강제 동원돼 희생된 사람들을 추모하는 기념비가 소련 붕괴 이후 세워지기 시작했다. 가장 대표적인 사례로는 '애도의 가면' 추모비를 들 수 있다. '애도의 가면'은 1930~50년대 정치 박해 희생자 추모비로 조각가 에른스트 네이즈베스트니(1926~2016)와 건축가 카밀 카자예프(1944~)가 제작했고 1996년 마가단시 외곽 크루타야 언덕에 조성

'애도의 가면' 추모비 (출처: 라승도)

됐다. 중앙부 높이가 15m에 달하는 '애도의 가면' 뒷면 벽감에는 비정통적인 십자가형 조각상과 슬피 흐느끼는 여성의 조각상이 설치돼 있다. 또 추모비 앞 광장으로 이어지는 계단을 따라 흩어져 있는 크고 작은 바위들에는 세계 여러 종교의 상징이 새겨져 있다.

'애도의 가면'을 구성하는 이마와 코, 눈썹은 십자가 모양을 이룬다. 머리 왼쪽 부분에는 인간의 '기억'을 담당하는 대뇌가 형상화돼 있다. 왼쪽 눈에서는 사람 머리 모양의 눈물이 흘러내리고 있고 아방가르드 양식으로 만들어진 텅 빈 오른쪽 눈에는 굴라크 생활을 상징하는 쇠창살 사이로 종이 걸려 있다. 오른쪽 눈 아래에는 1937년 대숙청의 후예들로 이뤄진 전체주의 사회를 상징하는 수형자 번호 937번이 쓰여 있다. 끝으로 추모비 앞 광장에는 콜리마 지역에서 가장 악명 높았던 굴라크 명칭으로 된 콘크리트 구조물들이 설치돼 있다.

'애도의 가면' 추모비는 앞에서 보기에 왼쪽 아래 부분에서 시작하

'애도의 가면' 추모비 주요 부분 설명 (출처: culture.ru)

는 계단을 따라 걸어 올라가면 중간쯤에서 작은 박물관 전시실 안으로 들어갈 수 있다. 이 전시실에는 드네프롭스키 수용소와 부투기차크 수용소에서 가져온 여러 가지 물건이 진열돼 있다. 네이즈베스트니는 전시실 출입구를 일부러 비좁게 만들어 놓아 방문객들이 이곳을 드나들 때 마치 감옥에 있는 것처럼 느낄 수 있도록 했다고 한다. 실제로 방문객들은 전시실 출입로가 너무 비좁아 한 줄로 서서 통과해야만 한다. 박물관 전시실을 이렇게 협소하게 조성해 놓은 이유는 이곳을 방문한 사람들이 모두 속박의 감정이 무엇인지 실제로 느낄 수 있도록 하는 데 있었다.

이런 식으로 관람객은 전시실에서 단순히 구경만 하는 존재가 아니라 조각가가 의도한 구조 안에서 역사적 현실에 적극적으로 참여하는 셈이 된다. 이와 함께 추모비 내부 박물관 전시실 벽면에는 한국어를 포함한 세계 여러 나라 언어로 된 정치 박해 희생자 추모의

부투기차크 굴라크에서 가져온 추모비 내부 전시실 진열품 (출처: 라승도)

한글 등 여러 언어로 쓰인 정치 박해 희생자 추모문 (출처: 라승도)

글이 쓰여 있다. 이는 스탈린 정권의 정치 박해가 특정 민족에 국한되지 않고 고려인과 체첸인, 유대인 등 여러 민족을 포함해 무차별적으로 이뤄졌음을 보여준다. 1937년 연해주에 모여 살던 한인들을 카자흐스탄 등 중앙아시아로 대거 강제 이주시킨 것도 스탈린 정권이 자행한 대표적인 정치 박해이자 국가 폭력에 해당한다.

한편, 추모비 뒷면 벽감 하단과 상단에는 각각 여자와 남자 형상이 설치돼 있어 방문객들의 발길과 눈길을 끌어모은다. 무릎을 꿇은 채 두 손으로 얼굴을 가리고 우는 여자의 모습은 정치 박해 희생자의 가족으로 사랑하는 남편이나 아버지를 잃은 슬픔을 표현한다. 상단의 십자가에 못 박혀 있는 남자 형상은 직감적으로 예수 그리스도의 십자가형을 연상케 한다. 하지만 울퉁불퉁 근육질 몸매로 역동적인 형상의 남자는 십자가에 못 박혀 피동적으로 고정돼 있다기보다는 못 박힌 상태에서, 또는 속박된 상태에서 벗어나려고 안간힘을 쓰

'애도의 가면' 추모비 뒷면 벽감 하단의 흐느끼는 여성 형상 (출처: 라승도)

는 듯한 인상을 자아낸다. 바꾸어 말하자면 이 형상은 저항의 몸짓을 보여준다. '애도의 가면' 추모비가 제막되고 나서 러시아 정교회에서 이 형상을 신성모독으로 불경하게 해석한 것도 바로 이런 데서 연유한다.

하지만 최근 러시아 정교회는 '애도의 가면'에 대해 이전과 달리 비판적 또는 공격적 태도를 더 이상 보이지 않고 있다. 특히 2011년 키릴 러시아 정교회 총대주교는 콜리마 지역을 처음 방문했을 때 '애도의 가면'을 찾아 정교도 희생자들을 기념하는 바위 아래에 헌화했다. 그는 추모비 내부에도 들어가 박물관 전시실도 둘러봤고 네이즈베스트니의 십자가형 조각상도 살펴봤다. '애도의 가면' 방문 당시 키릴 총대주교는 특별한 논평을 내놓지 않았지만, 이곳이 정교회 신자들을 포함한 모든 사람에게 정치 박해 희생자 추모를 위한 핵심 장소인 것만큼은 인정했다. 이와 함께 그는 정치 박해 희생자 추모 예배

'애도의 가면' 추모비 뒷면의 십자가형 조각상 (출처: 라승도)

를 마가단 시내에 있는 성삼위일체대성당에서 집전했다.

오늘날 '애도의 가면' 추모비는 마가단시와 콜리마 지역을 대표하는 핵심 상징 가운데 하나다. 해마다 6월 12일 '러시아 독립일'과 7월 13일 마가단 '시의 날', 10월 30일 '정치 박해 희생자 추모일'이면 많은 사람이 '애도의 가면'을 방문하여 둘러보고 소련 각지에서 콜리마로 끌려와 무고하게 희생된 사람들을 추모한다. 마가단 시청에서는 '애도의 가면' 방문을 원하는 사람이면 누구에게든 학예사와 함께 투어용 교통 편의를 제공한다. '애도의 가면'은 어쩌면 마가단의 상징

'애도의 가면' 추모비 뒷면 (출처: 라승도)

에 그치지 않고 더 나아가 극동과 러시아 전체를 상징한다고 해도 과언이 아닐 것이다. 소련 시절 콜리마의 개발과 러시아의 산업화는 이곳에서 쓰러져간 수많은 사람의 희생이 없었다면 불가능했을지도 모른다. 이런 점에서 '애도의 가면'을 통해 이들을 추모하는 것은 국가적 의미가 있다. 특히 포스트소비에트 시대 러시아의 민족 정체성을 얘기할 때 콜리마대로에서 파생되는 '상처의 길'을 빼놓고 '영광의 길'만 강조하는 것은 어불성설에 지나지 않는다. '애도의 가면' 추모비는 러시아의 역사적 발전에서 중요한 일부를 차지하는 '상처의 길'

10월 30일 정치 박해 희생자 추모일 행사 안내문이 추모비 박물관 출입문에 붙어 있다 (출처: 라승도)

을 열어주고 밝혀주는 데서 커다란 진일보였다.

마가단, 풍경의 재구성

마가단시에서 주요 간선도로를 형성하는 레닌 거리는 도시 중심부를 남북으로 관통하며 나가예프만까지 길게 뻗어 있다. 레닌 거리 양쪽에는 유럽식 건물들이 반듯하게 줄지어 서 있다. 마치 상트페테르부르크 네바강 양쪽으로 질서정연하게 서 있는 유럽식 건물들을 보는 듯하다. 소비에트 시절 마가단이 '극동의 레닌그라드(상트페테르부르크)'로 불린 이유도 여기에 있을 것이다. 더욱이 상트페테르부르크가 네바강 하구의 늪지에 표트르 대제(1672~1725)의 지시에 따라 갑자기 건설되기 시작한 것처럼 마가단도 나가예프만 언덕의 불모지에 스탈린의 명령에 따라 급하게 세워지기 시작했다.

마가단 레닌 거리 (출처: 라승도)

소비에트 시절 마가단에서는 과거의 문화유산을 찾아볼 수 없었다. 예를 들면, 러시아 정교회의 종교 건축물은 특히 존재할 수 없었다. 심지어 소비에트 시대에도 교회는 러시아 어느 도시나 마을에 가도 하나쯤 볼 수 있었지만, 마가단에서는 절대 찾아볼 수 없었다. 그러나 1991년 소련 붕괴 이후 종교의 자유가 허용되고 러시아 정교회가 공식적으로 부활하면서 마가단의 도시 풍경에도 큰 변화가 찾아왔다. 소비에트 시대 내내 볼 수 없었던 종교 건축물이 시내 한복판에 등장했기 때문이다. 소보르나야 광장에 견고한 자태를 뽐내며 우뚝 서 있는 성삼위일체대성당이 바로 그것이다.

성삼위일체대성당은 날씨가 좋을 때 황금빛 둥근 지붕이 햇볕에 반짝거려 마가단 시내에서나 외곽에서도 한눈에 보인다. 게다가 이곳은 소련 붕괴 이후에, 특히 21세기에 들어와서 마가단의 도시 풍경

마가단 성삼위일체대성당 (출처: 라승도)

을 둘러싸고 일어난 커다란 변화의 현장이어서 특히 주목할 만하다. 이 성당은 2001년에 건설되기 시작하여 2008년에 완공됐다. 성당 자리에는 원래 '달스트로이' 건물이었던 '소비에트 저택'이 있었다. 따라서 이 건물을 헐고 그곳에 성당을 지은 것은 소비에트 도시에서 러시아 도시로 탈바꿈한 마가단의 정체성 변화를 확실하게 보여준다고 할 수 있다. 이와 동시에 성당 앞 레닌 광장에 서 있던 레닌 동상이 2003년 도시 중심부에서 한참 떨어진 우주인 광장으로 옮겨진 것도 주목할 만한 변화였다. 현재 우주인 광장에 서 있는 레닌 동상은 찾는 사람도 별로 없고 새똥으로 뒤범벅이 되어 지저분해 보인다.

성삼위일체대성당 건설과 함께 마가단에서 연이어 일어난 도시의 상징적 풍경 변화는 2010년 성당 앞 레닌 광장이 소보르나야 광장으로 개명된 데서만 아니라 2015년 이 광장에 이노켄티 성자의 동상이

마가단 우주인 광장의 레닌 동상 (출처: 라승도)

건립된 데서도 분명하게 찾아볼 수 있다. 소비에트 도시에서 러시아 도시로 바뀐 마가단의 도시 풍경에서 가장 눈에 띄는 의미심장한 변화는 사회주의 문화 대신 자본주의 문화의 등장에서 나왔다기보다는 바로 종교의 부상에서 나왔다고 할 수 있다.

야고드노예, 상처와 영광 사이

마가단시에서 야쿠츠크 쪽으로 콜리마대로를 달리다 보면 522km 지점에 야고드노예로 불리는 인구 3,500여 명의 작은 도시가 나온다. 야고드노예라는 지명은 '베리'를 뜻하는 러시아어 단어 '야고다'에서 유래했다. 과거에 이곳은 블루베리와 크랜베리, 클라우드베리

야고드노예의 쇠락한 주변부 풍경 (출처: 라승도)

같은 장과 식물이 지천으로 널려 있었다고 한다. 하지만 현재 야고드노예는 지명을 둘러싼 목가적, 낭만적 분위기와는 사뭇 대조적으로 퇴락하는 산업 도시의 음울하고 후줄근한 이미지가 지배한다. 게다가 주변 도로 곳곳에 움푹움푹 파인 구덩이들은 사람들이 빠져나가 방치되어 흉물스럽게 보이는 빈집들과 함께 이곳을 방문하는 사람들의 눈살을 찌푸리게 한다.

야고드노예는 극동의 오지에 있어 접근하기 쉽지 않지만, 해마다 러시아 곳곳에서, 더 나아가 세계 곳곳에서 찾아오는 방문객이 적지 않다. 사람들이 험난한 여정을 마다하지 않고 이곳을 방문하는 이유는 콜리마대로를 따라 곳곳에 나 있는 '상처의 길'을 되돌아보고 기억하고자 하는 움직임이 1991년 소련 붕괴 이후 바로 이곳에서 처음 시작됐고 지금도 계속 이어지고 있기 때문이다. 실제로 야고드노예는 소련 붕괴 이후 신생 러시아에서 정치 박해 희생자들을 기념하는

'기억의 박물관'이 가장 먼저 생긴 곳으로 남다른 의미가 있다.

1994년 야고드노예에서 '기억의 박물관'을 세우고 콜리마 굴라크의 각종 유물을 수집해 전시하기 시작한 사람은 이곳에서 위생 설비 기사로 일하던 이반 파니카로프라는 평범한 주민이었다. 그로부터 약 사반세기가 흐른 지금 파니카로프는 정치 박해의 기억을 전문적으로 다루고 연구하는 언론인이자 역사학자로 변신하여 왕성한 활동을 펼치고 있다. 그러나 수없이 많은 소중한 자료를 소장하고 있는 파니카로프의 박물관은 1994년 조성 당시부터 지금까지 그의 아파트 공간을 벗어나지 못하고 있다. 콜리마 지역에서 일어난 정치 박해의 기억 또는 '상처의 길'에 대한 기억이 밖으로 드러나는 것을 바라지 않는 세력의 방해와 간섭이 있기 때문이다.

한편으로 파니카로프는 정치 박해 희생자들을 기억하는 일에 누구보다도 먼저 앞장섰고 '기억의 박물관'이라는 독보적 공간을 보유하고 있어 러시아 국내외에 걸쳐 많은 전문가의 주목을 받고 있다.

소련 붕괴 이후 처음으로 정치 박해 희생자를 위한 '기억의 박물관'을 야고드노예에 조성한 이반 파니카로프가 유리 두디의 다큐멘터리 영화 『콜리마: 우리 공포의 근원』에 출연하여 인터뷰에 응하고 있다 (출처: 유리 두디)

그러나 다른 한편으로 그는 정치 박해의 최고 책임자였던 스탈린에 대해 긍정적인 태도를 드러내어 이중적, 모순적 인물로 보이기도 한다. 앞서 소개한 유리 듀디와의 인터뷰에서 파니카로프는 콜리마의 산업 개발이 있었기에 스탈린이 나치 독일에 맞선 전쟁에서 승리할 수 있었다고 말한다. 그는 전쟁과 같은 위기 상황에서는 누가 됐든 국민 일부의 희생이 불가피하다고 주장한다.

이러한 주장은 정치 박해의 기억이 전쟁 승리의 기억에 묻히거나 가려지는 현실과 일맥상통한다. 이는 야고드노예 중심부에 최근 산뜻하게 조성된 2차 세계대전 기념 공원이 잘 뒷받침해준다. 실제로 야고드노예의 전쟁 기념 공원을 보면 콜리마 지역의 산업 개발과 도로 건설 과정에서 자행된 끔찍한 정치 박해의 기억이 위대한 전쟁 승리의 기억에 밀려나고 있다는 인상을 지울 수 없다. 흥미롭게도 정치 박해의 '흑역사'를 감추고 전쟁 승리의 영광을 강조하려는 움직임은

야고드노예 시내 중심부에 조성돼 있는 2차 세계대전 기념 공원 (출처: 라승도)

마가단에서 야쿠츠크까지 이어지는 콜리마대로 여러 지역에서 비슷하게 나타나고 있다. 사하공화국 우스네라 인디기르카강 기슭에 최근 화려하게 조성된 '승리 공원'도 그러한 움직임을 보여주는 대표적인 사례로 꼽을 수 있다. 이와 대조적으로 '박해의 상처'를 어루만져 주는 '기억의 공간'은 콜리마대로에서 눈에 잘 띄지 않아 아쉬움이 남는다.

사하공화국 우스네라 인디기르카강 기슭에 산뜻하게 조성된 '승리 공원' (출처: 라승도)

12

극동의 부상과 러시아의 미래

북극항로 :
유럽과 극동 사이 최단 바닷길

12

러시아 극동과 유럽을 오갈 수 있는 길은 다양하다. 무엇보다도 먼저 블라디보스토크나 하바롭스크, 페트로파블롭스크캄차츠키, 마가단 등 극동 주요 도시 공항에서 비행기를 타고 모스크바에 가서 유럽 어느 도시로도 쉽고 편하게 다녀올 수 있다. 다음으로 블라디보스토크에서 시베리아횡단열차를 타고 모스크바까지 가서 여기서 유럽 여러 지역으로 여행을 떠날 수 있다. 물론, 극동에서 열차를 타고 모스크바나 상트페테르부르크까지 가서 유럽으로 향하는 것은 시간이 너무 많이 걸려 특별한 여행 동기가 없다면 감행하기 쉽지 않다. 끝으로 19세기 러시아 작가 이반 곤차로프와 안톤 체호프가 예증했듯이 상트페테르부르크와 블라디보스토크 사이를 배로 오갈 수 있어 바닷길을 이용해 극동에서 유럽까지 갈 수 있다. 하지만 비행기로 10시간 남짓이면 편하게 오갈 수 있는 오늘날 러시아 극동과 유럽 사이를 수십 일간 배를 타고 여행할 사람은 거의 없을 것이다. 요즘 극동과 유럽 사이를 잇는 바닷길은 주로 세계 각국의 주요 화물 운송로로 이용된다.

러시아 극동, 북극항로의 중추 지역

극동과 유럽 사이를 잇는 해상 운송로로는 수에즈운하를 통과하는 남방항로가 있다. 인천이나 부산에서 출발하여 네덜란드 로테르담까지 가는 화물선들은 대부분 수에즈운하를 통과하는 남방항로를 이용한다. 그러나 앞으로 본격적으로 가동되면 운송 기간과 연료비가 남방항로보다 훨씬 더 적게 드는 것으로 알려진 북극항로에 대한 관심이 최근 들어 뜨거워지고 있다. 북극항로는 태평양에서 대서양까지 러시아 북극권 연안을 따라가는 해상 운송로를 가리킨다. 부산에서 로테르담까지 남방항로를 이동하면 45일이 걸리지만, 북극항로를 이용하면 45일에서 10일이 줄어들어 35일이 소요된다. 이동 거리도 21,000km에서 12,700km로 8,300km가 줄어들어 연료비 등 운송 경비를 대폭 절감할 수 있다. 한국 연료 수출업계에서는 이미 몇 년 전에 유조선 등 석유제품을 운송하는 선박들이 남방항로 대신 북극항로를 이용하면 선박 1척당 5억여 원의 운송비를 아낄 수 있다고 전망했다. 물론, 현재까지는 수에즈운하를 이용하는 남방항로 운송비가 북극항로 운송비보다 더 경제적이다. 하지만 앞으로 북극항로가 지구온난화와 쇄빙 기술 발전 등에 힘입어 본격적으로 활성화되면 새로운 항로의 가치가 훨씬 더 커질 것이다.

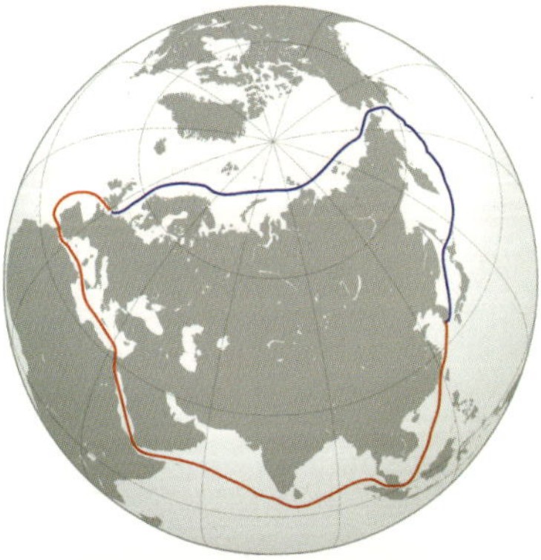

남방항로(아래쪽 빨간색 선)와 북방항로(위쪽 파란색 선) 비교 (출처: ru.wikipedia.org)

한편, 북극항로는 블라디미르 푸틴 러시아 대통령이 적극적으로 추진하는 극동 개발 정책과도 긴밀하게 관련돼 있다. 2018년 5월 16일 블라디보스토크에서 열린 제8차 한·러 극동포럼은 바로 이런 측면에 대해서도 깊이 있게 논의했다. 특히 미하일 홀로샤 극동해양항만기술연구소(FEMRI) 부소장은 블라디보스토크 자유항과 선도개발구역 같은 인프라 개발 프로젝트가 성공하려면 허브 항만을 중심으로 북극항로 연계 통합 물류망을 구축하여 양질의 물류 서비스를 제공해야 한다고 지적했다. 이와 함께 블라디보스토크경제서비스대학교의 전명수 교수는 새로운 해상 교역로와 에너지 자원 개발로서 북극항로의 활용 가치를 높게 평가했고 북극항로가 지나가는 지역 중에서 캄차카변강주와 사하공화국, 야말반도, 무르만스크가 가장 많은 관심을 끌고 있다고 소개했다. 여기서 알 수 있듯이, 극동 지역은 북극항로에서 상당 부분을 차지할 뿐만 아니라 북극항로 개발에도 크게 이바지한다. 특히 푸틴 대통령은 러시아 극동이 북극항로 개발에서 중추적인 역할을 수행할 것이라고 강조한 바 있다.

실제로 러시아 극동 지역은 유럽과 극동 사이의 최단 바닷길로 장차 활성화될 것으로 기대되는 북극항로에서 큰 비중을 차지한다. 위

제8차 한·러 극동포럼의 한 장면 (출처: primorsky.ru)

러시아 북극권 항구 (출처: ru.wikipedia.org)

에서 언급한 것처럼 사하공화국과 캄차카변강주는 물론이고 추콧카자치구와 연해주도 북극항로가 지나는 러시아 극동의 주요 지역에 해당한다. 그러나 이들 지역이 북극항로 개발과 구체적으로 어떻게 관련돼 있는지 잘 아는 사람은 그렇게 많지 않다. 게다가 이들 지역은 일반인이 쉽게 접근할 수 없어서 베일에 가려진 부분이 적지 않다. 특히 북극항로에 걸쳐 있는 이들 지역의 항구 도시 중에는 외국인뿐만 아니라 러시아인도 들어갈 수 없는 곳이 있어 어떤 곳인지 궁금증을 자아낸다. 예를 들면, 사하공화국 최북단 항구 도시 틱시는 레나강을 이용한 내륙 수운과 북극항로의 물류 연계에서 거점 항구로만 아니라 러시아군의 북극 군사기지로도 전략적 가치가 높아 엄격한 통제와 관리 아래 놓여 있다. 최근 러시아는 틱시에 대규모 해군기지를 새로 건설하여 자국 북극권을 군사화하는 데 박차를 가하고 있다. 이러한 군사기지 건설은 이 지역에서 고용 창출 등으로 적으나마 인구 유입을 기대케 한다.

틱시, 야쿠티야의 대양 진출 관문

사하공화국(야쿠티야)은 러시아 85개 연방주체 중에서 최대 면적을 자랑한다. 특히 공화국 영토 160만m^2 중 40% 이상, 공화국 내 지역 중 13개 지역이 북극권에 해당하여 러시아 정부의 극동·북극 개발에서 가장 중요한 연방주체로 꼽힌다. 아이센 니콜라에프 사하공화국 수장이 2019년 10월 29일 러시아 국영 「리아노보스티」 통신과 진행한 인터뷰에서 극동·북극개발부와 매우 적극적으로 협력하고 있다고 강조했던 것도 이런 맥락에서 이해할 수 있다. 또 그는 2019년 12월 11일 모스크바에서 열린 제2차 레나포럼 회의에 참석하여 러시아의 극동·북극 개발에서 사하공화국이 어떤 위치를 차지하고 있고 어떤 역할을 수행하는지 설명하기도 했다. 이와 함께 그는 최근 블라디미르 푸틴 대통령으로부터 레나대교 건설 프로젝트에 대해 최종 승인을 받아 육로와 철도, 수로를 통해 북극항로와 연결되는 복

2018년 5월 24일 블라디미르 푸틴 러시아 대통령이 아이센 니콜라에프 사하공화국 수장을 면담하고 있다 (출처: ru.wikipedia.org)

합 물류 네트워크 구축에 박차를 가하고 있다. 실제로 사하공화국은 R297 아무르대로에서 뻗어 나오는 레나대로와 마가단주에서 출발하는 콜리마대로, 니즈니베스탸흐까지 올라오는 바이칼-아무르철도 지선을 통해 들어오는 러시아 극동과 동북아 지역 화물을 레나강 내륙 수운을 이용하여 북극항로로 연결해 유럽 쪽으로 운송하는 복합 물류 네트워크 구축에서 커다란 잠재력을 보유하고 있는 것으로 평가된다.

이런 점에서 주목할 만한 곳이 바로 바이칼호수에서 발원하여 야쿠츠크를 거쳐 랍테프해로 흘러 들어가는 레나강 삼각주에 있는 항구 도시 틱시이다. 틱시는 소련 시절부터 북극항로가 지나는 주요 거점 항구로서 중요한 역할을 수행했다. 하지만 1991년 소련 붕괴 이후 경제 상황이 악화하자 주민들이 대거 빠져나가면서 틱시는 급격한 쇠퇴의 길에 접어들었다. 쇠락한 북극 항구 도시 틱시는 2000년대에 들어와서 러시아 정부가 북극 개발에 관심을 기울이며 북극 소외 지

사하공화국 야쿠츠크 레나강 화물 선적장 (출처: 라승도)

역에 지원을 늘리면서 조금이나마 살아나는 듯했다. 그러나 최근까지만 해도 틱시에는 도시 인프라 개선을 위한 근본적인 변화를 찾아보기 어려웠다. 이런 가운데 정부 관리와 학자들 사이에서 지구온난화와 항해 기술 현대화에 힘입은 북극항로 활성화 가능성이 자주 논의됐다. 예를 들면, 원자력 쇄빙선의 도입은 북극항로 활성화에 크게 이바지할 수 있다. 이와 함께 북극항로 활성화는 낙후한 러시아 북극권 지역의 적극적 개발로 자연스럽게 이어질 수 있어 사하공화국 영토를 지나는 북극항로의 주요 거점 항구인 틱시도 새롭게 주목받고 있다.

영국의 국제 비즈니스 신문 「파이낸셜타임스」가 2016년 10월 20일 자 '얼어붙은 꿈: 러시아의 북극 집착'이라는 특집기사에서 틱시를 자세히 소개한 배경도 북극항로 활성화 논의 속에 러시아 북극권 지역에 대한 관심이 고조되고 있는 데서 찾을 수 있다. 이 기사에 따르면, 과거 소련은 자국의 북극 지역을 캐나다와 알래스카의 북극 지

틱시 전경 (출처: ru.wikipedia.org)

역과 상당히 다르게 개발했다. 다시 말해 소련은 대규모 산업 시설과 인프라, 영구 거주지를 북극권에 건설했다. 하지만 1991년 소련이 붕괴하면서 경제 질서도 무너지자 러시아 북극권 지역도 급격하게 쇠퇴했다. 이러한 현상은 서북부 무르만스크주에서 동북부 추콧카자치구까지 러시아 북극권 전역에 걸쳐 나타났다. 소련은 1930년대부터 북극항로를 이용하기 시작하여 주로 북극권 지역들에 식량과 연료를 공급하고 육로가 없는 이들 지역에서 각종 제품을 밖으로 운송하는 데 활용했다. 하지만 소련 해체 이후 북극항로 이용이 완전히 중단되다시피 하면서 틱시를 비롯한 거의 모든 북극 지역이 생존의 위기에 빠졌다. 북극항로 물동량은 소련 붕괴 이후 2000년 무렵까지 거의 4배 이상 급감했다.

다행히도 2010년을 전후하여 러시아 정부에서 자국의 북극 지역을 개발하는 정책을 마련하여 시행하면서 틱시 등 러시아 북극 항구 지역들이 개발 혜택을 받을 기회도 생기기 시작했다. 포스트소비에

소련 시절 세워진 거대한 틱시 이정표 (출처: goarctic.ru)

트 시대 러시아의 북극 개발 정책은 2008년 푸틴 대통령이 '러시아연방 북극 기본 정책 2020'에 서명하면서 본격적으로 마련되어 가동되기 시작했다. 이로부터 6년 뒤인 2014년 5월에는 러시아연방 대통령령 296호 '러시아연방 북극권 영토' 규정이 승인되어 발효됐다. 또 가장 최근인 2018년에는 '북극권 영토 확대' 법령이 승인되는 등 국가적 차원의 북극 개발·관리 정책이 수립되어 실행에 옮겨지고 있다. 이와 함께 최근 십여 년간 북극권 기온이 상승하면서 항해 조건이 개선됨에 따라 북극항로를 통해 운송되는 러시아 북극 지역 물동량도 꾸준히 증가하고 있다. 게다가 상황이 이렇게 바뀌면서 북극항로는 중국과 일본, 한국 등 아·태 지역 경제 대국들의 유럽행 화물 운송에 새로운 대안 교역로로 급부상했다.

블라디미르 푸틴 대통령이 2011년 북극 관련 회의에서 북극 교역로를 이용하는 국가와 민간 기업 모두가 의심의 여지 없이 경제적 혜택을 누릴 것이라고 장담한 근거도 북극항로를 둘러싸고 일어난 긍

블라디미르 푸틴 러시아 대통령이 2019년 4월 9일 열린 제5차 국제북극포럼에서 연설하고 있다 (출처: kremlin.ru)

정적 상황 변화에서 찾을 수 있다. 최근 러시아 정부는 북극항로의 커다란 잠재력을 파악하고 러시아 북극권 해역을 통과하는 외국 운송선들을 통제·관리하는 북극항로청을 신설했고 북극항로가 지나는 주요 지점들에 조사·구조센터도 설치했다. 이와 함께 러시아는 북극항로 연안 항구들을 보수하고 확대하는 계획도 수립했다. 이 모든 것은 북극항로를 활성화하여 북극 지역을 현대화하고 다시 북극 지역 발전을 통해 북극항로 잠재력을 극대화함으로써 국가 이익을 최대한 끌어내려는 러시아 정부의 원대한 야심에서 나온다. 따라서 소련 시절부터 북극항로의 주요 거점 항구로 기능했던 틱시가 최근 들어 러시아 국내외 언론의 관심을 받는 것은 자연스러운 현상이라고 할 수 있다.

틱시는 1938년 소련 정부가 항구를 조성하면서 도시급 거주지로 개발하기 오래전부터 다양한 사람의 발길이 끊이지 않았다. 다시 말해 이곳은 북극해로 나가는 레나강 삼각주에 위치한 좋은 입지 조건

틱시 항구 (출처: arctic.ru)

덕분인지 제정 러시아 시절부터 이미 탐험가와 과학자, 어부와 상인들이 자주 드나들었다. 특히 1970년대 소련 시절 번영기에는 수십 척의 대형 선박이 정박했을 정도로 틱시는 북극항로의 주요 거점 항구로 기능했다. 당시 틱시는 선박 보수정비 시설도 대규모로 잘 갖추고 있어서 북극항로 통행 선박들의 정박지로 안성맞춤이었다. 또 소련 시절 틱시는 시베리아와 극동 지역에 풍부한 삼림에서 나온 목재 등 천연자원을 레나강 내륙 수운을 이용해 실어 와서 해상 운송선으로 옮겨 싣는 환적 허브 항구였다. 1970~80년대 번성했던 당시 틱시 주민들은 자급자족할 수 있을 정도로 일부 필수품과 식료품을 자체 생산하기도 했다. 이런 가운데 1980년대에는 모스크바나 상트페테르부르크에서 볼 수 있는 고층 건물들을 해안가에 세워 북극의 항구 도시를 완전히 새롭게 현대화하는 계획이 추진되기도 했다. 요컨대, 소련 붕괴 전까지 틱시는 러시아 북극권의 번성하는 항구 도시였다.

그러나 소련 붕괴 이후 틱시는 급격한 인구 유출을 겪으면서 쇠퇴

1980년대 번성기 때 틱시 항구 모습 (출처: 타스통신)

최근 틱시 거리 모습 (출처: 위키미디어)

의 길을 걷기 시작했다. 1990년대 전반에만 틱시 인구 3/4이 더 나은 삶의 기회를 찾아 다른 곳으로 떠났다. 틱시를 떠난 사람들은 주로 러시아인과 우크라이나인, 아르메니아인, 독일인 등으로, 틱시 경기가 좋았을 때 이곳에 와서 고수입이 보장되던 탄광 광부로 일했거나 군사기지와 기상관측소에서 일했다. 이들은 더 나은 기회를 찾아 다른 곳으로 틱시를 떠났지만, 다른 사람들은 틱시에 그대로 남은 채 소련 해체 이후 급격하게 바뀐 열악한 상황에서 생존 투쟁에 나서야만 했다. 소련 붕괴 이후 현재까지 틱시에는 새롭게 지은 현대식 건물이 거의 보이지 않을 정도로 도시와 항구가 모두 낙후돼 있다. 틱시 시내 안팎은 사람들이 거주하는 주택에서 주변의 툰드라 벌판에 이르기까지 곳곳에 소련 시절 유산이 흉물스러운 폐허의 잔해처럼 남아 있다. 이곳에서는 지난 20여 년간 변화의 흔적이 거의 보이지 않아 소련 붕괴 이후 시간이 북극의 혹한 속에 그대로 얼어붙은 듯한 인상을 자아낸다.

틱시에 건설된 풍력 발전기 (출처: 루스기드로)

이처럼 틱시는 소련 붕괴 이후 현재까지 새로운 도약을 위한 돌파구가 없이 계속 쇠퇴 과정에 있었지만, 아주 최근에 들어와서 변화의 바람이 조금씩 불기 시작했다. 예를 들면, 사하공화국이 '야쿠티야의 대양 진출 관문'으로 불리는 틱시에 2017년 풍력 발전기를 건설하기 시작하여 2018년 발전기 일부를 가동한 것은 쇠퇴하는 북극권 항구 도시 틱시에 부활의 숨결을 불어넣어 주는 것처럼 보인다. 러시아 국영 전력 기업 '루스기드로'와 일본 '신에너지 산업기술 종합개발기구(NEDO)' 등이 참여해 2021년까지 진행하는 틱시 풍력 발전 프로젝트는 연간 16%의 디젤 연료를 절감할 수 있다는 점에서만 아니라 러시아 극동·북극 지역에 친환경 재생 에너지 시스템 도입을 선도하고 있다는 점에서도 높게 평가할 만하다. 특히 북극항로 연안 툰드라 지역에 건설되는 거대한 풍력 발전기는 쇠퇴해 낙후한 틱시에 지금까지와는 다른 북극 풍경을 조성해 줄 것으로 기대된다. 이 풍력 발전기는 러시아 북극 지역의 새로운 변화를 알리는 상징물로서 주목할 만하다.

추콧카, 북극항로 최동단 거점 지역

흔히 추콧카로 줄여 부르는 추콧카자치구는 러시아 극동연방관구 11개 지역에서 사하공화국과 하바롭스크변강주 다음으로 큰 면적을 자랑한다. 앞서 지적했듯이 추콧카 인구는 커다란 면적과 사뭇 대조적으로 49,000여 명에 그쳐 극동 지역에서 가장 적다. 하지만 추콧카는 유라시아 대륙 최동단에 걸쳐 있고 베링해협을 사이에 두고 미국 알래스카와 마주 보고 있어 지정학적으로 중요한 지역이다. 이와 함께 추콧카는 한국과 일본, 중국의 주요 항구에서 시작해서 노르웨이나 네덜란드, 독일 등 유럽 주요국 항구로 이어지는 북극항로가 지나가는 주요 거점들을 갖고 있어 지경학적으로도 매우 중요하다. 다시 말해 아·태 지역 쪽 북극항로에서 빼놓을 수 없는 주요 거점들인 아나디리, 프로비데니야, 페벡 같은 항구 도시들이 바로 추콧카에 있다.

그러나 추콧카는 남쪽으로는 마가단주와 캄차카변강주를 마주 보고 있고 서쪽으로는 사하공화국과 경계를 이루고 있지만, 추콧카

추콧카자치구 위치 (출처: ru.wikipedia.org)

와 이들 지역 사이를 이어주는 도로나 철도는 존재하지 않는다. 콜리마대로를 추콧카까지 연결하는 새로운 연방도로 건설 프로젝트가 논의되고 있지만, 이 도로가 언제 완공될지는 구체적으로 알려져 있지 않다. 따라서 추콧카를 방문할 때 가장 일반적인 방법은 모스크바 브누코보 공항에서, 아주 가깝게는 하바롭스크나 마가단, 페트로파블롭스크캄차츠키에서 비행기를 타고 수도 아나디리를 통해 들어가는 것이다. 항공편 외에 추콧카에 들어갈 방법은 배를 타고 가는 방법이 있는데, 이것은 외국인은 물론이고 러시아 일반인도 특별 허가를 받아야만 가능하다. 이처럼 추콧카는 극동연방관구에서 가장 접근하기 어려운 미지의 지역 가운데 하나로 꼽힌다.

이와 동시에 추콧카는 대부분 지역이 연중 내내 눈으로 덮여 있어 할 것이 아무것도 없어 보인다. 살을 에는 듯이 칼바람이 불고 눈 폭풍이 휘몰아치는 가운데 그나마 보이는 거주지에서도 제대로 된 편의시설을 찾아보기 쉽지 않다. 한마디로 사람이 살기 어려운 곳이라

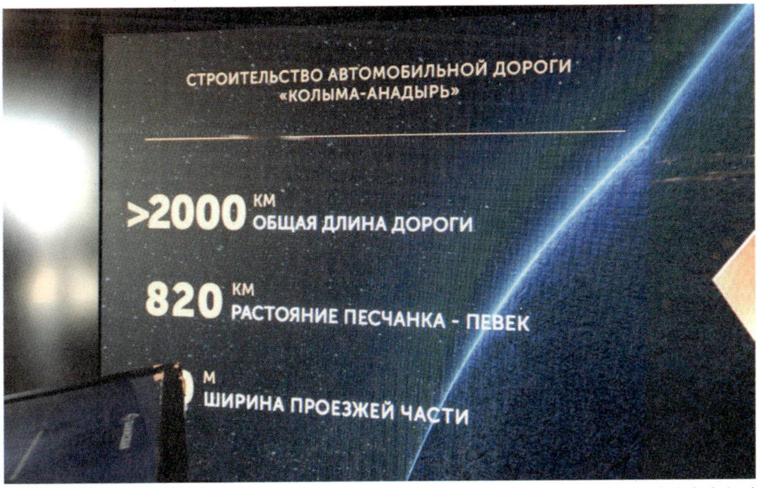

2019년 제5차 블라디보스토크 EEF 부대행사 '극동의 거리' 전시회 당시 추콧카 전시관에 소개된 콜리마-추콧카 도로 건설 계획 (출처: 라승도)

추콧카 북극권 풍경 (출처: ridus.ru)

고 할 수 있다. 하지만 이처럼 열악한 환경에서도 추콧카만이 가진 매력을 찾아 세계 곳곳에서 오는 방문객들이 적지 않다. 무엇보다도 추콧카는 접근하기 어려우므로 자연환경이 그만큼 잘 보존돼 있다. 수천 년간 거의 변하지 않은 태고의 자연은 추콧카를 사랑하고 아끼는 사람들이 가장 높게 평가하는 부분이다. 이는 다시 러시아 극동의 자랑이자 자원으로 추콧카의 존재감을 높여준다.

아나디리, 러시아 최동단 도시

추콧카자치구 수도인 아나디리의 역사는 지금으로부터 130년 전인 1889년 세워진 노보마린스크라는 이름의 거주지에서 시작했다. 아나디리는 1923년 현재 이름으로 바뀌었지만, 도시 지위를 갖게 된 것은 130년 역사에서 50여 년밖에 되지 않았다. 1965년에야 도시 지위를 받았을 정도로 아나디리는 발전 속도가 더뎠다. 아무르강 유역의 블라고베셴스크가 1856년 설립된 지 몇 년 되지 않아 도시 지위를 받은 것과 비교하면 아나디리의 성장이 얼마나 느렸는지 짐작할 수 있다. 아나디리는 추콧카 지역에 매장된 금광과 우라늄 개발 과정에서 높은 임금을 받고 고용된 사람들이 많이 살았지만, 이들이 1991년 소련 붕괴 이후 대거 빠져나가면서 1989년 17,000여 명이었던 인구가 10여 년 뒤인 2002년에는 11,000여 명으로 대폭 줄었다. 이러한 인구 급감 현상은 틱시에서 봤던 것과 마찬가지로 소련 붕괴 이후 경제 상황 악화에서 비롯됐다. 하지만 다행히 2010년부터 인구가 2,000여 명 늘었고 현재는 15,000여 명을 기록하고 있다. 소련 시절 최고치를 기록했던 17,000여 명에는 여전히 2,000여 명이 모자라지만, 인구가 갑자기 대거 빠져나가는 현상은 당분간 없을 것으로 보인다.

2019년 제5차 블라디보스토크 EEF 부대행사 '극동의 거리' 전시회 당시 추콧카 전시관의 투자 프로젝트 발전 현황 (출처: 라승도)

이러한 인구 변화는 포스트소비에트 시대 아나디리의 어두운 과거와 새로운 현재를 동시에 시사한다. '어두운 10년'으로 표현되는 1990년대에 아나디리는 러시아의 다른 지역들과 마찬가지로 소련 붕괴 이후 사회·경제적 혼란의 직격탄을 맞았다. 이 기간에 많은 사람이 더 살기 좋은 곳을 찾아 아나디리를 떠나면서 인구가 감소하기도 했지만, 사회·경제적 혼란과 불안 상황에서 보드카 등 알코올에 의존하다 건강을 잃고 사망에 이른 사람이 많아 인구가 줄어들기도 했다. 1990년대 소련 붕괴 이후 추콧카에서 일어난 토착민족 운동을 연구한 패티 그레이(Patty Gray)는 자신의 저서 『곤경에 빠진 추콧카 토착민 운동』(2004)에서 1990년대 초반부터 2000년대 초반까지 10년 동안 이어진 추콧카 인구 위기의 주된 원인 가운데 하나가 바로 알코올 오남용에 있었다고 분석했다. 그레이는 주로 축치인 토착민족

보드카는 1990년대 추콧카 인구 감소의 주요 원인 가운데 하나였다 (출처: ru.wikipedia.org)

사이에서 알코올 오남용으로 많은 사람이 목숨을 잃은 비참한 현실을 예증하고 있지만, 아나디리에 살던 사람 중에도 사유화의 여파로 빈곤에 빠져 자포자기 상태에서 보드카에 빠져 건강을 잃고 사망한 사례가 적지 않았다.

이처럼 악화일로에 있었던 아나디리의 인구 상황이 2000년대에 들어와서 조금씩 나아지기 시작한 것은 올리가르흐로 불리는 러시아의 억만장자 재벌 가운데 한 사람인 로만 아브라모비치(1966~)가 블라디미르 푸틴 현 대통령이 처음 대통령에 당선되어 러시아를 통치하기 시작한 2000년에 추콧카자치구 지사로 와서 지역 사회에 변화를 불러일으키면서부터였다. 현재 영국 프리미어리그 축구 클럽 '첼시' 소유주로 더 유명한 로만 아브라모비치는 2000년부터 2008년까지 8년간 추콧카 지사로 재임하는 동안 추콧카를 현대화하고 이곳 주민들이 당면한 사회적 문제들을 해결하는 데 자신의 주머니를 털어 많은 돈을 쏟아부었다. 브룸버그 평가에 따르면, 아브라모비치는 추콧카 지사였는데도 이곳을 방문하는 일이 별로 없었지만, 자신의 사재에서 25억 달러 이상의 거금을 추콧카를 위해 썼다고 한다. 그는 처음에 '희망의 극(Pole of Hope)' 자선재단을 설립하여 추콧카 지역 어린이 지원에 돈을 쓰기 시작했다. 이 재단의 도움으로 추콧카 어린이들은 아나파나 옙파토리야 같은 날씨 좋은 흑해 연안 도시에 가서 오랫동안 쉬다 오기도 했다. 이와 함께 아브라모비치 사단은 수도 아나디리를 포함하여 추콧카 주요 지역에 사무소를 개설하여 누구든지 해결이 필요한 민원을 가지고 오면 신속하게 처리해줬다.

아브라모비치가 지사로 부임하여 재임하는 동안 추콧카에서는 주택과 학교가 보수정비를 통해 새로운 모습으로 탈바꿈했다. 이 과정에서 아나디리는 우중충했던 소련 시절 아파트 건물들을 선명하게

로만 아브라모비치 (출처: 24smi.ru)

밝은 색상으로 도색하여 도시 풍경과 생활환경을 완전히 새롭게 바꿔 놓았다. 이렇게 바뀐 아파트 건물 벽면들은 각종 문구와 다채로운 그림 등으로 장식됐다. 예를 들면, 축치인 토착민족과 샤먼, 일반 주민의 모습이 그림에 들어가 있는가 하면, 곰과 순록, 바다코끼리 같은 동물들이 그림의 주인공으로 등장하기도 한다. 이러한 아파트 도색과 벽화 프로젝트는 '요-프로그램' 디자인 스튜디오 소속의 화가 세르게이 일리셰프와 블라디미르 유다노프가 아브라모비치 지사의 후원을 받아 수행했다. 이들은 주거 공간을 이처럼 새롭게 단장해 놓으면 주민들이 자신의 생활환경을 더 긍정적으로 바라보고 삶에 만족감을 느낄 수 있을 것이라고 설득하여 아브라모비치의 지원을 끌어냈다고 한다. 실제로 이들의 설득 논리가 효과를 발휘했는지 아브라모비치가 구지사로 있는 동안 주민들의 생활환경과 수준이 향상되면서 아나디리를 포함한 추콧카 전체 인구가 조금씩 증가세로 돌아서다 2010년대

선명한 색상으로 도색한 아나디리 아파트 벽면 그림에 소수 토착민 얼굴이 들어가 있다 (출처: ru.wikipedia.org)

에는 대폭 늘어나기 시작했다. 흥미롭게도 현재 추콧카는 러시아 전체에서 출생률이 가장 높은 지역 가운데 하나로 꼽히고 있다.

'아브라모비치 효과'로 변신에 성공한 아나디리는 1990년대의 '어두운 10년'에서 벗어나 작으나마 생동감 넘치는 산뜻한 도시 이미지를 창출할 수 있었다. 적어도 러시아 극동 북극권 도시 중에서 현재 아나디리만큼 밝은 이미지를 선사하는 곳은 찾아보기 어렵다. 북극권 주요 도시로 북극항로 거점 항구를 끼고 있는 아나디리에서 흥미로운 대목은 도시 풍경을 수놓고 있는 인상적인 건축물 중에서 축치인과 에벤인, 에스키모인 등 이곳 소수 토착민과 관련된 것이 눈에 거의 띄지 않는다는 사실이다. 바꾸어 말하면 아나디리의 도시 공간과 풍경은 러시아 종교 문화와 소비에트 유산이 지배한다고 말할 수 있다. 예를 들면, 성삼위일체대성당은 영구동토에 세워진 정교회 목조 건축물로 세계에서 가장 큰 규모를 자랑한다. 또 성당 앞에 세워진

'기적을 행하는 니콜라이 성자' 기념상 (출처: pravchukotka.ru)

'기적을 행하는 니콜라이 성자' 기념상도 높이 6m에 무게 10t으로 세계에서 가장 크다. 특히 '니콜라이 성자' 기념상은 두 팔을 약간 들어 앞으로 활짝 펼친 자세로 브라질 리우데자네이루에 세워진 거대한 예수 그리스도 동상을 떠올리게 한다. 이와 함께 아나디리에는 추콧카에 처음 등장한 볼셰비키들을 기념하는 '추콧카 최초 혁명 위원회' 기념 단지가 1957년 조성되어 현재에 이르고 있다.

페벡, 러시아 최북단 항구 도시

추콧카자치구에서 아나디리 다음으로 중요한 지역인 페벡은 북극항로가 지나는 러시아 최북단 항구 도시다. 페벡의 역사가 언제 어떻게 시작됐는지는 정확히 알려지지 않았다. 페벡은 1926년 이곳에서 축치인의 사냥용 오두막을 발견한 작가 티혼 쇼무시킨(1900~1970)의 이야기에서 처음 언급됐다. 이후 1930년대 중후반에 이르러 스탈린 정권이 북극항로를 이용하기 시작하면서 페벡 항구가 건설됐다. 특히 주변 지역에 각종 광물이 풍부하게 매장된 것으로 확인되면서 자원 개발용 기계와 설비를 반입하고 이를 통해 채굴한 광물을 반출하는 과정에서 페벡이 막중한 역할을 수행했다. 1950년 무렵에는 페벡의 상주인구가 1,500명을 기록했고 그 이후 꾸준히 늘어 1991년 소련 붕괴 직전인 1989년에는 13,000명에 육박했다. 하지만 그로부터 10년 후인 1999년에는 페벡 인구 절반 이상이 외부로 빠져나가면서 심각한 도시 공동화 현상이 발생했다. 페벡은 북극항로의 거점 항구로 매우 중요한 의미가 있지만, 1990년대 중반부터 급증하기 시작하여 지금도 계속되고 있는 인구 유출을 막지 못하고 있다.

이렇게 인구가 급감하자 페벡 시내 곳곳에 빈집들이 속출하기 시작했다. 페벡은 30분 남짓이면 도시 전체를 샅샅이 둘러볼 정도로 규모가 작다. 그러나 한때 이곳은 15,000명 가까이 살았을 만큼 많은

주변 언덕에서 내려다본 북극 항구 도시 페벡의 모습 (출처: ru.wikipedia.org)

사람으로 붐볐다. 지금은 주민 수가 4,000여 명에 불과한 데다 텅텅 비어 있는 집들이 많아 유령 도시 분위기를 자아내기도 한다. 2000년대 초반까지만 해도 인구 감소 위기를 겪다가 '아브라모비치 효과'에 힘입어 산뜻한 도시 이미지로 탈바꿈한 아나디리와 비교하면 페벡의 현재 상황은 다소 비관적이다. 앞으로 북극항로가 활성화되어 페벡의 지역사회 발전에 긍정적인 영향을 끼치면 노동 이주민 유입 등으로 인구가 다소 늘 수는 있을지라도 버려져 방치된 집들로 완전히 망가진 도시 환경을 복원하기는 어려울 것으로 보인다. 주민들의 삶의 질은 도시 생활환경에 의해서도 크게 좌우되는데, 페벡의 현재 도시 환경과 생활 여건은 삶의 질을 논하기에는 너무나 열악하다.

최근 페벡은 세계 최초 부유식 원자력 발전소 '아카데믹 로모노소프' 호로 전 세계에서 국제 뉴스 머리기사에 등장했다. 2018년 4월 28일 상트페테르부르크에서 첫 출항에 나선 '아카데믹 로모노소프'

페벡의 버려진 집들 (출처: ru.wikipedia.org)

호는 2019년 9월 14일 마침내 기항지인 페벡 항구에 도착했다. 페벡의 가정과 공장들은 이 부유식 원자력 발전소에서 나오는 전력을 1년간 받아 사용할 예정이다. 이런 점에서 페벡은 사하공화국 틱시와 같으면서도 다른 인상을 준다. 틱시는 풍력 발전기에서 나오는 친환경 에너지로 전력을 받아 쓰지만, 페벡은 폭풍과 높은 파도에 취약해 위험한 부유식 원자력 발전소에서 전력을 받아 쓴다. 그러잖아도 도시 분위기가 가뜩이나 가라앉은 상황에서 국제 환경운동 단체 '그린피스'로부터 '바다의 체르노빌'이 될 수도 있다고 경고를 받는 부유식 원자력 발전소까지 등장하여 긍정적인 뉴스보다는 부정적인 뉴스가 페벡의 이미지를 악화시키지는 않을까 우려스럽다. 페벡은 강제노동수용소(굴라크) 수형자들을 동원하여 주변 자원들을 개발했다는 '흑역사'로도 이미 부정적인 이미지가 씌워져 있었다.

세계 최초 부유식 원자력 발전소 '아카데믹 로모노소프' 호가 2019년 8월 무르만스크에서 추콧카 페벡으로 출발하고 있다 (출처: ru.wikipedia.org)

캄차카, 원시 자연이 쉼 쉬는 땅

캄차카변강주도 러시아 극동에서 북극항로가 지나가는 중요한 길목에 있다. 특히 페트로파블롭스크캄차츠키항(약칭 캄차카항)은 앞으로 북극항로가 본격적으로 활성화되면 중요한 거점항이자 환적항으로 기능할 것으로 기대를 모은다. 캄차카는 서쪽으로 오호츠크해를 사이에 두고 마가단주와 마주 보고 있고 동쪽으로 북태평양을 끼고 있다. 또 북쪽으로는 추콧카자치구와 직결되어 있고 남쪽으로는 일본과 한국, 중국으로 바닷길을 통해 연결되어 있다. 이런 점에서 볼 때 캄차카항은 북극항로 환적항으로 충분한 잠재력을 보유한 것으로 평가된다. 1943년 건설된 캄차카항은 캄차카변강주에서 최대 상업항으로, 앞서 언급한 것처럼 유리한 지리적 입지 덕분에 북극항로 거점항으로 개발하기에 좋은 조건을 갖추고 있다. 러시아 정부가 적극적으로 추진하는 극동 개발 정책에서 캄차카항을 선도개발구

페트로파블롭스크캄차츠키 아바차만에 정박해 있는 각종 선박 (출처: 라승도)

역으로 지정해 항만 정비와 확장 등 현대화에 박차를 가하는 이유도 여기에 있다.

다른 한편, 캄차카는 수많은 화산과 간헐천 등 천혜의 자연환경을 보유하고 있어 관광 잠재력도 무궁무진하다. 그래서 캄차카 경제 발전의 기본 방향으로 관광산업을 가장 먼저 꼽는 지역 관계자와 전문가가 적지 않다. 예를 들면, 블라디미르 슬라부카 캄차카개발공사 공보관은 2019년 3월 열린 캄차카 비즈니스 포럼에서 지역 발전을 논의할 때 가장 먼저 관광 발전 방안에 대해 생각할 필요가 있다고 주장했다. 이에 앞서 2018년 5월 16일 블라디보스토크 한·러 극동포럼에서 니콜라이 페긴 캄차카개발공사 사장도 캄차카변강주의 주력 산업 분야를 설명하는 가운데 이곳의 자연환경 덕분에 관광산업이 관심을 끌고 있다고 밝혔다. 이와 관련하여 페긴 사장은 연간 100만 명 이상의 관광객 유치를 목표로 캄차카 관광산업 활성화에 적극적으로 나서고 있다고 소개했다. 그러나 캄차카는 관광산업 활성화를

화산은 캄차카의 원시 자연과 관광 자원을 대표한다. 사진은 코랴크화산이다 (출처: 라승도)

페트로파블롭스크캄차츠키 공항의 수화물 찾는 곳 바깥쪽 모습 (출처: 라승도)

뒷받침하는 데 필요한 교통과 숙박 시설 등 관련 인프라가 여전히 불충분한 수준이어서 관광산업 발전 계획과 주장만으로는 갈 길이 멀어 보인다.

예를 들면, 캄차카 공항은 이국적 분위기를 자아내는 주변 자연경관이 아주 빼어나지만, 이와 대조적으로 공항 안팎의 부대시설이나 페트로파블롭스크캄차츠키 시내로 가는 대중교통편이 편리하게 갖춰져 있지 않아 불편하다. 특히 공항에서 수화물을 찾는 장소는 공항 청사 안에 마련돼 있지 않고 청사 옆 비닐하우스 같은 간이 시설에 마련돼 있다. 더욱이 그렇게 넓지 않은 곳에 많은 사람이 한꺼번에 몰려 들어가 수화물을 찾으려다 보니 혼란 속에 사고 위험이나 분실 우려가 있다. 연간 100만 명 이상의 관광객을 유치하고자 한다면, 캄차카에 첫발을 내디디는 공항에서부터 좋은 인상을 심어줘야 하는

페트로파블롭스크캄차츠키 공항의 수화물 찾는 곳 안쪽 모습 (출처: 라승도)

데, 허술하고 어수선한 공항 시설과 모습은 캄차카에 도착하자마자 눈살을 찌푸리게 할 수 있다. 공항에서 수화물을 찾아 나온 뒤에 대중교통을 이용해 시내로 나가려고 할 때도 어수선한 분위기는 피할 수 없어 다소 아쉽다.

제4부

러시아와 한국, 극동에서 만나다

13

극동의 부상과 러시아의 미래

나선정벌 :
한·러 관계의 출발점

ЕРОФЕЮ ПАВЛОВИЧУ
ХАБАРОВУ

13

역사적으로 한국과 러시아의 관계는 아무르강에서 서로 총포를 겨누면서 시작됐다. 러시아와의 교류가 근대 이후에 시작된 것으로 알고 있는 사람이 많지만, 의외로 공식 만남은 이보다 훨씬 이전인 조선 효종 때 나선정벌(羅禪征伐)까지 거슬러 올라간다.

나선정벌은 17세기 중반 북만주로 남하하는 러시아를 저지하려던 청나라의 출병 요구에 따라 조선군이 송화강과 흑룡강 유역으로 1854년과 1658년 두 차례에 걸쳐 출정한 사건을 가리킨다. '나선'이라는 말은 러시아인(Russian)의 한자 음역(音譯)으로, 나선정벌은 '흑룡강 원정'으로도 널리 알려져 있다. 이 전투의 배경이 된 송화강

17세기 아무르강 전투 지역 (출처: ru.wikipedia.org)

과 흑룡강은 중국에서는 각각 쑹화강, 헤이룽강으로 불리지만, 러시아에서는 각각 쑨가리강, 아무르강으로 알려진 곳이다.

스침과 만남의 기록

러시아의 한국학 연구자들은 한국인과 러시아인의 첫 만남이 13세기에 이뤄졌다고 주장한다. 그들이 이렇게 주장하는 근거는 이탈리아 프란치스코회 수사인 조반니 카르피니(Giovanni da Pian del Carpine)가 편찬한 『우리가 타타르라고 이름 붙인 몽골인의 역사』에서 찾아볼 수 있다.

> 수즈달에서 온 야로슬라프 공후, 몇몇 중국과 솔랑기(Solangi)의 수장들, 그루지야 왕의 두 아들, 술탄이었던 칼리프 발다흐스키의 사절과 사라센의 다른 술탄들이 10명 이상 있었다…

1246년 몽골의 구육(Guyuk) 칸 대관식에 초청받아 온 사람 중에는 솔랑기의 수장이 있었다. 몽골에서는 한국을 솔롱고스(Solongos), 솔롱갓(Solongat), 솔코(Solko)라고 부르는데, 문헌에 나오는 솔랑게와 솔랑기라는 말에서 당시 고려의 사절단이 참석했음을 확인할 수 있다. 이들의 이름은 왕순과 왕천으로 고려왕의 형제들이라고 소개된다. 하지만 야로슬라프 2세(Yaroslav Vsevolovich)와 고려 사절단 사이의 대화나 교류는 없었을 것으로 추정된다. 대관식에 참여했다가 귀국길에 오른 야로슬라프 공후가 출발 일주일 만에 몽골의 초원에서 독살당하는 사건이 일어났고, 이로 인해 만남에 대한 후일담과 관계

진전을 기대할 수 없었기 때문이다.

러시아는 14세기에도 한국인과 러시아인이 원나라의 수도였던 대도(大都, 현재 북경)에서 만났을 가능성이 짙다고 주장한다. 당시 대도에는 몽골의 황제들을 수호하는 '색목인(色目人) 친위대'가 있었고, 여기에는 러시아인 포로를 비롯하여 고려인 사신과 볼모들이 항상 함께 있었다고 한다. 반면 러시아가 동양의 사료에 구체적으로 등장한 것은 이보다 훨씬 뒤의 일이다. 청나라 기록에는 1653년 예로페이 하바로프 원정대가 아찬스크(현재 콤소몰스크나아무레)에서 청군과 충돌한 사건을 두고 '나찰(羅刹)과 전투했다'고 언급되어 있다.

예로페이 하바로프와 러시아 카자크들 (출처: dv.land)

나찰은 러시아의 옛 이름인 루시(Rus, Ros)의 음차다. 흥미롭게도 나찰이란 단어가 9~10세기 『통전(通典)』과 『당서(唐書)』에도 등장한다. 조선 후기 실학자인 안정복이 고조선부터 고려 말까지의 역사를 기록한 『동사강목(東史綱目)』에는 중국 문헌에서 가져온 내용이 적혀 있다.

> 당나라 정관(貞觀) 14년에 유귀국(流鬼國)이 세 나라의 통역을 거쳐서 당에 조공하고, 스스로 말하기를 "북부여의 후예로 고구려에 멸망되어, 북으로 지루하(池漏河)를 건너가서 산다." 하였는데, 지루하는 동북으로 흘러서 흑수(黑水)로 들어가고, 그 나라는 말갈(靺鞨) 동북에 있어, 항해하면 15일 만에 이른다고 한다. 나라에서 북으로 한 달쯤 가면 야차국(夜叉國)이 있는데, 사람들이 모두 돼지 같은 이빨로 사람을 문다고 한다.

유귀국은 7세기 사할린에 있던 고대 국가로, 이곳으로부터 아무르강 너머의 일명 야차국이라고 불리는 나라가 있다는 내용이다. 안정복은 이 문헌을 토대로 야차국은 일본 북쪽 바다 가운데 있다고 알려진 나찰국일 것으로 추정한다. 이것은 오늘날 지도상 레나강 동쪽으로 야쿠츠크에서 마가단, 더 나아가 캄차카에 이르는 지역을 일컫

오늘날 야쿠츠크에서 마가단까지 이르는 2,000km 이상의 거리가 콜리마대로로 이어져 있다 (출처: 라승도)

는다. 하지만 당나라의 문헌이나 안정복의 부연설명만으로는 민족 간 직접 접촉에 대한 정확한 정보를 얻기가 어렵고, 두 나라 간의 거리로 볼 때도 만남이 이뤄지기에는 무리가 있다.

제1차 나선정벌

17세기에는 예로페이 하바로프가 이끄는 원정대가 아무르강을 따라 내려와 알바지노 병영을 건설하고, 청군과 계속 충돌하며 극동 진출을 위한 교두보를 마련했다. 이후 원정대가 떠나고, 하바로프의 후임으로 카자크인 오누프리 스테파노프(1610~1658)가 병력 400~500명을 지휘하며 아무르강 유역에 남았다. 스테파노프가 지휘하는 러시아군은 적은 수였지만, 화포 등 우수한 화약병기를 이용하여 청군과 만주 부족을 격파했다. 러시아군이 강을 이용한 상륙 작전도 잘 구사했지만, 비교적 작은 선박만 갖추고 있던 청군은 이들을 대상으

📷 블라고베셴스크 향토박물관 내 알바지노 요새의 방책 모형 (출처: 라승도)

블라고베셴스크 향토박물관 내 알바지노 요새 모형 (출처: 라승도)

로 패전을 거듭할 수밖에 없었다. 러시아군은 극동으로 진출하면서 여러 토착 부족과 몽골인 등을 제압하며 유목민족들의 전술을 파훼하는 방법을 꿰뚫고 있었다.

러시아군에 밀린 청나라는 1654년 조선에 원병으로 조총수를 요청했다. 북벌정책을 추진하고 있던 조선은 청나라와의 관계상 군사 요청을 거절할 수도 없었다. 1654년 2월 초 청나라의 사신 한거원(韓巨源)은 한양에 들어와 효종을 알현하고 명령조로 이렇게 요구했다.

> 한거원이 "조선에서 조창(鳥槍)을 잘 쏘는 사람 1백명을 선발하여, 회령부(會寧府)를 경유하여 앙방장(昂邦章)의 통솔을 받아 가서 나선(羅禪)을 정벌하되, 3월초 10일에 영고탑(寧古塔)에 도착하시오."하였다. 상이 차를 하사하면서 이르기를, "나선은 어떤 나라이오?" 하니, 거원이 아뢰기를, 영고탑 옆에 별종이 있는데 이것이 바로 나선입니다. (『효종실록』)

청나라는 북쪽 변경을 괴롭히는 오랑캐를 나선이라고 부르고 있었다. 이때만 하더라도 조선은 청나라가 아는 것밖에는 러시아 관련 정보가 거의 없었고, 서양인이 아닌 그저 몽골이나 여진에 해당하는 오랑캐 정도로만 인식하고 있었다. 스테파노프 선단의 등장으로 『조선왕조실록』에도 비로소 '나선(羅禪)'이라는 명칭이 등장한다. 실록에서는 당시 만주 지역의 오랑캐를 일컫던 말인 만적으로 표현하고 있지만, 기존에 알고 있던 종족들과는 외모와 차림이 확연히 달랐다고 전한다. 실제로 『조선왕조실록』은 "만적들은 누런색의 비단옷을 입고 서양에서 온 것 같다"고 쓰고 있다.

공교롭게도 불교와 힌두교 신앙에서 나오는 귀신을 뜻하는 범어 라크사사(raksasa)의 음차가 '나찰'인데, 푸른 눈과 검은 몸, 붉은 머리털을 한 형상이 러시아인의 외모와 흡사하게 느껴졌던 것 같다.

> 적은 신장이 10척(2m)이나 되며 눈은 길고 깊으며 털은 붉고, 수염은 헝클어져서 마치 해초가 어깨에 늘어진 것 같다. (이익, 『성호사설』)

조선은 함경도 병마우후 변급(邊岌)을 수장으로 세우고 지원군을

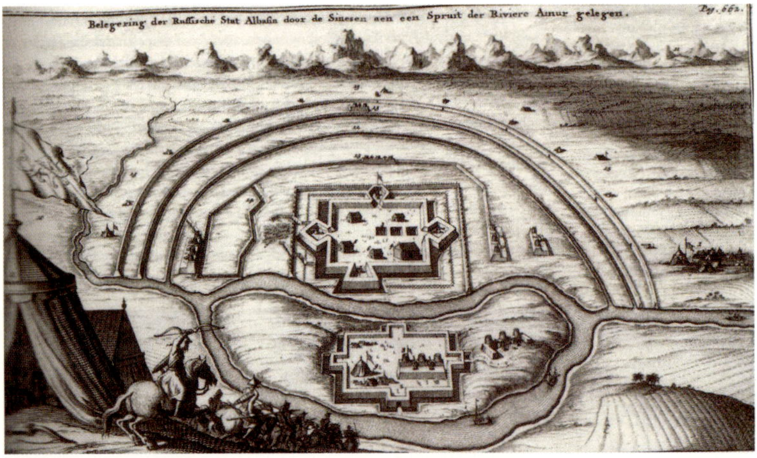

알바지노 요새를 공격하는 청나라 군대 (출처: kr.wikipedia.org)

파견했다. 1654년 5월 변급의 인솔 아래 조총 포수 100명, 기수와 고수 48명, 통사(통역) 2명, 초관 1명 등 모두 152명이 두만강을 건넜다. 6월 11일 쑨가리강 하류에서 조청 연합군은 스테파노프 군대와 마주쳤다. 변급의 보고에 따르면, 당시 러시아군은 300석(石) 크기의 대선 13척, 소선 26척에 병력은 400명 미만이었다. 조청 연합군은 대선 20척, 소선 140척에 조선군 152명과 청군 1,000여 명으로 구성됐다. 숫자는 조청 연합군이 많았지만, 그들의 대선 규모는 크지 않았다. 화력이 열세라고 생각한 변급은 수상전을 피했다. 청나라 측 수장인 사이호달은 변급의 제안을 받아들여 적을 유인하는 책략을 선택했다. 6월 16일 스테파노프는 카자크 병사들을 이끌고 조청 연합군과 싸움을 시작했다. 연합군은 일부러 못 이기는 척 후퇴했고, 스테파노프는 의기양양하게 배를 버리고 상륙했다.

조선 조총 포수들과 청나라의 포대를 비롯한 주력 600여 명은 버드나무로 만든 방패에 몸을 숨긴 채 러시아 병사들이 그물망에 들어

오기를 기다렸다. 조선 조총 포수들은 기다렸다는 듯이 러시아 함선에 집중사격을 가했다. 이 새로운 전법에 러시아군은 많은 부상자를 내고 5월 5일 아무르강을 거슬러 도주했다. 스테파노프 선단은 40여 명만 데리고 황급히 도망쳤지만, 조선군은 피해자 한 명 없이 7일 만에 러시아군을 패퇴시켰다. 80일에 걸친 긴 원정이었지만, 이렇게 해서 이들은 1차 나선정벌을 성공적으로 이끌게 됐다.

제2차 나선정벌

스테파노프는 조청 연합군에 타격을 입은 뒤 아무르강 쿠마르스크섬에 요새를 만들어 청나라의 공격에 대비했다. 1655년 청나라는 도통 명안달리를 파견해 러시아 침입자들을 소탕하도록 했다. 3월 24일 청나라 병사들은 나무를 잘라 배를 만들고 있던 러시아 병사 20명을 섬멸했다. 스테파노프는 80여 명을 구원병으로 보냈지만, 이들은 청군 포위망에 빠져 전멸했다. 4월 5일 밤 청나라 병사들은 요새를 공격하기 시작했다. 전투는 열흘 동안 계속 이어졌다. 4월 15일 승리를 코앞에 두고 갑자기 명안달리는 군량 부족을 이유로 병력을 철수시켰다. 스테파노프와 비밀 거래를 한 명안달리가 일부러 요새를 함락시키지 않았던 것이다.

1658년 초 스테파노프는 식량을 얻기 위해 아무르강 일대를 다시 누비기 시작했다. 순치제는 이번에는 그를 완전 소탕하기로 하고 사이호달에게 정벌에 나서도록 명령했다. 그러나 러시아군 거점을 공격하기에는 무장력의 차이가 있어 1658년 다시 조선에 조총수 파견을 요청했다. 제2차 나선정벌을 위해 조선은 혜산첨사(惠山僉使) 신유(申瀏)에게 총군 200명과 초관 60여 명을 주어 다시 파견했다. 신유는 영고탑(만주)에서 사이호달이 이끄는 청나라의 군대와 합류하여 북상했고, 그해 7월 10일 조청 연합군 1,400명은 쑹가리강과 아무르강이 만나는 지점에서 11척의 배에 타고 있던 스테파노프 선단과 접전을 벌였다.

사이호달은 52척의 배로 러시아 병사들이 탄 배를 둘러싸고 대포로 공격하기 시작했다. 패배를 직감한 러시아 병사 180명은 배를 타고 아무르강 상류로 되돌아가려 했고, 나머지 300명은 배를 버리고 강기슭에 올랐다. 그러나 강가에는 신유가 지휘하는 조선 조총 부대가 기다리고 있었다. 3일 동안 격전이 이어졌다. 러시아군은 방어전을 폈지만, 보급선이 끊겨 식량과 화약이 떨어져 큰 피해를 보며 패배했고 스테파노프는 전사했다. 러시아군 배 11척 가운데 10척이 불탔고, 1척만이 도망치는 데 성공했다. 살아 돌아간 사람은 47명에 불과했고, 270명은 죽거나 포로로 잡혔다. 스테파노프의 조카이자 부하였던 아르테미 페트릴롭스키가 남긴 전투 기록에서 참패의 현장을 엿볼 수 있다.

> 러시아 선대는 아무르강 어귀에서 화승총과 대포로 무장한 47척의 청국 선단과 조우했다… 전투에서 스테파노프 대장과 카자크 병사 270명이 전사했다. 차르에게 바칠 국고 소유의 담비 가죽 3,080장, 대포 6문, 화약, 납, 군기, 식량 등을 실은 배가 모두 침몰했다. 성상(聖像)을 실은 배 1척에 95명이 올라타 간신히 탈출했다.

두 차례에 걸친 조선군의 나선정벌은 청나라의 요구에 따른 처사이기는 했지만, 효종이 병자호란을 겪고 난 후 북벌을 위해 준비했던 병력을 간접적으로 과시해 보인 결과가 됐다. 1차 나선정벌을 통해 청나라 군대도 처음으로 조선 조총수의 위력을 알게 됐을 뿐 아니라, 1, 2차 나선정벌을 통해 조선군은 러시아군도 두려워하는 막강한 화력을 갖고 있음이 증명됐다. 러시아의 공세를 저지하고 러시아가 청나라로 침투하는 것을 막아내는 데서 조선이 결정적인 역할을 수행한 셈이었다.

조선이 본 러시아인, 러시아인이 본 조선인

서양인과 처음 마주 대한 조선인은 어떤 느낌이었을까? 러시아인에게 조선인은 어떤 인상으로 다가왔을까? 전투를 계기로 이렇게 다수의 서양인을 처음 본 조선인은 호기심으로 그들을 대했다.

> 적병의 얼굴 생김새와 머리카락은 남만인과 아주 많이 닮았는데, 얼굴 생김새는 남만인보다 모질고 사나웠다. 남만인이 아니라고 할지라도 반드시 남만인과 가까운 이웃의 오랑캐일 터다. 대통관 이몽선은 이들이 바로 오로소 차한국인이라고 말했지만, '차한'은 이전에 들은 적이 없는 나라이기에 또한 그게 맞는지는 알 수 없다. (신유, 『북정록』, 계승범 옮김 (서울: 서해문집, 2018), 59쪽)

남만은 중국 역사에서 남쪽에 사는 이민족을 뜻하는 말이지만, 근세 이후 서양인을 가리키는 용어로 사용됐다. 신유는 이들이 서양인이거나 서양 근처에 사는 민족으로 파악된다고 설명한다. 통역관을 통해 러시아라는 이름을 듣게 되지만, 그때까지 조선에서는 이 나라에 대해 전혀 알고 있지 못했음을 간접적으로 전한다. 차한은 러시아 황제를 일컫는 '차르'의 신민이라는 의미로, 러시아를 정확하게 지칭하는 말임을 알 수 있다. 흥미로운 것은 '오로소'라는 표현이다.

> 적들은 자신들의 나라 이름이 오을소라고 하니, 이몽선이 말한 오로소와 음이 같아 같은 나라인 듯하다. '오을소'와 '오로소'의 어긋남은 아마도 말소리가 같지 않을 따름이라고 하겠다.(신유, 『북정록』, 계승범 옮김 (서울: 서해문집, 2018), 67쪽)

과거 우리나라에서 러시아는 '아라사(俄羅斯)' 또는 '노서아(露西亞)'로 알려져 있었다. 전자는 중국어 한자 음차이고, 후자는 일본어 한자 음차다. 러시아는 몽골을 통해 청에 정식 사절을 파견했고, 몽골은 당시 이들을 악라사(鄂羅斯) 출신으로 소개했다. '악라사'라는 국명은 'Oros'의 한자 음차로, 이는 어두에 유음 'ㄹ'을 피하는 몽골어의 특성상, 러시아의 옛 이름인 '루시(Rus)' 앞에 모음 'o'를 덧붙인 것이었다. 이렇게 해서 러시아인은 '오로스인'으로 알려졌고, 이 '악라사'에서 '아라사'가 나오게 된다.

오랫동안 여러 이름으로 불리던 러시아에 대해 명확해지는 계기가 발생한다. 아무르강에서 전투를 벌이고 있는 '나찰', '노추(虜酋)', '노서아'와 페트린 사절단(1618), 바이코프 사절단(1653) 등의 '악라사', '아라사'가 같은 나라라는 것을 깨닫게 되는 것은 1670년에 이르러서다. 네르친스크조약을 맺는 과정에서 청나라는 비로소 이 모든 말이 러시아를 가리키는 것이었음을 알게 된다. 이처럼 한 나라가 여러 이름으로 불리며 다른 나라로 인식된 것은 지리적으로 크게 동떨어진 지역에서 전투와 사절단이라는 상이한 형식으로 접했기 때문이다.

러시아군과 조선군의 전투 장면 (출처: dv.land)

한국과 러시아가 공식적으로 처음 대면했던 1차 나선정벌을 통해 조선인은 러시아인에게 강렬한 인상을 남긴다. 2차 나선정벌에 나선 신유는 앞선 전투에서 조선인에게 호되게 당한 러시아인의 두려움을 간접적으로 전해 듣는다.

> 갑오년에 아군이 정벌했을 때, 비록 적병과 여러 차례 교전한 일은 없었으나, 저들 적은 견디지 못해 많은 사상자를 내고 달아나 버렸다. 이 때문에 그 후에 적들이, '머리 큰 사람들이 매우 두렵다'라고 말하기에 이르렀다. 이른바 머리 큰 사람이란 우리나라 군사 모두 털벙거지를 쓰고 있기 때문에 나온 말이라고 한다.

17세기 중국에 파견된 러시아 대표단 모습 (출처: ru.wikipedia.org)

> 이 말은 대체로 견부락 사람들에게서 나온 듯하다. 견부락이란 바로 왈가 지방과 이어지는 가장 먼 곳이다. 그 땅의 끝머리를 따라가면 바닷가로 점차 나아간다고 한다. 이곳에서 몇 달을 가도 모자란 거리다. 그 땅 사람들은 농사지을 줄은 모르고 물고기만 잡아먹는다. (신유, 『북정록』, 계승범 옮김 (서울: 서해문집, 2018), 41쪽)

당시 청나라에서는 러시아인을 야만인 오랑캐를 뜻하는 '노추'라고 불렀다. 노추들이 항상 대두인(大頭人)이 두렵다고 했다는 것이다. '조선 사람은 머리가 크다'라는 인식이 널리 퍼진 것은 전쟁 시 착용했던 전립(조선 시대 무관이 착용하던 모자) 때문으로 알려져 있다.

17세기 초 조선인은 극동 최고의 궁사로 손꼽혔다. 1637년 병자호란 때 전라병사 김준룡의 근황군은 남한산성의 인조를 구하려고 북상하다 청나라 군대와 교전하던 중 여러 차례 돌진하는 청나라 군대를 저지하다 최고지휘관인 적장 양굴리를 사살했다. 조선군 삼수병의 조총 사격과 화살 엄호, 창병의 방어술 덕분에 조선군은 병자호란 최초의 승리를 이끌지만, 단 하루 만에 식량과 화약이 떨어져 철군한다. 결과적으로는 청군의 빈격을 이겨내지 못했지만, 이 전투로 조선군의 실력이 널리 알려졌다.

청나라 군대의 나선정벌 당시 극동의 러시아군 규모는 크지 않았지만, 청나라는 이에 대응조차 제대로 하지 못했다. 러시아군은 청나라의 활과 화살, 기마 사격을 거뜬히 이겨낼 수 있는 갑옷과 총을 보유하고 있었다. 게다가 러시아군은 자국군의 수가 적은 것을 인지하고, 주로 야간 기습작전으로 만주 부족들이나 청나라 군대를 상대했다. 청나라 군대나 만주 부족들은 러시아군의 전술에 말려들어 제때 대

화승총 (출처: ja.wikipedia.org)

처하지 못했다. 급하게 몽골에서 병력을 지원받았지만, 이미 몽골군을 상대해본 경험이 있는 러시아군에게는 이마저도 통하지 않았다.

반면 조선군은 이미 임진왜란의 경험을 통해 전술을 짜본 경험이 있었고, 총을 사용할 줄 알았다. 그러나 조선군은 불을 먹은 화승이 화약을 점화하는 전통적인 방식의 화승총을 사용했고, 러시아군은 부싯돌을 이용해 점화하는 수석식(燧石式) 소총을 사용했다. 극동 지역 날씨 탓에 습도가 높은 기후로 화승식 발화 장치는 금방 눅눅해지고 불발되기가 일쑤였다. 이 점을 고려해 러시아에서는 극동 지역에 파견한 부대에 가볍고 습기에 강한 수석식 소총을 지급했다. 러시아군의 소총은 화승총보다 장전 시간이 짧고 쏘기에도 간편했지만, 조선의 조총수들은 흔들리는 배 안에서도 정밀하게 쏠 수 있을 정도로 사격 능력이 좋았다. 그래서 러시아군은 1차 나선정벌의 경험을 통해 조선의 조총수를 두려워했던 것이다. 나선정벌이 계기가 되어 만난 한·러 양국은 서로에 대해 낯섦과 다름만 느꼈을 뿐 안타깝게도 이후로 관계를 더 발전시켜나가지는 못했다. 이후 200년 이상 양국 간에는 교류가 매우 드물었다.

코가 큰 타타르와 동방의 타타르가 만나다

니콜라이 스파파리(1636~1708)가 동아시아 대륙 동북부를 견문하고 남긴 기록은 오늘날 러시아에서 한국학이 시작될 수 있는 초석을 마련했다. 그가 1674~75년에 쓴 『아시아라고 명명된 세계의 제1부 기록』은 러시아인에게 한국에 관한 정보를 처음으로 제공해줬다. 이 책은 제대로 된 지도 하나 없던 시절에 한국의 지정학적 위치와 중국, 일본과의 관계, 수도 평양의 모습, 한글의 존재, 한국인의 기록 습관, 폐쇄적인 외교정책 등에 관해 상세히 알려주는 귀중한 자료였다.

이후 조선 외교관과 러시아 외교관이 처음으로 직접 만난 것은 1722년 1월 16일에 북경에서였다. 조선 사절단의 일원이던 이공명이 러시아 외교사절인 로렌츠 랑(라브렌티 랑, 1690~1752)과 만났다. 로렌츠 랑은 스웨덴 기병대 장교 출신으로, 폴타바에서 포로로 러시아에 잡혀온 뒤 탁월한 언어 실력을 인정받아 표트르 대제의 특명을 받고 최초의 무역공사 자격으로 북경에 왔다. 그러나 양측의 만남은 청나라의 예민한 반응으로 더 이어지지 못하고, 로렌츠 랑을 바로 귀국시키는 것으로 결론이 났다. 흥미로운 것은 조선의 내부 서신에서 로렌츠 랑을 당시 러시아인을 일컫던 '코가 큰 타타르인'으로 부른 기록이 있다. 로렌츠 랑 역시 당시 서유럽의 전통대로 조선인을 '동방의 타타르인'이라고 불렀다.

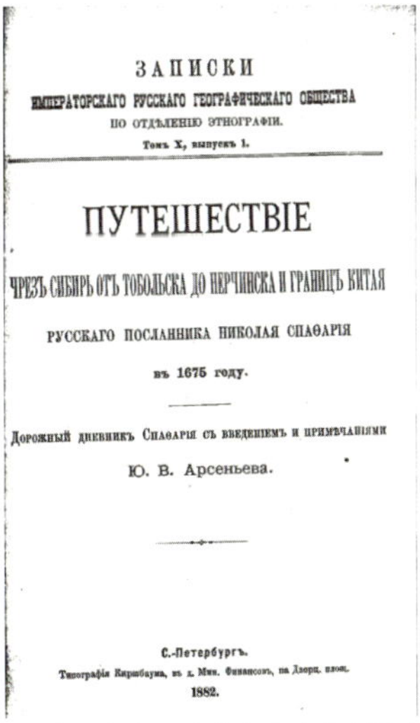
ЗАПИСКИ
ИМПЕРАТОРСКАГО РУССКАГО ГЕОГРАФИЧЕСКАГО ОБЩЕСТВА
ПО ОТДѢЛЕНІЮ ЭТНОГРАФІИ.
Томъ X, выпускъ 1.

ПУТЕШЕСТВІЕ
ЧРЕЗЪ СИБИРЬ ОТЪ ТОБОЛЬСКА ДО НЕРЧИНСКА И ГРАНИЦЪ КИТАЯ
РУССКАГО ПОСЛАННИКА НИКОЛАЯ СПАѲАРІЯ
въ 1675 году.

Дорожный дневникъ Спаѳарія съ введеніемъ и примѣчаніями
Ю. В. Арсеньева.

С.-Петербургъ.
Типографія Киршбаума, въ д. Мин. Финансовъ, на Дворц. площ.
1882.

니콜라이 스파파리의 여행기 표지
(출처: ru.wikipedia.org)

러시아에 관한 더 정확한 정보는 1735년 북경에 머무르고 있던 조선 외교관 이윤신의 일지에서 찾아볼 수 있다. 이윤신은 같은 해 10월 20일 우리 가까이에 사는 코가 큰 타타르인 여섯 명이 우리를 찾아와 함께 차와 술을 마셨다고 적고 있다. 그는 러시아가 청나라 서쪽에 있고, 그 나라의 서쪽 끝은 청나라에서 2만 리나 떨어져 있으며, 동쪽은 몽골 가까이에 있어 조선에서 걸어서 60일이 채 걸리지 않는다고 전한다. 외관으로 보면 그들은 키가 크고 못생겼고, 자신들의 나라가 청나라보다 크다고 했다는 것이다.

이로부터 30년이 지나서도 여전히 러시아인은 극동의 토착민들에게는 낯선 외모와 신비로운 전통을 지닌 알려지지 않은 민족이었다. 1765년 조선 외교관인 홍대용은 『을병연행록』을 통해 북경에서 만난 러시아인에 관해 "코가 큰 타타르인은 러시아에 산다… 그들 모두는 키가 크고 혐오스러우며 불쾌하다"고 썼다.

홍대용은 이들이 '서양의 야만인' 이상도 이하도 아니며, 이들의 풍습이 상당히 어리석고 무지몽매하다고 설명한다. 세계와 단절되어 있던 조선으로서는 외모를 비롯해서 자신들한테 익숙하지 않고 다른 것은 모두 잘못되고 부조리하다고 보던 시절이었다. 1829년 조선의 외교사절이었던 관리 박세호는 북경에 있는 러시아 대사관을 방문했다가 예수 그리스도의 십자가형이 그려진 성상화를 보고 놀라서 러시아와 러시아인의 종교에 대해 물었다. 이들의 대화는 중국어 통역을 통해 이뤄졌고, 러시아인은 한자의 도움을 받아 예수 그리스도의 생애와 성령, 성자에 대한 교리를 설명했다. 하지만 완전히 다른 문화권에서 성장한 근세 조선인에게 이 이야기는 전혀 다른 의미로 받아들여졌다. '주님'이란 말을 '군주'로 받아들이고 로마제국의 병사들에 의해 십자가형을 당한 그리스도를 자기 식으로 이해했다. 그

예수 그리스도의 십자가형을 묘사한 14세기 러시아 성상화 (출처: ru.wikipedia.ru)

당시 조선인에게 세계 유일의 제국은 말할 것도 없이 청나라였다. 박세호의 기록에 따르면, "그들의 신은 러시아 황제의 아들인 황태자로 청나라 사람들에게 죽임을 당해 혼(魂)이 되었다."

연해주, 새로운 출발과 만남의 공간

역사적으로 한·러 양국은 17세기 중반 저 멀리 아무르강 유역에서 군사적 충돌을 통해 처음 대면했다. 그로부터 양국이 다시 본격적으로 만나기 시작한 것은 약 2세기가 흐른 뒤였다. 이때 첫 만남은 지금의 연해주가 1860년 베이징조약을 통해 러시아 땅으로 편입된 지 3년여 만에 조선과 러시아의 국경 부근에서 이뤄졌다. 잘 알려졌듯이, 19세기 중후반 한인들이 러시아로 이주하여 뿌리를 내리기 시작한 것은 1863년 함경도 농민 열세 가구가 굶주림과 관리들의 전횡을 피해 러시아와의 국경선을 형성하는 두만강을 건너 포시에트 항구까지 진출한 시점으로 거슬러 올라간다. 이듬해인 1864년 당시 연해주 군무 지사였던 표트르 카자케비치(1816~1887)는 한인의 러시아 이주를 공식적으로 허가했다. 포시에트에서 크라스키노, 라즈돌리노

포시에트 해변 풍경 (출처: ru.wikipedia.org)

예를 거쳐 우수리스크까지 러시아 연해주에서 한인 마을이 10여 년 만에 우후죽순처럼 생겨난 것도 바로 이때부터였다. 이후 1930년대에 이르러서는 연해주 한인 수가 20만 명에 육박할 정도였다. 이렇게 연해주는 나선정벌 이후 2세기 만에 새롭게 만난 한·러 양국 관계에서 가장 중요한 접촉과 교류의 공간으로 자리 잡았다.

그러나 1937년 스탈린 정권의 강제 이주 정책으로 연해주 한인들은 하루아침에 삶의 터전을 뒤로하고 낯설고 머나먼 중앙아시아 땅으로 떠날 수밖에 없었다. 이들이 떠난 뒤 연해주에서는 한동안 한·러 관계 움직임을 찾아보기 어려웠다. 연해주에서 한·러 관계를 둘러싸고 제2의 붐이 일기 시작한 것은 1991년 소련 붕괴 이후 우수리스크 등을 중심으로 고려인 등 한인 공동체가 새롭게 형성되면서부터였다. 1990년대부터 연해주에는 사할린 한인과 중국 조선족 동포, 중앙아시아 고려인, 북한과 한국 국민 등 국적과 출신이 서로 다른 한인들이 속속 모여들면서 100여 년 전 같은 연해주 한인 시대를 떠올리게 했다. 특히 최근에는 블라디보스토크를 중심으로 연해주를 찾는 한국인과 반대로 한국을 찾는 연해주 러시아인 수가 폭발적으로 증가하면서 연해주가 한·러 관계와 교류의 핵심 무대로 급부상하고 있다. 350여 년 전 아무르강 유역의 나선정벌이 한·러 관계의 출발점이었다고 한다면, 그로부터 2세기 뒤인 150여 년 전에는 연해주가 한·러 관계의 중심점으로 떠올랐고 최근 들어서는 어느 때보다도 활발한 한·러 교류에서 매우 중요한 가교 지역으로 자리매김하고 있다.

14

극동의 부상과 러시아의 미래

하산 :
남·북·러 삼각 협력의 상징

ХАСАН

14

북한과 가장 가까운 러시아 마을

2019년 4월 24일 아침 북한과 러시아 사이의 조그만 접경 마을 하산에 전 세계 언론의 관심이 집중됐다. 김정은 북한 국무위원장이 특별전용열차를 타고 러시아 국경을 넘어 이곳에 도착했다는 소식이 들려왔기 때문이다. 이때는 2019년 2월 28일 미국 도널드 트럼프 대통령과 김정은 위원장 간 제2차 북·미 정상회담이 성과 없이 결렬된 후 한반도에 예상치 못한 냉각기가 지속하던 시점이었다. 두문불출하던 김정은 위원장의 갑작스러운 러시아 방문과 블라디보스토크에서 블라디미르 푸틴 대통령을 만나 진행한 정상회담은 많은 이를 놀라게 하기에 충분한 대형 뉴스였다.

이날 새벽 김정은 위원장을 태운 열차는 북한을 출발해 북·러 국경 두만강 위 '우정의 다리'를 넘어 오전 10시 40분경 하산역에 정차했다. 북·러 접경지대의 작은 마을에 있는 기차역에는 알렉산드르 코즐로프 러시아 극동·북극개발부 장관을 비롯해 이고리 모르굴로프(1961~)외무부 차관, 올레크 코제먀코 연해주 주지사 등 러시아 측 환영단이 집결해 있었다. 이들은 귀한 손님을 맞는 러시아 풍습에 따라 빵과 소금, 꽃다발을 준비해 자국을 방문한 김정은 위원장을 영접했다.

소박한 환영 행사가 끝난 후 김정은 위원장을 비롯한 북한 측 대표단과 러시아 측 환영단은 인근에 있는 '북·러 우호의 집'(북한명은 조로 친선각)을 방문했다. 이 시설은 소련 당국이 김일성 전 북한 주석의 1986년 소련 방문을 앞두고 양국 간의 오랜 우호 관계를 기념하여 북한과 국경을 맞대고 있는 이곳 하산에 지은 것이다. 이 건물은

2019년 4월 24일 러시아 측 환영단이 연해주 하산역에서 빵과 소금, 꽃다발로 김정은 북한 국무위원장을 영접하고 있다 (출처: minvr.ru)

김일성 주석은 물론 김정일 전 북한 국방위원장이 러시아를 방문했을 때도 늘 환영 행사가 열렸던 곳으로 현재는 박물관으로 사용되고 있다. 이곳에서 러시아 측 대표단과 환담을 나눈 김정은 위원장은 다시 철길을 달려 우수리스크를 거쳐 블라디보스토크로 향했다.

김정은 위원장은 2019년 4월 24일부터 26일까지 블라디미르 푸틴 대통령과 정상회담을 하기 위해 블라디보스토크를 방문하는 여정의 향발과 귀국 과정에서 두 차례 이곳을 방문했다. 그는 환영 행사에서 본인의 러시아 방문이 마지막일리 없다며, 이번 방러가 “양국 관계 발전을 향한 첫 번째 행보일 뿐”이라고 강조했다고 한다. 그리고 같은 해 8월 21일 하산에서는 러시아 연해주 정·관계 인사들과 블라디보

김정은 북한 국무위원장이 알렉산드르 코즐로프 러시아 극동·북극개발부 장관(러시아 측 왼쪽 첫 번째), 올레크 코제먀코(러시아 측 왼쪽 세 번째) 연해주 주지사 등과 환담하고 있다 (출처: minvr.ru)

크라스키노 마을에 있는 하산호 전투 영웅 기념비 (출처: ru.wikipedia.org)

스토크 주재 북한 총영사를 비롯한 여러 관계자가 참석한 가운데 김정은 위원장의 방문을 기념하는 현판식이 성대하게 열렸다. 현판에는 "김정은 동지께서 2019년 4월 26일 조로 친선각을 다녀가시었다"는 글귀가 한글과 러시아어로 또렷이 새겨졌다.

하산은 연해주 하산군 군청 소재지로 러시아 극동 최남단에 있다. 1959년 설립되어 역사가 매우 짧을 뿐만 아니라, 2019년 기준 인구도 596명에 불과하다. 지리적으로 북한과 경계를 이루는 두만강 하류 북동쪽에 있다. 하산이라는 지명은 인근에 있는 하산호수에서 유래했다. 하산호는 블라디보스토크에서 남서쪽으로 130km 떨어져 있는 담수호로 러시아 역사에서 특별한 의미가 있는 곳이다. 1938년 7월 29일부터 8월 11일까지 소련군과 일본군은 국경 분쟁 속에 하산호 주변에서 대규모 전투를 벌였다. 하산호 전투로 불리는 이 싸움에서 소련군은 일본군의 공격을 물리치고 승리를 거뒀다. 그 후 소련 정부는 이를 기념해 상트페테르부르크, 옴스크, 페름에 각각 '하산 거리', '하산호 거리', '하산의 영웅들'이라는 이름의 거리를 조성할 정도로 큰 의미를 부여했다.

하산이 북·러 관계에서 특별한 의미가 있는 것은 북한과 러시아를 잇는 철도 때문이다. 하산호 전투에서 승리한 소련 정부는 1938년부터 연해주 남부의 천연자원 채굴과 일본군으로부터 국경을 보호할 목적으로 바라놉스키역에서 크라스키노 지역까지 190km의 철도 건설에 착수하여 1941년 공사를 마무리했다. 그리고 제2차 세계대전 종료 이후 소련 정부는 이 바라놉스키-크라스키노 노선을 북한과의 국경 근처까지 연장했다. 총 238km에 달하는 이 철도 노선의 종착지가 바로 1951년 9월 28일 문을 연 하산역이었다.

뒤이어 북한과 러시아의 자연·물리적 국경을 형성하는 두만강 위

2017년 8월 하산 마을 풍경 (출처: 라승도)

하산역 전경 (출처: ru.wikipedia.org)

로 목조 교량이 건설됐다. 하지만 이 목조 교량으로는 당시 소련과 북한 사이의 점증하는 화물 운송을 감당하기 어려웠다. 그래서 소련과 북한 노동자들이 함께 힘을 모아 1959년 8월 9일 최초의 철교를 완성했다. 소련과 북한 당국은 양국 관계 발전에 대한 의지와 교량 건설 과정에서 이뤄진 협력을 기념하며 이 교량에 '우정의 다리'라는 이름을 붙였다. 현재까지 이 철교는 북한과 러시아 사이의 국경을 잇는 유일한 다리로 존재한다.

이처럼 하산은 북한과 러시아의 접경지대에 위치한 지리적 특성 덕분에, 비록 역사도 짧고 규모도 작지만, 북·러 관계에서 특별한 위상을 가진 도시로 인식돼왔다. 특히 2018년부터 시작된 한반도 평화 프로세스와 북·러 정상회담 개최 과정에서 이 러시아 국경 마을의 이름이 우리의 눈과 귀를 사로잡았다.

나진-하산 프로젝트의 착수와 교착

러시아 극동 최남단 지역 하산은 비단 러시아와 북한 간 교류와 협력의 측면에서만 아니라, 한국을 포함한 남·북·러 삼각 협력의 측면에서도 중요한 의미가 있다.

사실 지리적으로 연결된 한국과 북한, 러시아 3자 협력에 대한 논의는 이미 30여 년 전에 시작됐다. 1992년 유엔개발계획(UNDP)은 북한과 중국, 러시아가 국경을 맞대고 있는 두만강 하류 지역을 중심으로 동북아시아 지역의 교통, 에너지, 관광, 환경 등의 분야를 개발하고 투자를 유치하기 위해 두만강개발계획(TRADP)을 출범시켰다. 그리고 몇 년 후 사업 대상 지역을 한국의 동해안 지역과 북한의 나선 경제특구, 중국의 동북 3성과 내몽고자치구, 러시아의 연해주와 하바롭스크, 몽골 동부로 확대 조정하여 광역두만강개발계획(GTI)으로 재편했다. 이후 한국과 북한, 러시아는 철도, 가스, 전력 분야에서 대규모 협력 사업을 비롯한 다양한 3자 경제 협력 프로젝트를 계획하고 추진해왔다. 그중에서 나진-하산 프로젝트는 구체적 성과를 창출한 소중한 협력 사례로 기억되고 있다.

이 사업의 골자는 러시아산 석탄이나 상품을 북한과 러시아를 잇는 나진-하산 철도 노선을 통해 북한의 나진항으로 운반한 후 다시 한국을 비롯한 제3국으로 수출하는 것이다. 이 사업을 위해서는 북한의 나진역과 러시아의 하산역을 잇는 철도 구간에 대한 대대적인 개보수 작업은 물론 북한과 러시아 내의 일부 철도 노선에 대한 현대화가 필수적이었다. 이런 점에서 나진-하산 프로젝트는 한반도종단

러시아와 북한을 잇는 하산 구간 철도 (출처: rzd.ru)

철도(TKR)의 일부 구간에 대한 현대화 사업이자 한반도종단철도와 시베리아횡단철도(TSR)를 연결하는 대규모 프로젝트의 시범 사업으로서 중요한 의미가 있다. 또 이 사업은 철도를 통한 육상 물류와 해운을 통한 해상 물류가 연동되는 유라시아 복합물류 체계의 현실화라는 측면에서도 많은 주목을 받았다.

나진-하산 프로젝트의 가장 중요한 물적 토대인 TKR와 TSR의 연결 문제가 처음으로 논의된 것은 2001년 북·러 정상회담에서였다. 당시 푸틴 대통령과 김정일 국방위원장은 모스크바 선언을 통해 "양국은 상호 이익의 원칙에 기초해 한반도와 유럽을 연결하는 철도 수송로 창설 계획을 실현하기 위해 모든 노력을 기울일 것"이라고 발표했다. TKR-TSR 연결 사업의 본격화를 예고한 것이다. 이후 양국은 2001년부터 2004년까지 북한과 러시아를 잇는 철도 구간에 대한 공동 조사를 진행했으며, 해당 사업에 충분한 경제성이 있다는 결론에 도달했다.

이 사업에 한국이 초대된 것은 2006년이었다. 러시아는 나진-하산 간 복합 교통·물류 사업을 본격적으로 추진하기 위해 한국 기업들에 합작회사 설립을 제안했다. 이 제안은 나진항과 나진-하산 철도 구간의 개보수를 위한 한국과 러시아의 공동 투자와 운영에 초점이 맞춰졌다. 그 결과 2007년 6월 18일 한국과 러시아 사이에 나진-하산 프로젝트 추진과 합작 물류회사 설립에 관한 양해각서가 체결됐다. 이를 통해 북·러 양자 차원에서 진행되던 나진-하산 프로젝트는 남·북·러 3자 합작 사업으로 확대·전환됐다. 하지만 한국 기업들의 경영 참여 등 세부적 내용에 대한 한·러 사이의 이견이 좁혀지지 못하고, 특히 2008년 이명박 정부 출범 이후 남북 관계가 크게 경색되면서 이 사업은 구체적 진전을 이루지 못하고 표류할 수밖에 없었다.

한국 측의 참여가 사실상 무산되자 러시아와 북한은 2008년부터 다시 양자 차원에서 이 사업을 추진했다. 북·러는 나진-하산 간 철도 현대화와 나진항 3호 부두의 개발에 관한 협력 합의서를 체결했다. 그리고 이를 추진하기 위해 러시아철도공사(RZD)와 북한 철도청이 주도하여 나선콘트란스(RasonKonTrans)라는 이름의 합작회사를 설립했다. 이 회사의 지분은 러시아가 70%, 북한이 30%를 각각 나누어 갖는 것으로 결정됐다. 이와 관련하여 러시아는 나진항 3호 부두의 개보수를 대가로 50년간 항만 사용권을 북한으로부터 획득했다. 2008년 10월 북한과 러시아가 나진-하산 간 철도 현대화 사업 기공식을 개최하는 등 사업의 본격적 이행이 기대됐지만, 여러 복합적 이유로 사업은 속도를 내지 못했다.

북한 나진항 부두 (출처: wikimapia)

러시아의 본격 추진과 한국의 참여

2011년부터 러시아는 사실상 휴면 상태에 있던 이 사업을 다시 밀어붙였다. 북한과 중국이 나진항 1~3호 부두 시설을 공동 개발한다고 발표하자 러시아가 큰 위기감을 느꼈기 때문이다. 러시아는 하산-나진 간 52km 길이의 본선과 나진-나진항 간 2km 길이의 지선 등 전체 54km 구간에 러시아식 광궤(1,520mm)와 한반도식 표준궤(1,435mm) 방식의 선로가 나란히 놓인 복합궤를 새로 부설하는 작업에 착수했다. 이는 러시아의 광궤, 북한의 표준궤 선로 사용의 차이를 고려해 대차 교환 없이 신속하게 열차를 운행하기 위한 조치였다. 러시아는 교량 18개와 수로 12개, 터널 3개의 개보수도 동시에 추진했다. 또 러시아는 연간 400만t의 화물 용량 처리를 목표로 나진항 3호 부두 터미널의 개보수 작업도 진행했다. 특히 3만t급 화물선이 접안할 수 있도록 나진항 연안에서 준설 작업(기존 9m에서 12m로)을 진행하는 한편, 이동식 크레인 레일과 연료 탱크 설치 등 선적과 하역 시설의 현대화 작업도 동시에 추진했다.

이 과정에서 2011년 10월 나진-하산 간 시범 열차 운행이 이뤄졌다. 북한은 같은 해 12월 외국과의 철도 협력 추진을 위해 국제철도화물수송법을 제정했고, 2012년 러시아에서 북한 철도 기술자의 연수 프로그램을 진행하는 등 사업 진전에 적극적으로 호응했다. 2012년 9월 7일에는 북한과 러시아 사이의 경제 협력을 가로막고 있던 채무 문제가 전향적 방식으로 해결됐다. 러시아는 약 110억 달러에 달하는 북한의 채무 중 90%를 탕감하고 나머지 10%는 북한이 양국의 합작기업에 투자하는 등의 방법으로 20년간 분할 상환토록 했다. 뒤이어 2013년 7월 나진항 3호 부두 터미널 개보수가 최종 완료되어 준

하산-나진 철도 구간 개통식 (출처: rzdstory.ru)

공식을 거행했고, 같은 해 9월 나진-하산 철도 개보수 작업도 모두 완료되어 철도 개통식이 열렸다.

북한과 러시아 사이의 나진-하산 프로젝트 이행을 위한 물적 기초가 완성되면서 러시아는 다시 한 번 한국 측에 참여 의사를 타진했다. 2013년 11월 열린 한·러 정상회담에서 박근혜 대통령과 푸틴 대통령은 35개 항의 합의문에 서명했다. 특히 양국 정상은 교통·물류 인프라 개발 협력과 관련하여 나진-하산 프로젝트 실현을 위해 양국 기업이 공동으로 철도와 항만의 개보수와 운영을 추진하기로 합의했다.

당시 러시아는 자국이 보유한 북·러 합작기업 나선콘트란스의 지분 70%의 49%, 즉 전체 지분의 34%를 한국 기업에 매각하는 방식으로 나진-하산 프로젝트에 한국의 참여를 제안했다. 이에 따라 한국 측은 포스코(POSCO)와 현대상선, 한국철도가 컨소시엄을 구성해 이 사업에 참여키로 했다. 한국 기업들은 각각 포스코가 터미널의 운영과 석탄 등 광물자원의 물동량을 확보하고, 코레일이 철도 운영과 상·하역을 담당하며, 현대상선은 해상 운송을 수행하는 역할을 분담키로 합의했다.

당시 한국은 2010년 천안함 사건 이후 발표한 5.24 제재 조치로 사실상 남북 교류·협력 사업을 단독으로 추진할 수 없는 상황이었다. 따라서 나선콘트란스의 지분 획득을 통한 한국의 나진-하산 프로젝트 참여는 러시아라는 제3국과의 협력을 통해 한국 스스로 부과한 대북 제재를 우회하여 남북 협력과 남·북·러 삼각 협력을 추진하는 일종의 고육책이기도 했다.

한국 기업들은 약 2,100억 원 규모의 투자를 통해 나진-하산 간 54km 구간의 철도 노선 현대화와 나진항 3호 부두와 인근 나진구 일대의 21ha 면적에 대한 개발과 운영에 참여하고자 했다. 한국은 나진-하산 프로젝트를 통해 부산과 모스크바 간 수송 기간을 약 20일 단축할 수 있을 것으로 기대했다. 또한, 물류 비용 측면에서도 이 사업을 통해 고비용 구조의 극동 항만을 대체하여 해상 운송과 비슷한 비용으로 화물을 수송할 수 있으리라고 예상했다.

한국 기업이 참여하는 나진-하산 교통·물류 사업에서 구상한 주요 취급 화물은 석탄이었다. 대표적으로 러시아 석탄·철강기업인 메첼이 이 프로젝트를 이용해 석탄을 제3국으로 수출한다는 계획을 세웠다. 이 사업을 통해 연간 400~500만t의 화물이 수송될 것으로 기

러시아 글로벌 석탄·철강기업 메첼의 노천 탄광 현장 (출처: mechel.ru)

대됐다. 특히 향후 사업 추진의 성과에 따라 대상 화물을 컨테이너로 확대하고, 중국 훈춘 지역으로 수송로를 추가로 구축한다는 계획도 세워졌다.

그리고 2014년 11월 1차 시범 운송이 진행됐다. 시베리아산 석탄 4만5백t이 하산-나진 간 철길과 나진항-포항신항 간 뱃길을 통해 한국에 들어왔다. 분단 이후 최초로 북한을 거쳐 국내에 반입된 러시아산 석탄은 포스코 광양제철소에서 코크스의 원료로 사용됐다. 2015년 4월에는 2차 시범 운송이 이뤄져 충남 당진항에 5만3천t, 전남 광양향에 4만t, 충남 보령항에 4만7천t 이상 14만t의 석탄이 국내로 들어왔다. 2015년 11월에는 3차 시범 운송을 통해 전남 광양항에 4만t, 경북 포항신항에 8만t 이상 12만t의 석탄이 국내로 반입됐으

며, 한국 기업이 중국 쪽 백두산에서 생산한 생수가 부산항으로 전달되기도 했다.

그러나 이처럼 무난하게 진행되던 나진-하산 프로젝트는 곧 커다란 난관에 봉착했다. 2016년 1월 북한이 제4차 핵실험을 실행한 데 이어 같은 해 2월 장거리 로켓을 발사함에 따라 한반도 정세가 크게 요동쳤다. 한국 정부는 그해 3월 외국 선박이 북한에 기항한 뒤 180일 이내에 국내에 입항하는 것을 전면 불허하는 해운 제재 조치를 취했고, 이로써 나진-하산 프로젝트도 사실상 중단될 수밖에 없었다.

하지만 러시아는 이 사업을 지속하려고 적지 않은 노력을 기울였다. 2017년 8월 유엔 안보리는 북한의 핵·미사일 능력 고도화에 대응하여 북한에 대한 석탄 수출을 전면 금지하는 안보리 결의 2371호를

2016년 2월 7일 북한 광명성 로켓 발사 장면 (출처: ru.wikipedia.org)

통과시켰다. 다만 러시아는 안보리 결의에 동의하면서도 제3국에서 생산된 석탄을 북한 나진항을 거쳐 수출하는 경우는 제재 예외 사항으로 인정해달로 요구했고, 결국 이를 관철시켰다. 하지만 국제사회와 한국 정부가 북한의 핵·미사일 도발에 심히 우려하면서 러시아의 노력이 나진-하산 프로젝트의 재개라는 결실로 이어지지는 못했다.

그러나 2018년 2월 평창 동계올림픽을 계기로 시작된 한반도 평화 프로세스의 진전은 이 사업의 운명에 새로운 전환을 가져왔다. 2018년 4월 27일, 5월 27일, 9월 19일 세 차례 진행된 남북 정상회담에서 문재인 대통령과 김정은 위원장은 한반도의 비핵화와 항구적 평화 체제 구축을 위해 긴밀히 협력하기로 합의했다. 또한, 2018년 6월 12일 싱가포르 센토사섬에서 열린 역사적 북·미 정상회담에서 트럼프 대통령과 김정은 위원장이 4개 항의 공동성명을 발표하면서 한반도 평화 분위기는 더욱 무르익어 갔다. 특히 2018년 6월 7일 한국이 국제철도협력기구(OSJD)에 정회원으로 가입한 것은 여러모로 긍정적인 평가를 받았다. 2015년부터 한국이 해당 기구에 정회원 가입을 추진해왔으나 번번이 북한의 반대로 무산됐던 것을 고려한다면 이는 큰 진전이었다. 하지만 2019년 2월 베트남 하노이에서 열린 제2차 북·미 정상회담의 결렬은 예기치 못한 정세의 냉각을 가져왔다.

이처럼 나진-하산 프로젝트는 역사적으로 한반도 정세와 연동하여 추진 과정에서 많은 우여곡절을 겪어왔다. 실제로 이 사업은 북핵 문제를 비롯한 역내의 복잡다기한 군사·안보적 갈등 상황으로 말미암아 현재까지 기대했던 것만큼의 획기적 성과를 만들어 내지는 못했다. 하지만 나진-하산 프로젝트가 현재까지 진행된 남·북·러 삼각 협력 사업 중에서 가장 성공적인 사례인 것만큼은 부인할 수 없는 사실이다. 또 한국과 북한, 러시아 3개 참여국이 이 사업의 미래 가

📷 2018년 4월 27일 1차 남북 정상회담 당시 판문점 평화의 집에서 두 정상이 악수하고 있다 (출처: ko.wikipedia.org)

치에 대해 깊이 공감했다는 점을 고려한다면 정세 변화에 따라 가장 우선적으로 재개될 수 있는 유망한 초국경 3자(소다자) 협력 사업이라는 점은 여전히 유효하다고 할 수 있다.

남·북·러 3자 간 대규모 인프라 개발 협력

동북아시아와 극동 지역 내 초국경 다자 협력은 수요가 매우 큰 편이다. 이는 무엇보다 역내 국가들 사이의 경제적 상호보완성이 크기 때문이다. 동북아시아 주요국인 한국과 중국, 일본에는 전 세계 인구의 약 1/5에 해당하는 16억 명의 인구가 거주하고 있다. 이들 3국은 모두 제조업 강국으로 전 세계 에너지의 약 1/3을 소비하는 거대 에너지 소비국이다. 그러나 이들 국가는 식량과 에너지의 대부분을 수입에 의존하고 있다. 러시아는 이와 반대 사례이다. 한반도, 중국, 일본과 인접한 러시아의 극동 지역 연구는 820만 명에 불과하다. 하지만 이 지역은 이웃 국가들과 비교하여 훨씬 더 풍부한 에너지와 생태 자원을 보유하고 있다. 이처럼 동북아시아와 극동 지역 내 인구와 자원의 불균형과 상호보완성은 이 지역 국가들의 협력을 유인하는 중요한 요소라고 할 수 있다.

남·북·러 3자 간 협력 사업도 이러한 경제적 보완성을 기초로 하여 추진됐다. 남·북·러 삼각 협력 사업의 핵심은 한반도와 러시아 극동·시베리아 지역과의 통합성과 연결성을 강화하고, 궁극적으로 이를 동북아시아와 유라시아 전체로 확장하려는 데 있다. 이를 통해 한반도와 러시아 극동 지역은 물론 동북아시아에서 다양한 행위자들이 경제 협력을 심화함으로써 역내에서 평화와 번영을 촉진하자는 것

이 기본 취지이다. 이런 점에서 남·북·러 삼각 협력의 범위는 3개국 간 접경 지역에 제한되기보다는 동북아시아와 유라시아 공간으로 크게 확장된다고 할 수 있다. 협력을 통한 기대 효과도 경제 영역뿐만 아니라 중장기적 관점에서 정치·안보 영역으로의 확장을 고려한 것이다.

실제로 30여 년 전부터 다양한 형태의 남·북·러 삼각 협력 사업이 제안되고 추진되어 왔다. 현재까지 남·북·러 삼각 협력에 대한 논의의 대부분은 대규모 인프라 프로젝트들에 관련됐다. TKR와 TSR의 연결, 파이프라인을 통한 러시아 천연가스의 한반도 공급, 러시아에서 북한을 거쳐 한국으로 이어지는 전력망 구축 사업이 바로 그것이다. 이러한 대규모 프로젝트들은 경제성이 어느 정도 보장되는 사업 분

러시아 극동은 에너지와 함께 생태환경 자원도 풍부하다 (출처: minvr.ru)

야로 동북아시아 지역 내 낙후 지역 개발과 참여국 간 경제적 상호의존성 심화를 통해 역내 평화 구축에 이바지할 수 있다는 점에서 추진 필요성에 대한 공감이 컸다. 하지만 이들 대규모 프로젝트는 구체적 성과를 내지 못하고 늘 제자리걸음을 반복해왔다. 이 프로젝트들은 명백한 효용에도 불구하고 북한 핵문제의 우선 해결이라는 현실적 장벽 앞에 항상 좌절을 경험해야만 했다.

이와 함께 시간이 지남에 따라 대형 인프라 사업들의 실현 가능성과 우선순위에도 일정한 변화가 나타났다. 이를테면, 남·북·러 가스관 연결 사업은 다양한 경제·안보 이익이 기대되는 유망 사업 중 하나였다. 이 사업은 러시아에서 생산된 천연가스를 파이프라인을 통해 북한을 경유해 한국으로 공급한다는 것이 핵심 내용이다. 그동안 이 사업은 한·러 정상회담은 물론 여러 수준의 당국자 간 회담에서

한국과 러시아 기업 관계자들이 2017년 9월 6일 태양광·디젤 하이브리드 발전소 건설 협력 협정에 서명하고 있다 (출처: minvr.ru)

늘 비중 있게 논의되던 핵심 사안이었다. 하지만 기술의 발달과 국제 가스 시장 상황의 변화는 이 사업의 위상에 적지 않은 변화를 초래했다. 본격적인 셰일 가스 생산에 따라 미국의 가스 공급 능력이 증대되고, 야말반도와 사할린 가스전에서 생산되는 러시아의 액화석유가스(LPG) 공급 물량이 대폭 확대됐기 때문이다. 이에 따라 러시아는 국제 가스 공급 구조의 변화와 북한 핵 문제 등의 지정학적 리스크를 고려하여 PNG(파이프라인천연가스) 부분을 중심으로 한 협력 사업은 장기적 과제로 돌리고, 우선 LNG(액화천연가스) 부문을 중심으로 시장의 주도권을 유지하려는 전략을 구사하고 있는 것으로 판단된다.

하지만 철도와 전력 연결 사업은 여전히 가치를 인정받고 있다. TKR과 TSR의 연결 사업은 그동안 나진-하산 프로젝트 사례처럼 더

사할린에서 러시아 최초로 건설된 액화천연가스 공장 모습을 담은 사진이 유즈노사할린스크 안톤 체호프 박물관에 전시돼 있다 (출처: 라승도)

디지만, 구체적인 성과를 창출해왔으며, 사업 재개와 확대 가능성이 계속해서 검토되고 있는 사안이다. 전력망 연결 사업도 북핵 문제의 진전 상황에 따라 언제든 추진 동력이 확보될 수 있는 사안으로 평가되고 있다. 대북 경제 제재가 해제되거나 완화되고 한국과 러시아가 북한과의 경제 협력을 활성화하게 된다면 무엇보다도 북한에 대한 안정적인 전력 공급이 중요한 과제가 될 것이다. 이와 관련하여 러시아는 필요시 자국 극동 지역에서 생산되는 전력을 북한은 물론, 한국, 일본 등에 직접 공급한다는 계획을 갖고 있다. 현재 북한은 자국 전력의 약 70% 정도를 옛 소련이 지원한 발전소에서 생산하고 있는 것으로 알려져 있으며, 러시아는 북한의 발전 능력 현대화와 관련하여 자국의 참여가 필수적이라고 판단하고 있다. 즉, 전력 부문에서 북·러, 남·북·러 협력은 여전히 잠재력이 큰 사업이라 할 수 있다.

남·북·러 삼각 협력을 둘러싼 정치·안보적 이해

남·북·러 삼각 협력 사업은 기본적으로 경제 분야에서의 협력 중심으로 구현될 수밖에 없다. 하지만 이들 사업은 단계적으로 경제 협력을 방해하는 요소들을 해결하기 위한 정치·안보적 논의로 확장될 가능성이 매우 크다. 즉 남·북·러 삼각 협력이 궁극적으로 역내 긴장 완화와 평화 공존을 촉진하고, 더 나아가 동북아 다자 안보 협력 체제 구축 등에 기여할 수도 있을 것이다.

러시아는 그동안 동북아 다자 안보 협력 체제 구축에 큰 관심을 표출해왔다. 러시아는 다자 안보 협력 체제 구축 과정에서 역내 영향력을 확대하고 동부 영토 안보를 효과적으로 확보하려 한다. 러시아는

2018년 6월 12일 싱가포르 북·미 정상회담에서 김정은 북한 국무위원장과 도널드 트럼프 미국 대통령이 악수하고 있다 (출처: en.wikipedia.org)

역내 안정을 통해 극동·시베리아를 효율적으로 개발하고 중국의 과도한 팽창과 미국의 안보 패권을 견제하는 등 중요한 국가 이익을 달성하려 한다.

실제로 러시아는 옛 소련 시절부터 다양한 형태의 동북아 다자 안보 협력 체제 구축을 주장해왔다. 러시아는 현재 진행 중인 한반도 비핵화 논의에서도 다자 안보 체제 구축 문제에 큰 관심을 나타내고 있다. 2018년 6월 12일 북·미 정상회담 이후 러시아 외무부는 공식 논평을 통해 양국 간 정상회담 개최를 환영하고 한반도 문제의 정치·외교적 해결 노력 지속을 제안하는 한편, "동북아 모든 국가의 합법적 이익을 고려하면서 '공고한 평화·안보 메커니즘' 창출을 목표로 하는 다자 협의 방식을 모색할 때"라고 강조했다. 러시아는 기본적으로 6자회담을 동북아 다자 안보 체제의 기본 틀로 제시하고 있으며 경우에 따라 그 폭이 확장 가능하다는 입장이다.

한국도 기본적으로 동북아 다자 안보 협력 체제 구축에 긍정적이다. 문재인 대통령은 2017년 대선 후보 시절부터 동북아 협력을 통해 평화와 성장을 함께 책임지는 '동북아(플러스)책임공동체' 구상을 제시한 바 있다.

한국은 지정학적 긴장과 갈등이 '진영 구도'를 통해 나날이 심화하는 동북아 지역에서 생존과 번영에 우호적이고 협력적인 환경 조성이라는 난제를 마주하고 있다. 문재인 정부는 동북아에서 '생존'을 일차적 과제로 인식하면서도, 이를 뛰어 넘어 적극적인 평화 협력 외교를 통해 '평화'와 '번영'의 미래를 창출하겠다는 중장기 광역 외교·안보 전략을 제시하고 있다.

한국은 무엇보다도 한반도가 지정학적 안보 딜레마의 '약한 고리'로서 미·중 간 전략·패권 경쟁의 최전선이 되는 것을 막아야 한다. 이를 위해 한국은 더 적극적으로 역내 행위자 간 대립을 완화하고 협력을 견인하는 능동적 역할을 수행코자 한다. 공간적 측면에서 동북아를 우선적 대상으로 삼되 그 범위를 몽골, 아세안, 인도, 호주, 유럽 등으로 점차 확장하겠다는 계획이다. 또한, 역내 다자 협력을 진정성(sincerity), 공존성(coexistence), 의무감(accountability), 책임성(responsibility)의 단계로 질적으로 고양시키고, 이를 통해 궁극적으로 법적 구속력이 있는 공동체로 점진적으로 발전시켜 나가고자 한다.

한국 정부의 이러한 구상은 기본적으로 다자 체제를 통한 평화 구축을 고려한 것이다. 문재인 정부는 강대국에 둘러싸인 한국의 지정학적 환경에서 미·중 간 패권 경쟁의 심화와 이로 말미암은 진영 대결 구도의 확립보다는 장기적으로 다극 질서의 구축과 다자 체제를 통한 안보 확보와 평화 구축이 한국의 국익에 훨씬 유리하다고 인식하고 있다. 한국은 다자 안보 체제를 전통적인 권력 정치를 대변하는 '세력 균형', '양자 외교', '동맹'의 유용한 보완 기제인 동시에, 경제, 환경, 마약, 테러, 에너지 등 비전통·연성 안보 이슈에 포괄적으로 대응할 수 있는 수단으로 인식하고 있다. 실제로 한국에 한·미 동맹은 그동안 국가 안보 달성을 위한 핵심 기제였지만, 최근 이에 대한 과도한 의존에서 벗어나 정치적·외교적 자율성을 강화해야 한다는 주장이 늘고 있다.

이처럼 한·러 양국은 역내 다자 협력 제고와 다자 안보 협력 체제 구축을 둘러싸고 기본적 입장을 공유하고 있다. 그러나 동맹 체제의 대안 기제로서 다자 안보 체제가 현재의 한반도와 동북아 현실에서 지나치게 이상적이라는 점도 직시할 필요가 있다. 다시 말해 다자 안보 체제가 동맹 체제를 완전히 대체할 수 있을 때까지 현실적으로 양

문재인 대통령은 2018년 10월 16일 프랑스 대통령궁인 '엘리제궁'에서 에마뉘엘 마크롱 프랑스 대통령과 가진 국빈만찬 연설에서도 다자 안보 협력을 강조했다 (출처: 대한민국 청와대)

자의 공존은 불가피한 측면이 있다. 어떻게 보면 다자 안보 체제는 가까운 미래까지 동맹 체제의 보완적 기능을 수행하는 제한적 역할을 부여받을 수밖에 없을 것이다.

이런 점에서 남·북·러 삼각 협력은 역내에서 점진적인 다자 체제 구축과 다자 차원의 정치·안보적 대화를 촉진하기 위한 물적 기초를 다지는 작업이다. 남·북·러 3자가 실현 가능한 협력 사업을 발굴하고 이를 견실하게 구현해 나가면서 3개 참여국 사이의 신뢰를 구축하고 이를 동북아시아와 유라시아 차원으로 확장해 나갈 수 있을 것이다. 이런 점에서 역내 경제 협력 심화, 한반도 평화 체제 구축, 동북아 다자 안보 체제 구축의 선순환 구조를 마련하는 데서 남·북·러 삼각 협력이 갖는 의미는 절대 작다고 할 수 없다.

남·북·러 삼각 협력의 적극 추진 방안

2019년 2월 하노이 북·미 정상회담 결렬 이후 한반도 정세는 심각한 교착 국면에 빠져 있다. 비핵화 협상이 진전을 이루지 못함에 따라 북·미 관계는 물론 남북 관계에도 팽팽한 긴장이 지속하고 있다. 문재인 정부가 내세운 한반도 신경제구상과 신북방정책도 구체적 이행을 위한 돌파구를 찾지 못하고 있는 상황이다. 이런 점에서 우리는 '선(先) 한반도 평화, 후(後) 남북-남·북·러 경제 협력 활성화'라는 낡은 문법과 단호히 결별할 필요가 있다. 남북은 물론 남·북·러 삼각 협력의 심화를 통해 북·미 비핵화 협상과 한반도 평화를 촉진하는 선순환 관계를 새롭게 모색하는 역발상이 필요한 시점이다. 즉 한반도 평화와 번영을 위한 한반도 신경제구상과 러시아를 비롯한 북방 국가들과의 경제 협력을 통해 유라시아 대륙과의 연계성을 강화하겠다는 신북방정책은 그 자체로 중요한 목적 가치라 할 수 있다.

한반도 신경제구상과 신북방정책의 추진에서 무엇보다도 러시아 극동 지역이 갖는 지정학적, 지경학적 가치에 주목할 필요가 있다. 김정은 체제 등장 이후 북한이 취해온 일련의 개혁 조치를 고려할 때 북한의 경제 발전 의지는 매우 확고해 보인다. 만약 북한의 개혁·개방정책이 본격적으로 추진되고, 한국과 북한 사이의 경제 협력 사업이 본격적으로 재개된다면 러시아의 극동 지역은 북방 경제 협력의 가장 중요한 거점이 될 수밖에 없다. 더욱이 신동방정책을 매개로 한 푸틴 정부의 극동 개발 의지는 러시아 역사상 유례를 찾아볼 수 없는 가장 높은 수준에서 발현되고 있다. 그 과정에서 북·러, 한·러, 남·북·러 사이의 양자 또는 삼각 협력 가능성은 날이 갈수록 증대되고 있다.

특히 러시아의 극동 지역은 한반도와 지리적으로 연결되어 있을 뿐만 아니라, 지정학적·지경학적 측면에서도 전략적 의미가 있는 곳이다. 이 지역은 한국의 경제 발전을 위한 새로운 동력을 찾을 수 있는 교두보로서 큰 의미가 있다. 문재인 정부가 제시한 한반도 신경제 구상의 동부 축인 환동해경제권 형성은 물론 북극항로 개발의 측면에서도 러시아 극동 지역과의 협력이 절실하다. 이런 점에서 남·북·러 삼각 경제 협력은 남북 간 경제 협력 촉진을 위해서만 아니라 한·러 관계 발전을 위해서도 적극적으로 추진될 필요가 있다. 또한, 이 사업은 한반도는 물론 동북아시아의 평화와 공동 번영, 비핵화 논의의 불가역성 담보에도 크게 이바지할 것으로 예상된다.

다행히 한국과 북한, 러시아 3국 정부는 모두 남·북·러 삼각 협력 사업에 대한 의지가 강한 것으로 보인다. 김정은 위원장은 문재인 대통령과의 4.27 남북 정상회담을 통해 발표한 판문점 선언에서 "남과 북은 […] 동해선과 경의선 철도와 도로를 연결하고 현대화하여 활용하기 위한 실천적 대책을 취해 나가기로 했다"고 합의했다. 남·북·러 삼각 협력의 교통·물류 부문의 기초를 이루는 TKR의 현대화와 연결 사업에 대한 명확한 지지 의사를 표명한 것이다. 문재인 대통령도 2018년 6월 모스크바에서 열린 푸틴 대통령과의 정상회담에서 철도 분야 협력을 최우선으로 고려하여 남·북·러 삼각 협력에 대한 공동

연구 진행에 합의했다. 푸틴 대통령은 2019년 4월 25일 열린 북·러 정상회담 후 기자회견에서 러시아가 오래전부터 다양한 남·북·러 삼각 협력 사업들을 제안해왔음을 상기시켰다. 그는 조속한 시기에 이들 사업이 착수된다면 북핵 문제 해결을 위한 신뢰 구축에 큰 도움이 될 것이라고 강조했다.

이를 토대로 남·북·러 삼각 협력의 동력을 마련하려면 남·북한과 러시아 모두가 각국 입장을 면밀히 고려하여 협력 사업의 기본 방향을 재설정하고, 구체적 추진 전략을 마련하기 위해 노력을 기울여야 할 것이다. 이는 한국의 한반도 신경제구상과 신북방정책, 북한의 경제

문재인 대통령이 2018년 6월 22일 러시아 국빈 방문 당시 크렘린궁에서 블라디미르 푸틴 러시아 대통령과 악수하고 있다 (출처: kremlin.ru)

2019년 4월 25일 김정은 북한 국무위원장과 블라디미르 푸틴 러시아 대통령이 블라디보스토크 정상회담에서 악수하고 있다 (출처: kremlin.ru)

발전 집중 노선, 러시아의 신동방정책 간의 접점을 찾아 확대하고 심화하는 것이기도 하다. 특히, 현 시점에서 남·북·러 3자가 실현 가능한 범위 내에서 우선 추진해야 할 협력 사업을 발굴하고 이를 흔들림 없이 추진하는 것이 무엇보다 중요하다. 이와 관련하여 그동안 여러 삼각 협력 사업 가운데 구체적 성과를 만들어온 경험이 있을 뿐만 아니라, 대북 제재 예외 사안이기도 한 나진-하산 프로젝트 재개가 면밀히 고려되어야 할 것이다.

15

극동의 부상과 러시아의 미래

메이드 인 코리아 : 극동을 누비는 한국 브랜드

KOREA HOUSE

15

러시아와 한국 간의 물적 교류는 일찍이 청나라의 수도 베이징에서부터 이뤄졌다. 당시 러시아 상인들은 베이징 시장에서 모피와 거울 장사로 유명했다. 그들은 야쿠츠크와 캄차카, 오호츠크해 연안에서 값비싼 담비 가죽과 여우 털을 가져다가 팔았다. 모피는 청나라에서만 아니라 조선에서도 고관대작들이 많이 주문하던 상품이었다. 또 그 무렵 청나라와 조선에는 유리거울을 만드는 기술이 없어서 러시아인이 만드는 거울을 구입하곤 했다. 러시아인의 회중시계도 놀라운 기술력으로 눈길을 끌었다고 한다.

17세기 후반 러시아인들은 아무르강을 따라 남하하면서 방책 요새와 작은 마을을 곳곳에 세웠다. 1670년에는 네르친스크 요새에서 베이징으로 가는 최단 거리가 만들어졌고, 이곳으로 청나라 대상(隊商)이 처음 찾아오면서 청나라와 러시아 간의 무역 중심지가 형성됐다. 17세기 말 네르친스크는 380명의 러시아 상인과 상회가 활동하고 청나라 상인도 50명 가까이 다녀갈 정도로 규모가 커졌다. 러시아는 천과 대황, 차와 가축을 들여오는 대신 모피를 공급했다. 1681년에는 네르친스크에 세관이 설립됐다. 벌어들이는 관세만도 상당하여 청나라와의 외교와 무역 전담부가 설치될 정도였다. 여기서 멀지 않은 실카강에서 이웃 몽골과도 무역이 이뤄졌다. 네르친스크 요새에서 조선인 상인과도 만나 생사(生絲), 종이 등을 모피로 교환한 것

자바이칼변강주 네르친스크시에 있는 러시아 거상 미하일 부틴의 저택. 네르친스크를 대표하는 건축물로 꼽히는 이곳은 현재 향토박물관으로 사용되고 있다 (출처: culture.ru)

도 바로 이 무렵이었다.

그로부터 약 340년에 달하는 수많은 시간이 흘러 오늘날 한·러 양국 간 무역은 민간 차원을 넘어 기업과 국가 차원에서도 매우 활발하게 이뤄지고 있다. 석유·가스 등 천연자원을 중심으로 하는 러시아와 제조업을 중심으로 하는 한국은 상대의 빈틈을 메워줄 수 있는 최고의 무역 파트너다. 양국은 경제 구조상 상호보완 관계 속에 서로 매우 필요한 존재다. 이런 가운데 다양한 분야의 한국 브랜드와 상품이

해를 거듭할수록 러시아 시장에 더 깊숙이 파고들며 러시아인의 마음을 사로잡고 있다. 특히 극동 지역에서 한국 제품은 이제 지리적으로 가까운 블라디보스토크를 넘어 저 멀리 캄차카반도 페트로파블롭스크캄차츠키 등에서도 쉽게 찾아볼 수 있다.

러시아 극동, K-뷰티의 매력에 빠지다

최근 들어 TV를 켜면 심심치 않게 러시아 여행 장면을 볼 수 있다. 여행길에 만난 러시아인과 나누는 대화 속에는 빠지지 않고 나오는 감탄의 소리가 있다. 출연자가 누구이든 간에 나이보다 젊어 보인다는 칭찬을 러시아인에게서 듣는다. 한국인의 외모 관리는 정평이 나 있기도 하지만, 한편으로는 열 살, 심지어는 스무 살까지도 젊게 보이는 한국인의 비법이 무엇인지 묻는 러시아인의 모습을 흔하게 볼 수 있다. 많은 러시아인이 관심을 기울이는 바로 그 외모에 관한 궁금증 덕분에 러시아에서 한국의 뷰티산업은 비약적으로 성장하고 있다.

뷰티산업은 러시아 내 한국 관련 산업에서 오랫동안 왕좌를 지켜왔고 앞으로도 비약적인 발전이 기대된다. 동안은 현대인이 추구하는 미의 기준이 된 지 오래다. 오늘날 사람들은 곱게 보이고 어려 보이려고 피부 가꾸기에 혈안이 되어 있다. 한국 스킨케어 제품이 러시아에서 지속적으로 성장세를 보이는 것도 이 때문이다. 2018년 기준 러시아의 전체 화장품 수입액은 약 12억 달러이며, 이 중 스킨케어 제품이 약 8억으로 전체의 약 66%를 차지한다. 2018년 한국 스킨케어 제품의 러시아 수출은 73% 이상 증가했다. 러시아의 수입 점유율은 한국이 11.6%로 31%를 차지하는 프랑스에 이어 2위를 차지했

📷 러시아에서 한국 화장품의 인기는 저 멀리 북서부 도시 아르한겔스크에서도 확인할 수 있다. 사진은 아르한겔스크 대형 쇼핑몰에 있는 한국 화장품 전문 매장 코코랩 (출처: 라승도)

다. 스킨케어 제품 중 시장 규모가 가장 큰 것은 얼굴용 화장품으로, 저렴한 가격으로 즉각적인 보습 효과와 투명 피부 효과를 거둘 수 있는 마스크팩이 가장 인기 있다.

한국 화장품은 과거 부산이나 동해 등을 통해 러시아 상인들이 직접 사서 러시아로 보따리 형태로 수출됐다. 초기에는 소규모 상인에 의존하거나 국내 유통사에 의존하는 대행 수출이 주류를 이뤘다. 오늘날에는 디스트리뷰터를 통해 국내 80여 개 브랜드의 2,000여 제

아르한겔스크 대형 쇼핑몰의 한국 화장품 전문 매장 코코랩에 한국 화장품 히트 상품을 써 보라는 홍보문이 걸려 있다 (출처: 라승도)

품이 러시아에 수출되고 있다.

화장품 전문 수출업체인 고센코리아는 러시아 최대 드러그스토어 '포드루시카', 러시아 최대 화장품 유통업체이자 대표적인 뷰티 프리미엄 편집숍 체인인 '레투알(L'Etoile)', 뷰티 편집숍 '상기 스틸(Sangi Style)'과 공급 계약을 맺고 메디힐, 두리화장품(댕기머리), 투쿨포스쿨, 어퓨, 루트리, 잇츠스킨, 듀이트리, 더플랜트베이스, 에스폴리오, CJ이너비 등 수십 개의 한국 화장품 브랜드를 수출한다. 2018년 4~5월 러시아 월드컵 직전에는 화장품 수출용 전용기가 떴을 정도로 러시아에서 한국 화장품의 인기는 대단하다.

포드루시카와 레투알처럼 러시아 화장품 매장에서 한국 제품을 따로 분류하여 판매하는 경우도 있지만, 전문적으로 한국 제품

모스크바 포드루시카 매장 (출처: wikimapia.org)

만 취급하여 판매하는 매장도 있다. 러시아에 입점해 있는 한국브랜드로는 TONYMOLY, AHC, Dr.Jart+, belif, A'pieu, NATURE REPUBLIC 등이며, 2019년 2월 한국의 스킨케어 브랜드 AHC가 레투알(L'etoile)의 316개 매장과 온라인몰에 입점했다.

특히 러시아 극동 지역에서는 2014년 이후 블라디보스토크 내 한국 로드숍 브랜드 진출이 급증하기 시작했다. 블라디보스토크에 가장 먼저 진출한 국내 로드숍 브랜드는 잇츠스킨(IT's SKIN)이었다. 잇츠스킨은 2013년 8월 포드루시카와 계약을 맺었고, 같은 해 12월 블라디보스토크에 제1호 매장을 열었다. 이후 2014년 토니모리(TONYMOLY)와 미샤(Missha), 2015년 더페이스샵(The Face Shop), 2016년 초에는 홀리카 홀리카(Holika Holika) 순으로 블라디보스토크에 진출했다.

블라디보스토크의 '아르바트 거리'로 불리는 포킨 제독 거리에 있

블라디보스토크 포킨 제독 거리(일명 '아르바트 거리')에 있는 잇츠스킨 매장 전경 (출처: 라승도)

는 잇츠스킨을 제외하면 토니모리('막심' 쇼핑센터), 미샤('센트랄' 쇼핑센터), 더페이스샵('로디나' 쇼핑센터), 홀리카 홀리카('말리굼' 쇼핑센터)는 모두 블라디보스토크의 주요 쇼핑센터 안에 위치해 있다. 이들 매장은 직영점이 아니라 현지인이 브랜드와 상품을 받아 운영한다. 블라디보스토크의 한국 로드숍 브랜드는 주로 사회관계망서비스(SNS) 등을 활용해 제품은 물론 무료 메이크업 시연, 세일 행사 등을 적극적으로 홍보하고 있다. 로드숍 매장 외에도 '한국 화장품 인터넷 전문 몰' 등의 인터넷을 통해 에뛰드하우스, 이니스프리, 설화수 브랜드를 주문·구매할 수 있다.

극동은 러시아 서부 지역과 비교하여 한국 화장품에 대한 인지도가 훨씬 더 높은 편이고, 화장품을 판매하는 경로나 선택지도 훨씬 다양하다. 블라디보스토크를 비롯한 러시아 극동과 시베리아 지역은 지가 제품이 인기를 끌기 때문에 한국 로드숍 브랜드 제품에 관심이 많다. 게다가 가격이 더 저렴하고 유럽이나 일본 제품과 품질 차이가 적어 인기가 많다. 한국 화장품은 가성비가 좋고 다양한 제품라인과 생산라인에 대한 신뢰, 상품의 즉각적 성능 효과로 충분한 경쟁력을 갖추고 있어 소비자들의 관심을 끈다.

한국 의료기술, 극동의 건강을 책임지다

러시아는 일찍부터 세계적으로 인정받는 한국의 선진 의료기술에 기대감을 표시했다. 이러한 기대감은 한·러 지방정부 차원의 협력으로 이어지기도 하고 개인 차원에서 의료관광 형태로 한국을 직접 방문하는 것으로 나타나기도 한다. 특히 한국과 러시아는 한국 의료기관의 러시아 진출과 러시아 의료인의 한국 연수 등의 협력을 최근 들어 더 강화하기로 했다.

2016년 한 해에만 러시아 환자 25,533명이 한국에서 진료를 받고 진료비로 870억 원을 지불했을 정도로 해마다 의료관광으로 한국을 찾는 러시아 환자가 늘고 있다. 2017년에는 서방의 대러 경제 재제 여파로 24,859명으로 약간 감소했지만, 2018년에는 27,185명이 방문하는 등 여전히 한국 의료 시장에서 러시아는 주요 고객이다. 러시아의 한국 의료관광은 주로 암, 심장, 뇌혈관 질환, 중증 화상 등 중증 환자의 방한 비율이 높다. 한국 의료기술은 특히 종양과 심장질환, 난임 등 러시아에서 해결이 어려운 난치병과 희귀병 환자들에게서 신뢰를 얻고 있고, 정형외과 수요도 계속해서 늘고 있다. 이에 따라 한국 보건복지부와 크고 작은 병원들이 러시아 환자를 유치하기 위해 다양한 채널을 가동하고 있다. 그중 하나가 러시아 의료인 연수 프로그램과 러시아 병원과의 협업인데, 이러한 경향은 한국에서 가까운 극동 지역에서 많이 나타나고 있다.

예를 들면, 2018년 하바롭스크에서는 현지 의료인과 보건 관계자들을 대상으로 '의료 관광 설명회와 비즈니스 미팅'을 열어 광주 지역의 우수한 의료 서비스와 다양한 의료 상품을 소개하고 1:1 의료 상담과 체험 부스 운영 등 마케팅을 적극적으로 펼쳤다. 이때 하바롭스크 비베야(Viveya) 국립 종합검진 센터와 기관 시설 참관, 의료 교류 활성화 협약이 체결됐다. 이에 앞서 2016년 명지의료재단은 러시아에서 한·러 합작 영리 의료법인을 처음으로 탄생시켰다. 특히 블라디보스토크에서 연해주 모자병원과 합작 의료법인을 설립하고 명지국제검진센터를 정식으로 출범시켰다. 명지국제검진센터는 540평 규모에 첨단 장비를 갖춘 한국형 종합건강검진센터로, 다양한 첨단 진단 장비와 최신 시설을 갖췄다. 한국에서 파견된 의사와 간호사, 병리사, 방사선사 등 모두 40명의 의료진과 5명의 전문 운영 인력이 근무한다.

한국 의료기술의 우수성은 이제 러시아 극동 지역에서 소문이 자자하다. 아무르주의 한 언론 인터넷 사이트에는 어떻게 하면 한국에

하바롭스크 비베야 병원 (출처: viveya.medkhv.ru)

가서 치료를 잘 받고 건강해져 돌아올 수 있는지 알아보는 한국 의료관광 특별기사가 올라와 있는데, 이런 기사나 정보 자료는 이제 러시아에서 어렵지 않게 얻을 수 있다. 이 기사는 한국 의료관광과 관련하여 가장 먼저 의료 서비스 품질을 우선해서 고려해야 하는지, 아니면 비용을 따져 봐야 하는지 결정해야 한다고 말한다. 이와 함께 한국으로 의료관광을 떠나는 러시아 사람들의 분포를 설명하면서 주로 여성들이 많이 가지만, 최근에는 운동선수도 한국에서 치료를 받는다고 말한다. 이 기사에 따르면, 한국 방문 치료와 러시아 내 치료의 차이점 가운데 한 가지는 완벽하게 깨끗한 치료 환경에 있다. 이 기사는 "인터넷도 스마트폰도 없고 오직 깨끗한 자연, 깨끗한 공기만 있다"고 한국 의료관광 대행사 관계자의 말을 인용하면서 환자가 좋은 환경에서 치료에만 전념할 수 있게 해주는 것이 한국 병원의 변별성이라고 전한다. 또 아무르주 사람들에게 인기 있는 한국 의료기관들로는 서울 마리아병원과 세브란스병원, 중앙대병원, 대구 파티마병원이 꼽히고 있다.

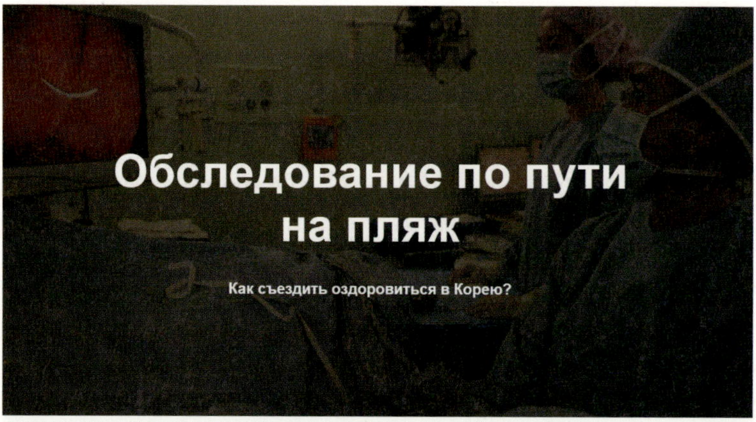

러시아 극동 아무르주의 한 언론 인터넷 홈페이지에 소개된 한국 의료관광 기사 초기 화면 (출처: asn24.ru)

이와 관련하여 흥미로운 점은 한국 의료관광을 홍보하는 병원 광고판이 아무르주 수도 블라고베셴스크 시내 거리에서는 아직 눈에 띄지 않고 있지만, 한국에서 가장 가까운 극동 지역인 블라디보스토크 시내 거리에서는 자주 보인다는 사실이다. 예를 들면, 대구 파티마병원은 2015년부터 러시아 극동 지역 환자를 유치하기 위해 블라디보스토크를 중심으로 적극적으로 홍보하기 시작했는데, 이런 홍보전은 블라디보스토크 시내 주요 길목에 대형 홍보 간판을 설치하는 것으로도 구체화됐다. 이러한 홍보 효과는 최근 러시아 극동에서만 아니라 시베리아 지역에서도 대구를 찾는 러시아 환자들이 눈에 띄게 많이 늘었다는 사실이 뒷받침해준다. 2019년 4월 말에는 50여 명의 러시아 환자가 파티마병원을 단체로 방문하여 병원과 지역사회를 놀라게 했다. 2018년에는 이스타항공이 블라디보스토크-대구 직항 노선을 개설해 운항하기 시작했다. 이런 교통 변화 덕분에 대구와

블라디보스토크 시내 거리에서 볼 수 있는 대구 파티마병원 광고판 (출처: 라승도)

경북 지역 사람들이 러시아를 더 많이 찾을 수 있고, 연해주 사람들도 의료관광을 위해 대구로 더 많이 올 수 있다. 실제로 연해주 등 극동 지역에서 한국을 방문하는 러시아인 수가 최근 부쩍 늘었는데, 그중에는 의료관광을 위해 찾는 사람이 적지 않다고 한다.

블라디보스토크는 러시아 극동으로 가는 최대 관문이다. 최근에는 이곳을 찾는 한국인 관광객이 폭발적으로 늘어났다. 이는 2016년 6만여 명이었던 한국인 방문객 수가 3년 만에 20만 명을 훌쩍 뛰어넘은 것을 보면 쉽게 알 수 있다. 그래서인지 요즘 블라디보스토크는 하루가 다르게 빠르게 변하고 있다. 이런 변화의 흐름에서 눈에 띈 흥미로운 사실 가운데 한 가지는 세계적으로 유명한 난임 치료 전문 병원인 마리아병원이 2019년 여름 블라디보스토크 중앙광장 군사영예 기념탑 근처에 깔끔한 디자인의 홍보 간판을 크게 내걸었다는 사실이다. 앞서 소개한 아무르주의 한국 의료관광 기사에도 나타나 있

블라디보스토크 중앙광장 군사영예 기념탑 근처에 새로 등장한 서울 마리아병원 광고판 (출처: 라승도)

듯이, 마리아병원은 최근 2~3년 사이에 러시아 극동과 몽골, 카자흐스탄 등의 상류층 환자들을 대상으로 우수한 난임 치료 기술을 선보여 명성이 자자하다. 하지만 이들 지역에서 홍보는 그렇게 적극적이지는 않았는데, 2019년 봄까지만 해도 블라디보스토크 한복판에서 보이지 않았던 홍보 간판이 최근 등장한 걸 보면 마리아병원도 러시아에서 더 활발한 홍보에 나서기로 한 것 같다.

현재 한국 의료관광은 대행사를 거치기보다는 병원이 직접 진행하는 경우가 대부분이다. 이는 K-뷰티가 디스트리뷰터를 통해 러시아 시장을 폭발적으로 잠식해나갈 수 있었던 것과 대조되는 부분이다. 따라서 마케팅 부문과 병원 간의 협력이 잘 이뤄진다면, 앞으로 한국의 의료가 러시아 시장을 석권할 날이 그리 멀지 않은 듯하다. 의료진과 의료기술, 의학 등의 수출과 의료관광객 유치 외에도 의료기기의 수출 전망도 밝다. 한국의 의료기기 제품은 가격 대비 우수한 품질이라는 시장 인식이 지배적이다. 앞으로는 원격 의료 시스템 수출도 대(對)러시아 의료 사업의 중요한 한 축이 될 것으로 기대된다. 러시아 IT기업을 대상으로 원격 의료 시스템을 수출하거나 합작 형태의 사업이 유망한 것으로 드러나고 있다.

한국 농기업, 극동의 들판을 누비다

러시아는 극동의 연해주 지역을 아시아·태평양을 향한 농산물과 농식품 생산 전진기지로 만든다는 전략을 본격적으로 가동하고 있다. 특히 블라디보스토크 인근 자루비노항에 1,000만t 규모의 곡물 터미널을 건설해 농수산물 수출 확대 전략을 공격적으로 펼치고 있다. 지구온난화로 시베리아 지역의 농지가 늘어나면서 러시아의 농산물 생산량도 급증하고 있다. 여기에 서방의 경제 제재가 오히려 수출 호재로 작용하고 있다. 루블화 가치 하락으로 인해 노동력과 에너지 비용이 낮아졌기 때문이다. 하바롭스크변강주와 연해주 등 극동 지역 전체가 농·축산업을 새로운 중점 성장 산업으로 추진하면서 한국과 중국, 일본 시장을 공략하고 있다.

러시아 연해주는 농업 잠재력이 상당해 한국 기업들이 일찍부터 진출해 있다. 게르마늄이 많이 함유된 비옥한 토양에 일조량도 많아 약용작물을 기르기 수월하다. 서리가 내리지 않는 기간이 약 160일로 짧고, 온대성 몬순 바람이 분다. 우기에는 비가 잦지만, 태풍은 없고 콩, 옥수수 등 곡물 종자는 유전자 변형이 없는 'Non GMO'이다. 1999년 11월 유니베라는 글로벌 천연물 생산기지를 만들겠다는 목적 아래 러시아 연해주 크라스키노에 법인을 설립했다. 2001년에는 여의도 면적의 3배에 달하는 약 2,148만㎡의 부지를 크라스키노에 확보해 가시오가피, 황금(Golden Root) 등을 재배하고 있다. 황금 수요가 늘어나면서 대규모로 재배할 농장이 필요했다. 유니베라는 이

연해주 크라스키노 들판 (출처: 라승도)

식물이 잘 자랄 수 있는 환경을 연구하던 중 최적지로 연해주의 크라스키노를 찾아냈다. 또 2016년에는 자체 브랜드 우유를 생산해 낙농 사업장인 연해주 하산 지역 일대에 판매하고 있다.

이런 가운데 러시아 극동에서 한국 기업들은 곡물을 장기간 보관하는 시설인 사일로(Silo)를 통해 새로운 비즈니스를 창출하고 있다. 극동 지역에는 10년 전부터 현대중공업, 서울사료, 롯데, 아그로상생, 남양, 포항축협 등 국내 기업들이 진출해 있다. 한국 농기업 10곳이 대두와 옥수수 위주로 연간 약 6만t의 곡물을 생산하고 있다. 이 중 소량만 한국으로 보내고 주로 중국을 위주로 한 수출과 러시아 내수 판매를 병행한다. 그러나 러시아 극동 내수 구매자들은 구매 단위가 작아 고정 판매처로서 관리가 어렵고, 소련 시대 집단농장에서 사용했던 산지 사일로가 일부 있지만, 시설이 노후해 곡물 손실이 많이 발생했다. 한국 농기업들은 이 지역의 특수성을 고려한 중형 사일로를 운용하고 있다. 사일로 사업은 한국 농기업이 경작 후 판매라는 단순 비즈니스 모델에서 벗어나 경작을 바탕으로 보관과 유통, 향후 가공까지 연결되는 비즈니스 플랫폼으로 활용되고 있다.

한편, 살포기 전문업체인 익산농기계는 2013년 11월 28일 국내 최초로 러시아 극동 지역에 살포기를 선적 수출했다. 규모는 10종 31대로 45만 달러에 해당한다. 이 회사는 이어 모스크바에 'IRIS-DIST LLC' 법인을 설립해서 러시아 전 지역에 살포기를 판매하기 위한 발판을 다졌다. 2014년 소치 동계올림픽에서 사용한 제설용 살포기가 바로 이 회사의 현지 법인에서 공급한 것이었다. 익산농기계는 현지 법인 회사와 살포기 독점 판매, 독점 공급 계약서를 체결했고, 한국에서 생산되는 각종 농기계도 러시아에 수출하고 있다. 비료의 운반과 적재, 살포의 3가지 과정을 각기 따로 행하는 러시아식 농작 방식

📷극동 지역에서 활약하는 IRIS-DIST의 살포기 (출처: iris-dist.ru)

을 효율적으로 개선하기 위해 이 모든 과정을 하나로 통합한 비료대형살포기를 개발한 것이 현지 시장에서 통했다. 러시아로 수출되는 농기계는 2017년 대비 2018년 기준으로 1년 새 약 200% 증가하여 565만 달러의 수출액을 기록했다. 또 현대 제설기는 2019년 러시아 시장에서 최고 평가를 받았다. Hyundai S 7713-T는 자주식 제설기 분야에서, Hyundai S 6561은 휘발유를 사용하는 저렴한 제설기 분야에서 각각 우수제품 1위를 차지하고 있다.

롯데호텔, 한·러 투자 플랫폼의 성공 사례

2018년 제4차 EEF에서 러시아는 한·러 투자 플랫폼을 활성화해 한국 기업들의 극동 지역 투자가 늘기를 희망한다고 피력했다. 과거 극동 투자에서 최대 성공을 거둔 사업은 현대호텔과 KNT(KT가 투자한 이동통신)였다. 두 사업 모두 핵심 사업에 연관 사업이 따라오는 일종의 플랫폼 비즈니스 모델 형태다. 하나는 호텔이라는 플랫폼 위에 컨벤션, 오피스 임대업, 그리고 숙박업을 겸하는 복합 사업이며, 또 다른 하나는 통신 서비스 제공을 바탕으로 광고, 기기 판매, 설비, 금융까지 따라오는 복합 사업이다. 사업 초기 두 사업 모두 상당한 성공을 거뒀지만, 이후 어려운 시기를 겪었다. 최고급 숙박시설로 꼽혔던 현대호텔이 러시아 당국과 외국 기업의 견제로 손님 유치에 고전을 면치 못하고, KNT 역시 러시아 사업자가 고객 유치를 확대하는 바람에 수지를 맞추기 어려워지면서 극동에서의 성공 신화가 물거품으로 돌아가는 듯했다.

이런 상황에서 2017년 12월 1일 롯데그룹이 현대중공업을 상대로 블라디보스토크의 현대호텔과 서울시의 1/3 넓이의 연해주 곡물 농장에 대한 인수 계약을 체결했다. 이로써 현대호텔은 역사의 뒤안길로 사라지게 됐다. 블라디보스토크의 롯데호텔은 모스크바, 상트페테르부르크, 사마라에 이어 롯데가 러시아에서 네 번째로 선보인 호

블라디보스토크 롯데호텔 (출처: 라승도)

텔이다. 호텔 운용 노하우와 브랜드 이미지를 충분히 갖춘 롯데는 2018년 4월 현대호텔을 인수했고, 약 3개월간 리브랜딩 작업을 거쳐 2018년 7월 블라디보스토크 롯데호텔로 재개관했다. 롯데호텔은 지하 1층, 지상 12층 규모에 5개의 연회장, 153개의 객실을 갖춰 블라디보스토크에서 보기 드물게 시내 한복판에 자리 잡은 5성급 호텔이다. 롯데호텔은 러시아 개방 초창기부터 이 지역에서 꾸준하게 인지도를 관리해 와서 앞으로 담당할 역할과 구현할 가치에 대한 기대가 크다.

롯데그룹은 1988년 서울 올림픽 당시 소련 선수단을 후원하면서 러시아와 인연을 맺기 시작했다. 1990년에는 양국 국교 수립과 함께 본격적으로 러시아 진출을 검토하면서 각별한 인연을 쌓아왔다. 2007년에는 롯데백화점이, 2010년에는 롯데호텔이 차례로 모스크바에서 영업을 시작했다. 롯데제과도 2010년 러시아에 진출해 칼루가주에 초코파이 공장을 건설했다. 2013년에는 서울 소공동 롯데호텔 단지 안에 러시아의 국민시인 알렉산드르 푸시킨의 동상 설립 부지를 제공하고 2017년에는 러시아 신진 작가 발굴을 위한 '푸시킨 신인문학상'을 제정하여 시행하는 등 한·러 양국 문화 교류에도 이바지했다. 동상 설립 부지는 '푸시킨 플라자'로 명명됐고, 블라디미르 푸틴 러시아 대통령이 동상 제막식에 친히 참석했다. 신동빈 롯데그룹 회장은 2015년 한국과 러시아 양국 간 관계 강화에 이바지한 공로로 러시아 정부에서 '우호 훈장'을 받았다.

블라디보스토크 롯데호텔에 거는 기대는 적중했다. 러시아 정부는 2018년 제4차 EEF를 위해 롯데호텔 153개 객실 전체를 빌렸다. 푸틴 대통령을 비롯해 러시아 정·재계 핵심 인사들이 행사 기간에 투숙하면서 EEF의 핵심 거점 역할을 수행했다. 호텔은 한식당인 해금

2019년 6월 6일 '푸시킨 신인문학상' 시상식 기념사진 촬영 장면 (출처: pushkinprize.ru)

강, 조식부터 만찬까지 가능한 올데이 다이닝 레스토랑인 카페 랑데뷰, 금각교와 어우러지는 블라디보스토크의 야경을 감상할 수 있는 스카이바 퍼시픽 등의 부대시설을 갖추고 있다.

롯데마트, 한국 PB상품을 극동에 뿌리다

2019년 초 대규모 쇼핑센터 칼리나몰(Kalina Mall)이 블라디보스토크에 문을 열었다. 도심에서 가까운 3층 건물에 외국 유명 브랜드 매장은 물론이고, 극동 러시아 최대 슈퍼체인 삼베리(Samberi)까지 들어선 복합 쇼핑몰이다. 특기할 점은 삼베리가 대형 자체 개발 상품(PB)을 만들어 판매한다는 사실이다. 삼베리가 PB상품에 관심을 두면서 향후 대형 쇼핑몰과 슈퍼 체인 등의 판매망이 더 확대될 수 있는 조짐이 보이기 시작했다. 블라디보스토크 주재 한국 무역관은 삼베리가 매장 내에 PB상품을 확대하려는 움직임을 포착하고 삼베리 체인을 운영하는 네바다 그룹(Nevada Group)에 한국의 PB상품으로 확대해볼 것을 제안했다. 이에 따라 네바다 그룹이 희망하는 구입 목록을 토대로 한국산 마요네즈와 커피크리머, 튀김가루, 간장, 냉동 과일, 방향제가 판매에 들어갔다. 이는 러시아 극동 지역 유통체인들이 한국에서 주로 수입하는 대표 상품들이었다.

블라디보스토크 한국 무역관은 국내 PB상품 생산업체 발굴을 위해 다방면의 시도와 국내 전체 제조 현황을 조사하고 나서 국내에서 PB상품을 전개하고 있는 대형 유통체인과 협력이 필요하다고 보고 롯데마트와 접촉했다. 롯데마트는 네바다 그룹이 요청하는 품목에 그치지 않고 롯데마트에 PB상품을 공급하고 있는 제조사들에 러시아 진출 희망 여부를 조사했다. 그 결과 총 58개사 66개 품목에 달하는 목록이 작성됐다. 네바다 그룹은 그중 20개사 25개 품목을 구매

블라디보스토크 칼리닌 거리에 2019년 초 문을 연 칼리나몰 (출처: 라승도)

검토 대상으로 선정하여 구매 상담회를 요청했다. 네바다 그룹은 초콜릿 스틱, 초코파이, 튀김가루, 커피, 감자칩 등의 가공 식품과 칫솔, 티슈 등 비식품 분야에 관심을 보였다. 그리고 직접 매장을 방문하여 진열 상태와 판매 현황을 파악한 뒤 약 50개 품목을 추가로 선정할 것이라고 밝혔다.

네바다 그룹은 삼베리의 PB상품 개발뿐 아니라 롯데마트와 협력 방안 다각화도 시도하면서 장기적인 협력 관계를 구축하는 데 힘쓰고 있다. 네바다 그룹은 러시아에서 이미 호텔사업으로 잘 구축된 롯데의 브랜드 이미지를 활용하는 동시에 주문 물량 부족으로 자체 개발이 어려운 PB상품을 수입하여 탄력적으로 대응할 수 있게 됐다. 이로써 네바다 그룹은 한국 소비재의 극동 진출을 위한 확고한 플랫폼으로 자리 잡았다. 앞으로 한국 소비재와 식품 구매도 더 확대될 것으로 기대된다. 또 단순 소비재 수출뿐만 아니라 유통 혁신을 가져올 수 있는 포장 기자재, 포장 기계 등 연관 산업으로도 확대될 것으로 보인다.

한국 음식, 극동의 미각을 자극하다

한국 음식은 러시아인의 식탁에서 이제 전혀 낯설지 않다. 일식이 보기에도 예쁘고 건강에 좋다고 해서 한때 선풍적인 인기를 끌던 것과 비교하면, 한식은 상대적으로 대단한 열광이나 주목을 받진 않았어도 은근한 매력으로 세를 계속해서 불려나가고 있다. 러시아에서 오히려 일식 선호도가 차츰 쇠락하는 분위기라면, 한식은 꾸준한 인기와 함께 상승세를 다기 시작했다고 볼 수 있다. 이제는 블라디보스

유즈노사할린스크 한인 식당 '아리랑' 입구 (출처: 라승도)

토크는 물론이고 하바롭스크와 유즈노사할린스크, 야쿠츠크, 캄차카, 비로비잔에서도 한국 식당을 쉽게 발견할 수 있다. 그만큼 한국이 극동과 거리상으로 가깝고 많은 사람이 오가고 있음을 증명한다. 한국과의 무역 교류에 의한 상호 전략일 수도 있지만, 한국 음식이 의외로 러시아인의 미각을 자극한다는 점도 한국 음식이 러시아에 소개되어 전파되는 데 일조하고 있다.

그러나 한국 음식이 처음부터 러시아인의 입맛에 맞았던 것은 아니다. 17세기 나선정벌 당시 신유 장군은 러시아 포로들을 불쌍히 여겨 자신들이 먹는 음식을 똑같이 나눠줬지만, 그들의 반응이 너무

의외였다고 적고 있다.

> 왈가의 오랑캐들이 짓는 밥은 지극히 불결해 개나 말의 먹이 같은 것도 있으며, 개와 한 우리에서 먹기도 하니 정말로 짐승이라고 하겠다. 쌀밥과 마른장을 주었더니 반드시 이마를 찡그리고 토해 버렸다. 천하 모든 사람의 입맛이 같다는 말은 거짓이다.(신유, 『북정록』, 계승범 옮김 (서울: 서해문집, 2018), 100쪽)

불과 500년 전만 하더라도 러시아인들은 우리 음식에 대해 강한 거부감을 느꼈건만, 오늘날 러시아 곳곳에서 한국 음식 열풍이 불고 있으니 격세지감이 든다. 그렇지만 한국 음식의 기본은 여전히 당시와 마찬가지로 밥과 간장으로 이뤄지고 있다. 이런 기본 맛이 어떻게 러시아인의 입맛을 공략했는지 그동안의 변화와 경향을 살펴보는 것만으로도 흥미롭다.

러시아에서 한국 음식은 1990년대 후반부터 한국 기업과 공관 직원, 유학생 등을 대상으로 한국 식당을 통해 본격적으로 알려지기 시작했다. 러시아에 잘 알려진 음식은 불고기와 비빔밥, 잡채 등이다. 식료품으로는 양념 김, 사발면(도시락), 라면, 냉동만두 등 현지 생산 제품들이 주종을 이룬다. 모스크바에는 1990년대부터 한국 식당들이 문을 열기 시작해서 이제는 20여 년 역사를 자랑하는 한국 식당들도 제법 있다. 이와 대조적으로 러시아 극동 지역은 사정이 조금 달랐다. 북한과 지리적으로 가까운 까닭에 1980년대부터 북한 식당을 통해 북한 음식이 현지에 알려지기 시작했다. 북한 노동자들이 거주하던 야쿠츠크나 마가단 등에도 일찍부터 북한 식당이 영업하고 있었다.

모스크바 베이징호텔 옆에 최근 새로 문을 연 한국 식당 '김치' (출처: 라승도)

러시아에서 한국 음식에 대한 인지도는 2010년 무렵 대중매체와 한류를 통해 변화하기 시작했다. 과거 주재원과 유학생들을 대상으로만 운영되던 한국 식당이 점차 한국이나 한국인과는 특별한 관계가 없는 러시아인들의 관심을 끌었다. 러시아 TV방송에서 김치와 불고기가 회자되자 레스토랑 품평가와 음식 관련 유명 블로거들이 앞다투어 한국 음식을 소개했다. 그중에서도 러시아 미식 분야의 파워블로거라고 할 수 있는 모스크바의 유명 변호사이자 레스토랑 관련 사업가인 알렉산드르 라포포르트의 글이 상당히 흥미롭다. 2016년 1월 라포포르트는 러시아어판 『타틀러』에 한국 음식에 관한 글을

알렉산드르 라포포르트 (출처: bg.ru)

기고했다. '강남스타일'이란 타이틀의 기사에서 그는 뉴욕에서 처음으로 한국 요리를 맛봤으며, 한국식 바베큐는 단순히 음식이 아니라 일종의 멋진 요리쇼와도 같았다고 소개했다. '김치', '갈비', '불고기'와 같은 구체적인 음식명을 꼭 기억해둘 것과 다양한 반찬을 소개하는가 하면, 간장과 마늘을 비롯한 각종 양념에 숙성시킨 고기와 고추장을 함께 먹는 방법까지 상세히 알려줬다.

한편, 유명 레저 잡지 『타임아웃』은 한국 음식이 모스크바 중심부에서 국제 음식으로 유행하기 시작한 것은 2014년부터였으며, 그 전까지는 한국 주재원들을 위한 식당, 식료품점 정도에 그쳤다고 설명한다. 2018년 모스크바 한류박람회(KBEE)는 한국 음식 문화를 크게 성행시킨 계기가 됐다. KBEE에서 한국 화장품 다음으로 한국 음식의 인기가 높았을 정도였다. 러시아인들은 한국 음식이 기름기가 적고 건강과 다이어트에 최적이라고 인식한다. 또 김치가 요구르트보다 유산균이 더 많다고 알려져 있고, 비빔밥은 채소가 많이 첨가돼 있어 영양식이자 건강식으로 알려져 있다.

한국 식료품, 극동의 마트를 수놓다

중요한 것은 한국 음식이 러시아 각종 매체에 꾸준히 등장하고 미식가 사이에서 한국 음식이 지속해서 화제에 오른다는 점이다. 이제 러시아인들은 레스토랑과 카페에서 한국 음식을 맛보는 것에 만족하지 않고, 한국 식료품을 정기적으로 구매하기 시작했다. 과거에는 한국인들이 몰려 사는 지역 근처의 한국 상점에서나 볼 수 있었던 식료품들이 이제는 러시아 대형마트의 아시아 식료품 코너에서 쉽게 찾아볼 수 있다. 김, 라면, 소스류, 음료, 맥주 같은 꾸준한 인기 품목뿐만 아니라 두부와 김치도 취급하는 것을 볼 수 있다. 극동 지역의 마트에 가보면, 이곳이 한국인지 러시아인지 혼동이 올 정도다. 한국산 과자는 물론이고 김치, 깍두기를 비롯해, 고사리 같은 나물반찬과 초장, 참기름, 다시다에 이르기까지 반가운 식재료들로 가득하다. 또 다른 지역에서는 아직 많이 체감되지 않지만, 극동에서는 한국 맥주에 대한 사랑이 유별난 것을 눈으로 확인할 수 있다. 일찍부터 한인들이 정착하고 살았던 지역에서 이런 현상은 더 두드러진다. 러시아 동쪽 끝 사할린은 한국의 마트를 그대로 옮겨다놓은 것 같은 착각이 들게 할 정도다.

한국 음식의 인지도는 서쪽에서는 모스크바와 상트페테르부르크, 동쪽에서는 블라디보스토크와 사할린, 하바롭스크에서 높다. 모스크바 등에서는 주로 행사장과 페스티벌에서 한국 음식이 소개되는 반면, 극동에서는 서민층을 대상으로 하는 대중음식이 일반적이다. 러시아인들은 주로 향신료, 육어류 조제품 등을 수입한다. 한국 음식의 강렬하고 다채로운 맛을 통해 한국적 조미료와 양념에 대한 관심이 커지고 있다. 한편, 러시아인에게는 한국이 식품 생산에 엄격한

유즈노사할린스크 '페르비' 마트에 진열돼 있는 한국 식료품 (출처: 라승도)

규정을 가진 나라고 품질 기준이 명확하다는 인식이 지배적이다. 한국 음식이 러시아에서 인기를 얻을 수 있는 기반도 이런 데서 나왔다. 형형색색의 반찬들도 눈요기가 되지만, 테이블에서 직접 고기를 굽거나 전골을 끓이는 문화가 요리에 직접 참여하는 이색적인 체험을 만들어내기도 한다. 맛과 더불어 흥미를 주는 한국 음식은 극동 지역에서 기하급수적으로 늘어나는 한국 식당으로 인기를 반영한다. 어느 지역을 가더라도 곳곳에 있는 한국 식당들은 한국인뿐 아니라 러시아인의 외식문화에서 중요한 일부를 이룬다.

극동의 한국 식당, 입맛으로 전하는 한국 문화

최근 몇 년간 블라디보스토크를 비롯하여 극동을 방문하는 한국인의 수가 폭발적으로 늘고 있다. 극동을 방문한 사람들은 이구동성으로 이곳이 친근하게 느껴져서 좋다는 말을 한다. 발해에서 시작해서 독립 운동가들이 활약했던 지역에서 조상들의 흔적을 느낄 수 있고, 다른 나라들에서와 달리 우리 식탁에 자주 올라오는 해산물과 나물이 제공되어 식사가 편하다고 한다. 또 러시아 음식이 거부감 없이 느껴진다는 점도 한몫을 한다. 한반도와 접경을 이루고 있던 덕분에 극동의 식탁에는 일찍부터 러시아의 맛과 한국의 맛이 조화롭게 스며들어 있었다.

한편으로는 극동에 널리 퍼지고 있는 한국 음식과 식당은 외관으로 볼 때 한국 현지 음식과 꽤 유사해 보이고 메뉴 구성도 상당히 잘 되어 있는 것처럼 보인다. 그러나 아직까지는 현지 입맛에 맞춘 퓨전 음식에 가까울 뿐 한국 사람의 입맛을 사로잡을 정도의 수준은 되지 못하고 있다. 그래도 한국 신드롬을 반영하듯 한국 식당은 극동 곳곳에 퍼져 있을 뿐 아니라 심지어 한국에서도 잘 알려지지 않은 소도시들과 외곽 지역에서도 쉽게 발견할 수 있다. 블라디보스토크와 하바롭스크 같은 대도시는 물론이고 캄차카와 비로비잔 등에도 한국 식당이 퍼져 있다.

유대인자치주 수도 비로비잔 중심가에 있는 센트랄 카페 벽면에 그려져 있는 한복 입은 여인의 모습. 이곳에서는 된장찌개에서 해물탕까지 다양한 한국 음식을 판매한다 (출처: 라승도)

극동 지역에서 한국 식당이 인기를 누리고는 있지만, 살짝 아쉬운 부분이 있기도 하다. 한국 음식이 보기에도 화려하고 건강에도 좋다는 인식이 강하지만, 일본 음식과 잘 구분되지 않고 외국 음식으로 함께 묶여 변별성이 부족하다. 극동 지역이 태평양으로 나가는 출구이고 한국, 일본과 거리적으로 접촉하기 쉽다는 점에서 두 나라의 상품이나 문화가 하나로 유입되고 있다. 초밥 열풍이 일면서 그 인기를 반영하다 보니 러시아어로 쓰인 한국 식당의 표기가 어찌 보면 일

📷 블라디보스토크 칼리나몰 안에 있는 한국 식당 미리내 (출처: 라승도)

본어 활자체를 연상시킨다. 앞으로 한국 음식의 인기가 아직은 서툴고 부족한 '간판' 문화를 보완하여 한글에 대한 인기와 관심으로까지 이어지면 좋을 것이다.

한식당의 명칭은 또 다른 흥미로운 현상을 유발하기도 한다. 한국 식당의 간판들을 살펴보면, 대체로 지명(서울, 명동, 강남, 부산, 해금강 등)이거나 과거의 국가명이나 문화, 순수 한국어를 알 수 있는 명칭(고려, 신라, 아사달, 서라벌, 명가, 미리내)으로 이뤄져 있다. 러시아인들은 한국 식당에서 음식만 접하는 것이 아니라 그들의 발음으로 식당의 이름을 읽어보며 한국의 도시와 문화를 접촉한다. 식당 간판으로 쓰였을 만큼 대표적인 도시 이름을 보면서 한국 여행을 꿈꾸는 사람들에게 가고 싶고 보고 싶은 장소가 되고 있다.

16

극동의 부상과 러시아의 미래

러시아에 반하다 : 블라디보스토크 현상

ДЕЛО В МЯСЕ
MEAT RESTAURANT
RUMP
ROUND
SIRLOIN
SHANK
VLADIVOSTOK CITY
RIB
CHUCK
BRISKET

16

2017년 가을 제주항공이 대한항공에 이어 인천—블라디보스토크 노선에 신규 취항했고 2018년 4월 6일에는 티웨이항공이 대구—블라디보스토크 직항 노선을 개설했다. 2019년 6월 한국과 블라디보스토크 사이를 오가는 비행 편수는 하루 최대 10여 편으로 늘었다. 초대형 크루즈 선박도 부산항이나 속초항에서 블라디보스토크로 한국 관광객을 실어 나른다. 2019년 12월에는 포항 영일만항과 블라디보스토크를 오가는 국제 크루즈선이 시범 운항했다. 2014년 1월 1일 러시아와 한국 간 무비자 협정이 발효되고 2년이 지난 2016년 블라디보스토크를 방문한 한국인은 약 5만 명이었다. 그로부터 해마다 두 배 이상 늘어나 2018년에는 22만여 명을 기록했다.

러시아 '극동의 관문' 블라디보스토크로 이어지는 한국인들의 발길이 그만큼 더 잦아졌고 블라디보스토크도 한국인들에게 그만큼 더 가까워졌다. 2018년 4월 28일에는 케이블 채널 tvN의 인기 프로그램 '짠내투어' 출연진이 블라디보스토크를 찾은 이야기가 전파를 타기 시작하면서 블라디보스토크가 한국 시청자들의 눈길을 사로잡았다. 그로부터 정확히 1년이 흐른 뒤 2019년 4월 25일 전후로는 블라디미르 푸틴 러시아 대통령과 김정은 북한 국무위원장이 블라디보스토크에서 역사적인 정상회담을 진행하여 블라디보스토크와 연해주, 더 나아가 러시아 극동 지역이 다시 한 번 관심의 대상으로

자바이칼변강주 수도 치타의 레닌 광장 (출처: 라승도)

떠올랐다. 이와 함께 2019년 7월 방송되기 시작한 tvN의 '시베리아원정대' 출연진이 시베리아횡단열차를 타고 가는 과정에서 자바이칼변강주 등 우리 시청자들에게 생소한 극동 지역들이 자세히 소개되기도 했다.

'함경도 위 블라도'

러시아 극동 최남단 항구 도시 블라디보스토크는 인천공항에서 비행기를 타고 아무리 늦어도 두 시간 반이면 도착한다. 속초항에서 여객선을 타고 뱃길로도 갈 수 있다. 앞으로 남북 철도가 이어지면, 서울역이나 부산역에서 열차를 타고 출발하여 북한 두만강역과 러

📷 2018년 9월 22일 추석 연휴를 즐기려는 한국인 관광객을 태우고 블라디보스토크 여객터미널 에 입항한 크루즈선 Costa Fortuna (출처: 라승도)

📷 블라디보스토크 기차역 (출처: 라승도)

시아 하산역을 통과해 철길로도 갈 수 있다. 남북통일이 마침내 이뤄지면, 육로로 자동차를 직접 몰고 갈 수도 있다. 최근 블라디보스토크가 한국인 사이에서 '함경도 위 블라도'라는 별칭을 새롭게 얻은 이유도 바로 이곳이 지리적으로 우리와 매우 가깝다는 사실에서 찾을 수 있다.

블라디보스토크는 역사적으로도 우리와 매우 가깝다. 1937년 스탈린의 강제이주 정책으로 한인들이 하루아침에 머나먼 중앙아시아 황무지로 쫓겨나기 전까지 블라디보스토크 주변에는 18만 명 이상에 달하는 한인이 살았다. 아쉽게도 지금은 위치만 짐작될 뿐 희미한 흔적조차 찾아보기 어려운 '개척리'와 '신한촌' 같은 한인 마을과 거리도 있었다. 항일 독립 투쟁과 한인 사회주의 운동도 블라디보스토크를 중심으로 활발했다. 최근 블라디보스토크를 찾는 한국인 관광객이 많아진 데에는 이런 역사적 배경도 한몫하고 있다.

블라디보스크 '신한촌' 기념비 (출처: 라승도)

블라디보스토크, 유럽의 얼굴을 한 도시

요즘 블라디보스토크는 한국에서 '가장 가까운 유럽'으로 소문이 자자하다. 프랑스 파리나 영국 런던, 독일 뮌헨까지 굳이 멀리 가지 않고도 가까운 블라디보스토크에서 훌륭한 유럽 문화를 다양하게 음미할 수 있어서다. 블라디보스토크에 아로새겨진 유럽의 면모는 무엇보다도 먼저 도시 중심가를 형성하는 스베틀란스카야 중앙로를 따라 펼쳐져 있는 유럽풍 건축물에서 풍겨 나온다. 단적인 예를 들면, 스베틀란스카야 중앙로 35번지에 자리 잡고 있는 '볼쇼이굼' 백화점 건물이 있다. 이곳은 독일인 사업가 구스타프 쿤스트와 구스타프 알베르스가 블라디보스토크에 온 지 20년이 되던 해인 1884년에 완공하여 '쿤스트 앤 알베르스'로 명명했다. 이들은 백화점 건축 설계부터 자재까지 거의 모든 것을 유럽 현지에서 주문해 들여왔다. 한

블라디보스토크 스베틀란스카야 중앙로 (출처: 라승도)

블라디보스토크 스베틀란스카야 중앙로에 있는 '볼쇼이굼' 백화점 건물 외부 모습 (출처: 라승도)

마디로 유럽 일색이었다. 나중에 소비에트 정권이 들어서고 이름이 현재와 같은 '볼쇼이굼'으로 바뀌었지만, 이곳의 유럽적 본색은 외면적으로도 내면적으로도 크게 바뀌지 않았다.

블라디보스토크의 유럽 색채는 '볼쇼이굼'에서 알 수 있듯이 이곳을 대표하는 건물에서만 아니라 거리와 구역, 심지어는 인물의 이름에서도 잘 드러난다. 대표적인 예로 『왕과 나』, 『아나스타샤』 등으로 유명한 할리우드 영화배우 율 브리너를 들 수 있다. 한국 관광객들의 필수 방문 코스이기도 한 블라디보스토크 알레우츠카야 거리 15번지에는 율 브리너가 태어난 유럽식 건물이 있고 그 앞에는 2012년 제막한 그의 동상이 당당하게 서 있다. 율 브리너의 생가인 이곳은 스위스 출신으로 러시아로 이주한 그의 할아버지가 블라디보스토크에 와서 살았던 집이다. 율 브리너는 아주 어린 나이에 부모님과 함께 하얼빈으로 떠났다. 하지만 율 브리너 가족이 블라디보스토크를 영원히 떠났어도 그들이 이곳의 역사에 남긴 발자취는 사라지지 않

율 브리너 동상 (출처: 라승도)

마린스키 극장 연해주 무대 외부 (출처: 라승도)

았다.

블라디보스토크를 찾는 한국인 방문객들은 이곳 미술관이나 박물관, 극장에서 유럽 예술문화도 풍부하게 접할 수 있다. 특히 2013년 10월 문을 연 마린스키 극장 연해주 무대에서는 차이콥스키(1840~1893)의 명작 『백조의 호수』나 『호두까기 인형』 같은 수준 높은 발레 공연을 마음껏 감상할 수 있다. '연해주 무대' 객석 곳곳에서 한국인으로 보이는 관객의 모습이 곧잘 눈에 띈다는 것은 이곳이 한국에서 그만큼 많이 알려졌음을 말해준다.

혼종 문화의 도시

블라디보스토크는 제정 러시아 시절 도시 형성 초창기부터 소비에트 시대를 거쳐 오늘날 포스트소비에트 시대에 이르기까지 동서양에 걸쳐 여러 민족과 문화가 뒤섞여 발전해온 도시다. 스베틀란스카야 중앙로에 있는 '볼쇼이굼' 백화점이 유럽 건축문화의 영향을 고스란히 간직하고 있다면, 스베틀란스카야 중앙로와 세묘놉스카야 거리 주변 사이에 남아 있는 '밀리온카' 구역은 19세기 말 20세기 초 블라디보스토크의 상업적 번영을 이끌었던 차이나타운의 역사적 기억을 소환한다.

지금도 블라디보스토크에서는 유럽과 아시아가 뒤죽박죽 섞여 있는 역동적인 모습을 볼 수 있다. 블라디보스토크의 '아르바트 거리'로 불리는 '포킨 제독 거리'는 20세기 초까지 '베이징 거리'로 불렸다. 당시 이곳은 중국인들로 넘쳐났다. 그로부터 백여 년이 지난 지금 유럽식 건물이 즐비한 '아르바트 거리'는 다시 중국인과 한국인 관광객들로 붐빈다.

블라디보스토크 중심가에서 시내버스를 타고 20분쯤 동쪽으로 가다 보면 '루고바야'로 불리는 변두리 지역이 나온다. 이곳에는 거대

블라디보스토크 '아르바트 거리' (출처: 라승도)

'루고바야' 지역 재래시장 (출처: 라승도)

한 재래식 시장이 펼쳐져 있는데, 물건을 판매하는 사람들은 중국인과 고려인, 베트남인, 우즈베크인으로 모두 동양인들이다. 적어도 이곳만 놓고 볼 때 블라디보스토크는 '아시아 속의 유럽'이면서 '유럽 속의 아시아'라고 할 수 있다.

블라디보스토크에서 관찰되는 혼종 문화의 성격은 이곳에서 마주치는 한민족의 출신 배경에서도 찾아볼 수 있다. 한국 사업가나 관광객, 북한 노동자, 중국 연변 조선족, 중앙아시아 고려인, 사할린 한인

연해주 한인 단체 대표들 (출처: 라승도)

과 연해주 토박이 한인들을 블라디보스토크에서 모두 만나볼 수 있다. 이들은 한민족의 뿌리를 공유하고 있지만, 현재 정체성은 각기 다르다. 같은 민족이지만, 심지어 언어도 외모도 약간씩 다르다. 정신세계와 가치체계의 차이는 말할 것도 없다. 이런 점에서만 봐도 블라디보스토크는 세계에서 가장 독특한 접경 지역의 혼종 문화를 보여주는 도시라고 할 수 있다.

'아시아를 향한 창'

러시아는 2012년 9월 블라디보스토크 APEC 정상회의 개최를 앞두고 그해 5월 극동개발부를 신설하며 극동 지역 개발에 박차를 가했다. 블라디보스토크가 아·태지역 국제 협력 허브로 급부상하며 러시아 극동의 미래 발전을 선도하는 도시로 발돋움하기 시작한 것도 바로 이때부터였다. 현재 블라디보스토크는 소련 시절 러시아 변방의 폐쇄도시에서 완전히 벗어나 21세기 러시아의 발전을 이끄는 국제도시로 급속히 탈바꿈하고 있다.

최근 이곳에 집중되고 있는 대규모 인프라 건설과 EEF 같은 연례 국제 경제 포럼만 놓고 봐도 블라디보스토크의 위상 변화를 실감할 수 있다. 이는 2017년 러시아 중앙은행이 200루블 지폐와 함께 새롭게 발행한 2000루블 지폐 도안에 극동 개발을 대표하는 아무르주의 보스토치니 우주기지와 함께 연해주 블라디보스토크의 루스키대교 이미지를 삽입한 데서도 알 수 있다. 루스키섬에 조성된 극동연방대학교도 웅비하는 블라디보스토크의 발전상을 보여준다. 블라디보스토크의 중요성은 특히 2014년 러시아의 크림반도 합병 등 우크라

토카렙스키 등대에서 보이는 루스키대교 (출처: 라승도)

이나 사태 직후 서방의 대러 경제 제재가 날로 심해지자 중국 등 아시아 인접국들과의 관계 강화로 돌파구를 찾으려는 블라디미르 푸틴 러시아 대통령의 이른바 '아시아 선회' 노선에서 더욱더 커지고 있다. 2018년 12월 러시아 극동의 수도가 하바롭스크에서 블라디보스토크로 바뀐 것도 이를 뒷받침해준다. 게다가 2019년 4월 25~26일 블라디미르 푸틴 러시아 대통령과 김정은 북한 국무위원장의 역사적인 정상회담이 블라디보스토크에서 열리면서 한반도와 주변 4개국에서만 아니라 전 세계에서도 이곳을 주목했다.

영화로 보는 블라디보스토크

얼마 전 러시아 신문에 '블라디보스토크 현상'이라는 제목의 기사가 실려 관심을 끌었다. 이 기사는 최근 몇 년 사이 러시아 극동의 수도로 물밀 듯이 들어오는 중국인과 한국인 관광객 행렬을 가리켜

'블라디보스토크 현상'이라고 규정했다. 이는 요즘 블라디보스토크가 중국과 한국 등 동북아시아 국가 관광객 사이에서 가장 인기 있는 러시아 여행지 가운데 한 곳이 되고 있음을 단적으로 말해준다. 특히 한국에서는 '동양의 유럽'으로 통하는 블라디보스토크에 대한 관심이 최근 2~3년 사이에 폭발적으로 증가했다.

이처럼 지난 몇 년간 지정학적, 지경제적 측면에서는 물론이고 지문화적 측면에서도 블라디보스토크에 대한 관심이 고조되고 있다. 이러한 상황은 최근 러시아 영화계에서 블라디보스토크를 배경으로 하는 일련의 영화가 제작되어 전국적 관심을 끌었다는 점에서만 아니라 일부 영화에서는 블라디보스토크가 러시아와 아시아의 극적 만남을 위한 핵심 무대 공간으로 등장한다는 점에서도 잘 드러난다. 사실 소련 붕괴 이후 러시아 영화에서 블라디보스토크는 이미 오래 전부터 다양한 방식으로 나타났다. 일례로 10년 전인 2009년에 니콜라이 호메리키 감독이 만든 영화 『어둠의 동화』는 처음부터 끝까지 블라디보스토크를 배경으로 한다.

블라디보스토크 변두리 풍경 (출처: 라승도)

그러나 이 영화에서는 지금처럼 역동적으로 변화하는 블라디보스토크의 새로운 이미지를 여전히 찾아볼 수 없었다. 『어둠의 동화』는 2000년대 블라디보스토크를 배경으로 삼고 있지만, 영화 속 도시의 이미지는 1990년대처럼 변방 도시의 남루한 생활상을 주로 보여준다. 특히 경찰 직원으로 등장하는 여주인공의 쓸쓸한 삶을 둘러싸고 펼쳐지는 이야기는 블라디보스토크 중심부보다는 주로 변두리를 배경으로 제시된다. 더욱이 영화 제목에서 짐작되듯이, 변두리 공간은 시종일관 어둡고 침울한 분위기 속에 묘사된다. 요컨대, 『어둠의 동화』에서 블라디보스토크는 침체하여 생기 없는 러시아 변방 도시 이상도 이하도 아니다.

그러나 블라디보스토크는 2010년대 러시아 정부의 극동 개발 정책과 '아시아 선회' 노선이 낳은 커다란 변화의 흐름을 타고 최근 2~3년 사이에 나온 영화에서 기존과는 상당히 다른 이미지로 나타난다. 알렉산드르 안드류셴코의 『파트너』(2017)와 올가 주예바의 『동네에서』(2018), 일리야 악쇼노프의 『세상의 끝으로』(2019) 같은 영화들은 블라디보스토크에 만연한 범죄나 비리 같은 부정적 요소들을 여전히 보여주고 있지만, 2010년대에 들어와서 급변하기 시작한 이 도시의 새롭고 산뜻한 이미지를 전면에 내세우고 있다. 예를 들면, 러시아 극동 개발을 상징하는 대표적인 이미지 가운데 하나인 루스키대교나 금각교가 여러 장면에 걸쳐 반복적으로 등장한다. 특히, 2012년 APEC 정상회의 개최에 맞춰 새롭게 보수 정비한 블라디보스토크 국제공항은 『세상의 끝으로』에서 깔끔한 이미지로 크게 부각된다. 여기서 공항은 러시아 변방 도시 블라디보스토크가 수도 모스크바에서 멀리 떨어져 있을지라도 그와 긴밀하게 연결되어 있을 뿐 아니라 러시아의 이웃 국가들과 그 너머로까지도 활짝 열려 있

블라디보스토크 금각교 (출처: 라승도)

블라디보스토크 국제공항 청사 (출처: 라승도)

어 극동 지역에서 국제 협력 허브가 되고 있음을 암시한다.

『세상의 끝으로』에서 블라디보스토크와 모스크바가 각각 대표하는 러시아 변방과 중앙의 긴밀한 연결 관계는 올가 주예바의 『동네에서』를 둘러싼 영화 서사 외적 맥락에서도 확인할 수 있다. 잘 알려졌듯이, 주예바는 블라디보스토크 출신의 대표적인 영화감독, 그것도 젊은 여성 영화감독이다. 더 흥미로운 사실은 주예바가 자신의 고향 도시 블라디보스토크를 배경으로 장편 극영화 데뷔작을 만들었다는 점에서만 아니라 그녀의 남자친구로 모스크바에서 활동하는 러시아 영화계 최고 배우 중 한 명인 다닐라 코즐롭스키가 이 영화에서 기꺼이 주연을 맡아 연기했다는 점에서도 찾을 수 있다. 달리 말하자면, 러시아 영화산업의 중심 무대인 모스크바에서 최고 자리를 차지하고 있는 특급 배우가 변방 출신의 신예 감독이 만드는 영화에 주연으로 출연하기 위해 블라디보스토크로 와서 촬영에 임했다는 영화 외적 사연도 블라디보스토크 국제공항이 암시하는 중심과 주변의 긴밀한 관계에서 파생되는 영화 내적 의미를 뒷받침해준다.

다닐라 코즐롭스키 (출처: ru.wikipedia.org)

다른 한편, 최근 러시아 영화가 블라디보스토크를 중심으로 한 극동에 깊은 관심을 보이면서 나타난 중요한 양상 가운데 한 가지는 바로 아시아적 요소에서 찾을 수 있다. 앞서 언급한 영화에서 아시아적 요소는 무엇보다도 영화에 등장하는 중국인의 이미지에서 찾을 수 있다. 여기서 특기할 점은 19세기 말 20세기 초 블라디보스토크에서 밀리온카로 불리며 번창했던 차이나타운이 안드류셴코의 『파트너』와 악쇼노프의 『세상의 끝으로』 같은 영화에서 중요한 만남과 사건이 벌어지는 장소로 등장하고 있다는 사실이다. 특히 『파트너』에서는 현재 스베틀란스카야 거리와 세묘놉스카야 거리 주변 사이에 남아 있는 밀리온카 건물과 골목길들이 제시되는데, 이들 장소는 과거 '밀리온카'에 덧씌워져 있던 범죄 소굴이라는 부정적 이미지에서 크게 벗어나지 못하고 있다. 과거 '밀리온카'는 수많은 중국인 상인이 모여 살던 지역이었는데, 이곳에서는 상거래만 이루어진 것이 아니라 마약 밀매와 도박 등 각종 범죄가 횡행한 곳으로 유명했다. 따라서 『파트너』에서도 '밀리온카'가 과거의 이미지와 비슷하게 제시되고 있다는 사실은 이곳에 투영된 부정적 의미가 오늘날 러시아 내 타자로서 중국인을 바라보는 시각에도 그대로 투사될 수 있음을 시사한다.

블라디보스토크 옛 차이나타운 '밀리온카' 지역 (출처: 라승도)

그러나 블라디보스토크를 배경으로 하는 러시아 영화에서 등장하는 중국인의 이미지가 모두 부정적 함의만 띠고 있는 것은 아니다. 예를 들면, 악쇼노프의 『세상의 끝으로』에서 중국인들은 주로 사업가나 장사꾼으로 등장하고 있어 러시아 극동에서 활동하는 중국인의 일반적 이미지를 반영하고 있지만, 중국인의 긍정성은 러시아인 남자 주인공 미샤가 결혼 상대로 자신의 러시아인 여자친구 넬랴를 포기하고 젊은 중국인 여성 야오를 선택하는 과정에서 암암리에 강조된다. 이는 무엇보다도 청혼을 망설이는 미샤를 재촉하다 못해 강제하는 듯한 넬랴의 강압적 여성 이미지와 현저하게 대비되는 야오의 유순하고 순종적인 이미지에서 찾을 수 있다. 또 야오의 아버지는 '밀리온카'나 인접 지역으로 추정되는 곳에서 중국 식당을 운영하면서 러시아어를 서툴게 말하는 등 우스꽝스러운 모습으로 묘사되지만, 외동딸을 끔찍이도 아끼는 따뜻한 부성애와 가족애를 보여주기도 한다.

다시 말해 악쇼노프의 『세상의 끝으로』에서 중국인의 이미지는 러

영화 『세상의 끝으로』에서 낭만적 배경으로 제시되는 토카렙스키 등대 (출처: 라승도)

시아와 중국에서 공통으로 강조되는 가족의 '전통적 가치'를 보여준다는 점에서 긍정적인 의미를 띤다. 이처럼 영화 주인공 미샤가 자신을 버리고 떠난 여자 친구 넬랴를 찾아 모스크바에서 멀리 블라디보스토크까지 왔다가 결국 여기서 발견한 넬랴 대신 우연히 마주친 야오를 결혼 상대로 선택하는 것으로 암시되는 이야기에서 우리는 러시아 영화의 '아시아 선회' 경향이 러시아 정부의 '전통적 가치' 중시 정책과도 밀접하게 결부돼 있음을 알 수 있다. 이러한 가치 지향성은 2019년 2월 개봉한 아카키 사헬라시빌리 감독과 시야 하오 감독의 러·중 합작영화 『나는 어떻게 러시아인이 되었나』에서도 분명하게 드러나 있다.

동방을 소비하라!

포스트소비에트 시대 블라디보스토크의 변화 역사에서 최신 페이지는 2019년 2월 28일 금각만 남쪽 연안 칼리닌 거리에 성대하게 문을 연 초대형 쇼핑 공간 칼리나몰이 장식했다. 이 쇼핑몰은 블라디보스토크에서만 아니라 러시아 극동 전체를 통틀어서도 최대 규모를 자랑한다. 칼리나몰에서 부각되는 소비 도시로서 블라디보스토크의 면모도 머잖아 영화의 한 장면으로 포착되어 러시아 극동의 수도를 더욱더 빛내줄 것으로 기대된다. 특히 칼리나몰은 금각만을 내려다보고 있는 덕분에 이곳에서 쇼핑과 휴식을 즐기며 금각만 일대의 멋진 풍경도 음미할 수 있어 요즘 블라디보스토크를 많이 찾는 한국인 등 외국인 방문객 사이에도 인기 있을 것으로 보인다.

칼리나몰 앞 가방 조형물 (출처: 라승도)

극동의 부상과 러시아의 미래

초판 인쇄	2019년 12월 17일
초판 발행	2019년 12월 24일
지은이	라승도 · 이은경 · 장세호
발행인	김인철
총괄 · 기획	가정준 Director, University Knowledge Press
편집장	신선호 Executive Knowledge Contents Creator
기획 · 물류	이현진 Planning Expert
사전 · 도서편집	정준희 Contents Creator
전자책 · 도서편집	장혜린 Contents Creator
도서편집	이병철 Contents Creator
	이근영 Contents Creator
재무관리	하누리 Managing Creator
발행처	한국외국어대학교 지식출판콘텐츠원 02450 서울특별시 동대문구 이문로 107 전화 02)2173-2493~7 팩스 02)2173-3363 홈페이지 http://press.hufs.ac.kr 전자우편 press@hufs.ac.kr 출판등록 제6-6호(1969. 4. 30)
디자인 · 편집	(주)이환디앤비 02)2254-4301
인쇄 · 제본	네오프린텍 02)718-3111

ISBN 979-11-5901-663-9 03920 정가 30,000원

*잘못된 책은 교환하여 드립니다.

HUINE은 한국외국어대학교 지식출판콘텐츠원의 어학도서, 사회과학도서, 지역학 도서 Sub Brand이다. 한국외대의 영문명인 HUFS, 현명한 국제전문가 양성(International +Intelligent)의 의미를 담고 있으며, 휴인(携引)의 뜻인 '이끌다, 끌고 나가다'라는 의미처럼 출판계를 이끄는 리더로서, 혁신의 이미지를 담고 있다.